AF569518

Peter Burke

GIGANTEN DER GELEHRSAMKEIT

Peter Burke

GIGANTEN DER GELEHRSAMKEIT

Die Geschichte der Universalgenies

Aus dem Englischen von Matthias Wolf
unter Mitarbeit von Ursula Wulfekamp

Verlag Klaus Wagenbach Berlin

Nichts ist schöner, als alles zu wissen.
Platon

Des Menschen Streben sollte mehr sein, als er greifen kann.
Zu was wär' sonst der Himmel da?
Robert Browning, *Andrea del Sarto*

Spezialisierung ist für Insekten.
Robert Heinlein

In Erinnerung an Asa Briggs, David Daiches, Martin Wight
und das Sussex-Projekt zur »Neuzeichnung der Landkarte des Lernens«.

Und für Maria Lúcia, die in der Lage ist, drei Dinge gleichzeitig zu tun.

INHALT

Vorwort und Dank 8

EINLEITUNG: WAS IST EIN UNIVERSALGELEHRTER? 11

Definitionen · Disziplinen · Ziele und Methoden
Typisierung des Universalgelehrten · Die Mythologie des Universalgelehrten

OST UND WEST 21

Die Griechen · Die Römer · China · Europa im Frühmittelalter
Die islamische Welt · Das Hochmittelalter

DAS ZEITALTER DES »RENAISSANCE-MENSCHEN« 37
1400–1600

Das Ideal der Universalität · Der Mythos der Universalität
Handeln und Denken · Gelehrte · Einheit und Eintracht
Künstler und Ingenieure · Leonardo · Die Renaissance-Frau

DAS ZEITALTER DER »MONSTER DER GELEHRSAMKEIT« 57
1600–1700

Das Zeitalter der Universalgelehrten · Weibliche Universalgelehrte
Die Sprache der Polymathie · Der Universalgelehrte als Enzyklopädist: Alsted
Der Universalgelehrte als Pansophist: Comenius · Monster der Gelehrsamkeit
Der Universalgelehrte als Sammler: Peiresc
Der Universalgelehrte als scholastischer Philosoph: Caramuel
Der Universalgelehrte als Patriot: Rudbeck
Der Universalgelehrte als Pansophist: Kircher
Der Universalgelehrte als Kritiker: Bayle
Der Universalgelehrte als Synthetiker: Leibniz
Sekundäre Universalgelehrte · Eintracht · Originalität versus Plagiarismus
Das goldene Zeitalter – ein Erklärungsversuch · Die Krise des Wissens
Informationsüberflutung · Fragmentierung
Universalgelehrte unter Beschuss · Das Leonardo-Syndrom

DAS ZEITALTER DES »HOMME DE LETTRES« 95
1700–1850
*Das 18. Jahrhundert · Pedanten und Polyhistoren . Ein neues Ideal
Hommes de lettres · Femmes de lettres · Die französische Aufklärung
Die schottische Aufklärung · Die englische Aufklärung
Von Spanien bis Russland · Die Neue Welt · England
Deutschland · Systembaumeister · Der Fortbestand des Homme de lettres
Französische Kritiker · Englische Kritiker
Die neuen Femmes de lettres · Natur- und Geisteswissenschaftler
Deutschland · Großbritannien · In Richtung einer neuen Krise*

DAS ZEITALTER DER TERRITORIALITÄT 141
1850–2000
*Universalgelehrte in einem kalten Klima · Überflutung
Spezialisierung · Die Aufspaltung von Institutionen
Museen, Gesellschaften, Kongresse · Zeitschriften
Zwei Kulturen · Teamarbeit · Die Neustrukturierung der Universitäten
Versuche zur Erklärung der Spezialisierung · Spezialisierung als eigentliches Problem
Der Fortbestand des Universalgelehrten · Passive Universalgelehrte
Kritiker · Selektive Universalgelehrte · Neue Disziplinen
Die Sozialwissenschaften · Soziologie · Psychologie
Anthropologie · Informatik · Allgemeine Systemtheorie
Semiotik · Sechs serielle Universalgelehrte · Giganten oder Scharlatane?*

EIN GRUPPENPORTRÄT 185
*Neugier · Konzentrationsvermögen · Gedächtnis · Geschwindigkeit
Vorstellungsvermögen · Energie · Rastlosigkeit · Arbeit · Zeitökonomie
Rivalität · Das spielerische Element · Igel und Füchse · Das Leonardo-Syndrom*

LEBENSRÄUME 207
*Arbeitsmoral · Die Veblen-Frage · Erziehung · Unabhängigkeit
Erzwungener Müßiggang · Familie · Netzwerke · Höfe und Mäzene
Schulen und Universitäten · Disziplinen · Bibliotheken und Museen
Enzyklopädien und Zeitschriften . Zusammenarbeit*

DAS ZEITALTER DER INTERDISZIPLINARITÄT 227

Halboffizielle Einrichtungen · Vereinheitlichung von Wissen in Theorie und Praxis Interdisziplinäre Forschung an den Universitäten · Allgemeinbildung Die Rolle des Staates · Regionalstudien · Neue Universitäten Zeitschriften und Institute · Interdisziplinäre Historiographie Ambition versus Bescheidenheit

CODA: AUF DEM WEG ZU EINER DRITTEN KRISE 251

Anmerkungen 257

Literaturhinweise 305

Personenregister 307

VORWORT UND DANK

In den vergangenen rund zwanzig Jahren habe ich – mit Unterbrechungen – zur Geschichte des Wissens gearbeitet, eine allgemeine Darstellung veröffentlicht, *A Social History of Knowledge* (2 Bde., 2000–2012),[1] eine Einführung in das Thema, *What is the History of Knowledge?* (2016), und zuletzt *Exiles and Expatriates in the History of Knowledge* (2017). So wie das Buch über Exile hat sich auch die vorliegende Studie aus der allgemeinen Darstellung heraus zu einer eigenen Publikation entwickelt. Das Thema beschäftigt mich schon seit langem. Angesichts meines Mangels an mathematischer und naturwissenschaftlicher Bildung verbietet sich natürlich jeglicher Anspruch auf Universalgelehrtheit, doch ich teile seit jeher die bekannte Ansicht der französischen Historiker Lucien Febvre und Fernand Braudel, dass man besser über Geschichte schreibt, wenn man sich – zumindest von Zeit zu Zeit – aus den Fesseln dieser Disziplin befreit.

Während meines dreijährigen Geschichtsstudiums an der University of Oxford besuchte ich auch Vorlesungen in anderen Disziplinen, etwa bei Gilbert Ryle über Philosophie, bei Roy Harrod über Ökonomie, bei J.R.R. Tolkien über mittelalterliche Literatur, bei Michael Argyle über Psychologie und – von besonderer Bedeutung für meine Zukunft – bei Edgar Wind über Kunstgeschichte. Als Postgraduierter begann ich, Vorträge in Soziologie und Anthropologie zu halten, und besuchte Seminare zur Wissenschaftsgeschichte, darüber hinaus eins, das Norman Birnbaum und Iris Murdoch zum Konzept der Entfremdung ausrichteten.

Als ich erfuhr, dass die neu gegründete University of Sussex als interdisziplinäre Einrichtung organisiert werden sollte, bewarb ich mich umgehend um eine Stelle und unterrichtete von 1962 bis 1979 an der dortigen School of European Studies, in Zusammenarbeit mit Kollegen aus Kunstgeschichte, Soziologie und englischer sowie französischer Literatur. Aufgrund all dieser Erfahrungen, insbesondere in Sussex, hatte ich das Gefühl, dass ich dieses Buch wirklich schreiben musste – über Einzelpersonen und kleine Gruppen, denen es ebenso um das große Ganze wie um Details ging und die sich oft um den Transfer oder die »Übertragung« bestimmter Ideen und Praktiken von einer Disziplin zur anderen bemühten.

Es war mir ein Vergnügen, in Gesellschaft dieser im Buch behandelten Universalgelehrten – wie indirekt auch immer – zu verweilen, dieser Gruppe talentierter Männer und Frauen, von denen einige alte Bekannte waren und in einigen wenigen

Fällen auch persönliche Freunde, während sich die Leistungen anderer erst im Verlauf der Recherchen offenbarten.

Danken möchte ich Tarif Khalidi und Geoffrey Lloyd für ihre Kommentare zum Kapitel »Ost und West«; Waqas Ahmed für die Zusendung eines Fragebogens über Universalgelehrte im Jahr 2013 sowie eines frühen Entwurfs seines Buchs; Christoph Lundgreen, Fabian Krämer und der »Zwei Kulturen«-Forschungsgruppe an der Berlin-Brandenburgischen Akademie der Wissenschaften für eine fruchtbare Diskussion über meine Ideen; und Ann Blair, Steven Boldy, Arndt Brendecke, Chris Clark, Ruth Finnegan, Mirus Fitzner, José Maria García González, Michael Hunter, Gabriel Josipovici, Neil Kenny, Christel Lane, David Lane, Hansong Li, Robin Milner-Gulland, William O'Reilly, Ulinka Rublack, Nigel Spivey, Marek Tamm sowie Marianne Thormählen für Informationen, Anregungen und Hinweise.

Einige meiner Gedanken über Universalgelehrte wurden bereits in gedruckter Form und auch in Vorlesungen präsentiert.[2] Ich hoffe, dass diese vollständigere Version eine Verbesserung gegenüber ihren eher skizzenhaften Vorgängern ist. Dieselben Ideen an unterschiedlichen Orten oder in verschiedenen Kontexten darzulegen gab oft Anlass zu Veränderungen. Deshalb bin ich den Zuhörern meiner Vorträge zu diesem Thema in Belo Horizonte, Berlin, Brighton, Cambridge, Kopenhagen, Engelsberg, Frankfurt und Gotha für ihre diversen Fragen und Kommentare äußerst dankbar. Mein herzlicher Dank gilt auch Robert Baldock und Heather McCallum bei Yale University Press für ihre freundliche Aufnahme des Manuskripts sowie ihren beiden anonymen Lesern und meinem Lektor Richard Mason für ihre konstruktiven Vorschläge. Maria Lúcia hat, wie immer, das ganze Manuskript gelesen und kluge Ratschläge gegeben.

ENCYCLOPÉDIE,

OU

DICTIONNAIRE RAISONNÉ DES SCIENCES, DES ARTS ET DES MÉTIERS,

PAR UNE SOCIÉTÉ DE GENS DE LETTRES.

Mis en ordre & publié par M. *DIDEROT*, de l'Académie Royale des Sciences & des Belles-Lettres de Pruſſe ; & quant à la PARTIE MATHÉMATIQUE, par M. *D'ALEMBERT*, de l'Académie Royale des Sciences de Paris, de celle de Pruſſe, & de la Société Royale de Londres.

Tantùm ſeries juncturaque pollet,
Tantùm de medio ſumptis accedit honoris ! HORAT.

TOME PREMIER.

A PARIS,

Chez
BRIASSON, *rue Saint Jacques, à la Science.*
DAVID l'aîné, *rue Saint Jacques, à la Plume d'or.*
LE BRETON, Imprimeur ordinaire du Roy, *rue de la Harpe.*
DURAND, *rue Saint Jacques, à Saint Landry, & au Griffon.*

M. DCC. LI.

AVEC APPROBATION ET PRIVILEGE DU ROY.

Titelseite des ersten Bandes der *Encyclopédie ou Dictionnaire raisonné des sciences, des arts et des métiers,* herausgegeben von Denis Diderot und Jean Baptiste le Rond d'Alembert, 1751

EINLEITUNG: WAS IST EIN UNIVERSALGELEHRTER?

»Die Geschichte«, sagt man, »behandelt die Universalgelehrten stiefmütterlich.« Manche von ihnen sind in Vergessenheit geraten, während andere »in eine bestimmte, uns vertraute Schublade gesteckt werden.«[1] Wie wir im Folgenden immer wieder sehen werden, bleiben sie nur wegen einer einzigen Facette oder einiger weniger Facetten ihrer vielfältigen Leistungen in Erinnerung. Es ist also an der Zeit, die Dinge ins rechte Lot zu bringen. Tatsächlich wurden in den letzten Jahren immer mehr Studien über einzelne Universalgelehrte veröffentlicht, möglicherweise als Reaktion auf unsere Kultur der Spezialisierung. Viele dieser Monographien konnte ich gewinnbringend verwenden, darunter nicht nur Studien über intellektuelle Giganten wie Leonardo da Vinci und Leibniz, sondern auch über einige nahezu vergessene Figuren wie Dumont D'Urville und William Rees.[2] Darstellungen allgemeinerer Art sind schwieriger zu finden, obwohl ihre Zahl zunimmt, insbesondere in Form kurzer Beiträge für wissenschaftliche Zeitschriften und Radiosendungen.[3]

Das vorliegende Buch, das einen Überblick zu geben versucht, ist vom Ansatz her auf die Kultur- und Sozialgeschichte des Wissens ausgerichtet. Sämtliche Formen praktischen wie theoretischen Wissens verdienen, zum Gegenstand einer eigenen Geschichtsschreibung zu werden. Jäger und Sammler benötigten eine große Bandbreite an Wissen, um überleben zu können, während Bauern von dem Geographen Friedrich Ratzel, der selbst ein Universalgelehrter war, als »vielseitig« gefeiert wurden.[4] Handwerker, Hebammen, Händler, Herrscher, Musiker, Fußballer und viele andere Gruppen verfügen notwendigerweise über ein bestimmtes Wissenssegment, in dem manche Individuen brillieren. In den letzten Jahren wurde der Begriff des »Universalgelehrten«, der ursprünglich auf Akademiker beschränkt war, auf Einzelpersonen ausgeweitet, deren Leistungen vom Sport bis zur Politik reichen.

Definitionen

Die amerikanische »Polymath Discussion Group« hat den Universalgelehrten beispielsweise als jemanden definiert, »der sich für viele Themen interessiert und viel über sie erfahren will«.[5] Mein Buch wird sich dagegen auf akademisches Wissen konzentrieren, das man früher als »Gelehrsamkeit« bezeichnete. Im Vordergrund stehen hier Akademiker mit Interessen, die »enzyklopädisch« im ursprünglichen Wortsinn waren, das heißt, dass sie um den gesamten intellektuellen »Kurs« beziehungsweise das »Curriculum« oder zumindest um ein wichtiges Segment dieses Kreises zirkulierten.

Aus eben diesem Grund habe ich zwei Unternehmer unberücksichtigt gelassen: Elon Musk, der nach dem Wirtschafts- und Physikstudium neben Tesla noch weitere Firmen gründete, und Sergey Brin, der Mathematik und Informatik studiert hatte, ehe er zusammen mit Larry Page, einem weiteren Informatiker, Google gründete. Zunächst zögerte ich auch, einen so vielseitigen Mann wie John Maynard Keynes mit aufzunehmen, da die meisten seiner Kompetenzen nicht-akademischer Natur waren. Nach den Worten seines Freundes Leonard Woolf war Keynes »Universitätslehrer, Staatsdiener, Spekulant, Geschäftsmann, Journalist, Schriftsteller, Landwirt, Kunsthändler, Staatsmann, Theatermanager, Büchersammler und ein halbes Dutzend Dinge mehr.« Keynes selbst bemerkte andererseits, der Wirtschaftswissenschaftler müsse »eine seltene Kombination von Gaben besitzen. Er muss auf mehreren unterschiedlichen Gebieten einen hohen Standard erreichen und Fähigkeiten miteinander verbinden, die bei einem Einzelnen nicht oft gemeinsam vorhanden sind. Er muss bis zu einem gewissen Grade zugleich Mathematiker, Historiker, Staatsmann und Philosoph sein.« So gesehen entspricht Keynes, der sich zudem für die vielfältigen Forschungsgebiete Isaac Newtons interessierte, sicherlich dem Kriterium des Universalgelehrten.[6]

In den folgenden Kapiteln werden ein paar berühmte Schriftsteller behandelt werden, namentlich Johann Wolfgang von Goethe, George Eliot, Aldous Huxley und Jorge Luis Borges, im Wesentlichen nur deshalb, weil sie auch nicht-belletristische Literatur, in den meisten Fällen Essays, hervorgebracht haben. Ähnliches gilt für Vladimir Nabokov, der hier nicht als Autor von *Lolita* figuriert, sondern als Literaturkritiker, Schmetterlingsforscher und Schachexperte, während bei August Strindberg der Kulturhistoriker und nicht der Dramatiker interessiert. Umgekehrt erscheint Umberto Eco in diesem Buch als Universitätsgelehrter, der auch Romane geschrieben hat.

Disziplinen

Definiert man den Universalgelehrten als Individuum, das mehrere Disziplinen beherrscht, so stellt sich die Frage: Was ist eine Disziplin? Die Geschichte der akademischen Disziplinen ist eine doppelte, nämlich eine intellektuelle und eine institutionelle. Die Pluralform »Disziplinen« kommt von »Disziplin«, ein Begriff, der sich seinerseits vom lateinischen *discere* – »lernen« – herleitet, während *disciplina* die

Übersetzung des altgriechischen Worts *askesis* (ἄσκησις) ist, das »Training« oder »Übungen« bedeutet. In der klassischen Antike oszillierte die Vorstellung von Disziplin zwischen mindestens vier Bereichen: Athletik, Religion, Krieg und Philosophie. Disziplin wurde dadurch erlernt, dass man den Regeln eines Meisters folgte (und so zu seinem »discipulus« wurde), sie verinnerlichte und eine Art Askese geistiger und körperlicher Selbstbeherrschung praktizierte.

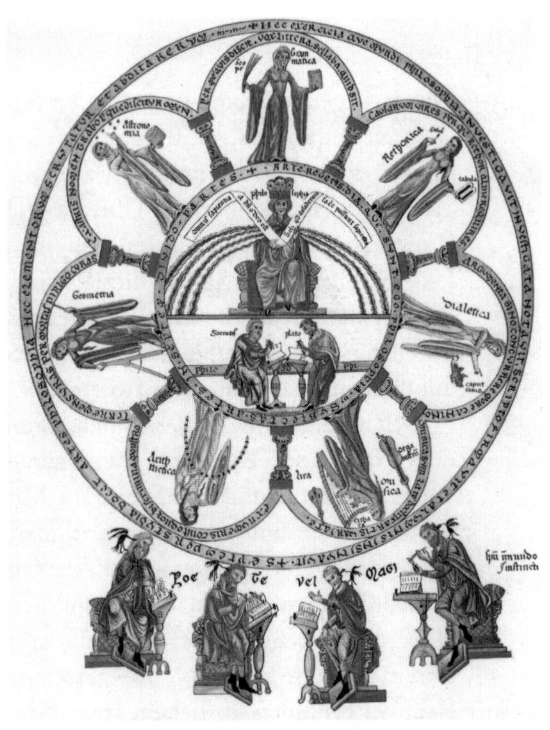

Die Philosophie thront inmitten der Sieben Freien Künste. Darstellung aus dem *Hortus Deliciarum* der Herrad von Landsberg, um 1180

Im Laufe der Zeit erlebte der Begriff »Disziplin« insofern einen Bedeutungswandel, als er jeweils auf einen speziellen Wissenszweig angewandt wurde. Im antiken Rom bezeichnete man das Studium von Donner und Blitz als *disciplina etrusca*, da die Spezialisten dieser Praxis Etrusker waren. Im 5. Jahrhundert schrieb Martianus Capella über die sieben »Disziplinen«, die sonst als die Sieben Freien Künste bekannt sind: Grammatik, Dialektik, Rhetorik, Arithmetik, Geometrie, Musik und Astronomie. Die Vorstellung von »Disziplinen« im Plural implizierte Organisation und Institutionalisierung, womit tatsächlich der lange Prozess der Spezialisierung einsetzte.[7] Da ich vermeiden möchte, spätere Haltungen auf die Vergangenheit zu projizieren, behandele ich auch Magie als eine Disziplin, wenn ich über das 16. und 17. Jahrhundert schreibe; desgleichen versuche ich, nicht von »Biologie«, »Anthropologie« und so weiter zu sprechen, wenn es in der Darstellung um eine Zeit geht, in der diese Begriffe noch nicht in Gebrauch waren.

Zusätzlich erschwert wird dem Historiker die Arbeit dadurch, dass sich die Kriterien, nach denen ein Gelehrter als »Universalgelehrter« bezeichnet wird, im Laufe der letzten sechshundert Jahre immer wieder verändert haben. Die zunehmende Fragmentierung der traditionellen Disziplinen hat dazu geführt, dass die Vorstellung einer »Vielzahl« von Disziplinen verwässert und die Schranke niedriger angesetzt wurde. In einem Artikel neueren Datums werden zeitgenössische Denker, die originelle Beiträge zu zwei Disziplinen geleistet haben – etwa Jura und Ökonomie –, zu »Universalgelehrten« aufgewertet. Zwei als »viel« zu bezeichnen mag merkwürdig erscheinen, doch heutzutage gilt es bereits als bemerkenswerte Leistung, mit zwei intellektuellen Bällen gleichzeitig zu jonglieren.[8]

Die vorliegende Studie ist weitgehend prosopographisch angelegt, das heißt, sie basiert auf der kollektiven Biographie einer Gruppe von fünfhundert Einzelpersonen, die zwischen dem 15. und dem 21. Jahrhundert im Westen aktiv waren. Schon Pierre Bayle, ein bedeutender Universalgelehrter des 17. Jahrhunderts, benannte »die Prosopographie der Gelehrten« als eine seiner »Passionen«.[9] Trotz des Ansatzes kollektiver Biographien greift dieses Buch nur spärlich auf Statistiken zurück. Zwar werden männliche und weibliche, geistliche und weltliche Angehörige innerhalb der jeweiligen Gruppe zahlenmäßig erfasst, doch lassen sich viele andere Fragen nicht auf diese präzise Weise beantworten.

Schon allein die konfessionelle Zuordnung von Universalgelehrten – Katholik oder Protestant – bereitet Schwierigkeiten. Es gab Konvertiten vom Katholizismus zum Protestantismus wie Sebastian Münster und Philipp Melanchthon, Konvertiten vom Protestantismus zum Katholizismus wie Lucas Holstenius, Christina von Schweden, Peter Lambeck und Nicolaus Steno, während Justus Lipsius zwischen beiden Glaubensrichtungen hin und her pendelte. Benito Arias Montano war offiziell Katholik, gehörte aber anscheinend einer Geheimsekte der Familisten an. Jean Bodin soll zum Judentum übergetreten sein. Giordano Bruno scheint seine eigene Religion erfunden zu haben. Isaac Newton war offiziell Anglikaner, glaubte aber nicht an die Dreifaltigkeit.

Neben allgemeinen Darstellungen werden in diesem Buch auch Fallstudien behandelt. Im Vordergrund stehen dabei die Giganten, die »Monster der Gelehrsamkeit«, wie sie der Niederländer Herman Boerhaave nannte, der um die Wende zum 18. Jahrhundert tätig war und wichtige Beiträge zu Medizin, Physiologie, Chemie und Botanik geleistet hat. Außerdem gibt es kurze Skizzen zweitrangiger Universalgelehrter, deren individuelle Entwicklungen und Besonderheiten erörtert werden.

Dieses Buch will mehr sein als eine Galerie einzelner Porträts, so faszinierend die jeweils Dargestellten auch gewesen sein mögen. Die Porträts bedürfen eines Rahmens, manchmal durch Vergleich, öfter jedoch durch Kontextualisierung. Eines der vorrangigsten Ziele dieser Studie ist es, gewisse intellektuelle und soziale Trends zu beschreiben und somit allgemeine Antworten zu gesellschaftlichen Organisationsformen und Stimmungen zu liefern, die polymathischen Bestrebungen förderlich oder abträglich waren. Deshalb wird es unerlässlich sein zu bestimmen, an welchen Orten und zu welchen Zeiten Neugier unterstützt oder missbilligt wurde, Letzteres oft aus religiösen Gründen, wie im berühmten Fall des Augustinus, der die »Ergründung der Geheimnisse der Natur« zu jenen Dingen zählte, »die zu wissen nichts nützt und die nichts anderes ist als die Neugier der Leute« (*Confessiones*, Buch X, Kap. 35). Andererseits empfand Augustinus auch »Freude beim Erkennen von Sachverhalten« (*rerum cognitione laetitia*).[10]

Der Weg durch die Historie, den wir im Folgenden beschreiten werden, besteht aus den gegensätzlichen, aber miteinander verwobenen Geschichten von Spezialisierung und Synthese. Es ist meistens, wenn nicht gar immer ein Fehler, die Historie auf eine schlichte lineare Erzählung zu reduzieren. Viele maßgebliche Trends wurden von einer Bewegung in die entgegengesetzte Richtung begleitet. Das Aufkommen organisierter Spezialisierung ging mit der Gegenbewegung organisierter Interdisziplinarität lange einher. In dem Maße, wie sich die intellektuelle Arbeitsteilung verstärkte, wurden selbst Universalgelehrte zu Spezialisten. Da ein generelles Allgemeinwissen oder zumindest die Kenntnisse in vielen Disziplinen ihre Spezialität sind, werden sie oft als »Generalisten« bezeichnet. Ihr charakteristischer Beitrag zur Geschichte des Wissens besteht darin, Verbindungen zwischen Gebieten zu sehen, die getrennt worden waren, und zu bemerken, was die Spezialisten in einer bestimmten Disziplin, die Insider, übersehen hatten. In dieser Hinsicht ähnelt ihre Rolle derjenigen von Gelehrten, die das Land ihrer Herkunft verlassen – sei es gezwungenermaßen oder freiwillig – und an Orte mit einer anderen Wissenskultur ziehen.[11]

Eine zentrale Sorge, um die es in dieser Studie geht, richtet sich auf das Überleben von Universalgelehrten in einer Kultur zunehmender Spezialisierung. Man hätte erwarten können, dass die Spezies im 18., 19. oder spätestens im 20. Jahrhundert ausgestorben wäre, doch tatsächlich hat sie ein erstaunliches Beharrungsvermögen bewiesen. Erklären lässt sich dieses Phänomen, indem man das Habitat der Spezies, ihre kulturelle Nische untersucht, die oft, wenn auch nicht immer, in der Universität angesiedelt ist. Die Haltung der Universitäten gegenüber Universalgelehrten war unstet, mal wohlwollend, dann wieder ablehnend. Manche Universalgelehrte bevorzugten eine außeruniversitäre Laufbahn, weil sie ihnen größere Freiheiten gewährte. Andere empfanden die Zwänge, die ihnen eine bestimmte Disziplin auferlegte, als so restriktiv, dass sie von einer Fakultät oder Abteilung zu einer anderen wechselten. Einige wenige Universitäten waren flexibel genug, wie wir sehen werden, um mit solchen Wechselbewegungen umzugehen.

Auf einer eher persönlichen Ebene stellen sich ebenfalls verschiedene Fragen: Was trieb diese Universalgelehrten an? War es eine einfache und gleichzeitig unersättliche Neugier, also das, was Augustinus als »Wissen um des Wissens willen« geißelte? Oder lag dem noch etwas anderes zugrunde, vielleicht jener »Drang nach Allwissenheit«, der dem Politikwissenschaftler Harold Lasswell in einem biographischen Text bescheinigt wurde?[12] Was verursachte den Wechsel von einer Disziplin zur anderen? War es eine niedrige Schwelle der Gelangweiltheit oder ein ungewöhnlich hoher Grad an Aufgeschlossenheit? Wie fanden Universalgelehrte die Zeit und Energie für ihre vielseitigen Studien? Wie verdienten sie ihren Lebensunterhalt?

Typisierung des Universalgelehrten

Im Folgenden wird es auch um Unterscheidungen zwischen verschiedenen Typen von Universalgelehrten gehen. Es erscheint angebracht, einige von ihnen als passiv zu bezeichnen (im Gegensatz zu aktiv), als limitiert (im Gegensatz zu allgemein) oder als seriell (im Gegensatz zu simultan). Unter »passiven« Universalgelehrten verstehe ich Personen, die offenbar alles wissen, aber nichts produzieren (oder zumindest nichts Neues). Im Grenzbereich zwischen passiv und aktiv bewegen sich Systematisierer oder Synthetisierer wie Francis Bacon oder Auguste Comte. »Limitierte« Universalgelehrte ist natürlich ein Oxymoron, gleichwohl bedarf es eines Begriffs für Gelehrte, die wenige miteinander verwandte Disziplinen beherrschen, sei es in den Geistes-, den Natur- oder den Sozialwissenschaften. Diesen Typus werde ich als »selektiv« bezeichnen.

Den Universalgelehrten, die mit mehreren Gegenständen mehr oder weniger gleichzeitig jonglieren, könnte man die »Serientäter« der Spezies gegenüberstellen, die – wie serielle Polygamisten – im Laufe ihres intellektuellen Lebens ein Feld nach dem anderen beackern. Ein solcher war zum Beispiel Joseph Needham, der einen autobiographischen Aufsatz mit der Frage einleitete: »Wie konnte es dazu kommen, dass ein Biochemiker zum Historiker und Sinologen mutierte?«[13] Zu den großen Freuden beim Schreiben dieses Buchs gehörte es, derlei Entwicklungen nachzuspüren und zu versuchen, sie zu verstehen.

Eine weitere mögliche Typologie könnte darin bestehen, zwischen lediglich zwei Varianten von Universalgelehrten zu unterscheiden: einerseits der zentrifugale Typus, der Wissen akkumuliert, ohne sich um Verbindungen zu kümmern, andererseits der zentripetale Gelehrte, dem eine Einheit des Wissens vorschwebt und der ihre verschiedenen Teile in ein großes System einzubetten versucht. Die erste Gruppe besitzt eine unersättliche Neugier, die ihr bisweilen auch zu schaffen macht. Die zweite ist fasziniert – manche würden sagen: besessen – von der »Schönheit der Ordnung«, wie zum Beispiel Johann Heinrich Alsted.[14]

Die Unterscheidung zwischen zentrifugal und zentripetal rekurriert auf den Kontrast, den Isaiah Berlin in einem berühmten Vortrag über Tolstoi präsentierte, in dem er den antiken griechischen Dichter Archilochos zitierte: »Der Fuchs weiß viele Dinge, aber der Igel weiß eine große Sache.« (Πόλλ᾽ οἶδ᾽ ἀλώπηξ, ἀλλ᾽ ἐχῖνος ἓν μέγα)[15] Der Kontrast sollte allerdings nicht zu scharf konturiert werden, denn wie Berlin selbst einräumte, war Tolstoi »seiner Natur nach ein Fuchs, der glaubte, er müsse im Grunde ein Igel sein«. Die meisten, wenn nicht alle Universalgelehrten lassen sich auf einer Verbindungslinie zwischen den zwei Polen verorten, und einige von ihnen trieb (und treibt) es in beide Richtungen, das heißt, sie befanden sich in einer kreativen Spannung zwischen Zentripetal- und Zentrifugalkräften.

Nehmen wir den Fall des deutschen Arztes Johann Joachim Becher, der im 17. Jahrhundert zum Mathematiker, Alchemisten und wirtschaftspolitischen Berater Kaiser Leopolds I. wurde. In der Sprache seiner Zeit war Becher ein »Projector«, das heißt ein Individuum mit ehrgeizigen und oft unrealistischen Plänen, zu denen bei ihm die Umwandlung von Sand oder Blei in Gold gehörte. »Er veröffentlichte Werke über Chemie, Politik, Handel, Universalsprache, didaktische Methoden, Medizin, Moralphilosophie und Religion.« Bechers Interessen waren offensichtlich zentrifugaler Art, aber was sie zusammenhielt, war wohl die Vorstellung natürlicher wie auch gesellschaftlicher Zirkulation.[16]

Die Mythologie des Universalgelehrten

Das Wissen einzelner Universalgelehrter wurde oft so sehr übertrieben, dass man mit Fug und Recht von der »Mythologie« der Spezies sprechen könnte. Manchmal werden sie als allwissend beschrieben und nicht etwa als Individuen, die das akademische Wissen ihrer jeweiligen Kultur beherrschten. Diese Art der Beschreibung reicht historisch weit zurück. Der mittelalterliche Dichter John Gower nannte Odysseus einen »Gelehrten, der alles weiß«. Der deutsche Jesuit Athanasius Kircher, ein Zeitgenosse Bechers, wurde als »der letzte Mensch, der alles wusste« bezeichnet.[17] Zu späteren Anwärtern für diesen Titel gehören der in Cambridge lehrende Thomas Young, der amerikanische Professor Joseph Leidy und in jüngerer Zeit der italienische Kernphysiker Enrico Fermi, der zu Lebzeiten gleich mehrmals auf diese Weise beschrieben wurde, obwohl eine neuere Biographie erhebliche Zweifel an seiner Allwissenheit artikuliert: »Seine naturwissenschaftlichen Kenntnisse jenseits der Physik waren oberflächlich, und sein Wissen über Geschichte, Kunst, Musik und vieles andere war, vorsichtig ausgedrückt, beschränkt.«[18] Die beliebige Verwendung des Adjektivs »letzt« unterstreicht die Notwendigkeit einer Studie, die sich – wie die vorliegende – für die Perspektive der *longue durée* interessiert.

Etwas bescheidener fiel die Charakterisierung Umberto Ecos aus, der im Untertitel eines ihm gewidmeten Essaybands als »der Mann, der zuviel wusste« bezeichnet wurde, was für einen Bewunderer Alfred Hitchcocks wie ihn durchaus passend ist. Mit demselben Attribut wurden auch der Naturphilosoph Robert Hooke und der Informatiker und Kryptoanalytiker Alan Turing bedacht.[19] Auf ähnliche Weise wurde auch der eine oder andere Universalgelehrte als »letzter Renaissance-Mensch« beschrieben – so etwa der Philosoph Benedetto Croce und der Verhaltensforscher Herbert Simon. Den Biochemiker und Sinologen Joseph Needham nannte man einen »Renaissance-Menschen des 20. Jahrhunderts« und den Kritiker George Steiner einen »ganz, ganz späten Renaissance-Menschen«. Hooke wurde als »Londons Leonardo« bezeichnet, Pavel Florenskij als »Russlands unbekannter da Vinci« und Harold Lasswell als »eine Art Leonardo da Vinci der Verhaltensforschung«, der »so nah an die Renaissance-Person der Disziplin [herankommt] wie irgendein Politikwissenschaftler, der je gelebt hat«.[20] Auch der Begriff »Renaissance-Frau« wurde vielfach angewendet, von der Musik- bis zur Sexualwissenschaft.[21]

Die in den vorangegangenen Abschnitten aufgezählten Titulierungen verstärken den Mythos des einsamen Genies, das alles aus eigener Kraft erreicht, so wie in der berühmten Geschichte über die Jugend Blaise Pascals, der ohne Unterstützung

Karikatur zur Scharlatanerie mit Arzneimitteln von Bernard Partridge aus dem *Punch*, London, 1912

durch Bücher oder Lehrer die Geometrie für sich neu entdeckte. Einige Universalgelehrte waren in der Tat relativ einsam, allen voran Leonardo, der allerdings schon als junger Mann ein berühmter Künstler am Mailänder Hof der Sforza war. Giambattista Vico wiederum, der auch oft als einsam beschrieben wird, führte zumindest in seiner Jugend ein geselliges Leben in Neapel. Häufig waren es kleine Gruppen, die die Kreativität ihrer Mitglieder stimulierten, und manche Universalgelehrte wurden für Ideen berühmt, die wahrscheinlich in Gruppendiskussionen entstanden waren, wie sie im Kapitel »Ein Gruppenporträt« erörtert werden.[22] Trotz allem glaube ich, dass es bestimmte Vertreter der Spezies gibt, die sich in der Welt der Gelehrsamkeit besonders hervorgetan haben – sonst hätte ich dieses Buch nicht geschrieben.

Die vorliegende Studie wird viele Leistungen diskutieren oder zumindest erwähnen, doch keine einfache Erfolgsgeschichte präsentieren. Universalgelehrsamkeit hat ihren Preis, der in manchen Fällen – etwa bei den sogenannten »Scharlatanen«, von denen weiter unten die Rede sein wird – auch Oberflächlichkeit bedeuten kann. Die Vorstellung, Universalgelehrte seien Schwindler, reicht sehr weit zurück, mindestens bis ins antike Griechenland, wo Pythagoras als Betrüger angeprangert wurde. Im 17. Jahrhundert schrieb Bischof Gilbert Burnet, der sich aufgrund seiner breit gestreuten Interessen selber mit dem Problem konfrontiert sah: »Sehr oft sind diejenigen, die sich mit vielen Dingen beschäftigen, in ihnen allen schwach und oberflächlich.«[23] In manchen Fällen begegnet uns wiederum ein Phänomen, das man als »Leonardo-Syndrom« bezeichnen könnte, mit anderen Worten eine Verzettelung von Energie, die sich in faszinierenden oder brillanten, letztlich aber aufgegebenen oder unvollendeten Projekten zeigt.

Das Buch konzentriert sich auf Europa und Nord- und Südamerika in der Zeit vom 15. bis zum 21. Jahrhundert. Es beginnt beim *uomo universale* der Renaissance, doch schwerpunktmäßig behandelt es die langfristigen Folgen dessen, was man als die beiden Krisen des Wissens bezeichnen könnte: Die erste fand in der Mitte des 17., die zweite in der Mitte des 19. Jahrhunderts statt, beide wurden durch die starke Verbreitung von Büchern ausgelöst (es ist noch zu früh, um die langfristigen Folgen einer dritten, durch die digitale Revolution bedingten Krise vorherzusagen). Alle drei Krisen führten zu »Explosionen« des Wissens im Sinne einer raschen Expansion und einer ebenso raschen Fragmentierung. Die Auswirkungen dieser Fragmentierung werden zu gegebener Zeit erörtert werden.

Der moderne Westen – dies sei zur Erinnerung der Leser gesagt – ist keineswegs die einzige Weltregion, in der Universalgelehrte gediehen. Im folgenden Kapitel wird deshalb die kurze Präsentation einiger vielseitiger Denker vom antiken Griechenland bis zum Ende des Mittelalters ergänzt um noch kürzere Bemerkungen zu China und die islamische Welt. Für dieses Kapitel sah sich der Verfasser genötigt, seine eigene intellektuelle Komfortzone zu verlassen, doch wer über Universalgelehrte schreiben will, muss nolens volens darauf vorbereitet sein, sich aus vertrautem Terrain hinauszuwagen.

Straßburger Empedokles-Papyrus aus dem 1. Jahrhundert, Bibliothèque nationale et universitaire de Strasbourg (Physika I 262–300. P. Strasb. gr. Inv. 1665–1666)

OST UND WEST

In der prädisziplinären Epoche beziehungsweise in einer Periode wie dem Mittelalter, in der es erst wenige akademische Disziplinen gab, bestand vermutlich kaum Bedarf an einem Konzept wie dem des »Universalgelehrten«. Breit gefächerte Neugier war in dieser Zeit etwas ganz Normales und könnte sogar als »Standardeinstellung« bezeichnet werden. Dasselbe galt für das Schreiben von Büchern über vielfältigste Themen. Da es weniger zu wissen gab, als es ab der Renaissance der Fall sein würde, war es damals durchaus möglich – wenn auch unter ungeheurer Anstrengung –, zumindest alle dominanten Formen des Wissens zu beherrschen (abgesehen von den Kenntnissen, die viele alltägliche Praktiken erforderten). Gleichwohl gab es schon in der klassischen Antike (der griechischen wie der römischen), im traditionellen China, der islamischen Welt und dem abendländischen Mittelalter eine ganze Reihe von Personen, die wegen der ungewöhnlichen Breite ihres Wissens bewundert wurden – und einige wenige wurden bereits wegen mangelnder Tiefgründigkeit kritisiert.

Die Griechen

Die Diskussion über den Wert von Wissen ist – wie viele andere Debatten – erstmals im antiken Griechenland dokumentiert. Der Philosoph Heraklit (ca. 535–ca. 475 v.u.Z.) behauptete in Zusammenhang mit einer bestimmten Spezies vielseitiger Individuen: »Vielwisserei (πολυμαθίη) lehrt nicht, Vernunft (νόος) zu haben« (Fragment 40).[1] Andererseits versicherte der Philosoph Empedokles (ca. 495–435 v.u.Z.), »Lernen (μάθη) stärkt dir den Geist« (Fragment 17), und es ist fraglos nicht ohne Bedeutung, dass manche Griechen die Göttin Polymatheia verehrten.

In diversen Formen wurde diese Debatte im Laufe der Jahrhunderte immer wieder neu belebt, wobei der Inhalt stets derselbe blieb, Gewichtungen und Umstände sich jeweils unterschieden. Der wesentliche Konflikt besteht zwischen Breite und Tiefe, zwischen Isaiah Berlins »Fuchs«, der »viele Dinge weiß«, und seinem »Igel«, der »eine große Sache weiß«. Dieser Kontrast vermengt sich an verschiedenen Orten und zu verschiedenen Zeiten mit Konflikten zwischen Amateuren und Experten, Theorie und Praxis, reinem und angewandtem Wissen, Detail und Gesamtbild, Strenge und Impressionismus.[2]

Verlässt man den Rahmen des Allgemeinen und wendet sich Einzelpersonen mit einer ungewöhnlichen Begierde nach unterschiedlichen Arten des Wissens zu, so könnte man bei Pythagoras und den Sophisten beginnen, auch wenn sich unsere Kenntnis von ihnen – abgesehen von einigen wenigen noch vorhandenen Fragmenten ihrer Schriften – nur auf die Zeugnisse von Schülern oder Kritikern stützt.

Pythagoras von Samos (ca. 570–ca. 495 v.u.Z.), ein spiritueller Lehrer oder Guru, der so etwas wie eine Sekte gründete, interessierte sich für unterschiedlichste Dinge, von Reinkarnation bis Athletik und Vegetarismus (obwohl seinen Anhängern der Verzehr von Bohnen verboten war). In Erinnerung geblieben ist er als Mathematiker und vor allem als Urheber eines berühmten Lehrsatzes, auch wenn dies umstritten ist. Die Reaktionen, die Pythagoras hervorrief, waren zwiespältig, was ebenso für die Rezeption vieler späterer Universalgelehrter gilt. Auch in seinem Fall vertraten Empedokles und Heraklit gegenteilige Auffassungen. Jener pries ihn als »einen Mann von immensem Wissen«, während dieser ihn als »Fürsten der Schwindler« (oder Schwätzer: κοπίδων [ἐστὶν] ἀρχηγός) kritisierte.

Breiter gestreute Interessen als Pythagoras verfolgten die sogenannten »Sophisten«, die man als wandelnde Enzyklopädien bezeichnen könnte. Sie waren »Wanderlehrer«, die unterschiedlichste Fächer unterrichteten – ein ganzes Curriculum (die ursprüngliche Bedeutung des griechischen Begriffs ἐγκύκλιος παιδεία, von dem sich unser Wort »Enzyklopädie« herleitet). Manche von ihnen behaupteten, sie seien imstande, jede beliebige Frage zu beantworten, und boten Zuhörern die Möglichkeit, sie in der Weise zu befragen, wie wir heutzutage gedruckte oder digitale Enzyklopädien konsultieren.

Einer der berühmtesten dieser Sophisten war Hippias von Elis (ca. 460–399 v.u.Z.), der Astronomie, Mathematik, Grammatik, Rhetorik, Musik, Geschichte, Philosophie und Mnemotechnik (eine für Redner natürlich sehr nützliche Fähigkeit) gelehrt haben soll. Was wir heute über ihn wissen, verdanken wir einem Dialog von Platon, *Hippias Minor*, in dem er als arroganter Prahlhans erscheint, dessen Behauptungen von Sokrates Punkt für Punkt widerlegt werden. Hippias brüstet sich, er sei nicht nur in der Lage, »von den von mir ausgearbeiteten Prunkreden auf Wunsch eine jede vorzutragen, sondern auch jedem Beliebigen jede Frage zu beantworten, die er etwa an mich richtet«.[3]

Ein positives Beispiel bietet demgegenüber Aristoteles (384–322 v.u.Z.), berühmt für seine Schriften über eine große Vielfalt von Themen. In seinem Fall führte diese Breite offensichtlich nicht zum Vorwurf der Oberflächlichkeit. Aristoteles erwarb seinen Ruf in erster Linie als Philosoph, der sich mit Dialektik, Ethik und Metaphysik befasste, aber er schrieb auch über Mathematik, Rhetorik, Dichtkunst, politische Theorie, Physik, Kosmologie, Anatomie, Physiologie, Naturgeschichte und Zoologie.[4]

Zwei vielseitige Gelehrte wurden mit Athleten verglichen: Poseidonios von Rhodos (ca. 135 – ca. 51 v.u.Z.) und Eratosthenes von Kyrene (245–194 v.u.Z.).

Poseidonios mit dem Beinamen »der Athlet« schrieb über Philosophie, Astronomie, Mathematik, Geographie und Geschichte. Weshalb er diesen Beinamen bekam, ist eine interessante Frage. Athleten waren im antiken Griechenland sehr angesehen, und auf die Parallele zwischen der für einen Athleten und einen Gelehrten jeweils notwendigen Disziplin wurde bereits hingewiesen. Bei den Olympischen Spielen traten auch Männer an, die später als »Vielseitigkeitsathlet« bezeichnet wurden, insbesondere in den fünf Arten von Wettkämpfen, die am selben Tag stattfanden, dem sogenannten »Pentathlon«. Andererseits ist es kein gutes Zeichen, dass der Vergleich des Universalgelehrten mit dem Athleten auf die Beschreibung des Hippias durch Sokrates in Platons Dialog zurückgeht.

Ähnlich ambivalent ist der Fall des Eratosthenes von Kyrene. Der Gelehrte, der verantwortlich war für die Bibliothek von Alexandria, der berühmtesten der griechisch-römischen Welt, verdankte den Beinamen »Pentathlos« seinen Interessen für fünf verschiedene Disziplinen. Tatsächlich studierte er, was sich nach unserer heutigen Berechnung auf mindestens sieben Wissensgebiete addieren würde: Grammatik, Literatur, Philosophie, Geometrie, Geographie, Mathematik und Astronomie. Ein weiterer Beiname des Eratosthenes war »Beta« – in Anspielung auf den zweiten Buchstaben des griechischen Alphabets –, was an einen seiner Kollegen erinnert, der von einem britischen Historiker als »Kapitän der Zweitmannschaft« bezeichnet wurde. Mit anderen Worten: Der Name »Pentathlos« dürfte mindestens ebenso kritisch wie anerkennend gemeint sein.[5]

Die Römer

Anders als in Griechenland finden wir in Rom nicht nur Lobeshymnen auf herausragende intellektuelle »Vielseitigkeitskämpfer«, sondern auch Empfehlungen für Studenten bestimmter Disziplinen, sich ein möglichst breites Wissen anzueignen – vielleicht als Antidot gegen die schleichende Spezialisierung.

Cicero (106–43 v.u.Z.), einer der eloquentesten öffentlichen Redner der römischen Welt, betonte gleich zu Beginn seiner Abhandlung über den Redner (*De oratore*) die Notwendigkeit eines breiten Wissens (*scientia … rerum plurimarum*) als Voraussetzung für Erfolg in der Rhetorik. Der weitere Verlauf der Abhandlung gestaltet sich als Dialog zwischen Marcus Crassus und Marcus Antonius Orator, in dem Crassus behauptet, der Redner wird, »was immer das Thema auch sei«, besser über jedes Wissensgebiet sprechen als jemand, der sich auf das Wissen selbst beschränkt.[6] Auch eine weitere berühmte Abhandlung über die Redekunst, die *Institutio oratoria* des Marcus Fabius Quintilianus (35–100 u.Z.), bekannt als Quintilian, erklärt, der angehende Redner müsse sich in allen Disziplinen auskennen. Der

Verfasser nennt die Namen von acht Universalgelehrten, davon fünf Griechen – unter ihnen Hippias – und drei Römer, unter ihnen Cicero. Ironischerweise ist der Kontext die zunehmende Spezialisierung der Rhetoriker, ebenso wie diejenige der Grammatiker und Rechtsgelehrten.[7]

Was Cicero und Quintilian über den Redner sagen, findet sich in ähnlicher Argumentation auch bei dem Baumeister Marcus Vitruvius Pollio (ca. 75 v.u.Z.–ca. 15 u.Z.). Vitruv behauptete, sein Beruf sei »mit mehreren Wissenschaftszweigen und mannigfachen Elementarkenntnissen verbunden« (*scientia pluribus disciplinis et variis eruditionibus ornata*). Der ideale Baumeister solle ihm zufolge »stilistisch gebildet sein, kundig des Zeichnens, geschult in der Geometrie, in der Optik nicht unwissend und in der Arithmetik unterrichtet, er soll mehrfache geschichtliche Kenntnisse besitzen, die Philosophen fleißig gehört haben, sich auf Tonkunst verstehen, der Heilkunst nicht unkundig sein, mit den Entscheidungen der Rechtsgelehrten vertraut sein, die Sternkunst und die Gesetze des Himmels kennengelernt haben«.[8]

Ein exemplarischer Universalgelehrter war der Grieche Alexander von Milet (Lucius Cornelius Alexander, ca. 100–ca. 40 v.u.Z.), der als Sklave nach Rom verschleppt worden war und später den Beinamen »Polyhistor« bekam, mit anderen Worten jemand, der viele Dinge erforscht. Drei römische Universalgelehrte werden außerdem häufig in klassischen Texten erwähnt: Cato, Varro und Plinius der Ältere.

Marcus Porcius Cato, auch bekannt als Cato der Ältere (234–149 v.u.Z.), wurde von Quintilian wegen seiner vielfältigen Kenntnisse zitiert – unter anderem in Kriegführung, Philosophie, Redekunst, Geschichte, Recht und Landwirtschaft – und von Crassus in Ciceros Abhandlung mit den Worten: »[...] man konnte zu jener Zeit [hundert Jahre zuvor] in unserem Staat nichts wissen oder lernen, was er nicht erforscht, gewusst und schriftlich behandelt hätte«.[9] In seinem langen Leben, in dem er auch politische und militärische Ämter innehatte, verfasste Marcus Terentius Varro (116–27 v.u.Z.) – abgesehen von seinen Satiren – mehr als siebzig Werke über Altertümer, Sprache, Landwirtschaft, Geschichte, Recht, Philosophie, Literatur und Seefahrt. Cicero bezeichnete Varro als einen »Mann von vortrefflichem Verstand und umfassender Gelehrsamkeit« (*vir ingenio praestans omnique doctrina* [*Brutus*, 205]), und Quintilian erklärte, er habe über »viele, nahezu alle Arten von Wissen« geschrieben (*Quam multa paene omnia tradidit Varro!*).[10] Varros Abhandlung über »Disziplinen« im Plural (*Disciplinae*) wurde als »erste mit Sicherheit bestätigte Enzyklopädie« bezeichnet.[11] Der Text ist verlorengegangen, aber man weiß, dass er neben den Sieben Freien Künsten auch Baukunst und Medizin behandelte.

Plinius der Ältere (23–79) praktizierte Recht, befehligte eine Flotte und beriet mehrere Kaiser, doch wie sein Neffe, Plinius der Jüngere, in einem seiner Briefe bemerkte, »hielt er jeden Augenblick für verloren, der nicht auf die Studien verwandt wurde«. Er ließ sich von einigen Sklaven vorlesen, während er anderen etwas diktierte. Plinius schrieb über Grammatik, Rhetorik, militärische und politische Geschichte sowie über die Kunst des Reiterkampfs; außerdem verfasste er die geradezu enzyklopädische *Naturalis historia*, der er seinen Ruhm verdankt und die sehr viel mehr abdeckt als das, was später unter »Naturgeschichte« verstanden wurde. In seinem Vorwort rühmt sich der Autor, er habe ungefähr zweitausend Bücher gelesen, kein einziger Grieche habe alle Teile seines Stoffes allein abgehandelt. Auch wenn er einige seiner Aussagen auf eigene Beobachtung stützte, so war Plinius doch in erster Linie ein Kompilator. Andererseits zieht er im Vorwort zu seiner *Naturgeschichte* gegen Plagiatoren zu Felde. Möglicherweise ahnte er, dass sein eigenes Werk in späteren Jahrhunderten plagiiert werden würde.

Frontispiz des zweiten Buchs der *Historia Mundi Naturalis* von Plinius dem Älterem, Druck von Sigmund Feyerabend, Frankfurt am Main, 1582

China

Es wäre merkwürdig, wenn unersättliche Neugier und vielseitiges Wissen nicht auch außerhalb der abendländischen Tradition anzutreffen wären. In der Tat lautet ein berühmter Satz aus dem klassischen Text *Zhong Yong* (»Das Buch von Mitte und Maß«), man solle »umfassend studieren«. Die Chinesen hatten ein Wort beziehungsweise mehrere Wörter für Universalgelehrsamkeit, *boxue* (»breite Studien«) oder *bowu* (»breite Gelehrsamkeit«), während der Begriff für jemanden, der diese Studien erfolgreich abgeschlossen hat, *boshi* (»breiter Gelehrter«) war. Diese Konzepte kamen zwischen dem 5. und 2. Jahrhundert vor unserer Zeitrechnung auf.[12]

Ebenso wie die Griechen debattierten auch chinesische Gelehrte über den Umfang von Studien, was wichtige Konsequenzen für das berühmte System der Rekrutierung von Staatsbeamten hatte, die durch Ausleseprüfungen ermittelt wurden.[13] Während der Song-Dynastie (960–1279) setzten diese Prüfungen Kenntnisse in klassischer Literatur, Dichtkunst, Geschichte und Politik voraus. In einem bekannten Dokument zu einem gescheiterten Reformversuch, dem »Memorandum der zehntausend Worte«, beklagte sich der Staatsmann Wang Anshi (1021–1086) über die allgemeinen Anforderungen bei der Ausbildung künftiger Verwaltungsbeamter. Die Fähigkeit zu herrschen, versicherte er, werde »am besten durch Spezialisierung entwickelt und durch eine allzu große Vielfalt der zu studierenden Disziplinen zunichte gemacht«.[14] In späteren Jahrhunderten schwang das Pendel zwischen Spezial- und Allgemeinstudien hin und her. So verwarf Wang Yangming (1472–1529) in

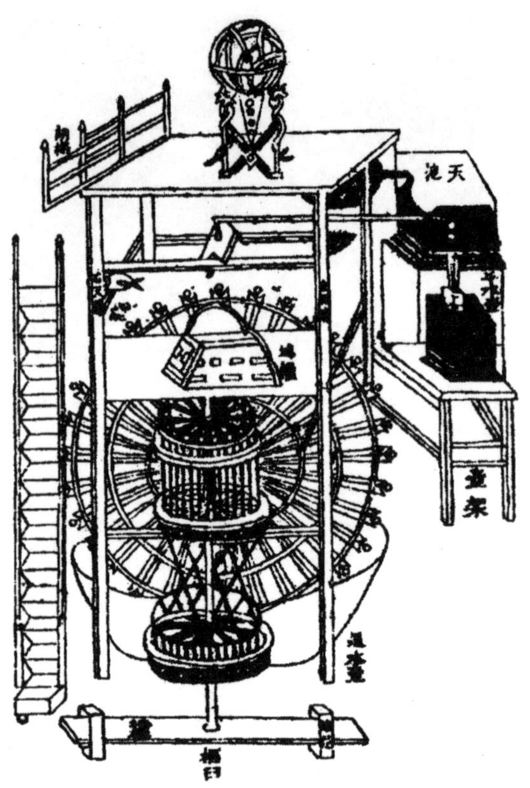

Entwurf eines Uhrenturms aus Su Songs Buch *Xin Yi Xiang Fa Yao*, 1092

seinen *Anweisungen zum praktischen Leben* breit gefächerte Studien als oberflächlich und plädierte dafür, sich nicht irgendeine Art von Wissen der Außenwelt anzueignen, sondern vielmehr das Wissen über sich selbst zu kultivieren.[15] Andererseits wurden 1679 und 1736 Prüfungen in »breiter Gelehrsamkeit und umfassendem Vokabular« abgehalten.[16]

Aufgrund der Unterschiede in der Terminologie lassen sich Vergleiche nur schwer anstellen – beispielsweise gibt es im klassischen chinesischen Denken »keinen Begriff, der dem der griechischen *philosophia* entsprechen würde« –, das Gleiche gilt für die Klassifizierung. Chinesische »Kataloge der relevanten intellektuellen Disziplinen unterscheiden sich sehr stark von denjenigen der Griechen, wie auch von unseren eigenen«.[17] Vergleichsschwierigkeiten entstehen zusätzlich durch die Unterschiede zwischen den chinesischen und griechischen Studienprogrammen. So waren etwa die Musiktheorie, die Wahrsagekunst sowie die Kritik der Malerei und Kalligraphie für chinesische Gelehrte gleichermaßen bedeutend.

Leben und Werk dreier einzelner Gelehrter mögen vielleicht dazu beitragen, sich eine Vorstellung von der Bandbreite und den Interessen chinesischer Universalgelehrter zu machen. Hui Shi (370–310 v.u.Z.), der zur »Zeit der Streitenden Reiche« lebte, hatte weit gefächerte Interessen. Seine Werke sind verlorengegangen, aber in dem taoistischen *Zhuangzi*, einer berühmten Anekdotensammlung, wird er eindrücklich porträtiert. Demzufolge war Hui Shi »ein äußerst einfallsreicher Mann, dessen Schriften fünf Wagen füllen würden«. Andererseits artikuliert der Text eine gegen Universalgelehrte immer wieder vorgebrachte Kritik: Hui, so heißt es darin, »vergeudete und verzettelte seine Talente, ohne eine wirklich echte Leistung zustande zu bringen«.[18]

Aus der Song-Dynastie ragen zwei bedeutende Gelehrte im Staatsdienst hervor: Su Song (1020–1101) und Shen Gua (1031–1095). Su Song verdankt seinen Ruhm vor allem dem Bau eines Turms für Hofastronomen und der illustrierten Beschreibung seiner durch ein Wasserrad betriebenen mechanischen Uhr. Su fertigte auch Land- und Sternenkarten an. Gemeinsam mit Helfern verfasste er zudem eine Abhandlung über Pharmakologie, in der die medizinische Verwendung von Pflanzen, Mineralien und Tieren erörtert wird.[19]

Shen Gua wiederum wurde als »die vielleicht interessanteste Figur in der gesamten chinesischen Wissenschaft« bezeichnet.[20] Er schrieb über Rituale, *tianwen* (eine Verbindung von Astronomie und Astrologie), Musik, Mathematik, Medizin, Verwaltung, Kriegskunst, Malerei, Tee und Dichtkunst und schuf außerdem Landkarten (unter anderem eine frühe Reliefkarte). Als er auf eine Mission in die Mongolei geschickt wurde, machte er Notizen über die Gebräuche der Menschen, denen er dort begegnete. Ein zeitgenössischer Chronist erwähnte Shens »unermessliches« Wissen, und im 20. Jahrhundert wurde er als chinesischer Leibniz benannt (obwohl er im Unterschied zu Leibniz offenbar nicht versuchte, die verschiedenen Stränge seines Wissens miteinander zu verbinden).[21] Shens berühmtestes Werk, das er nach seinem erzwungenen Abschied aus dem Staatsdienst verfasste, war ein Band von »Essays« mit dem Titel *Mengxi Bitan* (»Pinselunterhaltungen am Traumbach«), zusammengestellt nach den Kategorien vieler chinesischer Enzyklopädien, darunter »Alte Gebräuche«, »Philologische Kritik«, »Merkwürdige Begebenheiten« und »Kalligraphie und Malerei«.[22] Das bunt gemischte Genre der »Pinselunterhaltungen« (*bitan*) war für einen Universalgelehrten ideal.

Vergleiche und Kontrastierungen zwischen Universalgelehrten im antiken Griechenland und in China können erhellend sein, wenn man sie anhand einer klassischen Beschreibung des Naturstudiums in diesen beiden Kulturen untersucht.[23] Was griechische Universalgelehrte zum Wissen beitrugen, stand mit ihren Tätigkeiten als Lehrer in Zusammenhang – ein gemeinsames Merkmal von Pythagoras, Sokrates, Platon und den Sophisten. Die Beiträge chinesischer Universalgelehrter ergaben sich ab der Zeit der Han-Dynastie aus ihrer Arbeit als Regierungsbeamte in einer Kultur, in der von erfolgreichen Kandidaten bei Staatsprüfungen kein Spezial-, sondern Allgemeinwissen erwartet wurde. Dieselbe Erwartung wird auch an britische Beamte im öffentlichen Dienst gestellt (sie müssen Prüfungen ablegen, die ursprünglich auf das chinesische System zurückgehen), weshalb sie gelegentlich als »Mandarins« bezeichnet werden.

Von den bereits erwähnten Universalgelehrten war Su Song Präsident des Ministeriums für Personal und später Finanzminister, während Shen Gua eine Zeitlang das Büro für Astronomie leitete. Er überwachte auch Kanal- und Deichbauten an verschiedenen Flüssen, war als Finanzbeamter und als Befehlshaber einer Armee tätig. Shens vielfältige Interessen »verdankten sich seiner Erfahrung als Beamter im öffentlichen Dienst«.[24] Die Gelegenheit zum Schreiben seiner Essays bekam er, als er in Ungnade fiel, nachdem die politische Gruppierung, mit der er in Verbindung stand, ihren Einfluss verloren hatte (in Europa verdanken wir wichtige Werke wie Machiavellis *Il Principe* und Lord Clarendons *The History of the Rebellion* ähnlichen Umständen).

Wenn wir uns wieder der abendländischen Tradition zuwenden, können wir feststellen, dass es in der Spätantike und im Frühmittelalter zu einer Kritik wie auch zum Verlust weltlichen Wissens kam. Maßgebliche christliche Autoren lehnten Gelehrsamkeit rundweg ab. Einer von ihnen war Tertullian (ca. 155–ca. 240), der behauptete, »seit Jesus Christus bedürfen wir des Forschens nicht mehr, auch nicht des Untersuchens, seitdem das Evangelium verkündet worden« (*Nobis curiositate opus non est post Christum Jesum nec inquisitione post evangelium*). Ein weiterer war Augustinus, der, wie wir gesehen haben, die »eitle Wissbegier« kritisierte, die »ihren hohlen Fürwitz mit dem Namen Wissenschaft und Erkenntnis bemäntelt« (*vana et curiosa cupiditas nomine cognitionis et scientiae palliata*).[25]

Auch wenn das Frühmittelalter heute nicht mehr als die Zeit der »Dunklen Jahrhunderte« gilt, also als Epoche der Ignoranz, so lässt sich der Verlust von Wissen – oder, genauer gesagt, bestimmter Arten von Wissen – in den Jahren zwischen 500 und 1000 doch kaum leugnen. Der Niedergang der Städte ging mit dem Niedergang der Lese- und Schreibfähigkeit einher, und die Zahl der Bibliotheken nahm rapide ab. Plinius hatte Zugriff auf zweitausend Bücher, wohingegen im 9. Jahrhundert die Klosterbibliotheken von Reichenau und Sankt Gallen – seinerzeit bedeutende geistige Zentren – über jeweils nicht mehr als vierhundert Bücher verfügten. Während sich spätere Universalgelehrte mit dem Problem eines Übermaßes an möglichem Wissen auseinanderzusetzen hatten, litten diejenigen des Frühmittelalters unter dem Problem, dass es »zu wenig« zu wissen gab. In Westeuropa war das Wissen der Griechen verlorengegangen, hinzu kam, dass das Wissen der klassischen Tradition großenteils als heidnisch verurteilt wurde. Viele Texte, darunter auch Varros Auflistung des Wissens der Antike, wurden nicht mehr kopiert und fielen mithin dem Vergessen anheim. Medizinisches und mathematisches Wissen kam weitgehend abhanden. In ihrem Briefwechsel tauschten sich Ragimbold von Köln und Radulf von Lüttich, zwei Gelehrte des 11. Jahrhunderts, über die Frage aus, was mit dem Begriff »die Innenwinkel« eines Dreiecks gemeint sein könnte. Dies ruft einmal mehr in Erinnerung, »mit welch ungeheurer wissenschaftlicher Ignoranz das Zeitalter konfrontiert war«,[26] wie ein bedeutender Mediävist schrieb.

In dieser Situation bestand die Hauptaufgabe von Gelehrten in Rettungsaktionen: Sie mussten eher versuchen, das zu bewahren und zusammenzuführen, was von der klassischen Tradition übrig geblieben war, als es um Neues zu ergänzen (die sogenannten »barbarischen« Invasoren des Römischen Reichs brachten ihr eigenes Wissen mit, aber dies wurde normalerweise nur mündlich überliefert und hat deshalb die Jahrhunderte nicht überdauert). Die Gelehrten dieser Zeit trugen aber nicht nur die Fragmente des griechischen und römischen Wissens zusammen, sondern klassifizierten sie auch, sei es im Unterricht an den Domschulen oder in Enzyklopädien. Die »Sieben Freien Künste« wurden in zwei Gruppen unterteilt, das *Trivium* (bestehend aus den drei »Wortwissenschaften« Grammatik, Dialektik und

Rhetorik) und das *Quadrivium* (bestehend aus den vier »Zahlenwissenschaften« Arithmetik, Geometrie, Astronomie und Musiktheorie).

Unter diesen Umständen, so könnte man meinen, müsste es einfacher als zuvor gewesen sein, zum Universalgelehrten zu werden, schließlich gab es weniger zu studieren. Andererseits war es schwieriger geworden, die benötigten Bücher zu finden. Mehr denn je bedurfte es umfassend gebildeter Personen, die in der Lage waren, verstreute Wissensfragmente wieder zusammenzufügen. Zu den herausragendsten unter diesen Gelehrten gehörten Boethius, Isidor von Sevilla und Gerbert von Aurillac.[27]

Boethius (ca. 480–524) war ein römischer Senator, Konsul und *magister officiorum*, mit anderen Worten Vorsteher der Beamten am Hof des Ostgotenkönigs Theoderich, der in der Nähe von Ravenna residierte. Berühmt wurde Boethius vor allem durch sein Hauptwerk *Consolatio philosophiae* (Trost der Philosophie), aber er schrieb auch über Dialektik, Rhetorik, Arithmetik, Musik und Theologie und übersetzte oder kommentierte außerdem Texte von Pythagoras, Aristoteles, Platon, Archimedes, Euklid, Ptolemäus und Cicero. Schon zu Lebzeiten wurde über ihn gesagt, er sei »mit großer Gelehrsamkeit gemästet« (*multa eruditione saginatum*).[28] Angesichts der Bedrohung, der sich das Wissen zu seiner Zeit ausgesetzt sah, empfand er es als notwendig, es zu bewahren, und rettete deshalb beträchtliche Teile der griechischen Gelehrsamkeit, indem er sie für die des Lateinischen kundigen Leser verfügbar machte.[29]

Isidor von Sevilla (ca. 560–636) verfasste eine Enzyklopädie, die er als *Etymologiae* betitelte, denn vor der Beschreibung jedes einzelnen Gegenstands widmete er sich zunächst der Herkunft des betreffenden Wortes (als erstes »disciplina«). Nach den Sieben Freien Künsten behandelte er Themen wie Medizin, Recht, Theologie, Sprachen, Tiere, den Kosmos, Bauwerke, Schiffe, Nahrung und Kleidung (sein Interesse für technische Kenntnisse ist bemerkenswert). Isidor, der auch als »christlicher Varro« bezeichnet wird, zitiert Letzteren sehr häufig, aber immer nur aus zweiter Hand, was uns einmal mehr daran erinnert, dass die Werke vieler antiker Autoren im Frühmittelalter verlorengegangen waren. Es wird vermutet, dass er ein ganzes Team von Assistenten hatte.[30]

Gerbert von Aurillac (ca. 946–1003) war ein französischer Mönch, der in Spanien studiert und an der Domschule in Reims unterrichtet hatte, später Abt des berühmten Klosters Bobbio in Norditalien und schließlich Papst wurde, dafür den Namen Silvester II. annahm. Seine Interessen reichten von lateinischer Literatur – insbesondere die Gedichte Vergils und die Komödien des Terenz – bis zu Musik, Mathematik, Astronomie und dem, was wir heute als »Technik« bezeichnen: Er bediente sich eines Astrolabiums und eines Abakus und soll auch eine Orgel konstruiert haben.

Ebenso wie Plinius studierte Gerbert unablässig, wenn er nicht gerade schlief. »In meiner Mußezeit wie auch bei der Arbeit«, notierte er über sich selbst, »lehre ich, was ich weiß, und lerne, was ich nicht weiß.«[31] Seine Gelehrsamkeit wurde legendär. Der Chronist William von Malmesbury, ein englischer Mönch des 12. Jahrhunderts, schrieb, Gerbert habe sich das *Quadrivium* mit einer solchen Leichtigkeit angeeignet, als seien diese Disziplinen »unter dem Niveau seiner Intelligenz«, und was das Studium der Astrologie betreffe, habe er den Gelehrten Ptolemäus aus Alexandria noch übertroffen. William nannte Gerbert einen Nekromanten, da niemand ohne übernatürliche Hilfe so viel wissen könne; außerdem beschrieb er den von Gerbert konstruierten Kopf einer Statue, der imstande war, alle seine Fragen zu beantworten – gewissermaßen ein Alexa-Äquivalent des 10. Jahrhunderts.[32] Die Geschichte offenbart mehr über gängige Erwartungen des 10. und 11. Jahrhunderts, als sie über Gerbert verrät. Doch könnte man sie wahrscheinlich auch als Ausdruck der Verwunderung interpretieren, nicht so sehr über seine Beherrschung verschiedener Disziplinen als vielmehr darüber, dass er Dinge wusste, die niemand sonst kannte, zumindest nicht in Westeuropa.

Die islamische Welt

Dass William von Malmesbury Argwohn gegenüber Gerbert hegte, hing auch damit zusammen, dass dieser von den Muslimen (*a Saracenis*) lernte, als er in Katalonien studierte. Zu dieser Zeit hatten Gelehrte arabischer, türkischer und persischer Herkunft sehr viel mehr griechisches Wissen wiederentdeckt, als in Westeuropa verfügbar war. Griechische Texte wurden ins Arabische und Mittelpersische (Pahlavi) übersetzt, sei es direkt oder indirekt (über christliche Gelehrte, die Syriakisch sprachen). Einige der gebildetsten Gelehrten in der islamischen Welt zwischen dem 10. und 12. Jahrhundert verfassten Kommentare zu vielen Werken, die von Aristoteles stammten oder ihm zugeschrieben wurden, und mögen dazu inspiriert haben, dieses Wissen zu vertiefen.

Die Araber hatten ein Wort mit ähnlicher Bedeutung wie »Universalgelehrter«: *tafannun fi al-'ulum*, ein Gelehrter mit »weit verzweigtem Wissen« (*mutafannin*). Zwar ähnelte die Gesamtheit der Disziplinen, die Gelehrte zu beherrschen hatten, derjenigen im Abendland, doch sie war nicht identisch mit ihr. Das arabische *Falsafa* lässt sich sehr gut mit »Philosophie« übersetzen – tatsächlich ist es sogar dasselbe Wort, das aus dem Griechischen ins Arabische kam –, während *Fikh* »Recht« bedeutet und *Adab* mehr oder weniger dem entspricht, was die Griechen παιδεία nannten, die den *Adib* hervorbringen soll, sprich den »gebildeten Mann von Stand«. Das intellektuelle Gepäck eines solchen Gelehrten »bestand in der Regel aus einer beeindruckenden Menge zeitgenössischer Künste und Wissenschaften: das Netz aus religiösen Wissenschaften, Dichtkunst, Philologie, Geschichte und Literaturkritik, gepaart mit soliden Kenntnissen in den Naturwissenschaften, von Arithmetik bis Medizin und Zoologie«.[33]

Ähnlich wie sich Quintilian über den Redner und Vitruv über den Baumeister äußerten, forderte der bedeutende Gelehrte Ibn Chaldun, dessen Leistungen weiter unten erörtert werden, von einem guten Sekretär, dass er sich »mit den wichtigsten Zweigen der Gelehrsamkeit zu befassen habe«.[34] Diejenigen Zweige, die sich am stärksten von den abendländischen unterschieden, waren die Auslegung des Korans (*Tafsir*), das Studium der Berichte über die Worte und Taten des Propheten Mohammed (*Hadith*) und das, was wir als »Pharmakologie« bezeichnen (*Saydalah*). Zur Klassifizierung des Wissens gehörten Unterteilungen etwa in »rationales Wissen« (*al-'ulum al-'aqliyya*) und »das Wissen der Alten« (*al-'ulum al-awa'il*).

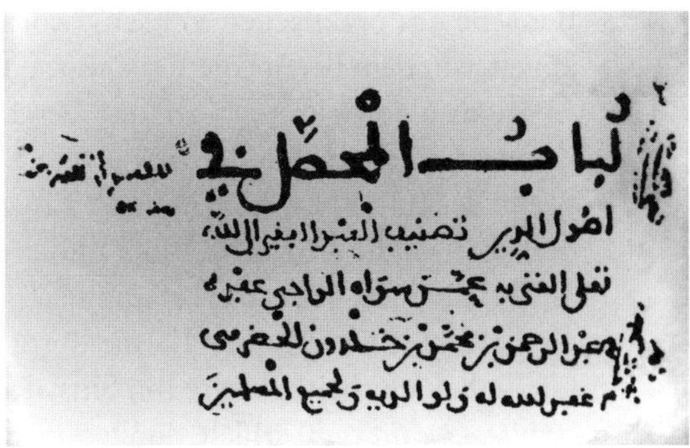

Titelblatt des Autographs *Lubab al-muhassal (Die Quintessenz der Zusammenfassung der Theologie)*, aufbewahrt in der Bibliothek des Escorial, datiert auf 1351

Eine weitere Möglichkeit, islamische Gelehrte zu lobpreisen, bestand darin, dass man sie mit dem Attribut »komplett« (*kāmil*) adelte. »Vielseitigkeit«, schrieb ein Autor, »war eine Eigenschaft, die von allen Männern der Gelehrsamkeit angestrebt wurde.«[35] Der Unterricht, der an den Koranschulen (*Medresen*) erteilt wurde, förderte diese Art von Vielseitigkeit, da die Studenten beliebig von einem Lehrer (*shaykh*) zum anderen wechseln konnten. »Unterricht in möglichst vielen Fächern und bei möglichst vielen *shaykhs*«, so eine Studie über das mittelalterliche Damaskus, »war das Ideal, nicht die spezialisierte Ausbildung in bestimmten Disziplinen.«[36]

Was einzelne solcher Universalgelehrte zum Wissen beigetragen haben, lässt sich, wenn überhaupt, nur schwer beurteilen. Sowohl in der islamischen Welt wie auch im mittelalterlichen Abendland war man der Auffassung, dass die Funktion des Gelehrten darin bestehe, traditionelles Wissen und nicht neue Dinge zu vermitteln. Zwar wurde bis zu einem gewissen Grade empirisch geforscht, und es gab auch die eine oder andere Entdeckung, doch viele wissenschaftliche Werke waren Kommentare zu Büchern früherer Gelehrter. Allgemein wird die Bedeutung einzelner Autoren in Manuskriptkulturen weniger betont als in Buchdruckkulturen. Werke von Schülern kamen häufig unter dem Namen ihrer Lehrer in Umlauf, und Kopisten nahmen sich oft genug die Freiheit heraus, in den Texten, die sie transkribierten, ganze Passagen wegzulassen oder sogar einzufügen (manche Abhandlungen verwünschten denn auch die Schreiber, die den Text auf diese Weise veränderten).

Zu den vielseitigen Gelehrten der islamischen Welt – herausragende Figuren, die zwischen dem 9. und 14. Jahrhundert (nach abendländischer Zeitrechnung) lebten – gehören die folgenden vier: Al-Kindi, Ibn Sina (bekannt unter dem Namen »Avicenna«), Ibn Rushd (»Averroes«) und Ibn Chaldun.[37]

Al-Kindi (801–873) stammte aus Basra und studierte in Bagdad. Er schrieb über Philosophie, Mathematik, Musik, Astronomie, Medizin, Optik und Zahlen, aber auch über die Herstellung von Glas, Geschmeide, Rüstungen und Parfüm, also über

Bereiche des praktischen Wissens, worin er dem chinesischen Gelehrten Su Song ähnelt, von dem bereits die Rede war. Von einem Autor des 14. Jahrhunderts wurde Al-Kindi als »vielseitiger Mann« beschrieben, der »die Philosophie in all ihren Zweigen« beherrschte.[38] Eine neuere Studie verweist auch auf »die erstaunliche Breite der Interessen Al-Kindis«.[39] Einige seiner Schriften wurden – kaum verwunderlich – von Leonardo da Vinci studiert.

Ibn Sina (ca. 980–1037) stammte aus Buchara. Bereits als Jugendlicher erhielt er die Erlaubnis von Mansur II., die dortige große Bibliothek des Emirs zu benutzen. Große Bekanntheit erlangte Ibn Sina, der auch den Beinamen »Fürst der Mediziner« (*princeps medicorum*) erhielt, durch seine medizinischen Werke und seinen kritischen Kommentar zu Aristoteles. Als 21-Jähriger verfasste er eine Enzyklopädie, das *Kompendium* (*Kitab al-Majmu*), und später noch zwei weitere enzyklopädische Werke. Das erste war *Der Kanon der Medizin* (*Al-Qanun*). Das zweite, *Das Buch der Heilung* (*Al-Shifa*), versuchte Unwissen zu überwinden, indem es Logik, Physik, Metaphysik, Mathematik, Musik und Astronomie erläuterte. Ibn Sina schrieb zudem über Geographie und Dichtkunst. Er studierte Alchemie, die er gleichzeitig aber auch kritisierte. Außerdem war er als Jurist und als Wesir bei einem Emir im Gebiet des heutigen Iran tätig.[40]

Ibn Rushd (1126–1198), der aus Cordoba stammte, war als Arzt und Richter tätig. Aufgrund seiner umfassenden Kommentare zu fast allen Werken des Aristoteles erhielt Ibn Rushd den Beinamen »der Kommentator«. Er veröffentlichte auch eigene Studien über Rhetorik, Dichtkunst, Astronomie, Medizin, Philosophie, Mathematik und Musik.[41]

Nach Ibn Rushd gibt es in der Liste islamischer Universalgelehrter eine größere Lücke, die erst mit Ibn Chaldun (1332–1406) geschlossen werden sollte. Er wurde in Tunis geboren, lebte in Fez und in Granada und starb in Kairo. Dem Schreiben widmete er sich in den Zeiten zwischen seinen drei Berufstätigkeiten, einer politischen als Diplomat und Berater verschiedener Herrscher, einer juristischen als Richter und einer akademischen als Lehrer. Ibn Chaldun lebte vier Jahre lang zurückgezogen in einem Fort im westlichen Teil des heutigen Algerien, wo er sein Hauptwerk, die *Muqaddima*, verfasste, eine mit allgemeinen Reflexionen versehene Einleitung zur Geschichte der muslimischen Welt, der *Kitab al-'ibar*. Die *Muqaddima* gilt als wesentlicher Beitrag zur Soziologie und politischen Wissenschaft, auch wenn diese Disziplinen zu Lebzeiten des Verfassers noch gar nicht existierten. Was die *Muqaddima* möglich machte, waren – wenn wir die intellektuellen Kategorien der damaligen Zeit zugrunde legen – Ibn Chalduns Kenntnisse in Geographie, Philosophie, Theologie und Medizin sowie sein profundes Geschichtsverständnis und seine Gabe zur Verallgemeinerung. Für den Westen bedeutete es einen Verlust, dass Ibn Chaldun, im Unterschied zu einigen seiner Vorgänger, hier erst in neuerer Zeit bekannt wurde. Ein Manuskript seines Hauptwerks gelangte zwar schon im 17. Jahrhundert nach Leiden, doch die ersten Übersetzungen in europäische Sprachen entstanden erst im 19. Jahrhundert, und sein Ruhm verbreitete sich im Westen sogar erst im 20.[42]

Der Gelehrte Bernhard von Chartres, der im 12. Jahrhundert lebte, soll gesagt haben, er und seine Kollegen seien »wie Zwerge, die auf den Schultern von Riesen stehen«, womit er die Griechen und Römer der Antike meinte. Genauer wäre es wohl, zu sagen, dass die Gelehrten des mittelalterlichen Abendlands auf den Schultern muslimischer Gelehrter standen und die wiederum auf den Schultern der antiken Denker. Im Frühmittelalter hatte die Herausforderung für die Gelehrten darin bestanden, die noch vorhandenen Reste der klassischen Tradition zu retten und zu bewahren. Im späteren Mittelalter ging es dann darum, nicht nur das verlorengegangene antike griechische Wissen wiederzuentdecken und sich anzueignen, sondern auch das neue Wissen, das in der islamischen Welt produziert wurde.

Eine bedeutende Innovation der Zeit ab dem 11. Jahrhundert war die Gründung von Universitäten, namentlich in Bologna und Paris, wodurch ein festes System von Disziplinen institutionalisiert wurde. Die Lehrpläne sahen vor, dass man zunächst die Sieben Freien Künste studierte, also das *Trivium* und *Quadrivium*, wie weiter oben beschrieben. Nach dem ersten Examen folgten die Disziplinen Theologie, Recht und Medizin, die eine Berufsausbildung für Kleriker, Anwälte und Ärzte boten. Trotz dieser frühen Anzeichen von Spezialisierung führten einige die Tradition des Universalgelehrtentums im Mittelalter fort. Die sechs herausragendsten unter ihnen waren: Hugo von St. Viktor, Vinzenz von Beauvais, Albertus Magnus, Robert Grosseteste, Roger Bacon und Ramon Lull.[43]

Albertus Magnus unterrichtet Studenten, aus dem Band *Epitomata seu Reparationes totius philosophiae naturalis Aristotelis*, Köln 1496

Hugo und Vinzenz wurden beide berühmt für ihre Enzyklopädien. Der Mönch Hugo von St. Viktor (ca. 1096–1141) stammte aus Sachsen, war aber in Paris tätig. Er schrieb über Theologie, Musik, Geometrie und Grammatik, doch größte Bekanntheit erlangte er mit seinem *Didascalicon*, einer Enzyklopädie, die nach drei Arten von Wissen gegliedert ist: theoretischem (zum Beispiel Philosophie), praktischem (wie

Politik) und »mechanischem« (etwa Baukunst und Seefahrt).[44] Der Dominikanermönch Vinzenz von Beauvais (ca. 1190–1264) kompilierte mit Hilfe von Assistenten eine Enzyklopädie, bekannt unter dem Titel *Speculum Maius* (»Großer Spiegel«), die sich auf die Schriften muslimischer Gelehrter wie Ibn Sina, aber auch auf Autoren der griechischen und römischen Antike stützt. Ebenso wie das *Didascalicon* gliederte sich auch Vinzenz' Enzyklopädie in drei Teile, hier in das Wissen über Natur, Doktrin und Geschichte. Die freien und mechanischen Künste, Recht und Medizin waren alle dem Abschnitt »Doktrin« zugeordnet.[45]

Unter den zu dieser Zeit tätigen Universalgelehrten gab es auch zwei Engländer: Robert Grosseteste (ca. 1175–1253) und Roger Bacon (ca. 1214–ca. 1292). Robert, später Bischof von Lincoln, verdankte seinen Beinamen »Großkopf« (*Grosseteste*) höchstwahrscheinlich seiner vielseitigen Bildung. Er lehrte Philosophie und Theologie in Oxford und verfasste den ersten lateinischen Kommentar zu Aristoteles, am bekanntesten sind jedoch seine naturwissenschaftlichen Schriften – über die Sterne, das Licht, den Ursprung der Töne, über die Hitze der Sonne und möglicherweise auch über die Gezeiten. Er war auch »der erste nachgewiesene Denker, der die Lichtbrechung als eigentliche Ursache des Regenbogens identifizierte«.[46] In seinem späteren Leben lernte er Griechisch und wurde einer der wenigen mittelalterlichen Gelehrten des Abendlands, der diese Sprache beherrschte.[47]

Ramon Lull, *Arbor scientiae* (circa 1295), Barcelona, Holzschnitt von 1505

Roger Bacon, ein Franziskanermönch, könnte ein Schüler Grossetestes gewesen sein. Er studierte und lehrte Philosophie und Theologie in Oxford, aber auch er wurde vor allem durch seine Naturforschungen bekannt, die von Astronomie bis zu Optik und Alchemie reichten. Ebenso wie später Leonardo versuchte er, eine Flugmaschine zu konstruieren.[48] Dank der Berichte aus erster Hand, die von dreien seiner Franziskaner-Brüder – allesamt Missionare – verfasst wurden, erlangte Roger aktuelle Kenntnisse über die Mongolen, deren rasche Eroberungen seinerzeit die Europäer in Angst und Schrecken versetzten.[49] Er schrieb außerdem über Mathematik und Sprache. Welchen Ruf Bacon als Universalgelehrter schon zu Lebzeiten genoss, zeigt sich an der

Geschichte (die, wie wir gesehen haben, auch Gerbert von Aurillac zugeschrieben wurde), er habe in seiner Studierstube einen Messingkopf, der alle seine Fragen beantwortete. Die Mythologie der Universalgelehrten hat also eine lange Tradition.

Die ambitioniertesten aller mittelalterlichen Universalgelehrten waren fraglos Albertus Magnus (Albert der Große) und Ramon Lull. Albertus (ca. 1200–1280) sollte nicht mit Albert von Sachsen (ca. 1316–1390) verwechselt werden, der sich mit Logik, Mathematik und Physik befasste. Albertus Magnus, ein deutscher Dominikaner, erhielt zu seiner Zeit die Ehrentitel »Doctor Universalis« oder »Doctor Expertus«, die von der Breite seiner Gelehrsamkeit zeugen. Einer seiner Studenten nannte Albertus »einen Mann von so göttlichem Wissen auf allen Gebieten (*vir in omni scientia adeo divinus*), dass man ihn mit Fug und Recht als das Wunder und Mirakel unseres Zeitalters bezeichnen kann«.[50] Albertus studierte Theologie, Philosophie, Alchemie, Astrologie und Musik, kommentierte sämtliche bekannte Werke des Aristoteles und war mit den Schriften einiger maßgeblicher muslimischer Gelehrter vertraut. Er stellte auch selbst Beobachtungen von Pflanzen und Mineralien an und klassifizierte sie. Er soll eine Statue besessen haben – oder einen Roboter, wie wir heute sagen würden –, die sich bewegen und »Hallo« (*salve*) sagen konnte, auch wenn sie nicht imstande war, Fragen zu beantworten wie die Köpfe seiner Kollegen Gerbert und Roger.

Der katalanische Mönch Ramon Lull (oder Llull, 1232–1316) wiederum demonstrierte seine Vielseitigkeit auf unterschiedlichste Weise: Er verfasste etwa 260 verschiedene Werke, darunter zwei Romane, ein Buch über die Liebeskunst und den *Baum der Wissenschaft* (*Arbor Scientiae*); er lernte Arabisch, um als Missionar in Nordafrika zu arbeiten; und vor allem schuf er seine *Ars Magna* (*Große Kunst*), nach den Worten Umberto Ecos »als System einer perfekten philosophischen Sprache, mit der man die Ungläubigen bekehren könnte«. Mit Hilfe von Logik, Rhetorik und Mathematik will die *Ars Magna* ihre Leser lehren, wie sich Argumente entdecken, erinnern und präsentieren lassen, wobei sie konzentrische Kreisscheiben verwendet, die es ermöglichen, verschiedene Ideen miteinander zu kombinieren (eine als *ars combinatoria* bekannte Technik, die zweifellos von der *zairja* arabischer Astrologen übernommen oder adaptiert wurde). Dreihundert Jahre später sollte Lulls Kunst die Aufmerksamkeit desjenigen erregen, der als bedeutendster Universalgelehrter des 17. Jahrhunderts gilt: Gottfried Wilhelm Leibniz. Überflüssig zu sagen, dass Lulls Erörterung der Kombinationskunst auch im Zeitalter der Informatik immer größere Aufmerksamkeit erfährt.[51]

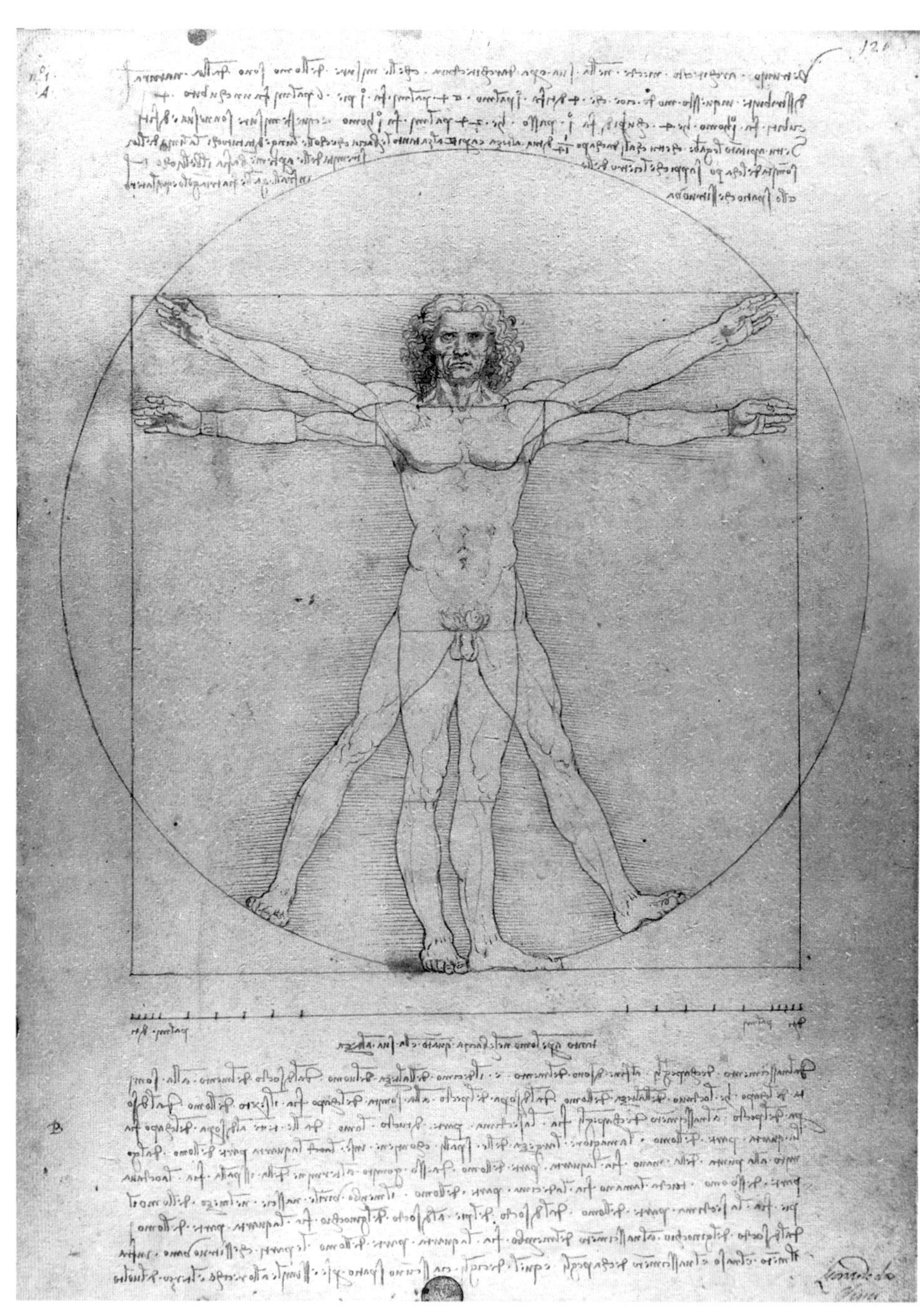

Leonardo da Vinci: *Vitruvianischer Mensch,* Venedig, Galleria dell´Accademia, ca. 1490

DAS ZEITALTER DES »RENAISSANCE-MENSCHEN« 1400–1600

Im Europa des 15. und 16. Jahrhunderts wuchs die Menge der sich in Umlauf befindlichen Informationen rapide an. In der Bewegung, die wir heute als Renaissance bezeichnen, bemühten sich Gelehrte, das Wissen der griechischen und römischen Antike wiederzuerlangen, das während des Mittelalters verlorengegangen war. Die Erforschung und Eroberung von Teilen Europas, Asiens sowie Nord- und Südamerikas brachten neues Wissen mit sich, und die Erfindung des Buchdrucks trug dazu bei, dass sich altes und neues Wissen schneller und weiter verbreiten konnte. Dennoch war es zu dieser Zeit zumindest für einige wenige Gelehrte noch immer möglich, alle Arten von Wissen zu beherrschen, die an Universitäten gelehrt und studiert wurden. Dazu gehörten inzwischen nicht mehr allein die mittelalterlichen »Wort- und Zahlenwissenschaften« (*Trivium* und *Quadrivium*), die bereits erwähnt wurden, sondern auch die »Humanwissenschaften« (*studia humanitatis*), ein festgefügtes System von fünf Disziplinen – Grammatik, Rhetorik, Dichtkunst, Geschichte und Ethik –, die den Studenten eine größere »Humanbildung« im geisteswissenschaftlichen Sinne verschaffen sollten.

In Zusammenhang mit der Renaissance denken wir im Allgemeinen nicht nur an Gelehrte, sondern auch an Künstler und vor allem an den sogenannten »Renaissance-Menschen«, eine Figur, die in Buchtiteln der wissenschaftlichen Literatur schon seit langem regelmäßig auftaucht.[1] Wie bereits erwähnt wurden verschiedene Universalgelehrte des 20. Jahrhunderts – unter ihnen Benedetto Croce, Herbert Simon und Joseph Needham – als späte Vertreter dieser Spezies bezeichnet. Die Assoziation von vielseitig gebildeten Individuen mit der Renaissance verdankt sich weitgehend dem bedeutenden Schweizer Kulturhistoriker Jacob Burckhardt.

In seinem berühmten Werk *Die Kultur der Renaissance in Italien*, erstmals 1860 erschienen und seitdem immer wieder neu aufgelegt, präsentierte Burckhardt einige Figuren jener Zeit – namentlich Francesco Petrarca, Leon Battista Alberti, Giovanni Pico della Mirandola und Leonardo da Vinci – als Beispiele dessen, was er den »allseitigen« oder zumindest den »vielseitigen« Menschen nannte.[2] Zweien dieser »Gewaltmenschen« galt Burckhardts besondere Aufmerksamkeit: Alberti und Leonardo.

Auch andere Autoren des 19. Jahrhunderts beschrieben wichtige Figuren der Renaissance auf ähnliche Weise. Vor Burckhardt hatte der französische Historiker Edgar Quinet Leonardo als »Bürger jeder Welt« charakterisiert: »Anatom, Chemiker,

Musiker, Geologe, Improvisator, Dichter, Ingenieur, Physiker.«[3] Nach Burckhardt – und vielleicht von ihm beeinflusst – feierte George Eliot in ihrem Roman *Romola* Alberti als einen »kräftigen Universalgeist, praktisch und theoretisch zugleich, Künstler, Mann der Wissenschaft, Erfinder, Poet«.[4]

Das Ideal der Universalität

Das Ideal der Vielseitigkeit beziehungsweise des »universellen Menschen« (*uomo universale*) wurde schon in der Renaissance selbst aufgestellt. Einer der bedeutenden Lehrer des italienischen Quattrocento, Vittorino da Feltre, »pflegte jene universelle Gelehrsamkeit zu preisen, welche die Griechen *encyclopaedia* nennen. Der vollkommene Mensch, sagte er, solle zum Nutzen seiner Kollegen in der Lage sein, Naturphilosophie, Ethik, Astronomie, Geometrie, Harmonie, Arithmetik und Vermessungskunde zu erörtern«. Sein Ideal war die Kenntnis »vieler und verschiedener Disziplinen«.[5] Und im Dialog über das »bürgerliche Leben« (*la vita civile*), verfasst vom Florentiner Matteo Palmieri, fragt einer der Sprecher, »wie es einem Mann wohl gelingen könne, viele Dinge zu erlernen und in vielen ausgezeichneten Künsten universell zu werden (*farsi universale*)«.[6] Eine berühmte Verkörperung des Universalitätsideals war die Figur des Doktor Faustus. Der Protagonist des ursprünglichen deutschen *Faustbuchs* von 1587 hatte eine »unersättliche Gier nach Wissen«.[7]

Diese Formulierungen des Universalitätsideals konzentrieren sich auf akademisches Wissen, das zentrale Thema dieses Buchs. Andere Konzepte sind anspruchsvoller und fordern auch Befähigung in der Welt des Handelns (*Vita activa*) ebenso wie in der des Denkens (*Vita contemplativa*), ein Kontrast, der seinerzeit oft als einer zwischen »Waffen« und »Wissenschaften« beschrieben wurde.[8] Manche Versionen fordern zudem Befähigung in den schönen Künsten. In Baldassare Castigliones Dialog über den Hofmann, *Il Cortegiano* (1528), argumentiert beispielsweise einer der Sprecher, der vollkommene Hofmann dürfe sich nicht nur als versierter Kämpfer auszeichnen, sondern müsse auch »mehr als mittelmäßig gebildet sein (*più che mediocremente erudito*), wenigstens in den, wie wir sie nennen, humanistischen Wissenschaften«, und solle darüber hinaus in der Kunst des Tanzes, der Malerei und der Musik reüssieren.[9]

Das Universalitätsideal artikulierte auch Kaiser Maximilian I. in seinem autobiographischen Ritterroman *Weisskunig*, den er ein paar Jahre vor Castigliones Buch verfasste. Der Held des Romans wird als jemand dargestellt, der sich auf vielerlei Gebieten auskennt – Kalligraphie, die freien Künste, Magie, Medizin, Astrologie, Musik, Malerei, Bauwesen, Jagd, Kampfeskunst und sogar Zimmerhandwerk – und außerdem elf Sprachen beherrscht.[10] In Frankreich war es François Rabelais, der in seinen imaginären Biographien der Riesen Gargantua und Pantagruel das anschauliche Tableau einer vielseitigen Erziehung entwarf. Gargantua studierte nicht nur die freien Künste, sondern auch Medizin und Kriegskunst, und wenn es regnete, ging er nach draußen, um Handwerkern bei der Arbeit zuzuschauen. Seinem Sohn Pantagruel riet er, auf dieselbe Weise zu studieren: die freien Künste, Recht, Medizin und Naturgeschichte – kurz, er solle sich »einen Abgrund von Wissen und Können« (*un abysme de science*) erwerben.[11]

In England geht die Idee des Universalwissens bis ins frühe 16. Jahrhundert zurück, als der Buchdrucker William Caxton »an unyversall man almost in all scyences« (einen universellen Mann in fast allen Wissenschaften) erwähnte.[12] Das Ideal der Vielseitigkeit formulierte auch Sir Thomas Elyot in *The Book Named the Governor* (1531), einer Abhandlung über die Erziehung männlicher Angehöriger der Oberschicht. Darin erörtert Elyot nicht nur den von ihm so bezeichneten »Kreislauf der Doktrin«, dem die Studenten folgen sollten, sondern spricht auch darüber, was seiner Meinung nach einen wahren Gentleman ausmacht: die Fähigkeit, Musik zu komponieren, zu malen und sogar zu bildhauern, sowie das Studium akademischer Fächer.[13] Eine solche Vision des adeligen Dilettanten, die schon in Castigliones Forderung anklingt, der Hofmann müsse »mehr als mittelmäßig gebildet sein«, sollte allerdings vom Ideal etwa eines Alberti unterschieden werden, der in allem, was er anstrebt, auch brillieren will.

Der Mythos der Universalität

Ungeachtet der spektakulären Beispiele für Vielseitigkeit, von denen schon einige erörtert wurden, lässt sich argumentieren, dass Burckhardt und manche seiner Zeitgenossen die Besonderheit der intellektuellen Spezies übertrieben dargestellt haben, die sie als »universal« oder als »Renaissance«-Menschen beschrieben (von ihren weiblichen Pendants wird später in diesem Kapitel die Rede sein). Mehrere der oben zitierten zeitgenössischen Zeugnisse sind weniger eindeutig, als sie auf den ersten Blick erscheinen mögen. Bei Castiglione dürfen beispielsweise einige Redner in seinem Dialog die Vielseitigkeit in Frage stellen, wenn sie Leute verurteilen, »die sich, obwohl sie in einem bestimmten Fache Ausgezeichnetes leisten, doch hauptsächlich auf ein andres verlegen, worin sie nicht gerade unwissend sind«, eine Passage, von der allgemein angenommen wird, dass sie sich auf Leonardo bezieht.[14]

Und auch wenn das wahrhaft »gargantueske« Bildungsprogramm, das Rabelais beschreibt, oft als Ausdruck eines Renaissance-Ideals interpretiert wurde, lässt es sich genauso gut als Parodie auf dieses Ideal deuten. Was die Figur des Faust betrifft, so wurde sein unersättlicher Wissensdurst im ursprünglichen *Faustbuch* als Beispiel für seine intellektuelle Arroganz verurteilt: Der Doktor Faustus erscheint dort nicht als Held, sondern als warnendes Exempel. Die Missbilligung der Wissbegier durch Theologen wie Augustinus wurde auch im 16. Jahrhundert noch immer ernst genommen.

Burckhardt selbst war ein sehr vielseitiger Mann: Er schrieb Gedichte, zeichnete, spielte Klavier und lehrte sowohl Geschichte als auch Kunstgeschichte (die in der deutschsprachigen Welt seiner Zeit bereits zwei getrennte Disziplinen geworden waren). Als Historiker lehnte es Burckhardt ab, sich auf eine bestimmte Periode zu spezialisieren: Er schrieb über die Kulturgeschichte Griechenlands, über das Zeitalter Konstantins und (in posthum veröffentlichten Vorlesungen) über das, was er als Weltkrise seiner eigenen Zeit betrachtete. Kein Wunder also, dass ihn vielseitige Figuren wie Alberti und Leonardo faszinierten, in denen er typische Vertreter ihrer Zeit sehen wollte, eines goldenen Zeitalters, das dem eisernen Zeitalter der intellektuellen und kulturellen Spezialisierung vorausgegangen war. Insofern trug auch Burckhardt zur »Mythologie« des Universalgelehrten bei, von der bereits die Rede war.[15]

Es gibt viele Definitionen des Mythos. Diejenige, die wir uns hier zu eigen machen, hat zwei Hauptcharakteristika. Zum einen ist der Mythos eine Geschichte über die Vergangenheit, die verwendet wird, um eine Situation in der Gegenwart zu rechtfertigen oder zu kritisieren, zum anderen eine Geschichte, deren Protagonisten überlebensgroß sind. Die Geschichte kann völlig falsch sein, ist es aber nicht notwendigerweise. Jenseits aller Übertreibungen enthält sie oft einen Kern von Wahrheit. Schauen wir also, ob und – falls ja – bis zu welchem Grad einige Individuen dieser Periode dem Ideal der Universalität tatsächlich entsprachen.

Handeln und Denken

Dass Leon Battista Alberti unterschiedlichste Fähigkeiten miteinander zu verbinden wusste, wurde von Jacob Burckhardt ausführlich erläutert. Die von einem anonymen Autor verfasste Biographie Albertis, die allgemein als Autobiographie gilt, beschrieb ihn als einen ungeheuer »vielseitigen« Menschen, der alle schönen Künste beherrschte und sich daneben mit Reiten, Springen und Speerwerfen auch sportlich hervortat.[16] Ob er tatsächlich zu körperlichen Höchstleistungen fähig war, wie er von sich behauptete, lässt sich nicht im mindesten verifizieren, aber zumindest waren einige seiner Zeitgenossen von der intellektuellen Vielseitigkeit Albertis beeindruckt. Der Humanist Cristoforo Landino stellte die (rhetorische) Frage: »Welcher Zweig der Mathematik war ihm nicht bekannt? Geometrie, Arithmetik, Astronomie, Musik – und in der Perspektive vollbrachte er wahre Wunder.«[17] Auf jeden Fall sind einige Leistungen Albertis bis heute sichtbar vorhanden: die Bauwerke, die er entwarf, seine Abhandlungen über Malerei und Architektur, sein Dialog über die Familie, sein Büchlein über mathematische Spiele und sein Selbstporträt auf einem bronzenen Medaillon.

Dank der Biographie, die von einem seiner Schüler verfasst wurde, wissen wir, dass auch der holländische Gelehrte Rudolf Agricola, der im 15. Jahrhundert lebte und vor allem für seine Studien zur Logik bekannt ist, ein Mann von »vielseitigem Wissen« (*multiplex scientia*) war: Er eiferte Alberti nach, indem er Malerei, Bildhauerei, Musik und Gymnastik praktizierte. Außerdem baute er eine Orgel.[18]

Im 16. Jahrhundert gab es eine Reihe von Personen, denen es zwar an der Vielseitigkeit eines Alberti oder Agricola fehlte, die aber eine *Vita activa* mit einer *Vita contemplativa* verbanden, also Waffen mit Wissenschaft. So führten etwa die spanischen Adeligen Garcilaso de la Vega und Alonso de Ercilla ein Doppelleben als Soldaten und Dichter: Garcilaso kämpfte in Europa und Nordafrika und wurde berühmt für seine Lyrik; Ercilla diente im Gebiet des heutigen Chile und verarbeitete den Konflikt zwischen den Indigenen und den Spaniern zu einem Epos. Im Elisabethanischen England wurde Philip Sidney, der als Soldat in einer Schlacht in den Niederlanden fiel, für seine Dichtkunst und seinen Schäferroman *Arcadia* berühmt.

Walter Raleigh, ein weiterer Elisabethaner, der Waffen und Wissenschaft miteinander verband, kam dem Idealbild des *uomo universale* noch näher. Wegen Verschwörung gegen König Jakob I. zum Tode verurteilt, bezeichnete er sich kurz vor seiner Hinrichtung, schon auf dem Schafott, als »Soldat, Kapitän, Seefahrer und Hofmann«. Er hätte hinzufügen können, dass er auch Dichter und Gelehrter war, der eine Weltgeschichte verfasst hatte. Zudem hatte er Entdeckungsreisen in Virginia und im heutigen Venezuela unternommen, und sein Buch *The Discovery of Guiana* (1596) dokumentiert sein Interesse für fremde Länder und deren Bewohner. Zeitgenossen beschrieben Raleigh als »unermüdlichen Leser« und »großen Chemiker« (mit anderen Worten als Alchemisten).[19]

Was James Crichton betrifft, so wurde dieser junge schottische Adelige von einem Zeitgenossen als »admirabel in allen Studien« (*omnibus in studiis admirabilis*) beschrieben. Der »admirable Crichton«, als der er bis heute bekannt ist, kam 1579 im Alter von neunzehn Jahren nach Italien und wurde eine Art intellektueller fahrender Ritter, der Universitätsprofessoren zu Disputationen herausforderte. Vor seinem frühen Tod – er wurde vom Sohn seines Dienstherrn, des Herzogs von Mantua, ermordet – machte Crichton zumindest auf einige Italiener großen Eindruck, mit den Worten eines von ihnen: »Er beherrscht zehn Sprachen [...], kennt sich in Philosophie, Theologie, Mathematik und Astrologie aus [...]. Er besitzt ein perfektes Wissen der Kabbala [...], improvisiert Verse in allen Metren [...], gibt sachkundige Kommentare zur Politik«, ganz abgesehen davon, dass er auch ein hervorragender Soldat, Athlet und Tänzer war und obendrein »ein brillanter Hofmann«.[20]

Andere Einzelpersonen aus dieser Zeit kombinierten Gelehrtheit mit einer Karriere im öffentlichen Leben, unter ihnen zwei englische Juristen – Thomas Morus und Francis Bacon –, die beide das höchste Amt bekleideten, das sie in ihrem Beruf erringen konnten, nämlich das des Lordkanzlers. Morus war nicht nur Humanist und Theologe, sondern auch Verfasser des philosophischen Romans *Utopia*, und Bacon veröffentlichte Essays, eine Biographie über König Heinrich VII. sowie die

Abhandlung *The Advancement of Learning*, eine Reflexion darüber, mit welchen Methoden sich Wissen vermehren lässt. Bacon, der Experimente in Naturkunde unternahm, soll an Lungenentzündung gestorben sein, nachdem er versucht hatte, Hühner durch Einfrieren zu konservieren.[21]

Gelehrte

Nur wenige der bisher beschriebenen »Renaissance-Menschen« können als Universalgelehrte im strengen Sinne gelten, doch im Europa dieser Epoche herrschte kein Mangel an vielseitigen Gelehrten, die seinerzeit als »vielwissend« (*multiscius*) bezeichnet wurden, ein Adjektiv, das der spanische Humanist Juan Luis Vives verwendete, oder als Personen von *multiplex scientia*, wie es der Biograph des holländischen Humanisten Rudolf Agricola ausdrückte. Um Humanist zu sein – also jemand, der die Humanwissenschaften lehrt –, bedurfte es, wie erwähnt, der Beherrschung von fünf Disziplinen. Erasmus von Rotterdam, der berühmteste aller Humanisten, verfügte darüber hinaus über Kenntnisse in Philologie und Theologie. Weiter wollte er jedoch nicht forschen und rief seinen Lesern ins Gedächtnis, dass Sokrates das Interesse für »unnötige Disziplinen« wie Astrologie und Geometrie kritisiert hatte, weil das eigentliche Studium der Menschheit der Mensch sei. In den Worten eines wohlwollenden Historikers strebte Erasmus nur »nach einer Art von Universalgelehrtheit«.[22]

Cristofano dell'Altissimo: *Pico della Mirandola*, Florenz, Galleria degli Uffizi, Inv.Nr. 193, 15. Jahrhundert

Andere Humanisten wagten sich weiter vor und folgten lieber dem Beispiel des Aristoteles als dem des Sokrates. Philipp Melanchthon zum Beispiel, Luthers rechte Hand in Wittenberg, der als Theologe in Erinnerung geblieben ist, studierte oder lehrte nicht nur Rhetorik und Griechisch, sondern auch Mathematik, Astronomie, Astrologie, Anatomie und Botanik.[23]

Insbesondere Giovanni Pico della Mirandola bemühte sich um Universalität. Pico ist vor allem für seine *Oratio de hominis dignitate* (*Rede über die Würde des Menschen*) bekannt, eine Art Manifest des Renaissance-Humanismus, aber seine Interessen waren sehr viel breiter gestreut. Er verfasste 900 philosophische Thesen zu »dialektischen, moralischen, physischen, mathematischen, metaphysischen, theologischen, magischen und kabbalistischen« Fragen, die er 1486, mit gerade einmal dreiundzwanzig Jahren, in einer Disputation in Rom verteidigen wollte, wozu es allerdings nie kam. Pico argumentierte, Mathematik sei »die Methode zur Erforschung all dessen, was erkennbar ist« (*via ad omnis scibilis investigationem*). Er erlernte die hebräische, aramäische und arabische Sprache, und insbesondere faszinierte ihn das Studium der geheimen jüdischen Tradition der Kabbala (oder Kabbalah), die er »in die christliche Welt [...] einführte«. Er interessierte sich nicht nur für die mystische Tradition der Kabbala, sondern auch für die Anwendung hebräischer Buchstaben und Wörter zu magischen Zwecken, eine Technik, die Pico mit der Kombinationskunst Ramon Lulls verglich.[24]

Im *Dialogus ciceronianus* des Erasmus wurde Pico von einer Figur als »allseitiger Mann« (*ingenium ad omnia factum*) beschrieben, und Picos Biographie, verfasst von seinem Neffen, bezeichnete ihn als ein Beispiel für »Männer, die in jeder Art von Disziplin Experten sind« (*viri omni disciplinarum genere consumatissimi*). Wie wir sehen werden, verwiesen spätere Universalgelehrte und ihre Bewunderer oft auf Pico als Vorbild.[25]

Nun sollte Pico nicht als jemand angesehen werden, der mit der Tradition brach. Seine 900 Thesen begannen mit sechzehn Schlussfolgerungen »nach Albert«, mit anderen Worten nach Art des *Doctor universalis* Albertus Magnus. Sie bezogen sich auch auf Ibn Rushd, Ibn Sina und Al-Farabi. Das intellektuelle Turnier, das Pico in Rom abhalten wollte, sollte mittelalterlichen Vorbildern folgen, nämlich den *Quodlibeta*, wie sie an der Prager Universität stattgefunden hatten, in denen ein Universitätslehrer Fragen für Disputationen in allen Disziplinen vorbereitete.[26]

Eine erhebliche Anzahl von Personen (alle vor 1565 geboren) kann für sich in Anspruch nehmen, als Renaissance-Universalgelehrte angesehen zu werden. Unter den folgenden fünf Beispielen finden sich ein Deutscher, zwei Franzosen, ein Engländer und ein Schweizer: Heinrich Cornelius Agrippa von Nettesheim, Jean Bodin, Joseph Scaliger, John Dee und Conrad Gessner.

Von Agrippa wird angenommen, dass er das Vorbild zu jenem Symbol der Allwissenheit lieferte, wie sie Doktor Faust verkörperte. In seiner Tragödie über diese Figur legt Christopher Marlowe dem Protagonisten die prahlerischen Worte in den Mund, er wolle werden »as cunning as Agrippa was« (das Wort »cunning« [eigentlich: schlau, gerissen] bezog sich seinerzeit auf Wissen im Allgemeinen). Ehe er eine akademische Laufbahn einschlug, diente Agrippa als Soldat, das heißt, auch er verband Waffen mit Wissenschaften, außerdem wurde er als Diplomat und Arzt beschäftigt. Zu seinen Interessengebieten gehörten Theologie, Philosophie, Recht, Medizin, Alchemie, Magie und die geheime jüdische Tradition der Kabbala, die auch Pico faszinierte. Agrippa, der sich selbst als »Büchervielfraß« (*helluo librorum*) bezeichnete, rezipierte ausgiebig die Schriften des älteren Plinius und verfasste einen Kommentar zu einem Werk von Lull. Zu seinen Büchern gehören *De incertitudine et vanitate scientiarum* (*Von der Ungewissheit und Eitelkeit der Wissenschaften*,

1527), ein allgemeiner Überblick über das Wissen von einem skeptischen Standpunkt aus, und *De occulta philosophia* (1531–1533), eine dreibändige Abhandlung über Magie (natürliche, himmlische und religiöse), in der er behauptete, sie könne helfen, Probleme zu lösen, die von Skeptikern zur Sprache gebracht wurden. Agrippa besaß einen schwarzen Hund, der, so wurde gemunkelt, in Wirklichkeit ein Dämon war. Wie im Falle von Gerbert, Roger Bacon und Albertus Magnus wurde auch Agrippa mit einer Mischung aus Verwunderung und Argwohn betrachtet.[27]

Jean Bodin, Porträt aus dem Buch *Illustres d'Anjou* von Claude Ménard, vor 1620

Jean Bodin wurde von dem Historiker Hugh Trevor-Roper als »der unangefochtene Vordenker des späteren 16. Jahrhunderts« bezeichnet.[28] Seinen Ruhm verdankt er vor allem seiner Studie über den Staat *Six Livres de la République* (1576), einem Plädoyer für die absolute Monarchie (das Wort *République* im Titel bedeutet »Gemeinwesen«, nicht »Republik« im modernen Sinne). Das Buch verbindet politische Theorie mit dem, was sehr viel später als »politische Wissenschaft« bekannt wurde, und liefert eine bahnbrechende komparative Analyse politischer Systeme. In seiner Schrift *Methodus ad facilem historiarum cognitionem* (*Methode zum leichten Begreifen der Geschichte*, 1566) – ein Leitfaden für Studenten in Form eines bibliographischen Essays – hatte Bodin einen Zusammenhang zwischen Geschichts- und Rechtsstudium hergestellt und empfohlen, die Gesetze »aller oder der berühmtesten Gemeinwesen« miteinander zu vergleichen, um die besten auszuwählen. Den idealen Juristen beschrieb er als »eine lebende Enzyklopädie« und betonte die Notwendigkeit für Historiker, auch Geographie (inklusive Klima) und Philosophie zu studieren, das heißt, als *Geographhistorici* und *Philosophistorici* zu handeln.[29]

Die anderen Bücher Bodins sind nur in Fachkreisen bekannt. Das gilt etwa für die *Démomanie des sorciers* (1580), eine Beschreibung der Umtriebe von Hexen und ihrem Pakt mit dem Teufel, der nach den Worten des Verfassers die Richter in Hexenprozessen zu Nachsichtigkeit zu überreden versucht. Bodin kritisiert Agrippa für sein Studium des Okkulten. Ein weiteres Buch, *Universae naturae theatrum* (1596), ist eine Art Enzyklopädie in Form eines Dialogs, der Naturgeschichte, Naturphilosophie und Naturtheologie miteinander verbindet und anhand spezifischer Beispiele aus den Bereichen von Astronomie bis Zoologie aufzeigen will, dass alles in der Natur einen sinnvollen Zweck in Gottes Plan erfüllt. Bodin äußerte sich auch zu Fragen der »Volkswirtschaft«, wie wir heute sagen würden. Er kann »mit Fug und

Recht als einer der ersten Formulierer der Quantitätstheorie des Geldes gelten«, die er aufstellte, um die Argumente eines königlichen Beamten zu widerlegen, der wegen eines kürzlichen Preisanstiegs besorgt war.[30]

Von Bodin stammt wahrscheinlich auch der anonyme »Dialog der Sieben« (*Colloquium Heptaplomeres*), dessen Teilnehmer die verschiedenen Vorzüge von Katholizismus, Calvinismus, Lutheranismus, Judaismus, Islam und Naturreligion erörtern. Auf jeden Fall war er aktiv an Versuchen beteiligt, die Kriege zwischen Katholiken und Protestanten in Frankreich zu beenden.[31]

Joseph Scaliger, ein weiterer Franzose, könnte durchaus als Rivale Bodins um den Titel eines »Vordenkers« seiner Zeit betrachtet werden. Scaliger, der schon zu Lebzeiten als »Herkules« der Gelehrtenrepublik galt, von Kant als »Wundermann« des Gedächtnisses und in neuerer Zeit als ein »Titan an Gelehrsamkeit« bezeichnet wurde, war im Wesentlichen Philologe, ein einzigartiges Beispiel für den »Gelehrten des Gelehrten«, das den Engländer John Selden zur Nachahmung anspornen sollte, wie noch zu zeigen sein wird.[32] Seine Editionen klassischer Werke – vom römischen Universalgelehrten Varro bis zu den Dichtern Catull, Tibull und Properz – zeichneten sich nicht nur durch brillante Korrekturen der Originaltexte aus, sondern auch durch methodische Innovationen, namentlich die Rekonstruktion der Geschichte der Texttradition.

Scaliger verband den Ansatz klassischer Philologen mit demjenigen von Rechtsgelehrten wie Jacques Cujas, bei dem er studiert und gelernt hatte, wie man einzelne Beweisstücke zu einem Ganzen zusammenfügt. Für seine Ausgabe eines astronomischen Lehrgedichts des antiken römischen Autors Marcus Manilius musste er die Geschichte dieser Disziplin studieren. Scaliger wurde auch Orientalist und erlernte die hebräische, aramäische und arabische Sprache. All diese Kenntnisse verarbeitete er in seinem Hauptwerk »Über die Korrektur von Chronologien« (*De emendatio temporum*, 1583), ergänzt um den *Thesaurus temporum* (1606). In diesen Büchern entfaltete Scaliger eine systematische Kritik der Quellen in verschiedenen antiken Sprachen, wobei er sich, wie Isaac Newton ein Jahrhundert später, auf astronomische Informationen stützte, um Widersprüche zwischen griechischen, römischen, babylonischen und anderen Chronologien aufzulösen.[33]

Von dem englischen Gelehrten John Dee wird bisweilen vermutet, er habe als Vorbild für den Protagonisten von Christopher Marlowes Tragödie *Doctor Faustus* gedient (wie Agrippa im Fall des ursprünglichen deutschen *Faustbuchs*). Bis vor relativ kurzer Zeit wurde er – ebenso wie Agrippa – von Historikern ignoriert, da er unter anderem Disziplinen wie Astrologie, Angelologie, Magie und Alchemie studierte, die heute nicht mehr zum Kanon des vorherrschenden Wissenschaftsbetriebs gehören, auch wenn sie auf Fans des Okkulten nach wie vor ihren Reiz ausüben. Dees Interessen erstreckten sich auch auf Mathematik, Astronomie, Philosophie, Recht, Physik, Navigation und Geographie (die er in den Niederlanden bei dem berühmten Kartographen Gerhard Mercator studiert hatte). Besonders interessierte er sich für einige seiner Vorgänger unter den Universalgelehrten, wie etwa Albertus

Magnus, Roger Bacon, Ramon Lull und Pico della Mirandola. Seine Bibliothek, eine der größten zu seiner Zeit, umfasste an die viertausend Druckwerke und Manuskripte, darunter Abhandlungen über Architektur, Musik, Antiquitäten, Heraldik und Genealogie sowie über die bereits erwähnten Disziplinen. Kurz gesagt, »in seinem Bemühen um universelles Wissen war er ein vollkommener Renaissance-Mensch«, also buchstäblich »omnidisziplinär«.[34]

In seinem relativ kurzen Leben – er wurde nur neunundvierzig Jahre alt – erwarb sich Conrad Gessner wiederum einen Ruf als Humanist, Arzt, Naturforscher und Enzyklopädist. Er wurde wahlweise als »Polyhistor« oder als »deutscher Plinius« bezeichnet (und später auch als ein »Monster der Gelehrsamkeit«, ein Ausdruck, auf den wir im folgenden Kapitel zurückkommen werden).[35]

Gessner war Griechischprofessor in Lausanne. Er veröffentlichte mehrere Editionen antiker griechischer Texte, doch in Erinnerung bleibt er vor allem wegen seiner umfangreichen Biobibliographie, der *Bibliotheca universalis* (1545). Auf 1.300 Seiten bot Gessner Informationen über 10.000 Werke von 3.000 Autoren, die auf Latein oder Griechisch geschrieben hatten, und schuf damit ein Nachschlagewerk von unschätzbarem Wert, das zumindest teilweise dazu gedacht war, klassische Texte zu entdecken und zu bewahren.[36] Später verfasste er noch eine komparative Studie über etwa 130 seinerzeit bekannte Sprachen (*Mithridates*, 1555).

Als sei das noch nicht genug, praktizierte Gessner zudem als Arzt in Zürich und lieferte, wie andere Humanisten seiner Generation, Beiträge zum Studium der Natur wie auch der Kultur. Er veröffentlichte Bücher über Tiere (*Historiae animalium*, fünf Bände, 1551–1558), Bäder (*De Germaniae et Helvetiae Thermis*, 1553) und Fossilien (*De fossilium genere*, 1565) und hinterließ botanische Manuskripte, die vielleicht zu einem weiteren Buch geworden wären, hätte der Verfasser ein wenig länger gelebt. Die Tradition des Renaissance-Humanismus offenbart sich in dem Interesse, das Gessner den Auffassungen antiker Autoren wie Aristoteles und Plinius entgegenbrachte, doch stützte er sich auch auf eigene Beobachtungen von Pflanzen und Tieren. Ihm zu Ehren wurden eine Blumengattung und eine Mottenart nach ihm benannt.

Um zu verstehen, wie es Gessner gelingen konnte, so viel über so viele Themen in seinem kurzen Leben zu veröffentlichen, haben Wissenschaftler in jüngerer Zeit seine Arbeitsmethoden untersucht. Ein Großteil seiner Informationen stammte von Korrespondenten, deren Briefe er oft zerschnitt und nach thematischen Gesichtspunkten neu ordnete. Andere Informationen bezog er von Besuchern wie auch aus seiner umfassenden Belesenheit, während die Aufgabe, die ungeheure Masse an Material zu organisieren, zum Teil Assistenten und Sekretären übertragen wurde. Gleichwohl bleibt Gessners Leistung beeindruckend.[37]

Was veranlasste all diese Personen, derart viele unterschiedliche Themen zu studieren? Im Falle Gessners mag es schlicht und einfach eine füchsische Neugier gewesen sein, davon abgesehen dürften seine leidenschaftliche Ordnungsliebe und sein Bedürfnis, die »Unordnung der Bücher« zu beseitigen, von der er einmal sprach, fraglos eine gewisse Rolle gespielt haben. Bei anderen Universalgelehrten, den »Igeln«, war das Hauptziel die Vereinheitlichung des Wissens, ein Thema, das in späteren Kapiteln dieses Buchs seinen Widerhall finden wird. Pico zum Beispiel bietet das eindeutige Beispiel eines Universalgelehrten, der vom Wunsch getrieben ist, widerstreitende Ideen (etwa die von Platon und Aristoteles) und gegensätzliche Kulturen (die christliche, jüdische und muslimische) miteinander in Einklang zu bringen. Kein Wunder also, dass er zu seiner Zeit als *Princeps Concordiae* (*Fürst der Eintracht*) bekannt war – ein umso passenderer Titel, als sich die italienische Stadt Concordia im Besitz seiner Familie befand.

Auch Nikolaus von Kues, der nicht nur als Philosoph, Theologe, Kirchenrechtler, Mathematiker und Astronom, sondern auch als Diplomat und Kardinal tätig war, hegte den starken Wunsch, Konflikte zu lösen. Seine Abhandlung *De Concordantia Catholica* war darauf ausgerichtet, Spaltungen innerhalb der Kirche zu überwinden.[38] Pico kannte Nikolaus' Ideen und hoffte, seine Bibliothek in Deutschland besuchen zu können.[39] Ein weiterer Universalgelehrter, der Franzose Guillaume Postel, war ebenfalls von dem Wunsch nach Eintracht beseelt. Sein Buch zu dem Thema, *De Orbis Terrae Concordia*, betonte die gemeinsamen Elemente in den Religionen der Welt.[40]

Bodin ging es ebenfalls um Harmonie, was angesichts der zu seiner Zeit in Frankreich ausgetragenen Religionskriege kaum überraschen darf. Er betrachtete die Natur als ein harmonisches System, und sein Buch über Politik, das unter anderem die Frage harmonischer Gerechtigkeit erörterte, wurde wiederum von dem Astronomen Johannes Kepler in dessen Werk *Harmonices mundi libri V* (*Fünf Bücher zur Harmonik der Welt*, 1619) zitiert. Zu Bodin wurden verschiedene Ansichten geäußert: Die Gesamtheit seiner Schriften zum Recht sei vom »Ziel einer universellen Synthese inspiriert«; er sei ein »geradezu besessener Systematiker« gewesen; das zentrale Thema seiner *Heptaplomeres* sei Harmonie; und sein *Universae naturae theatrum* veranschauliche den Versuch, »Ordnung und Kohärenz in die ständig zunehmenden Mengen an Wissen« zu bringen, ein Versuch, der ab dem 17. Jahrhundert, wie wir sehen werden, immer schwieriger wurde.[41]

Enzyklopädien wurden zu dieser Zeit noch von einzelnen Gelehrten kompiliert, die sich dabei oft von einem Anspruch auf Totalität leiten ließen, was angesichts einer Vervielfachung gedruckter Bücher allerdings zunehmend kompliziert wurde. Der spanische Humanist Juan Luis Vives schrieb in seinem Buch *De disciplinis* (1531) über die Totalität der Gelehrsamkeit. Conrad Gessner veröffentlichte Enzyklopädien über Bücher und Tiere. Gerolamo Cardano, ein italienischer Arzt, der bis heute wegen seiner Beiträge zur Mathematik in Erinnerung geblieben ist, war auch

Verfasser zweier enzyklopädischer Werke, *De subtilitate* (1550) und *De rerum varietate* (1558). Der kroatische Gelehrte Pavao Skalić veröffentlichte seine *Encyclopaediae* 1559, der Schweizer Theodor Zwinger, Professor an der Universität Basel, brachte sein *Theatrum Vitae Humanae* 1565 heraus. Das *Theatrum* enthielt Beispiele über Beispiele menschlicher Verhaltensweisen, angeordnet nach moralischen Kategorien. Die dritte Auflage des Buchs erreichte einen Umfang von 4.500 Seiten mit über sechs Millionen Wörtern.[42]

Künstler und Ingenieure

Die Kreativität der Teilnehmer an jener Bewegung, die heute als Renaissance bekannt ist, wurde gelegentlich mit einem Phänomen erklärt, das wir als »Entsplitterung« bezeichnen könnten, mit anderen Worten die Beseitigung oder zumindest Schwächung von Barrieren der Kommunikation zwischen verschiedenen Gruppen, durch die die »Kluft, die den Gelehrten und Denker vom Praktiker getrennt hatte«, überbrückt wird.[43]

So waren einige Humanisten wie Alberti zum Beispiel mit Malern und Bildhauern befreundet (im Falle Albertis mit Masaccio und Donatello). Alberti plädierte dafür, dass nicht nur Maler eine Allgemeinbildung besitzen sollten, sondern auch Baumeister (dies in Anlehnung an den antiken Römer Vitruv). Der Humanist Georg Agricola wiederum arbeitete als Arzt in der Bergbaustadt Joachimsthal (heute Jáchymov in Tschechien). In seinem bekanntesten Werk *De re metallica* (*Vom Bergwerk*, 1556) stützte er sich auf das praktische Wissen von Bergarbeitern sowie auf seine eigene Lektüre und Beobachtung.[44]

Akademiker hatten zu dieser Zeit kein Monopol auf Vielseitigkeit. Auch Künstler oder Ingenieur waren damals so etwas wie Universalgelehrte. Albertis Freund Filippo Brunelleschi beispielsweise ist bis heute für zwei ganz unterschiedliche Leistungen berühmt. Die eine bestand darin, dass er den Bau der Kuppel der Kathedrale von Florenz plante und beaufsichtigte, wobei er konstruktionstechnische Probleme meisterte, die andere für unlösbar gehalten hatten. Die andere war die, dass er die Gesetze der linearen Perspektive wiederentdeckte. Diese Gesetze wurden wohl durch ein Meisterwerk des Illusionismus illustriert, ein verschollenes Gemälde des Florentiner Baptisteriums, das von der Rückseite her durch ein Guckloch im Spiegelbild betrachtet werden sollte. Brunelleschi wurde nachgesagt, er habe Vermessungstechniken, die er anhand seiner Untersuchungen antiker römischer Bauten in Rom erlernt hatte, auf die Malerei angewandt. Sollte dies tatsächlich zutreffen, würde seine Leistung ein beeindruckendes Beispiel dafür liefern, wie Universalgelehrte Wissen erweitern, indem sie Ideen und Praktiken von einer Disziplin auf eine andere übertragen.

Ursprünglich war Brunelleschi zum Goldschmied ausgebildet worden, was ihn zur Bildhauerei brachte und ihm erlaubte, an einem wichtigen Wettbewerb für den besten Entwurf der Bronzetüren des Baptisteriums in Florenz teilzunehmen (dabei belegte er den zweiten Platz hinter seinem spezialisierteren Rivalen Lorenzo Ghiberti). Brunelleschi war auch ein bedeutender Erfinder von großen und kleinen Maschinen und zugleich der erste, der ein Patent für eine Erfindung erwarb. Seine Geistesprodukte reichten von einer frühen Weckuhr bis zu einem Holzkran, der die schweren Balken, die für die Konstruktion seiner berühmten Kuppel nötig waren, nach oben transportieren konnte. Nach Aussage eines seiner frühen Biographen war er nicht nur ein Mathematiker, sondern auch »bewandert in der Bibel« und ein Kenner der Werke Dantes. Zudem schrieb er Verse und bediente sich des Sonetts als eines Mediums, um seine Rivalen und Kritiker zu beleidigen.[45]

Brunelleschis Freund Mariano »Taccola«, der auch als »Archimedes von Siena« bekannt ist, war als Notar, Bildhauer und städtischer Beamter für das Straßenwesen sowie als Militäringenieur im Dienst von Kaiser Sigismund tätig. In Erinnerung bleibt er für seine beiden Abhandlungen über Maschinen verschiedener Art, die auch Erörterungen und Illustrationen einiger Erfindungen Brunelleschis sowie einzelner innovativer Kriegswaffen enthalten.[46]

Francesco di Giorgio Martini, ein weiterer Sieneser und ehemaliger Schüler Taccolas, der als Maler ausgebildet worden war, offenbarte im Laufe seines Schaffens noch eine Vielfalt anderer Gaben. Zunächst für die Wasserversorgung in Siena zuständig, wurde er später Baumeister und Militäringenieur im Dienst des Herzogs von Urbino und zweier Könige von Neapel. Die Tradition Brunelleschis und Taccolas fortsetzend schrieb Martini über Architektur, Festungsbau und Maschinen, darunter eine Pumpe, eine Säge und ein Triumphwagen, der wahrscheinlich bei Festumzügen zum Einsatz kommen sollte.[47]

In seinen berühmten Künstlerbiographien *Le Vite* bezeichnete Giorgio Vasari verschiedene von ihnen – unter anderen Giulio Romano und Francesco Primaticcio – als *universale*, während der Herzog von Urbino ihn noch übertrumpfte, indem er für den Baumeister Bartolomeo Genga das Adjektiv *omniversale* erfand. In diesen Fällen beziehen sich die Begriffe wahrscheinlich auf eine Vielseitigkeit in den Künsten.[48] Bei Leonardo gehen sie weit darüber hinaus.

Leonardo

Das berühmteste Beispiel des »Renaissance-Menschen«, Leonardo da Vinci, ist zugleich eins der untypischsten.[49] Er war kein Humanist, denn im Gegensatz zu den im vorigen Abschnitt genannten Ingenieuren mangelte es ihm an humanistischer Bildung. Möglicherweise hatte er nie eine Schule besucht, und im späteren Leben gelang es ihm nur unter Schwierigkeiten, Latein zu lesen. Seine künstlerische Ausbildung erhielt Leonardo in der Werkstatt des berühmten Florentiner Meisters Andrea Verrocchio, wo er nicht nur Malerei und Bildhauerei, sondern auch das

Entwerfen von Kriegsgerät erlernte, was ganz der toskanischen Ingenieurstradition von Brunelleschi bis zu Francesco di Giorgio entsprach (mit dem er sich später befreundete). Leonardo ist ein hervorstechendes Beispiel für die einzigartige Innovationstradition im Florenz des 15. und 16. Jahrhunderts, in der Meister in ihren Werkstätten ihr Wissen an Lehrlinge weitergaben. Es lassen sich ganze Genealogien von Künstlern identifizieren, die jeweils von ihrem Vorgänger lernten, dabei aber ihren eigenen Stil entwickelten. Verrocchio zum Beispiel unterrichtete nicht nur Leonardo, sondern auch Domenico Ghirlandaio, dessen Schüler wiederum Michelangelo war.

Von Florenz aus ging Leonardo nach Mailand, wo er die Aufmerksamkeit des Herzogs Ludovico Sforza mit dem Versprechen gewann, Brücken, Kanonen, Katapulte und Minen zu konstruieren sowie – an zehnter Stelle in seiner Liste – bildhauerische und architektonische Werke zu schaffen. Er bekam eine Anstellung als herzoglicher Ingenieur (*ingeniarius ducalis*) und wurde nicht nur mit dem Bau von Kanälen und Befestigungsanlagen betraut, sondern auch mit der Erfindung von »Spezialeffekten« für höfische Festumzüge. Am Mailänder Hof erwarb sich Leonardo zudem einen Ruf als versierter Musiker, der die Lyra spielte und sang – Begabungen, die in der Welt von Castigliones Hofmann sehr geschätzt wurden. Außerdem erfand er neue Musikinstrumente und stellte Klangforschungen an.[50] Später arbeitete Leonardo als Militäringenieur für die Republik Venedig und für den Papstsohn Cesare Borgia, als dieser sich anschickte, die Romagna zu erobern. Leonardo entwarf viele Maschinen, darunter einen mechanischen Löwen, eine gigantische Armbrust, ein Radschlossgewehr, Flugapparaturen und eine Art Unterseeboot.[51]

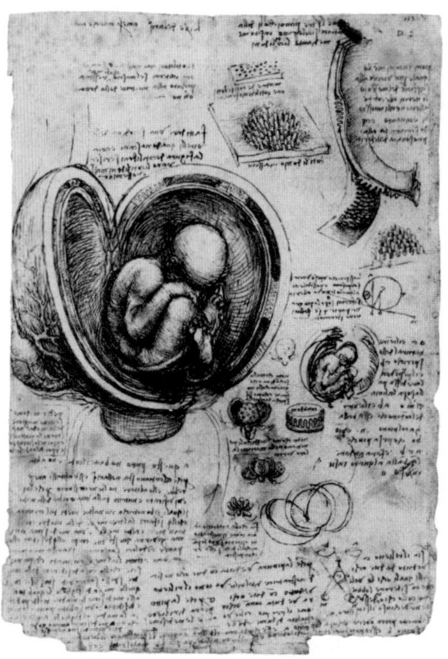

Leonardo da Vinci: Anatomische Zeichnung eines Fötus kurz vor der Geburt, 16. Jahrhundert

Leonardo stand ebenso in der Tradition von Malern und Bildhauern wie in derjenigen von Künstler-Ingenieuren, zu der, wie wir gesehen haben, Brunelleschi, Taccola und Francesco di Giorgio gehörten. Tatsächlich lässt sich von manchen Maschinen, die in seinen Notizbüchern abgebildet sind, nur schwer sagen, ob es sich dabei um Erfindungen von ihm handelt oder ob er sich auf ein allgemein verbreitetes Grundwissen stützte. In jedem Fall übertraf Leonardo seine Vorgänger in vielerlei Hinsicht.

Wie der Bildhauer Benvenuto Cellini berichtet, soll Franz I. von Frankreich zu ihm gesagt haben, »er glaube nicht, es sei je ein Mensch zur Welt gekommen, der wie Leonardo so viel gewußt habe über Bildhauerei, über Malerei oder Architektur und ein ebenso großer Philosoph gewesen sei«.[52] Es ist keineswegs vonnöten, sich allein auf das Zeugnis des Königs zu berufen. Die etwa 7.000 Seiten von Leonardos Notizbüchern, von denen manche wegen ihrer Größe als »Codex im Atlasformat« bezeichnet wurden, dokumentieren zu Genüge die ungeheure Interessenvielfalt ihres Verfassers, die selbst einen Alberti in den Schatten stellte.

Auf den meisten Gebieten war Leonardo ein Autodidakt, der sich in einem seiner Notizbücher selbst als »Mann ohne Gelehrsamkeit« (*omo sanza lettere*) bezeichnete, obwohl er später stolz erklärte, dass sein Wissen auf Erfahrung und nicht auf Textlektüre basiere.[53] Tatsächlich trug er im Laufe der Zeit eine Bibliothek zusammen, die im Jahr 1504 knapp 120 Bände umfasste. So studierte er etwa den antiken Autor Ptolemäus über Kosmographie, Vitruv über Baukunst, mittelalterliche Texte über Optik und Anatomie sowie die Schriften früherer Universalgelehrter wie Plinius, Roger Bacon, Al-Kindi und Ibn Sina.[54]

Wahrscheinlich lernte Leonardo sogar noch mehr durch Unterhaltungen mit Experten. Er machte sich Notizen wie die folgenden: »Lass dir vom Abakus-Meister zeigen, wie man ein Dreieck quadriert [...] Frag Maestro Antonio, wie Bombarden bei Tag oder bei Nacht auf Bastionen zu richten sind. Frag Benedetto Portinari, auf welche Weise man in Flandern über das Eis läuft.« Während seiner Mailänder Zeit freundete er sich mit Marcantonio della Torre an, einem Medizinprofessor von der nahe gelegenen Universität Pavia, mit dem zusammen er Sektionen durchführte.

Das meiste lernte Leonardo aus solcher Art praktischer Forschung und unmittelbarer Anschauung. Er wandte sich dem Studium der Anatomie zu, inklusive der Praxis des Sezierens, um sowohl Menschen als auch Pferde akkurater darstellen zu können, trieb seine Forschungen aber aus reiner Wissbegierde noch weiter voran. Die Anatomie wurde als dasjenige Gebiet benannt, »auf dem er die weitreichendsten Entdeckungen machte«. Er war offenbar der Erste, der die Entwicklung der Arteriosklerose untersuchte, und zudem entdeckte er die Funktion der Aortenklappe am Herzen.[55] Auf ähnliche Weise begann Leonardo, Optik als Hilfsmittel für seine Kunst zu studieren; dabei entdeckte er zum Beispiel, dass »sich die Pupille des Auges je nach Helligkeit und Dunkelheit des betrachteten Gegenstands weitet und zusammenzieht«.[56]

Leonardo begeisterte sich auch für Geometrie und behauptete, er habe die Lösung für die Quadratur des Kreises gefunden, und schrieb dazu: »Keiner, der nicht Mathematiker ist, soll meine Prinzipien lesen.« Darüber hinaus studierte er diejenigen Fächer, die später als Mechanik, Hydraulik, Chemie, Botanik, Zoologie, Geologie und Kartographie klassifiziert wurden. Es entbehrt nicht einer gewissen Ironie, dass heutzutage viele Spezialisten vonnöten sind, um Leonardos Leistungen in all diesen Disziplinen zu bewerten.

Er war beispielsweise von der Bewegung des Wassers fasziniert, die er beobachtete, indem er Körner oder Farbstoff hineinwarf.[57] Er führte chemische Experimente mit Farbe und zur Grundierung von Leinwandflächen durch.[58] Aus seinen Notizbüchern geht hervor, wie genau er Pflanzen beobachtete, und in seinem berühmten Gemälde der *Felsgrottenmadonna* (Pariser Version des Louvre) stellte er nur solche Blumen dar, die sich zu einer bestimmten Jahreszeit in einer feuchten Höhle finden lassen. Die alpine Geologie sowie die Botanik sind in der Louvre-Version sehr akkurat: »Die Flächen der Felsrisse sind so verwittert, wie es der jeweiligen Härte einer jeden Gesteinsart entspricht.«[59] Leonardo sammelte auch Fossilien, die er als Beleg für die Erdgeschichte betrachtete. Das Alter von Bäumen berechnete er anhand der Untersuchung ihrer Jahresringe.[60] Mit großer Sorgfalt beobachtete er nicht nur Pferde und Vögel, sondern auch Fledermäuse, Eidechsen und Krokodile.[61] Die Landkarten, die er anfertigte, offenbaren sein Interesse für Geographie.[62] Wie der Künstler Giorgio Vasari in seiner Leonardo-Biographie bemerkte: »Wohin er den Geist auch lenkte, verhalf ihm seine Begabung, die schwierigsten Dinge mit Leichtigkeit zur Vollendung zu bringen.«[63]

Natürlich übertrieb Vasari die Leistungen seines Helden. Es erübrigt sich eigentlich zu sagen, dass die breite Interessenvielfalt Leonardos auch eine negative Seite hatte, nämlich seine Misserfolge. Die gigantische Armbrust funktionierte in der Praxis ebenso wenig, wie ihm die Quadratur des Kreises gelang, und der schlechte Zustand des berühmten *Abendmahls*, der schon wenige Jahre nach Fertigstellung des Freskos zu erkennen war, resultierte aus gescheiterten Experimenten in Chemie. Wie Leonardos Zeitgenossen vermerkten – sei es mit Bestürzung oder mit Schadenfreude –, schaffte er es oft nicht, Fristen, die ihm von seinen Auftraggebern gesetzt wurden, einzuhalten oder seine Projekte überhaupt zu vollenden, namentlich die große Reiterstatue des Francesco Sforza (der Vater von Herzog Ludovico), die der Künstler einfach als »das Pferd« bezeichnete. Er plante Abhandlungen über Malerei, Wasser, Anatomie, Optik, Flug und Mechanik, von denen er keine einzige abschloss und mit manchen vielleicht nicht einmal anfing. Über Leonardo, einen der größten Künstler seiner Zeit, wenn nicht gar aller Zeiten, wurde 1501 berichtet, er habe »für den Pinsel […] überhaupt keine Geduld« (*impacientissimo del penello*).[64] Wie wir sehen werden, gibt es eine ganze Reihe anderer Universalgelehrter, die Projekte nicht vollendeten, da sie sich mit ihren Interessen und Kräften verzettelten. Zur Beschreibung dieses Phänomens habe ich den Begriff »Leonardo-Syndrom« kreiert.

Auf den ersten Blick bietet Leonardo ein spektakuläres Beispiel für den Fuchs, als jemand, der sich für fast alles interessiert und eine zentrifugale Methode der Wissensaneignung praktiziert. Wie jedoch mehrere Wissenschaftler dargelegt haben, ist es in seinem Falle eigentlich irreführend, von einer »Verzettelung« von Interessen zu sprechen. Was scheinbar aus reiner Neugier entsteht, erweist sich bei genauerer Betrachtung regelmäßig als etwas, das in unmittelbarem Zusammenhang mit seinen Hauptanliegen steht. Er konstatierte Analogien zwischen Licht und Klang, zwischen Baumästen, Flüssen und Arterien, zwischen Fliegen und Schwimmen, zwischen Tieren und Maschinen, so schrieb er beispielsweise: »Ein Vogel ist ein Instrument, das nach mathematischem Gesetz funktioniert.« Manche seiner

Entdeckungen verdankten sich solchen Analogien. Die Funktion der Herzklappen erklärte er zum Beispiel durch einen Vergleich der Blutzirkulation im menschlichen Körper mit der Bewegung von Wasser. Kurz gesagt, Leonardo arbeitete nach der Prämisse, dass »die scheinbaren Unterschiede der Natur Symptome einer inneren Einheit sind«.[65] Auf diese Weise »verbinden unsichtbare Fäden die Fragmente«, die im Ozean seiner Notizbücher verstreut sind.[66]

Die Renaissance-Frau

Heutzutage erhebt sich bei der Erwähnung des »Renaissance-Menschen« beziehungsweise des »Renaissance-Mannes« natürlich sofort die Frage: Und was ist mit der Renaissance-Frau? Woraus sich gleich die nächste Frage ergibt: Wie steht es mit gelehrten Damen in früheren Perioden? Die Spätantike hält mit Hypatia von Alexandria das Beispiel einer weiblichen Universalgelehrten parat, die über Philosophie, Mathematik und Astronomie schrieb.[67]

Aus dem 12. Jahrhundert ist die deutsche Nonne und spätere Äbtissin Hildegard von Bingen bekannt, eine Visionärin, Dichterin und Dramatikerin, aber auch Gelehrte und Lehrerin (*magistra*) anderer Nonnen. Ausgehend von ihren Erfahrungen im Krankenzimmer ihres Klosters verfasste sie ein Buch über Heilpflanzen, die *Physica*, und ein weiteres über Krankheiten, ihre Ursachen und Behandlungsmethoden (*Causae et curae*); außerdem schrieb sie über Philosophie, Theologie, Musik, Astronomie und Astrologie.[68]

»Kosmos, Leib und Seele« (mit der Autorin in der unteren linken Bildecke) aus Hildegards von Bingen *Liber Divinorum Operum* (1165), Lucca, Biblioteca Statale, Kopie aus dem 13. Jahrhundert

Am Übergang vom Spätmittelalter zur Renaissance wäre Christine de Pizan zu nennen, die aus Venedig kam und in Frankreich lebte und über vierzig Bücher verfasste, darunter eine Biographie sowie Werke zur Moral (*Livre des trois vertus*, 1405), zum Kriegshandwerk (*Livre des Faits d'Armes*, 1410), zu den Wechselfällen des Schicksals (*Livre de la Mutacion de Fortune*, 1403) und zur politischen Philosophie. Ihr berühmtestes Werk, *Le Livre de la Cité des Dames* (1405), thematisiert die

Fähigkeiten von Frauen und präsentiert eine ganze Korona berühmter Frauen aus der Vergangenheit.[69]

Im Europa der Renaissance waren Frauen in doppelter Hinsicht benachteiligt, da sie einerseits kaum Zugang zu einer Ausbildung hatten und andererseits eine militärische Karriere überhaupt nicht in Frage kam. Um studieren zu können, mussten Frauen eine Reihe von Hindernissen überwinden, namentlich ihren praktischen, wenn auch nicht prinzipiellen Ausschluss aus der Universität, was der gängigen Ansicht geschuldet war, dass Gelehrsamkeit nichts für Frauen sei. Von ihnen wurde erwartet, dass sie sich auf ein Dasein als Hausfrauen, Mütter oder Nonnen beschränken. Castigliones berühmter Dialog erörterte die Rolle der Hofdame (*gentildonna da corte*) zwar ebenso wie die ihres männlichen Pendants, reduzierte ihre Wissensgebiete jedoch auf Literatur, Musik, Malerei und Tanz und wies ihr die Aufgabe zu, die Männer auf anmutige Weise zu unterhalten.[70]

Auch Jacob Burckhardt und andere Autoren des 19. und frühen 20. Jahrhunderts gingen davon aus, dass die vielseitigen Personen der Renaissance ausschließlich männlich waren, eine Vermutung, die von späteren feministischen Historikerinnen bezweifelt wurde. Nach ihren Forschungen gab es eine kleine Gruppe von Frauen, meistens von adeliger Herkunft und von Privatlehrern unterrichtet, die diese Hindernisse auf ganz eigene Weise überwanden, Geisteswissenschaften studierten und Briefe, Reden, Gedichte und gelegentlich auch Abhandlungen verfassten, sei es auf Latein oder in den jeweiligen Landessprachen. Viel ist über keine von ihnen bekannt, doch über einige weiß man immerhin ein wenig.

Einer Historikerin zufolge waren es in Italien zwischen 1350 und 1530 drei Frauen, die in dieser Hinsicht »beträchtlichen Ruhm erlangten«, während neun weitere immerhin »einige Sichtbarkeit« erreichten.[71] Die drei für ihre Gelehrsamkeit berühmtesten waren Isotta Nogarola, Laura Cereta und Cassandra Fedele. Isotta Nogarola, die aus Verona stammte, korrespondierte mit Guarino Veronese, einem maßgeblichen Humanisten aus derselben Stadt. Sie verfasste auch feierliche Reden und einen Dialog über Adam und Eva.[72] Laura Cereta aus Brescia studierte in einem Kloster Latein, Philosophie, Mathematik und Astronomie. Sie korrespondierte mit männlichen Humanisten über die Erziehung von Frauen und sammelte 82 ihrer Briefe in einem Manuskriptband.[73] Cassandra Fedele aus Venedig studierte Altphilologie und Philosophie, schrieb Gedichte, hielt Vorträge in Padua und Venedig zum Lob der Gelehrsamkeit, korrespondierte mit führenden Humanisten und verfasste eine heute verschollene Abhandlung über die Ordnung des Wissens, *De scientiarum ordine*.[74]

Das Wissensspektrum dieser gelehrten Frauen war nur in seltenen Fällen breit gefächert. In einer Studie über Cereta heißt es beispielsweise, sie zeige »kein Interesse an spekulativer Philosophie, Dialektik, Theologie, Recht oder Medizin«.[75] Zu diesen und anderen weiblichen Humanisten wurde angemerkt: »Ein Großteil ihrer Schriftstellerei ist mittelmäßig; aber auch viel von dem, was männliche Humanisten zu Papier gebracht haben, ist genauso mittelmäßig.«[76] Mittelmäßige Humanisten werden unter den in diesem Buch behandelten Universalgelehrten nicht berücksichtigt. Wenn wir also vermeiden wollen, mit zweierlei Maß zu messen, erfüllt nur Cassandra Fedele die Kriterien.

Hans Holbein der Jüngere: *Margaret Roper*, New York, Metropolitan Museum of Art, 1535/36

Zu den gelehrten Damen außerhalb Italiens gehört Caritas Pirckheimer, die ältere Schwester des Humanisten Willibald Pirckheimer, die zunächst zu Hause erzogen wurde und später in das Klarissenkloster St. Klara in Nürnberg eintrat, erst als Schülerin, dann wurde sie Nonne und schließlich Äbtissin. Caritas wurde wegen ihrer Gelehrsamkeit von maßgeblichen Humanisten gerühmt, unter anderen von Erasmus.[77] Eine spanische Zeitgenossin der Caritas, Beatriz Galindo mit dem Beinamen »La Latina«, konnte an der Universität Salamanca studieren und wurde von Isabella von Kastilien an den Hof gerufen, wo sie die Königin und ihre Töchter in Latein unterrichtete. Sie verfasste auch einen Kommentar zu Aristoteles.[78]

Ein berühmtes Beispiel für gelehrte Frauen in England war Margaret Roper, die Tochter von Thomas Morus, der ihr in seinen Briefen »Humanwissenschaften und sogenannte freie Studien« empfahl, gefolgt von Medizin und Sakralliteratur. Auch alle fünf Töchter des protestantischen Humanisten Anthony Cooke studierten Latein, Griechisch, Hebräisch, Italienisch und Französisch. Zwei von ihnen, Anne und Elizabeth, fertigten auch Übersetzungen an, Anne aus dem Lateinischen und Elizabeth aus dem Französischen.[79] Zu dieser Zeit galt das Übersetzen als eine für Frauen angemessenere Tätigkeit als das Verfassen eigener Werke.

Die vielleicht bemerkenswerteste aller Renaissance-Frauen (die allerdings bis 1645 lebte) war die Französin Marie de Gournay. Die junge Adelige, die sich selber Latein beigebracht hatte, entdeckte 1584 Montaignes *Essais* für sich. Deren Lektüre versetzte sie in einen solchen Erregungszustand, dass ihre Mutter sie mit Medikamenten ruhigstellen wollte. Später lernte sie Montaigne persönlich kennen, wurde eine Art Tochter für ihn und besorgte spätere Editionen seiner *Essais*. Sie schrieb Gedichte und einen Roman, übersetzte Klassiker der römischen Antike, praktizierte Alchemie und veröffentlichte einen Band mit vermischten Schriften (*L'ombre de la damoiselle de Gournay*, 1626) sowie eine polemische Abhandlung über die Gleichheit von Männern und Frauen.[80]

Trotz allem muss eingeräumt werden, dass keine dieser Damen, auch wenn sie wirklich gebildet waren, nach den Standards der damaligen Zeit als vielseitig gelten können. Wie wir sehen werden, sollte es bis zum 17. Jahrhundert dauern, ehe Rivalinnen der mittelalterlichen Hildegard von Bingen in Erscheinung traten.

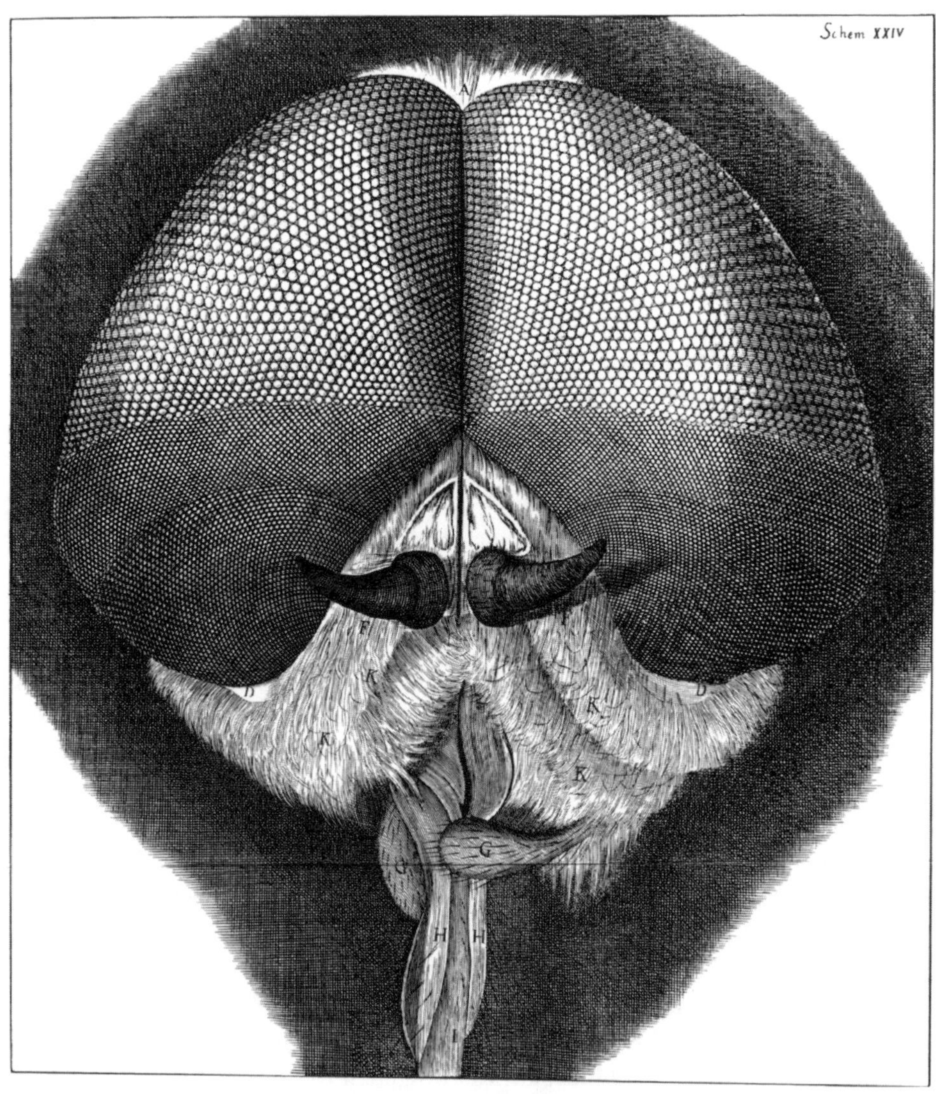

Robert Hooke: Kopf einer Bremse in seiner *Micrographia*, Abb. 24, 1665

DAS ZEITALTER DER »MONSTER DER GELEHRSAMKEIT« 1600–1700

Während die Renaissance das Zeitalter des *uomo universale* war, der die Welt des Denkens und des Handelns miteinander verband, entsprach das darauf folgende Zeitalter einem eher akademischen Ideal, nämlich das des universellen Gelehrten, was der Niederländer Herman Boerhaave, selbst ein Universalgelehrter, als das »Monster der Gelehrsamkeit« bezeichnete.[1]

Das Zeitalter der Universalgelehrten

Aus heutiger Sicht betrachtet scheint das 17. Jahrhundert das goldene Zeitalter des vielseitigen Gelehrten gewesen zu sein, selbst wenn Gelehrte dieser Art sich offenbar nicht – anders als einige ihrer Vorgänger in der Renaissance – im Fechten, Singen, Tanzen, in der Reitkunst oder der Athletik hervortaten. Eine erstaunliche Zahl an Universalgelehrten wurde in den hundert Jahren von 1570 bis 1669 geboren, mehr als doppelt so viele wie zwischen 1470 und 1569.

Intellektuelle Neugier, die Theologen von Augustinus bis zu Calvin oft verurteilt hatten, wurde von einigen einflussreichen Philosophen, namentlich von Francis Bacon, rehabilitiert. Bacon, bereits an früherer Stelle als typisches Beispiel eines »Renaissance-Menschen« genannt, verfasste seine bedeutendsten Beiträge zum Wissen im 17. Jahrhundert. Er nahm »alles Wissen« als sein Gebiet für sich in Anspruch, klassifizierte es und erörterte Probleme der Erkenntnistheorie. Sein Motto lautete *Plus Ultra*, im Sinne von: über das »hinaus« gehen, was bereits bekannt ist, anstatt an den geistigen Säulen des Herkules innezuhalten, bildlich dargestellt auf dem Frontispiz seiner *Instauratio Magna* (*Die große Erneuerung*, 1620) mit einem Schiff, das zwischen den Säulen segelt, und dem Motto *Multi pertransibunt et augebitur scientia* (»Viele werden hindurchfahren, und die Wissenschaft wird vergrößert werden«).[2]

Man kann allzu leicht verkennen, wie breit das intellektuelle Spektrum einer Reihe von Gelehrten des 17. Jahrhunderts war, da sie heute hauptsächlich nur wegen einiger weniger ihrer vielen Leistungen berühmt sind. So war etwa der niederländische Gelehrte Hugo Grotius, der lediglich als Jurist bekannt ist, auch als Historiker

Francis Bacon, porträtiert von Frans Pourbus dem Jüngeren, Warschau, Łazienki-Palast, 1617

der Niederlande und als Laientheologe tätig. Der deutsche Samuel Pufendorf, an den man sich als politischen Theoretiker erinnert, war auch Rechtsgelehrter, Historiker, Philosoph, Volkswirt und, wie Grotius, Laientheologe.

Im Bereich der Naturwissenschaften werden der dänische Adelige Tycho Brahe und sein früherer Assistent Johannes Kepler mittlerweile automatisch als Astronomen kategorisiert, obwohl Tycho auch Alchemie und Medizin praktizierte, während Kepler bedeutende Beiträge zu Mathematik und Optik leistete, ganz zu schweigen von dem, was wir heute als »Wissenschaftsgeschichte und -philosophie« und sogar als »Science-Fiction« bezeichnen – seine Erzählung *Somnium* (*Der Traum*) beschreibt eine Mondfahrt.[3] Was Galilei betrifft, so beschränkten sich seine Interessen nicht im Entferntesten auf die Gebiete Mathematik, Physik und Astronomie, denen er seinen heutigen Ruf verdankt. Er studierte darüber hinaus Medizin und schrieb über die Verdienste beziehungsweise Defizite der Malerei und Bildhauerei sowie über die Dichtkunst Ariosts und Tassos.[4]

Unter den Franzosen sei René Descartes genannt, der heute nur als Philosoph firmiert, obwohl er zudem wichtige Beiträge zur Mathematik leistete und über Optik und Astronomie schrieb. Seine Abhandlung *Les Passions de l'âme* (*Die Leidenschaften der Seele*) thematisierte das, was später als Psychologie bekannt wurde.[5] Der französische Gelehrte Pierre Gassendi – auch er als Philosoph klassifiziert – war als Astronom und Mathematiker tätig und am Studium der klassischen Antike sowie der Musiktheorie beteiligt. Ein englischer Zeitgenosse Gassendis beschrieb ihn sogar als »vollendetsten allgemeinen Gelehrten, den wir in neuerer Zeit gehabt haben«.[6] Blaise Pascal kann sich relativ glücklich schätzen, nicht nur als Philosoph in Erinnerung geblieben zu sein, sondern auch als Theologe, Mathematiker und dank eines berühmten Experiments mit Luftdruck sogar als »Physiker«, wie wir heute sagen würden.

Ungeachtet John Evelyns Eloge auf Sir Christophers »Leistungen im gesamten gelehrten Zyklus des nützlichsten Wissens und aller schwer verständlichen Wissenschaften« wird Wren im Allgemeinen nur als Architekt memoriert.[7] Er war aber außerdem Professor für Astronomie – zunächst am Gresham College in London, dann in Oxford – und erwarb sich Verdienste, indem er Teleskope verbesserte, Kometen beobachtete und eine neue Erklärung für die Saturnringe lieferte. Er sezierte

Fische und Hunde und entwarf eine Reihe raffinierter Maschinen, darunter eine, die es ermöglichte, zwei Exemplare eines Texts gleichzeitig zu schreiben. Er leistete wissenschaftliche Beiträge zu Mathematik, Magnetismus, Mechanik und Meteorologie. Hätte es nicht den Großen Brand von London (1666) gegeben, wäre der bedeutendste englische Architekt vielleicht sein Lebtag Gelehrter geblieben, anstatt den Neubau der St. Paul's Cathedral zu entwerfen und (zusammen mit Robert Hooke, einem weiteren Universalgelehrten) die vielen »Wren-Kirchen« zu bauen. Nach seinen Plänen entstanden auch der Kensington Palace, die Bibliothek des Trinity College in Cambridge sowie die Emmanuel- und die Pembroke-Kapelle derselben Universität.[8]

Johannes Kepler: *Tempel der Urania*, Frontispiz der *Rudolfinischen Tafeln*, 1627

Was Isaac Newton betrifft, so haben Wissenschaftler bis vor relativ kurzem vergessen – oder, genauer gesagt: wollten nicht wahrhaben –, wie viel Zeit er mit den Studien von Theologie, Alchemie und Chronologie zubrachte, die ihn genauso in Anspruch nahmen wie seine berühmteren Beiträge zur Mathematik und Naturphilosophie.[9] In seiner *Chronology of Ancient Kingdoms Amended* (1728) setzte Newton astronomisches Wissen als Mittel ein – so wie schon der Universalgelehrte Joseph Scaliger im 16. Jahrhundert –, um verschiedene chronologische Systeme miteinander zu vereinen, wobei er sich auf folgende Erkenntnis stützte: »Die sichersten Argumente zur Bestimmung vergangener Zeiten sind diejenigen, die aus der Astronomie gewonnen werden.«[10] Newton versuchte, die in der Bibel aufgezeichneten Prophezeiungen zu interpretieren, und korrespondierte mit einigen führenden Theologen seiner Zeit, während er gleichzeitig seine vom orthodoxen Christentum abweichenden Auffassungen geheim hielt. Er kann fraglos als Universalgelehrter gelten, auch wenn er im Unterschied zu seinem Rivalen Leibniz, von dem weiter unten die Rede sein wird, kein Monster der Gelehrsamkeit war.

Nicht nur Männer, sondern auch Frauen partizipierten an diesem goldenen Zeitalter vielseitiger Gelehrter. Mindestens acht bemerkenswerte weibliche Universalgelehrte waren seinerzeit aktiv: Marie de Gournay (die im vorangegangenen Kapitel als »Renaissance-Frau« behandelt wurde), Bathsua Makin, Anna Maria van Schurman, Prinzessin Elisabeth von der Pfalz, Margaret Cavendish, Königin Christina von Schweden, Elena Cornaro und Juana Inés de la Cruz.

Die Engländerin Bathsua Makin (geborene Reynolds) gehörte zum Zirkel des mit Comenius befreundeten Samuel Hartlib. Makin, die von einem Zeitgenossen als »Englands gelehrteste Dame« beschrieben wurde, interessierte sich für Sprachen, Dichtkunst, Stenographie, Medizin und Erziehung. Schon als junge Frau publizierte sie einen Band mit Versen in Griechisch, Latein, Hebräisch, Spanisch, Deutsch, Französisch und Italienisch. Gegen Ende ihres Lebens veröffentlichte sie *An Essay To Revive the Ancient Education of Gentlewomen* (1673), in dem sie für das Recht von Frauen auf eine gute Allgemeinbildung eintrat.[11]

Bathsua Makin korrespondierte – auf Hebräisch – mit der Holländerin Anna Maria van Schurman, der »holländischen Minerva«. Schurman, die an der Universität Utrecht studieren durfte, war die erste Studentin an einer holländischen Hochschule überhaupt, allerdings musste sie den Lehrveranstaltungen versteckt hinter einem Wandschirm lauschen, um von ihren männlichen Kommilitonen nicht angestarrt zu werden. Sie erlernte nicht nur Griechisch und Latein, sondern auch Hebräisch, Arabisch, Aramäisch und Syriakisch, schrieb Briefe über Philosophie, Theologie und Erziehung und verfasste eine – wenn auch nicht publizierte – Grammatik des »Äthiopischen«.[12] Weil Schurman sich zudem in Malerei, Gravur, Stickerei sowie in den Geisteswissenschaften hervortat, könnte man sie ebenso wie Gournay als »Renaissance-Frau« bezeichnen.

Prinzessin Elisabeth von der Pfalz war die Tochter des unglückseligen Kurfürsten Friedrich V., des sogenannten »Winterkönigs« von Böhmen, der von Kaiser Ferdinand II. 1620 in der Schlacht am Weißen Berg geschlagen und ins Exil getrieben wurde. Sie lebte in den Niederlanden und später in Westfalen, wo sie Äbtissin des protestantischen Frauenstifts Herford wurde. Elisabeth beherrschte Latein, Französisch, Deutsch, Niederländisch, Italienisch und Englisch. Sie studierte Mathematik, Astronomie, Geschichte, Philosophie sowie die Bibel, korrespondierte mit mehreren Gelehrten ihrer Zeit, stand im Gedankenaustausch mit Anna Maria van Schurman und erörterte ihre eigenen Ideen mit Descartes.[13]

Margaret Cavendish (geborene Lucas), die spätere Herzogin von Newcastle, interessierte sich sowohl für politische als auch für Naturphilosophie. Sie studierte Anatomie, allerdings hielt sie nach eigenen Worten »die Bescheidenheit meines Geschlechts« davon ab, Sezierungen vorzunehmen.[14] 1666 veröffentlichte sie mit *Observations upon Experimental Philosophy* ihr bekanntestes Buch, von dem sie – mit der Bescheidenheit ihres Geschlechts oder der falschen Bescheidenheit der adeligen

Dilettantin – behauptete, sie habe »hier und dort ein kleines Bröckchen Wissen« geliefert. Sie verfasste zudem eine Biographie ihres Gatten, ein paar Theaterstücke sowie den utopischen Roman *The Blazing World* (1666), der ebenso wie Keplers *Somnium* als frühes Beispiel der Science-Fiction-Literatur bezeichnet wurde. Die Exzentrik ihrer Kleidung und ihres Auftretens trug ihr den Spitznamen »Mad Madge« (»Verrückte Madge« = Margaret) ein. John Evelyn nannte sie »eine kolossale Aufschneiderin in Sachen Gelehrsamkeit«, doch einige andere männliche Gelehrte nahmen sie ernst.[15]

Christina von Schweden, die bereits als Kind auf den Thron kam, nachdem ihr Vater Gustav II. Adolf 1632 in der Schlacht bei Lützen gefallen war, verbrachte einen Großteil ihrer Zeit mit Studien, sowohl vor als auch nach ihrer Abdankung 1654.[16] Sie firmierte gerne als »schwedische Minerva«, bezeichnete sich selbst als »versatil« und behauptete in ihren Memoiren: »Mit vierzehn Jahren beherrschte ich alle Sprachen, Wissenschaften und Leibesübungen, die man mich gelehrt hatte.«[17] Ein Zeitgenosse sagte von ihr: »elle sait tout« (»sie weiß alles«). Die Königin hatte eine sehr gute Kenntnis der antiken Schriften, unter anderem des römischen Geschichtsschreibers Tacitus. In der Philosophie interessierte sie insbesondere der Neuplatonismus und der Stoizismus, und unter dem Titel *Les sentiments heroïques* kompilierte sie eine Sammlung von Maximen. Als Lutheranerin erzogen, wurde sie zunehmend skeptisch und konvertierte schließlich zum Katholizismus, wobei sie sich besonders für die Ideen des spanischen Mystikers Miguel de Molinos interessierte. Sie sprach Deutsch, Niederländisch, Dänisch, Französisch und Italienisch und lernte außerdem Hebräisch, um das Alte Testament im Original lesen zu können.

Andere Universalgelehrte sammelten Bücher und Gegenstände, Christina sammelte Gelehrte. Zu den gebildeten Männern, die – zumindest vorübergehend – an ihrem Hof verkehrten, gehörten die Universalgelehrten Gabriel Naudé, René Descartes, Samuel Bochart, Pierre-Daniel Huet, Hiob Ludolf, Claude Saumaise, Isaac Vossius, Hermann Conring und Marcus Meibom. Es bereitete ihr Vergnügen, ihnen schwierige Fragen zu stellen (Huet schrieb seinem Freund Gassendi, die Königin sei noch intelligenter als Anna Maria van Schurman). Eigentlich hatte sie unter Anleitung von Descartes Mathematik und Philosophie studieren wollen, doch als dieser an ihrem Hof eintraf, war sie gerade zu sehr damit beschäftigt, Griechisch zu lernen.[18] Zu Christinas Interessen gehörten Astronomie, Astrologie und Alchemie. Besonders interessierte sie sich für Kometen, deren Erforschung sie aus eigener Schatulle subventionierte. Nach ihrer Abdankung praktizierte sie selbst Alchemie in einem Labor ihres römischen Palazzo. Dass sich unter den Gemälden aus ihrem Besitz ein Porträt von Pico della Mirandola befand, erscheint nur allzu angemessen.

Elena Cornaro war die Tochter eines venezianischen Patriziers. Sie galt als Wunderkind und wurde zu Hause von Privatlehrern unterrichtet, die ihr Vater eigens für sie aussuchte. Ihre Gelehrsamkeit, so stellte er sich vor, könnte dazu beitragen, den Status einer Familie wiederherzustellen, die einst zu den berühmtesten in Venedig gehört hatte, inzwischen aber dem Niedergang anheimgefallen war. Sie studierte

Sor Juana Inés de la Cruz, Gemälde von Andrés de Islas, Madrid, Museo de América, 1772

klassische Literatur, moderne Sprachen, Mathematik, Naturwissenschaften und Theologie. Da ihr der Bischof die Genehmigung versagte, in Theologie zu promovieren, erwarb sie stattdessen 1678 an der Universität Padua den Doktortitel in Medizin. Sie wurde Mitglied mehrerer gelehrter Akademien und erhielt häufig Einladungen, ihr Wissen öffentlich unter Beweis zu stellen.[19]

Noch berühmter für ihre Gelehrsamkeit war die Mexikanerin Juana Ramírez, bekannt als Juana Inés de la Cruz beziehungsweise – nach ihrem Eintritt in ein Kloster – als »Sor Juana«. Von Zeitgenossen wurde Juana als »mexikanischer Phönix« und als »Phönix der Bildung in allen Wissenschaften« beschrieben. Sie selbst schrieb über sich, sie sei als Kind von einem starken »Wunsch nach Gelehrsamkeit« beseelt gewesen, den sie mit Lektüren in der Bibliothek ihres Großvaters befriedigt habe. Ebenso wie Schurman wollte sie an der Universität studieren (in die sie als Mann verkleidet einzutreten hoffte), doch ihre Mutter gestattete es ihr nicht. Sor Juana sprach Latein (das sie offenbar nach nur zwanzig Unterrichtsstunden beherrschte) sowie Griechisch und das aztekische Nahuatl. Sie verfasste nicht nur die heute berühmten Gedichte, sondern studierte auch Theologie, Philosophie (einschließlich Naturphilosophie), Recht, Literatur und Musiktheorie. Heiratsanträge lehnte sie ab und trat in ein Kloster ein, um sich frei bilden zu können.

In ihrem Kloster trug sie eine beeindruckende Bibliothek zusammen, von der einige Bände im Hintergrund der beiden zeitgenössischen Porträts von ihr zu sehen sind. Ihre Schriften – über Musik, Philosophie, die Stellung der Frauen – zitieren oft zwei frühere Universalgelehrte, Plinius und Kircher. Sie bezog sich zudem auf antike Autoren wie Cicero und Tacitus, auf Kirchenväter wie Hieronymus und Augustinus, mittelalterliche Philosophen, Renaissance-Schriften über klassische Mythologie sowie auf Rechtsgelehrte wie Francisco Suárez. Den Eifer, mit dem sie sich der Gelehrsamkeit widmete, missbilligte der Bischof von Puebla. Es wurde ihr untersagt, ihre Ideen zu veröffentlichen, und auf Anweisung musste sie ihre Bücher abgeben.[20]

Wie sich aus der Geschichte der Sprache ableiten lässt, war das 17. Jahrhundert eine Zeit, in der Universalgelehrte an Bedeutung gewannen und auch sichtbarer wurden. Ab dem späten 16. Jahrhundert verbreiteten sich in mehreren europäischen Sprachen verschiedene miteinander korrelierende Ideen über kenntnisreiche Personen wie auch über allgemeines Wissen.

Die gebräuchlichsten Begriffe für kenntnisreiche Personen waren »Polyhistor« und »Polymath«. Der antike römische Autor Plinius wurde vom Schweizer Enzyklopädisten Theodor Zwinger als *Polyhistor* bezeichnet (womit er möglicherweise andeuten wollte, dass sein Werk desorganisiert, zugleich aber enzyklopädisch war).[21] Conrad Gessner, ein anderer Schweizer Enzyklopädist, wurde wiederum selber als *Polyhistor* benannt, wie wir im vorangegangenen Kapitel gesehen haben.[22] Bisweilen bekamen umfassende Druckwerke denselben Titel, so etwa Daniel Morhofs *Polyhistor* (1688), ein Leitfaden durch die Welt der Gelehrsamkeit. Der Begriff wurde 1632 in einer Antrittsvorlesung an der Universität Leiden diskutiert und später auch in akademischen Vorträgen, so etwa 1660 in Heidelberg, 1715 in Leipzig, 1718 in Altdorf und 1721 in Jena.

Der elisabethanische Gelehrte Gabriel Harvey prägte den Begriff »omniscians«, der sich aber nie wirklich durchsetzen konnte. Im Englischen kam etwas später der Begriff »polymath« in Gebrauch. Der Oxford-Professor Robert Burton sprach in seiner *Anatomy of Melancholy* (1621) zum Beispiel von »Polumathes and Polihistors«.[23] All diese Begriffe waren – zumindest bis zum 18. Jahrhundert – in der Regel neutral oder positiv besetzt. Dagegen hatte das italienische *poligrafo* ebenso wie das französische *polygraphe* eine pejorative Konnotation in dem Sinne, dass es professionelle Autoren bezeichnete, die viele Texte über verschiedene Themen schrieben, da sie pro Auftrag bezahlt wurden.[24] Eine weitere Neuschöpfung, die in dieser Zeit in Gebrauch kam, war der italienische Begriff *virtuoso*. Er fand auch in anderen Sprachen Verbreitung, darunter im Englischen, und bezeichnete Amateurgelehrte mit breit gefächerten Interessen, die oft allerdings nicht mit Schriften reüssierten, sondern mit Sammlungen einer Vielfalt unterschiedlichster Gegenstände – zum Beispiel Münzen, Waffen aus verschiedenen Teilen der Welt, Muscheln, ausgestopften Tieren und Fischen.[25]

Noch reicher ist das Vokabular, das zur Beschreibung des breit gefächerten Wissens dieser Personen verwendet wurde. Im Lateinischen finden wir ein ganzes Bündel von Begriffen, darunter *scientia universalis*, *pansophia* und *polymathia*. *Polymathia* wurde normalerweise neutral, gelegentlich aber auch in einem pejorativen Sinn verwendet mit der Bedeutung »von der eigenen Disziplin abirren«, eine frühe Kritik dessen, was wir als »Interdisziplinarität« bezeichnen.[26] Die Italiener hatten für einzelne Künstler und Schriftsteller die lobend gemeinte Bezeichnung *versatile*. Die Franzosen sprachen oder schrieben von *polymathie* oder *science universelle*. Im Englischen wurden Gelehrte gerne mit den Adjektiven *curious* und *ingenious* beschrieben.

Als Substantiv wurde im Englischen gelegentlich der Begriff *omniscience* verwendet, bevorzugt allerdings *general learning*, in Anlehnung an den Titel eines Traktats des Gelehrten in zweiter Generation Méric Casaubon.[27]

Eine allgemeine Erörterung der *polymathia* findet sich in einer Abhandlung des weit gereisten und sehr belesenen Gelehrten Johann von Wowern (1603). »Unter vollkommener Polymathie«, erklärt von Wowern, »verstehe ich das Wissen verschiedener Dinge aus allen Arten von Studien [*ex omni genere studiorum*] und von großer Vielfalt.« Der Polymath wird als jemand beschrieben, der »frei und mit ungezügelter Eile sämtliche Gebiete der Disziplinen durchstreift« (*per omnes disciplinarum campos*).[28]

Das Thema wurde auch später immer wieder erörtert, so etwa in Texten zweier niederländischer Gelehrter, Gerard Vossius und Marcus Boxhorn. Vossius schrieb ein Buch über die Künste und Wissenschaften, in dem er Philosophie, Mathematik und Dialektik als *polymatheia* beschrieb, weil sie enzyklopädischer Natur seien, während sein ehemaliger Student Boxhorn, Professor für Rhetorik an der Universität Leiden, seine Antrittsvorlesung über Polymathie hielt. Boxhorn, dessen Interessen weit über die Rhetorik hinausgingen, besorgte eine Tacitus-Edition, verfasste Bücher über Politik und Kriegführung, eine Rede über Träume, eine Weltgeschichte sowie eine vergleichende Studie über die Geschichte der Sprachen.[29]

Der Begriff *pansophia* wiederum bedeutet wortwörtlich »universelle Weisheit«. Nach Auffassung einiger seiner Adepten stand dieser edle Traum für die Entdeckung der Wirklichkeit hinter den Erscheinungsformen, aber auch für Versuche, die christlichen Kirchen zu einigen, die Gelehrsamkeit zu reformieren, Philosophien miteinander in Einklang zu bringen und eine universelle Sprache zu schaffen, um auf diese Weise Meinungsverschiedenheiten auszuräumen. *Pansophia* wurde sogar mit einer noch weiter reichenden Vision in Verbindung gebracht, wozu das Ende von Konflikten gehörte (im Zeitalter des Dreißigjährigen Kriegs), die bevorstehende »universelle Reform« all des Fehlerhaften in der Welt bis hin zu der Hoffnung auf eine Rückkehr zur Zeit vor dem Sündenfall.[30] Die Verbindungen zwischen *Pansophia* und Polymathie zeigen sich besonders deutlich bei zwei Gelehrten aus Mitteleuropa, dem Deutschen Alsted und seinem tschechischen Schüler Comenius.

Der Universalgelehrte als Enzyklopädist: Alsted

Johann Heinrich Alsted war Professor für Philosophie und Theologie an der Hohen Schule Herborn in Hessen. Der überaus produktive Gelehrte ist vor allem für eine Enzyklopädie bekannt, die er 1630 veröffentlichte. Anhand binärer Gegensätze, die von Petrus Ramus, einem früheren protestantischen Gelehrten, popularisiert worden waren, beschreiben und klassifizieren die sieben Bände dieser Enzyklopädie nicht nur sämtliche akademischen Disziplinen der damaligen Zeit, sondern auch andere Arten von Wissen, darunter die Sieben Praktischen Künste (*Artes mechanicae*), Magie, Alchemie und die Mnemotechnik. Nach außen hin war Alsted ein guter Calvinist, dem bewusst gewesen sein muss, dass Jean Calvin die Wissbegierde verurteilt hatte. Im Privaten jedoch war er, wie aus seinen Briefen hervorgeht, von vielen unorthodoxen Formen des Wissens fasziniert, etwa von der Kombinationskunst, die der katalanische Mönch Ramon Lull entwickelt hatte.[31]

Johann Heinrich Alsted, Kupferstich, 1610

Diese Kunst lag Alsteds enzyklopädischer Unternehmung zugrunde, eine der letzten ihrer Art, die von einer Einzelperson realisiert wurde (eine einbändige Enzyklopädie auf Ungarisch veröffentlichte 1655 János Apáczai Csere, der sein Material ebenso wie Alsted auf Grundlage der Dichotomien des Ramus organisierte).[32] Alsteds Werk trug dazu bei, die Bedeutung des Begriffs »Enzyklopädie« von seinem ursprünglichen Sinn eines Curriculums (ein intellektueller »Kurs«, dem zu folgen Studenten vorgegeben war) auf ein Buch zu verlagern, das verschiedene Arten von Wissen zusammenbringt. Eine Enzyklopädie war, zumindest in der Theorie, sowohl ein Produkt universellen Wissens als auch ein Mittel, es zu erlangen. Im Vorwort zu seinem Buch schrieb Alsted, Gott sei zwar allwissend, doch er »prägt das Bild seiner Vollkommenheit« jenen auf, die »den gesamten Erdkreis der Disziplinen umfassen« (*universum disciplinarum orbem*).[33]

Der Universalgelehrte als Pansophist: Comenius

Alsted mag ein Fuchs gewesen sein, doch Jan Amos Komenský, besser bekannt als Comenius, war sicherlich ein Igel. Comenius stammte aus Mähren (heute ein Teil von Tschechien), studierte mit Alsted in Herborn und wurde Bischof in der Kirche der Böhmischen Brüder. Nachdem seine Kirche 1621 in Böhmen verboten worden war, begann für Comenius ein Nomadenleben, das ihn als Flüchtling nach Polen, Schweden, England, Siebenbürgen und in die Niederlande führte. In dieser ganzen Zeit widmete er sich der Reform des Erziehungswesens und der Kritik der natürlichen Sprachen, »indem er eine Sprachreform fordert[e], die [...] den Sinn der Wörter klar fixiert, indem sie für jedes Ding nur *einen* Namen benutzt und den Wörtern

Bild aus dem *Orbis sensualium pictus*, einem weit verbreiteten Jugend- und Schulbuch von Johann Amos Comenius, zweisprachig erschienen erstmals 1658

ihren ursprünglichen Sinn wiedergibt«.[34] Seine Reformen waren als Schritte zur *Pansophia* gedacht, die zusammen mit universeller Harmonie in den letzten Tagen der Welt erreicht werden sollte, von denen er – wie viele Menschen seiner Zeit – glaubte, sie stünden unmittelbar bevor.[35]

Comenius war nicht der erste Gelehrte, der diesen Begriff verwendete. Peter Lauremberg, ein älterer Universalgelehrter, hatte 1633 eine *Pansophia* veröffentlicht, was Comenius zu der Kritik veranlasste, das Buch sei »eines so erhabenen Titels nicht würdig«.[36] Seine eigene Schrift *Pansophiae Prodromus* (*Vorläufer der Pansophie*, 1639) beschrieb sie als *sapientia universalis*, ein Begriff, der von seinem Nachfolger Samuel Hartlib als »general knowledge or wisdom« übersetzt wurde (an anderer Stelle verwendete Hartlib den Ausdruck »common learning«, während ein weiteres Buch von Comenius in der englischen Ausgabe unter dem Titel *A Patterne of Universall Knowledge* [1651] erschien).[37] In einer dritten kleinen Abhandlung über das Thema zitierte Comenius Aristoteles: »Der weise Mann sollte ALLES WISSEN, soweit wie irgend möglich« (*sapientem debere OMNIA SCIRE, quantum possibile est*).[38] Im Denken Comenius' stand *Pansophia* in Zusammenhang mit den Ideen von *panaugia* oder *panergesia* (universelles »Morgengrauen« oder »Erwachen«), *pampaedia* (universelle Erziehung), *panglottia* (universelle Sprache) und *panorthosia* (universelle Reform beziehungsweise eine Reform der Welt).[39]

Monster der Gelehrsamkeit

Der wichtigste Grund, das 17. Jahrhundert als goldenes Zeitalter der Universalgelehrten zu bezeichnen, war die Präsenz einiger ihrer Vertreter, die Herman Boerhaave, der sich selber keinen Mangel an Bildung vorzuwerfen brauchte, »Monster der Gelehrsamkeit« nannte: Personen, die sämtliche Disziplinen beherrschten und viele Bände produzierten, was umso beeindruckender ist, wenn man bedenkt, dass sie ihre Gelehrsamkeit durch Lektüre bei Kerzenlicht erwarben und ihre Bücher mit dem Gänsekiel verfassten. Alsted hat sich den Titel zweifellos verdient, sechs weitere Monster sollen im Folgenden behandelt werden: Nicolas-Claude Fabri de Peiresc, Juan Caramuel, Olof Rudbeck der Ältere, Athanasius Kircher, Pierre Bayle und Gottfried Wilhelm Leibniz.

Der französische Anwalt Nicolas-Claude Fabri de Peiresc, *Conseiller* im *Parlement* der Provence, ist eins der berühmtesten Beispiele für einen bestimmten Typus des frühneuzeitlichen Gelehrten, der seinerzeit oft als *Virtuoso* bezeichnet wurde, also als Person, die genügend Zeit und Geld zur Verfügung hat, um verschiedene Arten von Gelehrsamkeit quasi als Hobby zu erwerben.

Sammeln gehörte zu den primären Aktivitäten des *Virtuoso*, neben der Zurschaustellung von Exponaten in »Kuriositätenkabinetten« oder Kunst- und Wunderkammern, wie sie zu jener Zeit in Deutschland bekannt waren. Diese Kabinette enthielten sowohl Naturalien als auch Artefakte, die ausgewählt wurden, weil sie entweder selten, exotisch oder in anderer Hinsicht außergewöhnlich waren. Ihre Besitzer hatten oft breit gefächerte Interessen, so etwa Ole Worm und Hans Sloane, zwei Mediziner von großer Gelehrsamkeit, die vor allem wegen der Sammlungen berühmt sind, die sie in ihrer Mußezeit zusammentrugen.

Worm, der zeitweilig Leibarzt des dänischen Königs Christian IV. war, interessierte sich insbesondere für skandinavische Altertümer wie Megalithgräber, Urnen und Schiffsgräber. Seine im *Museum Wormianum* ausgestellte Sammlung wurde in einem Stich verewigt, der neben menschlichen Artefakten wie Speere und Trinkhörner auch ausgestopfte Fische und Tierschädel zeigt.[40] Sloane, der Leibarzt von Queen Anne und ihrer beiden Nachfolger, konnte aufgrund seiner Einkünfte aus Plantagen in Jamaika sowie seiner Honorare für die Behandlung aristokratischer Patienten eine riesige und vielfältige Sammlung aufbauen. Von einem Biographen wurde er als »Sammler der Welt« bezeichnet.[41]

Als Sammler wie auch als Universalgelehrte wurden Worm und Sloane allerdings von Peiresc übertroffen. Peirescs Sammlung, die in seiner Korrespondenz dokumentiert ist, offenbart seine Begeisterung für das, was wir »materielle Kultur« nennen: Manuskripte in verschiedenen Alphabeten, Münzen, Statuetten, Vasen, Amulette, mittelalterliche Siegel, spätantike Gemmen und sogar ägyptische Mumien. Für Natur interessierte er sich ebenso sehr wie für Kultur: Er besaß eine Krokodilhaut, eine Menagerie aus lebenden Tieren und einen botanischen Garten, der

Nicolas-Claude Fabri de Peiresc, dargestellt von Jacques Lubin, 17. Jahrhundert

eine Art Freiluft-Sammlung war und exotische Pflanzen wie zum Beispiel Papyrus beherbergte.

Von dem mit ihm befreundeten Maler Peter Paul Rubens wurde Peiresc als jemand beschrieben, der »in allen Gebieten so viel Wissen besitzt wie jeder Experte in seinem eigenen« (*possede in tutte le professioni quanto ciascuno nella sua propria*).[42] Er studierte Rechtswissenschaft, bereiste Italien, die Niederlande und England und arbeitete einige Jahre in Paris als Berater des Präsidenten seines *Parlement*. Die letzten vierzehn Lebensjahre verbrachte er in der Provence, oft bei schlechter Gesundheit und »eingeschlossen in seiner Studierstube«, wie sein Sekretär beschrieb, doch dank seiner Bibliothek, seiner Sammlung und seiner Korrespondenzen mental ständig auf Reisen.[43]

In Erinnerung ist Peiresc heute wegen seiner Leidenschaft für Altertümer (der Althistoriker Arnaldo Momigliano nannte ihn einmal den »Archetypus aller Antiquitätensammler«).[44] Er interessierte sich für die Welt der Antike, das europäische Mittelalter (etwa für Karl den Großen oder die Troubadoure), aber auch für China, Benin, die Indianer Kanadas und insbesondere für Vergangenheit und Gegenwart der mediterranen Welt und ihre vielen Völkerschaften: Etrusker, Phönizier, Ägypter, Juden und Araber. Peirescs Kenntnisse über Nordafrika und seine Geschichte war für einen Europäer seiner Zeit ungewöhnlich.[45] Ihn faszinierten verschiedene Sitten und Gebräuche – das Bogenschießen beim Reiten, das Trinken aus den Schädeln getöteter Feinde und so weiter.

Peiresc muss ein intellektueller Fuchs gewesen sein, aber bei einigen seiner vielfältigen Interessen spielte auch die Religion eine entscheidende Rolle. Er studierte das Früh- beziehungsweise Urchristentum und seine Beziehung zum Judaismus und zum Heidentum, was ihn dazu brachte, religiöse Strömungen und Kulte aus der Spätantike wie Gnostizismus und Mithraismus zu untersuchen. Zu seinem Interesse für die Ostkirche gehörte auch, dass er mehr über ihre Gesänge und Instrumente erfahren wollte.[46] Die Geschichte der Bibel faszinierte ihn so sehr, dass er Hebräisch, Koptisch, Samaritanisch (ein Dialekt des Aramäischen) und »Altäthiopisch« (Ge'ez) lernte, und seine unersättliche Wissbegier führte ihn dazu, weitere Aspekte dieser Kulturen um ihrer selbst willen zu erforschen. Aufgrund seiner Studien verschiedener Sprachen begann sich Peiresc für die Beziehungen zwischen ihnen zu interessieren. Ihm war bewusst, dass die Ausbreitung und Vermischung von Sprachen als Beleg für die Migrationsbewegungen von Völkern dienen konnte.

Peiresc interessierte sich nicht nur für die »Humanwissenschaften« (*scienze humane*, er war möglicherweise der Erste, der sie so bezeichnete), sondern auch für die Naturwissenschaften. Ihn faszinierten beispielsweise die Gezeiten und Strömungen des Mittelmeers. Besonders aktiv war er auf dem Gebiet der Astronomie: Er beobachtete Eklipsen, untersuchte die Jupitermonde, entdeckte den Orionnebel und arbeitete zusammen mit seinem Freund Pierre Gassendi am Entwurf einer Mondkarte. Er aktivierte einen Kreis von Freunden, den Jupiter zur selben Zeit von verschiedenen Orten aus zu beobachten, um vorhandene Seekarten des Mittelmeers zu korrigieren.[47] Er betrieb Anatomiestudien, nicht nur anhand der Lektüre des Buchs von William Harvey über den Blutkreislauf, das er schon bald nach dessen Veröffentlichung 1628 las, sondern auch indem er selber die Augen von Tieren – Vögeln und Fischen – sezierte. Zum Gegenstand seiner Interessen gehörten zudem Fossilien und Vulkane.

Die Ergebnisse seiner Forschungen veröffentlichte Peiresc nicht, sei es aus Mangel an Zeit, sei es aus einer aristokratischen Abneigung, Bücher zu schreiben, die zum Verkauf angeboten würden. Stattdessen agierte Peiresc als eine Art Makler, der über seine umfangreiche Korrespondenz Informationen einholte und anbot. Manche seiner Briefe richteten sich an Kollegen in Zentren der Gelehrsamkeit wie Rom, Paris und Leiden. Andere wurden an Personen jenseits der Grenzen Europas adressiert, wo neues Wissen – neu für Europäer – erlangt werden konnte. Peirescs Netzwerk setzte sich aus vielen Agenten und Informanten zusammen, unter ihnen Kaufleute in Kairo und Mönche in Sidon und Istanbul. Den Agenten, die Exemplare für seine Sammlungen erwarben, schickte Peiresc detaillierte Wunschlisten und den Informanten ausführliche Fragebögen.[48]

Der Universalgelehrte als scholastischer Philosoph: Caramuel

Der Spanier Juan Caramuel y Lobkowitz war ein Zisterziensermönch, der ein nomadisches Leben führte, zehn Jahre in den Spanischen Niederlanden und zehn Jahre in Prag verbrachte, um schließlich Bischof in Italien zu werden, erst in Kampanien und dann im lombardischen Vigevano. Ein Biograph des 18. Jahrhunderts nannte ihn »allwissend«, während er zu seinen eigenen Lebzeiten als »der Phönix Europas« bekannt war.[49] Der Vergleich mit dem Phönix sollte Einzigartigkeit implizieren, wie der Dichter John Donne in seiner *Anatomy of the World* (1611) erklärte: »Jeder denkt, nur er allein / und niemand sonst denn außer ihm / könne wohl ein Phönix sein.« Dennoch wurde die Metapher des aus der Asche aufsteigenden Vogels von einem Gelehrten auf den nächsten angewendet, von Erasmus bis zu Benito Feijoo, von dem im folgenden Kapitel die Rede sein wird.[50]

Caramuel, ein mathematisches Wunderkind, soll vierundzwanzig Sprachen beherrscht haben (unter anderem Hebräisch und sogar etwas Chinesisch, erlernt von einem Muttersprachler, den er 1654 in Wien kennengelernt hatte). Im späteren Leben vor allem als Prediger bekannt, war Caramuel zunächst als Diplomat und Amateurbaumeister tätig. In Prag freundete er sich mit zwei weiteren Universalgelehrten an, dem Italiener Valeriano Magni und dem Tschechen Jan Marcus Marci. Er kritisierte Descartes, korrespondierte mit Kircher und unterhielt freundschaftliche Beziehungen zu Gassendi.

Caramuel verfasste mehr als sechzig Bücher, darunter eine Biographie des heiligen Benedikt, eine Geschichte des gregorianischen Gesangs, eine unveröffentlichte

Juan Caramuel y Lobkowitz, Stich eines unbekannten Grafikers, 1682

Enzyklopädie der Musik und eine Abhandlung über Architektur sowie Studien über Grammatik, Dichtkunst, Rhetorik, Mathematik, Astronomie, Physik, Politik, kanonisches Recht, Dialektik, Theologie und Philosophie (wobei er die Tradition der Scholastik weiterführte, zugleich aber auch modernisierte). Eins seiner Bücher, der *Apparatus Philosophicus* (1665), enthält eine kurze Darstellung »aller Wissenschaften und Künste«. Vom spanischen König Philipp IV. wurde Caramuel beauftragt, anhand von genealogischen, historischen und juristischen Argumenten dessen Rechtsanspruch auf den portugiesischen Thron zu beweisen, und von Kaiser Ferdinand III., die Verhandlungen mit den Protestanten zu vertreten, die den Dreißigjährigen Krieg beendeten. In seinen letzten Jahren als Bischof in Vigevano fand Caramuel die Zeit, nicht nur religiöse und politische Werke zu Papier zu bringen, sondern auch ein Gutachten über Flussbau mit besonderem Bezug zu den Ufern des Po.[51]

In seiner *Theologia rationalis* (1654) versuchte Caramuel, wie Thomas von Aquin, Theologie und Vernunft miteinander in Einklang zu bringen. In der Moralphilosophie probierte er, mathematische Gesetze anzuwenden, doch verteidigte er auch die Doktrin der »Wahrscheinlichkeit«, mit anderen Worten die Vorstellung, dass wir angesichts der Unmöglichkeit, absolute Gewissheit zu erreichen, einer glaubhaften Meinung folgen dürfen (er war auch einer der ersten Mathematiker, die Wahrscheinlichkeitsrechnungen anstellten).[52] Ebenso wie Alsted interessierte sich auch Caramuel für die Ideen Ramon Lulls, dessen Mnemotechnik er angehenden Predigern empfahl, obwohl er auch konstatierte, dass Lull oft Dinge versprochen habe, die er nicht halten konnte. Gleich anderen Universalgelehrten von Lull bis Neurath, dessen Werk an späterer Stelle untersucht werden soll, strebte Caramuel die Einheit des Wissens an. Viele seiner Untersuchungen, von der Dialektik bis zur Musik und Architektur, verknüpfte er miteinander und träumte von der »Mathematik als einer vereinheitlichenden Sprache für das Universum«. Diesen Traum von einer *Mathesis universalis* teilten andere Universalgelehrte des 17. Jahrhunderts, unter ihnen Descartes und Leibniz.[53]

Der Schwede Olof Rudbeck der Ältere, Rektor der Universität Uppsala, war eine legendäre Persönlichkeit: ein Mann von stattlicher Statur mit lauter Stimme, ungeheurem Selbstbewusstsein und entsprechend groß dimensionierten Projekten. Er leistete wissenschaftliche Beiträge zu Anatomie, Sprachen, Musik, Pflanzen und Altertümern (einschließlich dem, was wir heute »Archäologie« nennen). Als Erstes widmete er sich der Anatomie und sezierte rund vierhundert Tiere wie zum Beispiel Katzen und Hunde, was ihn zur Entdeckung des Lymphsystems führte und zugleich einen Disput mit einem weiteren Universalgelehrten, dem Dänen Thomas Bartholin, auslöste. Rudbeck wurde zum Medizinstudium nach Leiden geschickt, wo er sich der Botanik zuwandte. Als Professor für theoretische Medizin an der Universität Uppsala hielt er Vorlesungen über Anatomie, Botanik und Chemie, lehrte aber auch Musik, Mathematik, Physik und Astronomie. Rudbeck entwarf ein Theatrum anatomicum für seine Universität und ein Aquädukt für die Stadt. Er komponierte und kartographierte. An der Spitze einer Arbeitsgruppe versuchte er, alle seinerzeit bekannten Pflanzen zu beschreiben und zu illustrieren, wodurch die Universität Uppsala fast ein Jahrhundert vor Carl von Linné für Fortschritte auf dem Gebiet der Botanik bekannt wurde. Tatsächlich sollte Linné ein Student von Rudbecks Sohn Olof Rudbeck dem Jüngeren werden, zu dessen Interessen Medizin, Ornithologie und Linguistik sowie ebenfalls Botanik gehörten.[54]

Der ältere Rudbeck ist heute jedoch in erster Linie als Verfasser der *Atlantica* bekannt, einer monumentalen, unvollendet gebliebenen Abhandlung über nordische Altertümer.[55] Aufgrund dieses Projekts, das er erst spät in seiner Laufbahn begann, wird er oft als Exzentriker betrachtet. Sein Interesse für die Zivilisation des

Olof Rudbeck der Ältere: Schlossgarten Uppsala, 1679

Nordens in ferner Vergangenheit lässt sich indes in einer schwedischen Tradition verorten, dem sogenannten »Gotizismus«, in der aus der Überzeugung, dass die Schweden von den Goten abstammen, abgeleitet wird, dass Schweden die Geburtsstätte aller Zivilisation sei.[56] Der Universalgelehrte Johannes Bureus, Hauslehrer des jungen Prinzen Gustav II. Adolf, suchte zum Beispiel nach der verlorenen Weisheit der Goten.[57] Ein Kollege Rudbecks an der Universität, Olaus Verelius, Professor für schwedische Altertümer, identifizierte einen Ort in der Altstadt von Uppsala mit einem Tempel der »Hyperboreer«, die nach Herodot und anderen Autoren der griechischen Antike »jenseits des Nordwinds« (Bora) lebten.

Rudbeck ging in seinen Behauptungen noch sehr viel weiter, indem er die Schweden nicht nur mit den Goten, sondern auch mit den Skythen und den Trojanern gleichsetzte. Ihm zufolge entstand Zivilisation (einschließlich Schriftlichkeit, Kalender und Astronomie) im Norden und befand sich Platons Atlantis in Schweden. Man könnte ihn gleichermaßen als obsessiv und ethnozentrisch in seinen vollmundigen Ansprüchen bezeichnen, die er nicht nur für den Norden und für Schweden geltend machte, sondern sogar für Uppsala – die Hauptstadt von Atlantis lokalisierte er im Dorf des alten Uppsala, nicht weit entfernt von seiner Universität.

Zur Untermauerung seiner Behauptungen versuchte Rudbeck, verschiedene Chronologien – alte wie neuere – zu synchronisieren. Er verglich die Mythen und Gebräuche antiker Völker mit denen moderner Skandinavier und argumentierte beispielsweise, dass der Sonnenkult in Nordeuropa entstanden sei. In seinen Methoden war Rudbeck sehr einfallsreich und suchte auch nach Zeugnissen der Natur, von der er sagte, sie sei »das klügste und zuverlässigste aller Bücher«. Bei seiner Datierungsmethode stützte er sich beispielsweise auf eine sorgfältige Untersuchung des Humusbodens, ein Ansatz, den Archäologen erst Jahrhunderte später entwickeln sollten. »Er ließ einen Graben durch Hügelgräber im alten Uppsala ausheben und zeichnete die vertikalen Abschnitte, wobei er die Eigenschaften jeder einzelnen Schicht notierte«, und vermaß jedes Stratum, um sein Alter zu berechnen.[58]

Rudbeck betrieb sogar eine Art Experimentalarchäologie, die an einen späteren skandinavischen Gelehrten erinnert, den Norweger Thor Heyerdahl, der sein Floß *Kon-Tiki* 1947 von Peru zum Tuamotu-Archipel steuerte, um seine These zu beweisen, dass Polynesien von Einwanderern aus Südamerika besiedelt worden war. Auf ähnliche Weise wollte Rudbeck demonstrieren, dass Jasons berühmtes Schiff, die *Argo*, vom Schwarzen Meer zur Ostsee hätte transportiert werden können, und ließ deshalb ein Schiff unter seiner Aufsicht auf dem Landweg überführen.

Rudbeck verband umfassende Gelehrsamkeit mit vielen originellen Ideen, doch oft genug fand er, was er finden wollte, vor allem wenn es um Schweden ging. Seine Unternehmungen wurden denn auch gelegentlich kritisiert, worauf an späterer Stelle eingegangen werden soll.

Von noch »monströserer« Gelehrsamkeit als Rudbeck war der deutsche Jesuit Athanasius Kircher, von dem der deutsche Schriftsteller Philipp von Zesen schrieb, er sei »ohne Weiteres der Phönix unter den Gebildeten dieses Jahrhunderts«. Kircher, der zweiunddreißig Bücher verfasste, wurde wie bereits erwähnt als »der letzte Mensch, der alles wusste« bezeichnet oder, etwas bescheidener, als »Renaissance-Mensch« und als »Letzter unter den Universalgelehrten«.[59] Zu seinen Werken gehören Studien über China und Ägypten, die Geographie der Toskana und des Latiums, Magnetismus, Mathematik, Bergbau und Musik. In seinen Studien zur Akustik und Optik stellte Kircher Analogien zwischen der Ausbreitung von Licht und Schall her. Zudem schrieb er über die *scientia universalis* selbst, dem entsprechenden Buch gab er zu Ehren Ramon Lulls den Titel *Ars Magna Sciendi* (*Die Große Kunst des Wissens*).

Kircher beherrschte zwölf Sprachen, studierte medizinische Chemie, beobachtete Eklipsen und versuchte, Codes zu dechiffrieren und die ägyptischen Hieroglyphen zu entziffern. Seine Interpretation präsentierte er, dank einer Zuwendung von Kaiser Ferdinand III., in opulenten Foliobänden mit dem Titel *Oedipus Aegyptiacus* (1652–1654).[60] Er war auch als Erfinder tätig und konstruierte eine Sonnenblumenuhr, eine Wasserorgel, ein Perpetuum mobile, eine Laterna magica sowie eine Komponiermaschine (die *Arca musarithmica*). Seine Schrift *Itinerarium Exstaticum Coeleste* schildert eine Reise zum Mond, mit der er fraglos versuchen wollte, eine ähnliche, aber kürzere Geschichte von Johannes Kepler zu übertreffen.

Es fällt schwer, sich nicht davon beeindrucken zu lassen, auf welche Art und Weise es Kircher verstand, Massen von Informationen in seinen enormen Bänden zu ordnen und sich dabei vieler Sprachen zu bedienen: »Er schrieb in Latein, Italienisch, Spanisch, Deutsch, Holländisch, Griechisch, Hebräisch, Armenisch, Arabisch und Koptisch und konnte in vielen weiteren lesen.«[61] Er lieferte wichtige Beiträge zum Wissen, und auch einige seiner synthetischen Arbeiten, namentlich das Buch über China, erwiesen sich als wertvoll.

Athanasius Kircher: Bild einer angenagelten Katze mit weiblichem Torso und Fledermausflügeln aus dem Werk *La Chine*, 1670, S. 113

All diese Leistungen hatten freilich auch ihre Kehrseite. Kircher war anfällig für Fehler und wurde von Fachgelehrten auf bestimmten Gebieten oft kritisiert – etwa von Marcus Meibom zur Musikgeschichte, von Marin Mersenne zum Magnetismus und von Hiob Ludolf zur

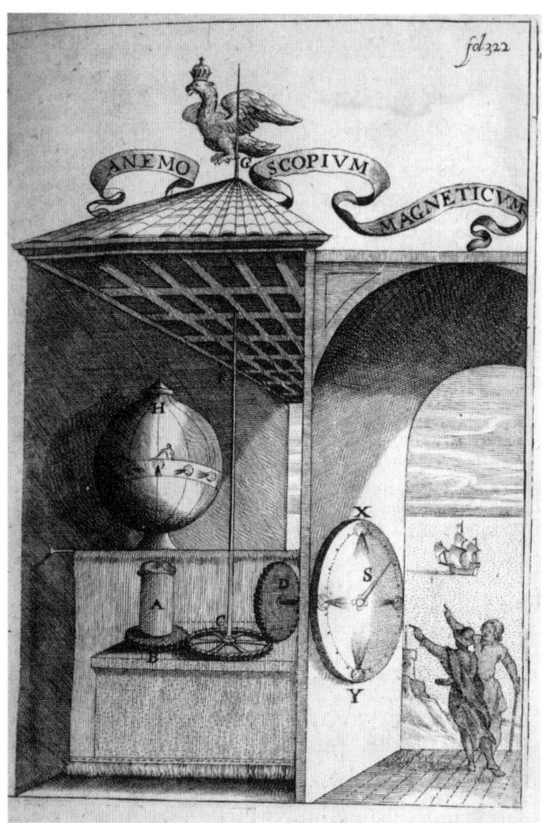

Athanasius Kircher: Magnetische Uhr, *Magnes sive de arte magnetica*, 1641

Sprache. Ludolf, eine maßgebliche Figur in dem Bereich, den wir heute als komparative Linguistik bezeichnen würden, warnte einen Kollegen: »Bitte halten Sie sich von Kircher fern. Er beherrscht Sprachen keineswegs auf so gebildete Weise, wie er von sich selbst behauptet.«[62]

Bisweilen versprach Kircher mehr, als er halten konnte, etwa mit der Behauptung, den Kreis quadrieren und ägyptische Hieroglyphen deuten zu können, die er (wie viele Renaissance-Humanisten) nicht als eine Schriftform, sondern als Embleme mit einer verborgenen Botschaft betrachtete.[63] Noch gravierender als seine Fehlschläge war sein anhaltender Glaube an den eigenen Erfolg, ein Fall von Hybris, der durchaus Parallelen zu anderen Universalgelehrten aufweist und der (bestärkt durch das gängige Vorurteil gegenüber Jesuiten) in Betrugsvorwürfe mündete. Man könnte sagen, dass Kircher im Vergleich zu den führenden Gelehrten seiner Zeit einen Überschuss an Wissbegier, Enthusiasmus, Energie und Erfindungsreichtum besaß (gerade Letzterer war seinerzeit besonders hoch angesehen), seine Kritikfähigkeit hingegen relativ schwach ausgebildet war, wie einige seiner Zeitgenossen feststellten.[64] Seine Laufbahn verdeutlicht, mit welchen Risiken es schon damals verbunden war, Universalgelehrsamkeit anzustreben.

Mit seinem Interesse für Pico della Mirandola und insbesondere für Ramon Lull steht Kircher in einer Tradition der Polymathie. Dasselbe gilt auch für seinen Glauben an die Einheit des Wissens, die im vorangegangenen Kapitel erörtert wurde. Dieser Glaube führte Kircher dazu, Analogien zwischen verschiedenen Phänomenen herzustellen (etwa zwischen Licht und Schall). Er ermutigte ihn auch oder veranlasste ihn, eine Synthese zwischen unterschiedlichen Arten von Wissen anzustreben – zwischen heidnischem und christlichem, östlichem und westlichem. Wäre Comenius kein Protestant gewesen, hätte Kircher ihn fraglos bewundert. Auf jeden Fall praktizierte er eine Art *Pansophia*, selbst wenn sie nicht mit Plänen für eine Reform der Welt verbunden war.[65]

Nicht so umfassend wie Kircher, aber immer noch äußerst breit war die Gelehrsamkeit Pierre Bayles, eines protestantischen französischen Pfarrers, der in den 1680er Jahren Zuflucht in den Vereinigten Niederlanden fand. Bayle gestand einmal, er sei »hungrig danach, alles zu wissen« (*affamé de savoir tout*).[66] Er lehrte an protestantischen Akademien, zunächst in Frankreich (in Sedan), dann in Rotterdam, doch gab er seine akademische Laufbahn auf, als er eingeladen wurde, Herausgeber der *Nouvelles de la République des Lettres* zu werden, einer Zeitschrift für Gelehrte, die drei Jahre lang (1684–1687) einmal monatlich erschien. Die meisten »Nachrichten« (hauptsächlich Buchrezensionen) verfasste er selbst. Bayle war keineswegs der einzige exilierte Protestant, der eine Kulturzeitschrift herausgab, und einige seiner Kollegen könnte man ebenso gut als Universalgelehrte bezeichnen – Henri Basnage zum Beispiel schrieb über Geschichte, Theologie, Sprache und sogar Mechanik. Bayles Interessen waren jedoch breiter gefächert als diejenigen Basnages und kamen in seinem berühmten *Dictionnaire Historique et Critique* (1697) zum Ausdruck.

Dieses »Wörterbuch« war eine historische Enzyklopädie, die ein früheres Nachschlagewerk ersetzen sollte, *Le Grand Dictionnaire Historique* (1674) des katholischen Priesters Louis Moréri, das Bayle als nicht kritisch genug empfand. Bayles Wörterbuch, das sehr viel voluminöser als Moréris war, wurde legendär wegen seiner Fußnoten beziehungsweise »Anmerkungen«, die mehr Platz einnahmen als der Text selbst und dem Verfasser die Möglichkeit boten, seine eigenen Ideen zu äußern und vieles von dem, was andere als verlässliche Informationen präsentiert hatten, in Zweifel zu ziehen. Ebenso wie die von Bayle herausgegebene Zeitschrift widmete sich sein Wörterbuch nicht nur Themen der Geschichte, Philosophie, Theologie und Literatur, sondern auch dem Studium der Natur. Bayle war offenbar gut über neuere Entwicklungen auf dem Gebiet informiert, das wir heute als die Naturwissenschaften bezeichnen. Die *Nouvelles* erörterten Medizin, Anatomie, Physik, Chemie und Naturgeschichte, während das *Dictionnaire* berühmte »Anmerkungen« zur Rationalität von

DICTIONAIRE
HISTORIQUE
ET
CRITIQUE:
Par Monsieur BAYLE.
TOME PREMIER.
SECONDE EDITION,
Revuë, corrigée & augmentée par l'Auteur.
A—D.

A ROTTERDAM,
Chez REINIER LEERS,
MDCCII.
AVEC PRIVILEGE.

Pierre Bayle, *Dictionnaire historique et critique*, 1697

Tieren (»Rorarius«) sowie zu den Ideen von Galilei und Newton (»Leucippe«) enthält.[67]

Bayles umfangreiche Korrespondenz (die heute ebenso wie die Briefe Peirescs und Kirchers online verfügbar ist) liefert weitere Anhaltspunkte zu seinen Interessen wie auch zu seinen Informanten.[68] Nachrichten über den englischen Zweig der République des Lettres bezog Bayle beispielsweise von dortigen französischen Exilanten, unter ihnen sein Freund Daniel de Larroque, der Chirurg Paul Buissière und der Bibliothekar Henri Justel (der Veröffentlichungen der Royal Society für ihn übersetzte). Aus Deutschland bekam er Informationen von einem anderen Freund, dem Berliner Hofprediger der Hugenottengemeinde und Gelehrten Jacques Lenfant. Zu Fragen der Naturphilosophie wandte sich Bayle an zwei führende Vertreter auf diesem Gebiet, Christiaan Huygens in Physik und Antonie van Leeuwenhoek, ein Vorreiter der Entwicklung und Nutzung von Mikroskopen, in dem, was heute als Mikrobiologie bekannt ist. Es kann kaum überraschen, dass Bayle, der selber ein talentierter Netzwerker war, seinen Vorgänger Peiresc bewunderte: In seinem *Dictionnaire* widmete er ihm einen eigenen Artikel, in dem er ihn als »Procureur Général« (Generalstaatsanwalt) der République des Lettres bezeichnete, eine Anspielung auf Peirescs Rechtskenntnisse und vielleicht auch auf seine Fähigkeit, Informationen zu »prokurieren«, sprich: zu beschaffen.[69]

Der Universalgelehrte als Synthetiker: Leibniz

Das bekannteste Beispiel für einen Universalgelehrten des 17. Jahrhunderts ist natürlich Gottfried Wilhelm Leibniz. Normalerweise wird er heute – wie Aristoteles – als Philosoph gerühmt.[70] Auch dies zeigt im Grunde nur unsere Neigung, Gelehrte auf ein einziges Gebiet zu reduzieren. Zu seinen Lebzeiten war Leibniz schließlich nicht nur als Philosoph, sondern auch als Mathematiker und Theologe tätig. Er war ein Linguist, der sich für Sprachfamilien interessierte und frühzeitig die Analogien zwischen den Grammatiken des Finnischen und Ungarischen erkannte.[71] Außerdem war er Historiker, Jurist, Staatstheoretiker und ein China-Experte, der sich einmal selbstironisch als Alleininhaber eines »Adress- und Auskunftsbüros für China« bezeichnete.[72]

Leibniz wusste, wie bedeutsam die Forschungen Peirecs waren, und hoffte auf die Veröffentlichung seiner umfangreichen Korrespondenz.[73] Ihm selbst jedoch widerstrebte es, etwas zu veröffentlichen, weshalb er einmal einem Freund schrieb, wer nur sein publiziertes Werk kenne, der kenne ihn nicht. Seine handschriftlichen Aufzeichnungen offenbaren sein Interesse für »Botanik, Psychologie, Medizin und Naturgeschichte«, aber auch für »Astronomie, Physik, Chemie und Geologie«.[74]

Als genügte ihm all das nicht, widmete sich Leibniz auch noch zahlreichen praktischen Aktivitäten – Diplomatie, Gesetzesreform, Gründung gelehrter Akademien

(Berliner Akademie der Wissenschaften 1700, diejenige von Sankt Petersburg 1725) und Organisation von Bibliotheken.[75] Seine Begeisterung für Technik führte zu einer ganzen Reihe von Erfindungen: eine Rechenmaschine, eine Chiffriermaschine, verbesserte Linsen, Pumpen und Uhren. Bei seinen Besuchen von Bergwerken ging es ihm nicht nur um geologische Forschungen, sondern auch um die Steigerung der Produktionseffizienz. Er entwickelte Ideen zur Reform des Münzwesens, zu einer Manufaktur für Farbstoffe und zur Organisation von Archiven.

Gottfried Wilhelm Leibniz, Porträt von Christoph Bernhard Francke, Braunschweig, Herzog Anton Ulrich-Museum, 1695

Wie einer seiner Gönner einmal nahezu verzweifelt stöhnte, war Leibniz ein Mann von »unersättlicher Neugier«, ein Urteil, das Leibniz-Forscher mehr als einmal wiederholt haben.[76] Einer seiner Zeitgenossen bezeichnete ihn als »zutiefst in allen Wissenschaften bewandert«, ein anderer als »allumfassendes Universalgenie«.[77] Diesem Urteil schloss sich auch die Nachwelt an. Der französische Universalgelehrte Bernard de Fontenelle verglich ihn mit jemandem, der einen Achtspänner lenkt, denn »Leibniz konnte alle Wissenschaften gleichzeitig betreiben«.[78] Im *Compendiösen Gelehrten-Lexicon* (1733) von Christian Gottlieb Jöcher wurde Leibniz als »berühmter Polyhistor« erwähnt, und Emil Du Bois-Reymond, ein bekannter deutscher Wissenschaftler des 19. Jahrhunderts, nannte ihn einen »All- und Ganzwisser«.[79]

Seine brennende Wissbegier in Verbindung mit einem ausgeprägten Ordnungssinn machte Leibniz zum idealen Kandidaten für einen Posten als Bibliothekar, den er dann auch jahrelang bekleiden sollte: zunächst beim Baron von Boineburg, dessen Privatbibliothek er katalogisierte, später in Braunschweig beim Herzog von Hannover und schließlich über ein Vierteljahrhundert lang in Wolfenbüttel. Ähnliche Stellungen wurden ihm vom Vatikan und in Paris angeboten, er selbst bewarb sich für den Posten eines kaiserlichen Bibliothekars in Wien. Ein Idealstaat, hatte Platon behauptet, könne nur dann entstehen, wenn entweder Philosophen Könige oder Könige Philosophen würden. Entsprechend könnte man sagen, dass zum Aufbau einer idealen Bibliothek entweder Philosophen zu Bibliothekaren oder Bibliothekare zu Philosophen werden müssten. Die Verbindung zwischen der Klassifizierung von Büchern und der Klassifizierung von Wissen ist in Leibnizens praktischem und theoretischem Werk in der Tat offensichtlich.[80]

Was Leibniz antrieb, war mehr als Wissbegierde, so unersättlich sie auch sein mochte. In der Tradition von Lull, Alsted und Comenius (dem er einmal ein Gedicht widmete) träumte er davon, sämtliche Wissenschaften zu reformieren. Da ihm bewusst war, dass diese Aufgabe zu groß wäre, um sie im Alleingang zu bewältigen, forderte und nutzte Leibniz Zusammenarbeit, indem er Kollegen konsultierte, gelehrte Zeitschriften und Akademien gründete und einen kollektiven »Thesaurus« beziehungsweise eine kollektive Enzyklopädie zu organisieren versuchte. Aus diesem Reformtraum speisten sich verschiedene seiner Projekte: die Schaffung einer universellen Sprache, die Missverständnisse zwischen Gelehrten unterschiedlicher Muttersprachen beseitigen würde; der logische Kalkül, der komplexe Argumente auf einfache Berechnungen reduziert; und die *scientia generalis*, definiert als »Wissenschaft, die die Prinzipien aller anderen Wissenschaften enthält«.[81]

Sekundäre Universalgelehrte

In der Kunst der italienischen Renaissance gab es neben Leonardo, Raffael und Michelangelo mit ihren herausragenden Leistungen eine ungewöhnlich hohe Zahl zweitrangigerer Künstler. Auf ähnliche Weise brachte auch das Zeitalter der sieben »Monster« viele weniger bedeutende Universalgelehrte hervor – ein weiterer Grund dafür, dieses Jahrhundert als goldenes Zeitalter zu bezeichnen.

Viele dieser Personen waren Professoren, unter ihnen Samuel Pufendorf, der an der Universität Lund Rechtswissenschaft lehrte und über Geschichte, Philosophie und über die von ihm so genannte »Disziplin« des Naturrechts schrieb; Isaac Barrow, ein Kollege Newtons in Cambridge, der als »einer der letzten Renaissance-Universalgelehrten« bezeichnet wurde, und Daniel Morhof, Professor an der Universität Kiel, dessen *Polyhistor* (1688) lange Zeit als Einführung zur Gelehrsamkeit diente.[82] Vier der bemerkenswertesten Sekundär-Universalgelehrten dieser Zeit – »sekundär« im Verhältnis zu den sieben Monstern – profilierten sich jedoch außerhalb der akademischen Welt. Sie arbeiteten als Bischof, Anwalt, Soldat beziehungsweise Verwalter: Pierre-Daniel Huet, John Selden, Luigi Marsili und Nicolaes Witsen.

Die Vielfalt der Interessen und Leistungen Pierre-Daniel Huets, der Bischof von Avranches in der Normandie wurde, von diesem Amt aber zurücktrat, um mehr Zeit für seine Studien zu haben, bietet ein bemerkenswertes Beispiel für einen intellektuellen Fuchs. Wie er selbst im Alter schrieb, »flog« er von Disziplin zu Disziplin und las »unmäßig« viel. Charles de Sainte-Beuve, ein späterer Universalgelehrter, nannte ihn den »Mann mit der umfassendsten Bildung, der je gelebt hat«.[83] So überrascht es auch kaum, dass Huet eine Bibliothek von über achttausend Bänden zusammentrug. Die Bandbreite seiner Beiträge zum Wissen unterscheidet sich kaum von derjenigen der sieben zuvor beschriebenen »Monster«, auch wenn er heute weniger bekannt ist und bisweilen als zweitrangiger Gelehrter betrachtet wird.[84]

Huet wurde erst mit 46 Jahren zum Priester geweiht, doch sein Interesse für Theologie begann sehr viel früher. Er studierte bei dem Universalgelehrten und Bibelexegeten Samuel Bochart, der seinen Schüler mitnahm, als er nach Stockholm an den Hof von Königin Christina eingeladen wurde. In der königlichen Bibliothek entdeckte Huet einen handschriftlichen Kommentar des griechischen Gelehrten Origenes zum Matthäus-Evangelium, den er herausgab und ins Lateinische übersetzte. Er lernte Hebräisch und Syriakisch, was ihm bei seinen Bibelstudien behilflich sein sollte.

»Minerva zeigt auf Gelehrte in einer Bibliothek«, Titelseite für die Zeitschrift *Republyk der geleerden*, Stich von Simon Fokke, 1745

Diese Studien veranlassten Huet, ebenso wie seinen Lehrer Bochart, Mythen aus komparativer Sicht zu untersuchen. Bochart vertrat die These, die Geschichte von Noah sei ein Prototyp für spätere Mythen, und Huet lieferte ähnliche Argumente in Zusammenhang mit der Moses-Erzählung, wobei er sich auf Berichte von Missionaren über gängige Mythen in Kanada, Peru und Japan stützte. Die Bibelstudien lenkten sein Interesse auch auf die Geographie, was sich in einer Abhandlung über das irdische Paradies und in einer weiteren über die Reisen König Salomons niederschlug. Er schrieb über Philosophie, namentlich eine Kritik Descartes' (1689), und verfasste einen Text über die Schwäche des menschlichen Geistes (*Traité philosophique de la faiblesse de l'esprit humain*), der 1723 posthum veröffentlicht wurde.[85] Sein 1670 erschienener Essay über die Ursprünge des Romans (*Traitté de l'origine des romans*) ist die erste historische Darstellung dieses literarischen Genres, zu dem er selbst auch einen mit dem Titel *Diane de Castro* beisteuerte.[86] Huet, der später als Historiker tätig war, verfasste eine Geschichte seiner Geburtsstadt, *Les origines de la ville de Caen* (1702) sowie eine wegweisende Studie über Wirtschaftsgeschichte, *Histoire du commerce et de la navigation des anciens* (1716).

So wie andere *Virtuosi* seiner Zeit interessierte sich Huet zudem für Mathematik und Naturwissenschaften. Seine Begeisterung für Geometrie zeigt sich deutlich in seinem Werk *Demonstratio Evangelica* (1679), das einen Beweis für die Wahrheit des Christentums in Form von Ableitungen aus Axiomen liefert. Er war Mitbegründer der Académie de Physique in Caen (1662), die sich mit dem Studium der Natur im Allgemeinen und der Anatomie im Besonderen beschäftigte. Huet nahm viele Sezierungen vor, insbesondere von Fischen. Zu seinen weiteren Betätigungsfeldern gehörten Astronomie, Naturgeschichte und Chemie. Er leistete zahlreiche originelle Beiträge zur Wissenschaft, darunter eine Erörterung von Schallwellen und präzise Beschreibungen der Schnecke, des Blutegels und des Salamanders. Huet erfand außerdem ein Instrument zur Messung der Luftfeuchtigkeit und ein weiteres zur Messung der Windgeschwindigkeit.[87]

Nach Bacon war John Selden im 17. Jahrhundert sicherlich derjenige Jurist in England, der die umfassendste Gelehrsamkeit besaß, auch wenn ihm darin der Niederländer Hugo Grotius Konkurrenz machte. Selden und Grotius vertraten in der Frage der Freiheit der Meere kontroverse Positionen, respektierten sich jedoch gegenseitig als Gelehrte.

Lord Claridon, ein Zeitgenosse Seldens, registrierte dessen »stupende Gelehrsamkeit auf allen Gebieten und in allen Sprachen«.[88] Zu seinen Interessen gehörten die mittelalterliche Geschichte Englands und orientalische Studien. Seine Auseinandersetzungen mit der Rechtsgeschichte (Common Law, Zivilrecht, kanonisches Recht, Seerecht und Naturrecht) führten ihn in verschiedene Richtungen, darunter das englische Mittelalter und das alte Israel (in seiner späteren Laufbahn beschäftigte er sich ausgiebig mit Talmudstudien und schrieb über jüdisches Recht). Eine nie nachlassende Wissbegier trieb Selden immer weiter voran, zum Studium alter Religionen und zur Veröffentlichung eines Buchs über syrische Gottheiten (*De diis Syriis*, 1617). Darin eiferte er der berühmten chronologischen Studie von Joseph Scaliger nach, einem Gelehrten des 16. Jahrhunderts, den Selden als »mächtigen Fürsten« der Gelehrtenrepublik bezeichnete.

Selden baute eine Bibliothek mit etwa achttausend Büchern und Manuskripten auf. Seine Gelehrsamkeit verband sich mit analytischer Stärke, die in seinen Vergleichen zwischen verschiedenen Rechtssystemen und verschiedenen Göttern (zum Beispiel Baal und Jupiter oder Astarte und Venus) zum Ausdruck kommt. Seine scharfsichtige Intelligenz, gepaart mit geistreichem Witz, offenbart sich auch in dem posthum veröffentlichten Band *Table Talk*.

Trotz der Breite seiner Interessen bestand Selden stets auf einem Studium der Quellen. Wie er in seiner Abhandlung *Titles of Honour* (1614) voller Stolz schrieb: »Ich breite hier nichts aus, was aus zweiter Hand zitiert wäre, sondern liebte immer den Quell.« Für seine orientalischen Studien lernte Selden Hebräisch, Aramäisch und Arabisch, für seine Studien des englischen Mittelalters Angelsächsisch. Er konsultierte offizielle Dokumente im Tower of London und stützte sich auf Inschriften und Münzen als Beweismittel. Bei seinem textkritischen Vorgehen half ihm ein ausgeprägtes Gespür für Anachronismen und ein Empfinden für korrekte chronologische Einordnung. Gelegentlich schrieb er selber Verse und freundete sich mit den Dichtern John Donne, Michael Drayton und Ben Jonson an. Jonson brachte Seldens Kombination aus breit gefächerten Interessen und Spezialkenntnissen auf den Punkt, indem er ihn mit einem Kompass verglich: »Immer zuhaus, und doch aller Länder angesichtig: / Und wie ein Kompass, mit einem Fuße still / In deiner Mitte, Du den Kreis Dir fülltest / Mit allem Wissen [...].«[89]

Wie wir gesehen haben, verbanden Renaissance-Autoren oft Waffen und Wissenschaften miteinander. Im 17. Jahrhundert bietet Luigi Marsili (oder Marsigli) das seltene Beispiel eines militärischen Universalgelehrten. Als Berufssoldat in kaiserlichen Diensten erweiterte er diese Aktivität mit einer großen Bandbreite von Studien und wurde so zu einem maßgeblichen *Virtuoso* seiner Zeit. Auch er war jemand, der eine unbändige Neugier besaß. Von den Türken bei der Belagerung Wiens 1683 gefangen genommen und zur Arbeit in einem Kaffeehaus verpflichtet, wendete Marsili das Wissen, das er während seiner Gefangenschaft erworben hatte, nutzbringend an, indem er nach seiner Freilassung eine Abhandlung über Kaffee veröffentlichte, *Bevanda Asiatica* (1685).

Nach seiner unehrenhaften Entlassung aus dem Militär (die auf die kampflose Übergabe der Festung Altbreisach 1703 erfolgte) hatte Marsili mehr Zeit zum Lesen, Schreiben und zum Aufbau einer umfangreichen Sammlung, die er später der Universität seiner Geburtsstadt Bologna vermachte. Er publizierte unter anderem einen Bericht über die Streitkräfte des Osmanischen Reichs sowie Studien über Phosphor, Korallen, Pilze und die See. Sein Hauptwerk, *Danubius* (1726), enthält – wie auf dem Titelblatt angegeben – Beobachtungen des Flusses aus geographischer, astronomischer, hydrographischer, historischer und physikalischer Sicht.[90]

Ein Mann der Tat war auch Nicolaes Witsen, mehrmals Bürgermeister von Amsterdam und einer der Vorsteher der Niederländischen Ostindien-Kompanie. Der »vielseitige« Witsen lebte dabei ein »zweites Leben« als Gelehrter.[91] Er fand die Zeit, Kuriositäten zu sammeln, Naturgeschichte zu studieren und Bücher über alten und modernen Schiffsbau sowie über die »Nord- und Ost-Tartarei« (insbesondere Sibirien) inklusive einer Landkarte dieses Territoriums zu veröffentlichen.[92] Witsens Interesse für Geographie erstreckte sich bis nach Südafrika, Australien und Neuseeland. Er war mit den Universalgelehrten Isaac Vossius und Nicholas Steno befreundet, korrespondierte mit Leibniz, und dank seines ausgedehnten Netzwerks war er imstande, seinem Freund Hiob Ludolf, einem weiteren Universalgelehrten, zu Texten in Sprachen aus vielen Teilen der Welt zu verhelfen, darunter auch Khoikhoi, das von den sogenannten »Hottentotten« im südlichen Afrika gesprochen wurde.

Zu Witsens umfangreicher Kuriositätensammlung gehörten Muscheln (darunter einige Exemplare aus Australien), Pflanzen, ausgestopfte Tiere, alte Münzen und Statuen, skythische Ornamente aus Sibirien, ein *Kris* (malaiischer Dolch) aus Java, ein alter chinesischer Spiegel, zahlreiche chinesische Landschaftsgemälde und Statuen von Hindu-Gottheiten aus Kerala. Sein Netzwerk erwies sich auch in dieser Hinsicht als außerordentlich nützlich: An die Statuen aus Kerala kam Witsen zum Beispiel durch Vermittlung des niederländischen Gouverneurs von Ceylon.[93]

Eintracht

Im vorangegangenen Kapitel wurde der Wunsch nach intellektueller und insbesondere religiöser Harmonie als eines der Motive erwähnt, das Universalgelehrte der Renaissance, von Pico bis Bodin, antrieb. Dieser Impuls, ebenso wie die Konflikte, auf die er reagierte, war auch im 17. Jahrhundert noch sehr stark vorhanden.

Wie wir gesehen haben, setzte Comenius auf eine universelle Harmonie und arbeitete auf sie hin. Caramuel versuchte, Glauben und Vernunft miteinander in Einklang zu bringen. Kircher hoffte, seine Arbeit würde die Harmonie des scheinbaren Konflikts zwischen Traditionen zutage fördern, die er als *discors concordia* bezeichnete. Huet verfasste ein Buch über die Eintracht zwischen Glauben und Vernunft. Samuel Pufendorf interessierte sich für die Versöhnung der religiösen Ansichten von Katholiken und Protestanten in der deutschen Kleinstaaterei seiner Zeit.

Leibniz, der kurz vor Ende des Dreißigjährigen Kriegs geboren wurde, beschäftigte sich ebenfalls mit Konflikten und Möglichkeiten, sie zu beenden. Sein logischer Kalkül oder auch philosophische Universalsprachen, wie sie von Gelehrten wie dem Engländer John Wilkins entwickelt wurden, zielten darauf ab, Missverständnisse zwischen Philosophen auszuräumen. Wie Pico versuchte er, Konflikte in der Philosophie – bei ihm zwischen Cartesianismus und Scholastik – beizulegen. Desgleichen trachtete er danach, mittels der Naturtheologie (so etwas wie der kleinste Nenner des Glaubens) Konflikte zwischen Religionen (Protestantismus und Katholizismus) wie auch zwischen Kulturen (China und der Westen) zu lösen. In diesem Sinne könnte er als Letzter der Pansophisten bezeichnet werden.

Originalität versus Plagiarismus

Die Blüte des Universalgelehrtentums im 17. Jahrhundert erscheint umso bemerkenswerter, wenn man bedenkt, dass die Messlatte, über die diese Gelehrten springen mussten, zu dieser Zeit höher gelegt wurde. In der Renaissance wie auch im Mittelalter konnten sich Gelehrte den Ruf breit gefächerten Wissens erwerben, selbst wenn sie keine neuen Entdeckungen machten oder originelle Ideen präsentierten. Im 17. Jahrhundert wurde von ihnen dagegen zunehmend erwartet, dass sie das Wissen innovativ bereichern.

Die Stichhaltigkeit dieser Behauptung zeigt sich unter anderem an den Prioritätenstreitigkeiten und den Plagiatsvorwürfen, die ab dem späten 16. Jahrhundert immer stärker um sich griffen. Sie begannen keineswegs erst zu dieser Zeit, sondern schon im 15. Jahrhundert: Filippo Brunelleschi war der Erste, der sein geistiges Eigentum – den neuen Entwurf für ein Schiff – 1421 durch ein Patent schützen ließ, »damit die Frucht seines Genies nicht von jemand anderem geerntet werden kann«. In einem Gespräch warnte Brunelleschi seinen Freund Taccola (Mariano di Jacopo):

»Lass nicht zu viele Menschen an deinen Erfindungen teilhaben, denn Rivalen werden sie stehlen und sich selbt zugute schreiben.«[94] Was sich im 17. Jahrhundert allerdings veränderte, war die Häufigkeit von Plagiatsvorwürfen.

John Dee wurde zum Beispiel von Tycho Brahe und Johannes Kepler vorgeworfen, ihre Informationen und Ideen gestohlen zu haben, und Dee wiederum beschuldigte andere des geistigen Diebstahls. Olof Rudbeck und Thomas Bartholin behaupteten beide, als Erste das Lymphsystem entdeckt zu haben. Newtons Anhänger verdächtigten Leibniz, sich die Ideen ihres Meisters über den Kalkül angeeignet zu haben, während Newton seinerseits von dem Universalgelehrten Robert Hooke beschuldigt wurde, seine Ideen über die Lichtbrechung und das Gravitationsgesetz als die eigenen ausgegeben zu haben, wonach die Schwerkraft mit dem Quadrat der Entfernung abnimmt.[95] Zur Absicherung verkündeten manche Naturphilosophen ihre Entdeckungen auf chiffrierte Weise anhand von Anagrammen, ein seinerzeit beliebter literarischer Trick. Als Galilei zum Beispiel beim Blick durch sein neues Fernrohr feststellte, dass der Planet Saturn aus drei unterschiedlichen Körpern besteht, gab er diese Entdeckung in Form einer geheimnisvollen Botschaft bekannt: *SMAISMRMILMEPOETALEUMIBUNENUGTTAUIRAS*.[96] Als Christiaan Huygens konstatierte, dass der Saturn von einem Ring umgeben ist, verkündete er diese Entdeckung in dem lateinischen Anagramm AAAAAA CCCCC D EEEEE G H IIIIIII LLLL MM NNNNNNNNN OOOO PP Q RR S TTTTT UUUUU.[97] Robert Hooke bediente sich des Anagramms *CEIIINOSSSSTTUV*, um sein Elastizitätsgesetz bekannt zu geben, wonach sich Festkörper verformen, wenn ihre Verformung proportional zur einwirkenden Belastung ist.[98]

Wie seinerzeit allgemein bekannt war, bezeichnete der Begriff *plagiarius* im klassischen Latein ursprünglich einen Sklavenräuber, aber der Dichter Martial wendete ihn auf literarischen Diebstahl an, unter dem er wie auch Horaz und Vergil zu leiden behauptete. In der Renaissance waren Begriffe wie »Stehlen« in literarischen Zirkeln weit verbreitet. Relativ neu war im 17. Jahrhundert, dass die Idee auch auf die Gelehrsamkeit übertragen wurde. Zwischen 1673 und 1693 erschienen mindestens vier Abhandlungen, die sich diesem Thema widmeten.[99] Auch die Geschichte der Sprache bietet wertvolle Belege dafür, dass das Phänomen zunehmend ins allgemeine Bewusstsein drang. Im Französischen ist *plagiaires* ein Wort des 17. Jahrhunderts. Im Englischen wird der Begriff *plagiary* erstmals 1601 dokumentiert, gefolgt von *plagiarism* (1621), *plagiarist* (1674) und *plagiarize* (1716).

Das goldene Zeitalter – ein Erklärungsversuch

Was machte das 17. Jahrhundert zu einem goldenen Zeitalter der Universalgelehrten? Antworten auf große Fragen wie diese werden zwangsläufig immer spekulativ sein, doch ein paar Argumente lassen sich durchaus vorbringen. Dazu gehört, dass die oben beschriebenen Leistungen nicht das Ergebnis einer wundersamen Geburt von Giganten (oder Monstern) waren, sondern aufgrund eines gesellschaftlichen und kulturellen Wandels zustande kamen. Erstens waren Europäer des 17. Jahrhunderts mehr oder weniger vom traditionellen Argwohn befreit, der in früheren Zeiten gegenüber der Wissbegier geherrscht hatte, und andererseits noch nicht der intellektuellen Arbeitsteilung ausgesetzt, die ebenfalls ein Klima erzeugte, das der Vielseitigkeit abträglich war und noch immer ist.

Zweitens stellten die anhaltende Entdeckung der Neuen Welt durch die Europäer sowie ihre zunehmenden Kontakte mit Asien und Afrika – sei es durch Handel, Missionierung oder Eroberung – einen starken Anreiz für Wissbegier dar, was in der Entstehung zahlreicher »Kuriositätenkabinette« mit exotischen Exponaten aus diesen Teilen der Welt seinen Ausdruck fand. Manche Europäer lernten auf diese Weise viele neue Pflanzen, Bäume, Säugetiere, Vögel, Fische, Insekten sowie Völker und ihre Sprachen und Gebräuche kennen. Neues Wissen verbreitete sich in einem Maße, das den Wissensdrang von Gelehrten anstachelte, ohne sie zu überwältigen. So waren etwa die fünfhundert Pflanzenarten, die der antike griechische Arzt Dioskurides beschrieben hatte, 1623 auf die sechstausend von Caspar Bauhin beschriebenen angewachsen.

Eine andere Art von »neuer Welt« offenbarte sich im Verlauf der sogenannten »wissenschaftlichen Revolution« des 17. Jahrhunderts: Durch die Verwendung neuer Instrumente wie Teleskop und Mikroskop wurden plötzlich weit entfernte Gegenstände wie Planeten ebenso sichtbar wie lebende Dinge, die ganz nahe, aber winzig klein waren, etwa die berühmte Laus, die Robert Hooke in seiner *Micrographia* (1665) abbildete. Hookes Zeitgenosse, der Holländer Antonie van Leeuwenhoek, beobachtete und beschrieb als Erster Bakterien mit Hilfe eines noch stärkeren Mikroskops.

Auch andere Wissensgebiete wurden anhand neuer Methoden erforscht, insbesondere durch systematische Experimente. Amateure waren imstande, originelle Beiträge zum Studium der Natur und der Kultur zu leisten, solange neue Entdeckungen noch in einer Alltagssprache beschrieben wurden und viele Experimente simpel genug waren, um sie in den eigenen vier Wänden durchzuführen. Zahlreiche Entdeckungen, die Einzelne mit relativ einfachen Instrumenten zustande bringen konnten, sollten in dieser Zeit gemacht werden. Gleichzeitig brachte die Akkumulation von Informationen Gelehrte dazu, diese durch Verifizierung und Klassifizierung in Wissen zu verwandeln.

Ein dritter relevanter Punkt betrifft die Neuordnung dessen, was Zeitgenossen als »Commonwealth of Learning« beziehungsweise »Gelehrtenrepublik« (*Respublica litterarum*) bezeichneten: eine imaginierte Gemeinschaft, die durch die Korrespondenz zwischen Gelehrten, die in verschiedenen Ländern lebten und gelegentlich konfessionell gespalten waren, zusammengehalten wurde. Das 17. Jahrhundert war eine Zeit, in der das Netz der Postverbindungen in Europa immer dichter wurde.[100] Durch diese Revolution der Kommunikationswege weiteten sich die persönlichen Netzwerke einzelner Gelehrter aus. Vier der sieben »Monster« (Peiresc, Bayle, Leibniz und Kircher) unterhielten ausgedehnte Netzwerke von Korrespondenten, die Informationen vermittelten, die in Orten wie Aix-en-Provence, Rotterdam, Wolfenbüttel und selbst in Rom nur schwierig zu erlangen gewesen wären.

Peirescs Korrespondenz umfasst 10.000 Briefe, darunter an andere Universalgelehrte wie Selden, Gassendi, Grotius und Kircher.[101] Bayles Briefe, die kürzlich herausgegeben wurden, sind in vierzehn Bänden erschienen.[102] Auch Leibniz stand in regelmäßigem Kontakt zu anderen Gelehrten, von seinen Briefen sind über 15.000 noch vorhanden. Ein noch ausgedehnteres Netzwerk unterhielt Kircher, der mit seinen Kollegen Peiresc, Gassendi und Caramuel korrespondierte und sich außerdem auf die Quellen jesuitischer Missionare stützte. Er hatte sogar ein Team von Jesuiten zusammenstellen können, die er beauftragte, magnetische Abweichungen in verschiedenen Teilen der Welt zu beobachten.[103] So wie Roger Bacon seine Informationen über die Mongolen von drei Franziskaner-Missionaren bezogen hatte, verdankte es Kircher dem Netzwerk von Jesuiten zudem, dass er Kenntnisse über China aus erster Hand bekam.

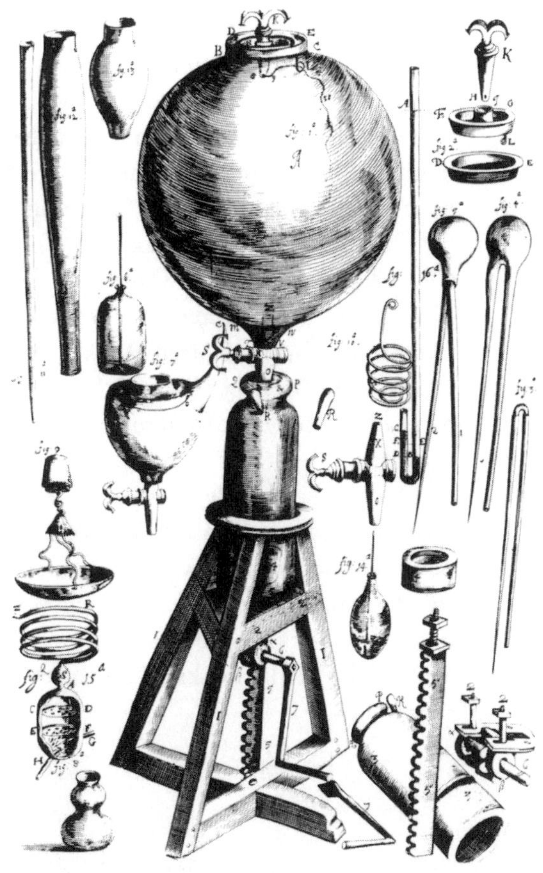

Robert Boyles »Pneumatic engine«, 1661, entworfen von Robert Hooke, der damit auch die Experimente durchführte, die zur Entdeckung des Boyle´schen Gesetzes führten

Einige Universalgelehrte sind vor allem als intellektuelle Vermittler bekannt. Samuel Hartlib etwa, ein Pole, der in Deutschland studierte und in England lebte, war ein Schüler von Francis Bacon und Comenius und widmete sein ganzes Leben der Verbreitung ihrer Ideen sowie anderer Arten von Information. Seine umfangreiche Korrespondenz machte Hartlib »zur Nabe der Radachse des Wissens«, wie es sein Kollege John Dury ausdrückte. Hartlib war seinerzeit als großer »intelligencer« bekannt, also als jemand, der Informationen sammelt und sie in Form von Rundschreiben verbreitet. Ähnliches gilt auch für Henry Oldenburg, einen Deutschen, der in England lebte, wo er sich dem Kreis um Hartlib anschloss, und der sein umfassendes Wissen seinen Tätigkeiten als Sekretär der Royal Society verdankte.[104] Ein weiterer Netzwerker war der Florentiner Bibliothekar Antonio Magliabechi, ein »passiver«

Universalgelehrter, der zwar keinen originellen Beitrag zu irgendeiner Disziplin leistete, aber von Gelehrten zu unterschiedlichsten Themen ausgiebig konsultiert wurde – wie die Existenz der 20.000 an ihn adressierten Briefe belegt.[105]

Die Ausweitung des Postsystems begünstigte auch das Aufkommen von Informationsblättern und gelehrten Zeitschriften: So entstanden in der zweiten Hälfte des 17. Jahrhunderts die von Oldenburg herausgegebenen *Philosophical Transactions* der Royal Society of London (1665), das *Journal des Savants* (1665) in Paris, der *Giornale de' Letterati* (1668) in Rom, die *Acta Eruditorum* (1682) in Leipzig und die *Nouvelles de la République des Lettres* in Amsterdam (1684). Zu dieser neuen Kommunikationsform gehörten Artikel, Nachrufe auf Gelehrte, Berichte über Experimente und – als neues literarisches Genre – Buchrezensionen; all dies ermöglichte den Lesern, sich über Ereignisse in der Welt der Gelehrsamkeit auf dem Laufenden zu halten.

Das 17. Jahrhundert war, kurz gesagt, eine Zeit des relativen Gleichgewichts zwischen widerstreitenden Forderungen nach umfassendem Wissen und nach originellen Beiträgen. Der wachsende Druck, Neues zu entdecken, gepaart mit einer ständig zunehmenden Verbreitung von Büchern, sollte es zusehends erschweren, nach dem Jahr 1700 noch zum Universalgelehrten zu werden. Einige wenige Beobachter nahmen das delikate Gleichgewicht bereits als Vorboten einer Krise des Wissens wahr.

Die Krise des Wissens

Die in diesem Kapitel beschriebenen arbeitsintensiven Biographien haben zu der Deutung geführt, dass das 17. Jahrhundert die Blütezeit des allgemeinen Gelehrten war.[106] Die intellektuelle Geschichte dieses Jahrhunderts weist jedoch insofern eine dunkle Seite auf, als das 17. Jahrhundert zugleich ein Zeitalter des Zweifels war. Die Jahre um 1650 offenbaren eine »Krise des Bewusstseins« beziehungsweise eine »Krise des europäischen Geistes«, die Bestandteil der von Historikern so genannten »allgemeinen Krise des 17. Jahrhunderts« sind.[107]

Der Begriff »Krise« ist so häufig auf so viele verschiedene Arten von Veränderung angewendet worden, dass er an intellektuellem Wert eingebüßt hat. Deshalb werde ich im Folgenden versuchen, das Wort in einem relativ präzisen Sinn zu verwenden, der seiner ursprünglichen Bedeutung in der antiken griechischen Medizin nahekommt: κρίσις bezeichnete dort jenen Moment im Krankheitsverlauf, der über Genesung oder Tod des Patienten entscheidet. Krise soll hier also als Moment einer Turbulenz interpretiert werden, die zum Übergang von einer geistigen Struktur zu einer anderen führt. Es ist mit anderen Worten ein »Umschlagspunkt« oder eine »kritische Schwelle«, die oft nach einer langen Phase gradueller Veränderung erreicht wird.[108]

Die intellektuelle Krise des 17. Jahrhunderts hatte eine ganze Reihe von Aspekten. Der eine war der Übergang von einem organischen Bild der Welt – die Welt als etwas Lebendiges, als ein »Tier« – zur Auffassung des Universums als einer riesigen Maschine.[109] Ein zweiter Aspekt der Krise resultierte aus dem Aufkommen des Skeptizismus oder des »Pyrrhonismus«, wie er in Anlehnung an den antiken griechischen Philosophen Pyrrhon aus Elis zu jener Zeit oft genannt wurde. Das Wissen sowohl über die Natur wie auch über die Vergangenheit wurde zunehmend in Zweifel gezogen.[110] Manche Denker sprachen sich für einen kulturellen Relativismus aus, namentlich der Universalgelehrte Pierre Bayle, der folgende bekannte Aussage traf: »Die Geschichte wird mehr oder weniger wie Fleisch in der Küche zubereitet [...]. Jede Nation, jede Religion, jede Sekte nimmt sich dieselben rohen Fakten, wo immer sie zu finden sind, und würzt sie nach eigenem Gusto, und dann erscheinen sie jedem Leser als wahr oder falsch, je nachdem, ob sie seinen Vorurteilen entsprechen oder ihnen widerstreben.«[111]

Informationsüberflutung

Ein dritter Aspekt der Krise – der für das Thema der Universalgelehrten relevanteste – war die quantitative Zunahme an verfügbarem Wissen: ein kollektiver Nutzen, doch zugleich ein Grund zur Sorge für einzelne Personen, da es plötzlich »zu viel zu wissen« gab.[112] Die Erfindung des Buchdrucks (in Europa mit beweglichen Lettern) um die Mitte des 15. Jahrhunderts steigerte die Buchproduktion, die zunächst relativ langsam, dann aber mit schwindelerregender Geschwindigkeit vonstattenging. Einer neueren Berechnung zufolge waren zu Beginn des 17. Jahrhunderts rund 345.000 Titel gedruckt worden.[113]

Die Sorge über diese Explosion des Wissens – »Explosion« im Sinne einer mit Fragmentierung gepaarten Expansion – kam immer öfter zum Ausdruck. Ebenso wie Klagen über zu viele Bücher häuften sich Metaphern wie die »Flut« von Büchern, in der die Leser zu ertrinken fürchteten, oder der »Wald«, in dem sie sich verloren fühlten.[114]

Der englische Universalgelehrte Robert Burton wies in seiner anschaulichen Art darauf hin, als er in einer oft zitierten Passage von dem »unendlichen *Chaos* und Wirrwarr an Büchern« schrieb: »Wir werden von ihnen erdrückt, unsere Augen schmerzen vom Lesen, unsere Finger vom Blättern.« Eine weitere sehr bekannte Klage kam von dem französischen Bibliothekar Adrien Baillet, der einen Rückfall in die Barbarei befürchtete infolge der »Menge an Büchern, die sich tagtäglich auf erstaunliche Weise vermehren, was es zunehmend schwierig macht, zwischen denen zu unterscheiden, die man ablehnen oder dem Vergessen anheimgeben soll, und jenen, die man behalten kann«.[115] Selbst der überaus belesene Leibniz schrieb über »diese schreckliche Masse von Büchern, die ständig mehr werden« (*cette horrible*

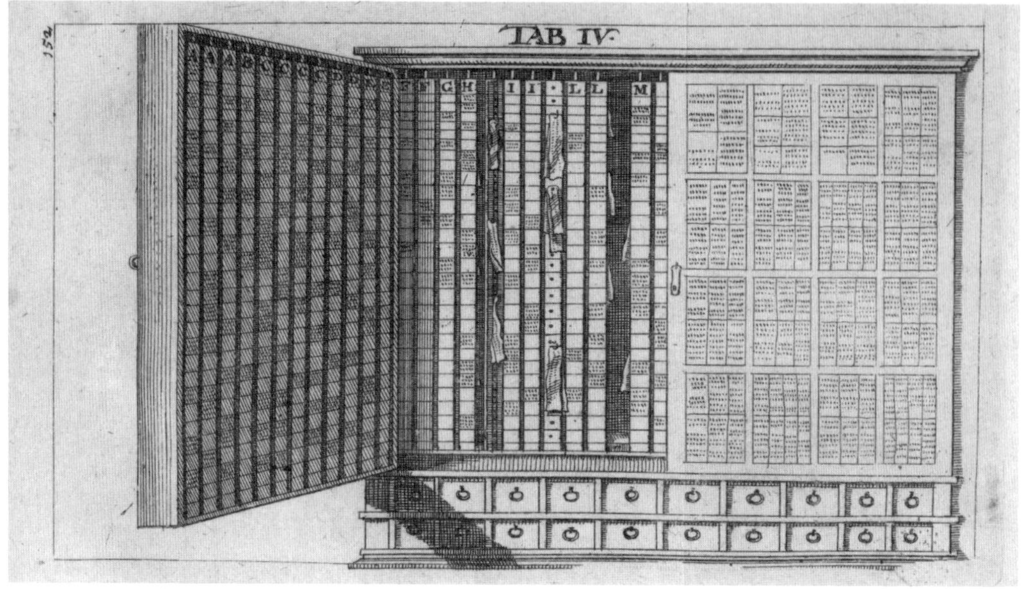

Vincent Placcius: Zettelkasten, aus *De arte excerpendi vom gelahrten Buchhalten liber singularis,* 1689

masse de livres qui va toujours augmentant).[116] Der Buchdruck, der ursprünglich als Lösung für das Problem des Informationsmangels gegolten hatte, war selbst zum Problem geworden.

Um der Überflutung Herr zu werden, begannen einzelne Universalgelehrte sich zunehmend mit der Organisation von Wissen zu beschäftigen, indem sie sofort oder auch erst später benötigte Informationen auf Zettel notierten, die sie in Kästen anordneten oder in Bücher einklebten. Einer von ihnen, Vincent Placcius, veröffentlichte ein Werk mit dem Titel *Vom gelahrten Buchhalten* (*De arte excerpendi*, 1689), in dem er empfahl, die Zettel thematisch geordnet auf Haken zu spießen und diese an Metallstangen in einen »Schrank« zu hängen.[117]

Die zunehmende Verbreitung von Büchern war nicht der einzige Grund, weshalb Gelehrte das Gefühl hatten, es gebe jetzt zu viel, was sie zu wissen hätten. Ein weiterer Grund war die bereits erwähnte Entdeckung neuer Welten des Wissens. Der Glanz der neuen Arten des Wissens inspirierte Gelehrte möglicherweise, ihre Interessengebiete auszuweiten, doch die Kehrseite dieses von Francis Bacon bemerkenswert beschriebenen »Fortgangs der Wissenschaften« war eine Zunahme dessen, was heute unter dem Schlagwort »Informationsangst« bekannt ist. Entdeckungen folgten zu schnell aufeinander, als dass ein Einzelner sie hätte verdauen können. Aus den 6.000 Pflanzen, die Caspar Bauhin 1623 beschrieben hatte, waren 1682 schon die von John Ray beschriebenen 18.000 geworden.[118] Es könnte sogar sein, dass das 17. Jahrhundert genau deshalb als goldenes Zeitalter der Universalgelehrten in Erinnerung bleibt, weil es für spätere Generationen schwieriger wurde, dem Ideal eines umfassenden Wissens gerecht zu werden.

Die Herausforderung bestand darin, die neuen Informationen in intellektuelle Systeme – alte wie neue – zu integrieren, ohne diese Systeme auseinanderbrechen zu lassen.[119] Das Problem der Fragmentierung wurde von einigen Gelehrten schon um die Mitte des 17. Jahrhunderts erkannt.

Fragmentierung

Die Verbreitung neuer Wörter wie »Polymath« im 17. Jahrhundert war nicht unbedingt ein gutes Zeichen. Die immer häufigere Verwendung solcher Begriffe weist wohl eher auf ein wachsendes Problembewusstsein hin. In seinem Stück *Philosophaster* unterschied Robert Burton den wahren Gelehrten, den *Polumathes*, von dem arroganten »Polupragmaticus«, der wie die alten griechischen Sophisten von sich behauptet, »omniscient« (allwissend) zu sein.

Zu den bekanntesten Erörterungen des Problems gehören zwei Abhandlungen, die bereits erwähnt wurden: *Polymathia* (1603) von Johann von Wowern und *Polyhistor* (1688) von Daniel Morhof.[120] Wowern und Morhof präsentierten *polymathia* als Verbindungen zwischen unterschiedlichen Disziplinen, *scientiarum cognatio et conciliatio*.[121] Einigen Universalgelehrten des 17. Jahrhunderts schienen diese Verbindungen gefährdet zu sein. Wenn wir auf Alsteds Enzyklopädie zurückblicken, könnten wir diese als einen Versuch betrachten, die Einheit des Wissens nicht so sehr abzubilden, als sie vielmehr in einer Zeit, da diese Einheit bedroht war, wiederherzustellen. Alsteds Schüler Comenius machte sich Sorgen um das »Auseinanderreißen der Disziplinen« (*scientiarum laceratio*).[122] In anschaulicher Sprache beklagte er: »Die Metaphysiker singen nur für sich selbst, die Naturphilosophen stimmen ihr eigenes Lob an, die Astronomen tanzen für sich, die ethischen Denker machen ihre Gesetze für sich selbst, die Politiker legen ihre eigenen Fundamente, die Mathematiker jubeln über ihre eigenen Triumphe und die Theologen herrschen nur zum eigenen Nutzen.«[123]

»Alles liegt in Scherben, aller Zusammenhang ist dahin.« Das Bewusstsein der intellektuellen Fragmentierung und die Angst vor ihr brachte John Donne in seinem Poem *An Anatomy of the World* auf bemerkenswerte Weise zum Ausdruck.[124] Ähnliche Besorgnis äußerten auch Gelehrte. John Selden etwa konstatierte, dass die vielen Gebiete der »guten Künste und Gelehrtheit« voneinander getrennt worden seien, wo doch, wie sein eigener intellektueller Werdegang zeige, »jede so viele Beziehungen zur anderen unterhält, dass sie nicht nur oft von der Hilfe dessen Gebrauch zu machen hat, was ihm am nächsten ist, sondern, durch dieses, auch von dem, was jenseits ihres Gesichtskreises liegt«.[125] Und der puritanische Pfarrer Richard Baxter beklagte: »Wir parzellieren die Künste und die Wissenschaften in Fragmente, so wie es unseren begrenzten Fähigkeiten entspricht, und sind nicht pansophisch genug, um das Ganze *uno intuitu* (auf einen Blick) zu erfassen.«[126]

Natürlich besteht die Gefahr, diese Bemerkung losgelöst von ihrem Zusammenhang zu betrachten. Baxter ging es um die Frage des menschlichen Daseins und um den Kontrast zwischen »uns« und Gott oder vielleicht auch den Engeln. Gleichwohl ist das Datum seines Kommentars, die Mitte des 17. Jahrhunderts, sicherlich von Bedeutung, und das gilt auch für seinen Verweis auf die *Pansophia*, eine Bewegung, die unter anderem als eine Reaktion auf die Fragmentierung interpretiert werden sollte.

Die Notwendigkeit eines ganzheitlichen Blicks wurde auch von weiteren Gelehrten betont, wie etwa dem englischen Geistlichen und Historiker Thomas Fuller und dem Universalgelehrten Isaac Barrow. Die Gelehrsamkeit, erklärte Fuller, habe »einen so homogenen Körper, dass seine einzelnen Teile sich in gegenseitigem Dienst aufeinander beziehen und Stärke und Glanz von jedem zum anderen vermitteln.«[127] Und er schrieb in seinem Traktat *Of Industry*, dass »der kein guter Gelehrter sein kann, der kein allgemeiner ist«. Allgemeinwissen sei notwendig aufgrund der »Verbindung der Dinge untereinander und der Bedingtheit von Gedanken«, so dass »ein Bereich der Gelehrsamkeit einen anderen erhellt«.[128]

Comenius sah in der *Pansophia* eine mögliche Lösung für dieses Problem. Für Morhof dagegen stellte *Pansophia* das Problem selbst dar oder zumindest einen Teil von ihm. Seine Lösung bestand darin, nicht nur sie, sondern auch die Universalgelehrsamkeit insgesamt abzulehnen, die er angesichts der »Beschränkung des menschlichen Geistes« (*mentis humanae angustia*) als zu anspruchsvoll und zu vage betrachtete. Besonders kritisch war er gegenüber denjenigen Gelehrten, die sich in sämtlichen Disziplinen gleichzeitig »herumtreiben«, und warnte seine Leser vor übertriebenen Ambitionen: »Diejenigen, die überall wohnen wollen, werden nirgends wohnen und nichts beherrschen oder bestenfalls viele Orte nur oberflächlich besuchen« (*qui nusquam habitabunt, nusquam dominerunt, si ubique habitare volent, aut levi percursatione plurime attingent*). Morhof hatte ein bescheideneres Ideal: eine *historia literaria*, mit anderen Worten die Geschichte der Gelehrsamkeit oder, genauer gesagt, Gelehrsamkeit unter dem Aspekt ihrer Historizität.[129]

Ein weiterer Anglikaner, Méric Casaubon, Sohn des berühmten Gelehrten Isaac Casaubon und selber ein Universalgelehrter, der über Theologie und Naturphilosophie schrieb, klassische Texte herausgab sowie Altertum und Medizin studierte, verfasste 1668 einen Essay über »allgemeine Gelehrsamkeit«, in dem er gestand, dass ihn eine »traurige Besorgnis [...] über den Verfall der Wissenschaft und über die große Gefahr drohender Barbarei« erfülle. Casaubon datierte diesen Verfall auf den Anfang des 17. Jahrhunderts – also auf die Zeit seines Vaters –, wo es sehr viel schwieriger geworden sei als früher, ein guter Gelehrter zu werden: »Damit ein Mann es zu Bedeutung bringen konnte [...], waren so viel Mühsal, so viel Fleiß vonnöten, dass es genügte, einen jeden, den Gott nicht mit außerordentlichem Mut und Körperstärke obendrein gesegnet hat, in Angst und Schrecken zu versetzen.«[130] Es ist durchaus möglich, dass der Sohn sein Minderwertigkeitsgefühl gegenüber seinem Vater auf das gesamte Jahrhundert projizierte. Gleichwohl stand der jüngere Casaubon mit seinen Sorgen nicht allein auf weiter Flur.

Universalgelehrte unter Beschuss

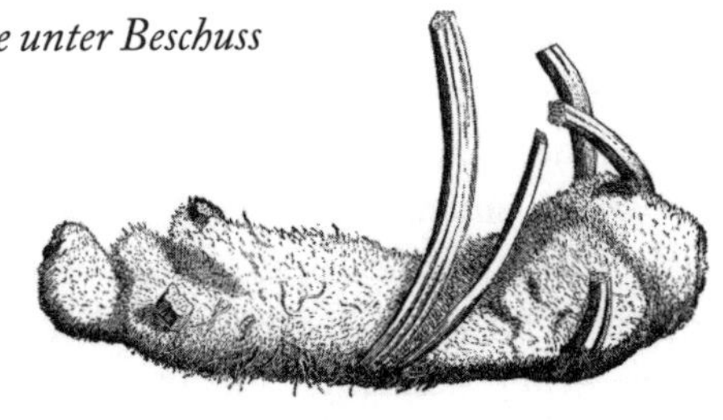

Hans Sloane: Darstellung des mythischen Skythischen Lamms, eigentlich das Rhizom des Chinesischen Schatullenfarns (*Cibotium barometz*), *Philosophical Transactions*, Bd. 20, 1698

An diesem Punkt mag es erhellend sein, noch einmal zu den in diesem Kapitel behandelten Universalgelehrten zurückzukehren, diesmal nicht um ihre Leistungen, sondern um ihre Schwächen in Augenschein zu nehmen. Kritik an der Universalgelehrsamkeit gibt es, wie wir gesehen haben, schon seit der Zeit des antiken Griechenlands, doch im späten 17. und frühen 18. Jahrhundert häufen sich die kritischen Einwände und spiegeln zugleich die Krise des Wissens wider.

»Sehr oft«, schrieb Gilbert Burnet an Leibniz, »sind diejenigen, die sich mit vielen Dingen beschäftigen, in ihnen allen schwach und oberflächlich« (er selbst nahm Leibniz von dieser Verallgemeinerung aus). Burnet wurde seinerseits für denselben Fehler kritisiert. Er »hielt sich nicht länger bei einer bestimmten Wissenschaft auf, als bis er einen ersten Eindruck von ihr gewonnen hatte [...]. Er gab sich lieber den Anschein, viele Dinge zu wissen, als irgendeines wirklich gut zu kennen.«[131] Newton wiederum kritisierte Hooke, weil er »nichts weiter tut, als zu heucheln und nach allen Dingen zu greifen«, anstatt Beweise für seine Hypothesen vorzulegen.[132]

Die *Virtuosi* ebenso wie die spezialisierteren »Antiquitätensammler« sahen sich bisweilen dem Vorwurf ausgesetzt, sie ließen in ihrer Detailversessenheit echtes Wissen vermissen. Von Hans Sloane, einem erfolgreichen Londoner Arzt, der eine riesige und vielfältige Sammlung besaß (darunter 32.000 Medaillen und 50.000 Bücher), wurde zum Beispiel gesagt, er sei »ein Meister von Bruchstücken, die er bei dem einen und dem anderen aufgelesen oder aus diesem und jenem Buch zusammengetragen hat und die in seinem Kopf nur Verwirrung stiften«.[133] Mit anderen Worten: Sloane häufte Wissensfragmente auf dieselbe Weise an wie materielle Gegenstände.

Das Leonardo-Syndrom

Eine Reihe von Universalgelehrten litten unter dem, was man das »Leonardo-Syndrom« nennen könnte. Wie wir gesehen haben, war und ist Leonardo berühmt dafür, dass er viele Projekte begann, aber nur wenige vollendete. Im Prinzip war er ein Igel, der die Verbindungen zwischen verschiedenen Arten von Wissen sah, doch in der Praxis war er ein Fuchs, der seine Energien verzettelte. Ähnliches lässt sich auch über Peiresc sagen. Wie Gassendi bemerkte, hielten die vielfältigen Interessen seines

Freundes und seine nie ermüdende Lernbegier ihn nicht nur davon ab, bestimmte Projekte fertigzustellen, sondern hinderten ihn sogar, überhaupt mit dem Schreiben zu beginnen. Leibniz kritisierte einen anderen Universalgelehrten, Johann Joachim Becher, als jemanden, der »mit zu vielen Dingen beschäftigt« sei (*polypragmon*).[134] Auch Kircher versuchte, zu viel auf einmal zu tun, und beklagte sich bei einer Gelegenheit, er sei so beschäftigt, dass »ich nicht weiß, wohin ich mich wenden soll« (*ut quo me vertam nesciam*).[135]

Selbst Leibniz scheint es strapaziös gefunden zu haben, sich in all seinen Wissensgebieten auf dem Laufenden zu halten. Die Kehrseite seiner Begeisterung für unterschiedliche Projekte war ihre Tendenz, »lawinenartig zu Dingen von schwer zu handhabenden Proportionen anzuwachsen«.[136] Seine Geschichte der Welfen zum Beispiel beschränkte sich nicht auf das Mittelalter, wie ursprünglich beabsichtigt, sondern weitete sich immer mehr aus, um schließlich bis zu jenen Zeiten zurückzureichen, die später als »prähistorisch« bezeichnet wurden. Auf die Frage des Universalgelehrten Placcius nach seinen Projekten antwortete Leibniz in einem Schreiben resigniert: »Ich habe viele verfolgt, aber kein einziges perfektioniert und komplettiert.« Zwanzig Jahre später erklärte er in einem neuerlichen Brief an Placcius: »Oft weiß ich nicht, was ich als Nächstes tun soll.« Gegenüber einem anderen Korrespondenten beklagte er sich über »die Aufteilung meiner Beschäftigungen zwischen zu vielen Dingen«.[137]

Auch weniger bedeutende Figuren sahen sich mit diesem Problem konfrontiert. Der *Virtuoso* John Evelyn plante zum Beispiel eine Geschichte der Gewerbe und eine Enzyklopädie des Gartenbaus, die er aber nie abschloss. Robert Hooke wurde »Londons Leonardo« genannt, was durchaus positiv gemeint war, doch man könnte genauso gut behaupten, dass er unter selbigem Syndrom litt. Selbst ein ihm wohlgesonnener Biograph beschreibt Hooke als jemanden, der »für gewöhnlich zu viel übernimmt« und »dessen Vielseitigkeit ihn dazu verurteilte, das Ziel um Haaresbreite zu verfehlen«.[138]

Hookes Freund Christopher Wren konnte fraglos gewichtige Leistungen für sich verbuchen – unter anderem den Bau von St. Paul's Cathedral –, er nahm jedoch ebenfalls Vorhaben in Angriff, ohne sie zu beenden, wie eine Abhandlung über Architektur. Eine Studie über seinen Beitrag zur Mathematik nennt ihn einen »Dilettanten«, dessen »Interessenvielfalt ihn davon abhielt, sich zu jenen Höhen aufzuschwingen, die seiner Fähigkeit entsprachen«.[139] Der mexikanische Universalgelehrte Carlos de Sigüenza y Góngora schaffte es trotz oder wegen seiner intellektuellen Ambitionen nicht, »irgendetwas anderes als gelegentliche Aufsätze zu veröffentlichen«. Der Biograph Luigi Marsilis konstatiert »die erstaunliche Breite der Interessen Marsilis«, bemerkt allerdings gleichzeitig, dass er bisweilen »unvermittelt das Interesse an einer bestimmten Arbeit verlor, um sich etwas ganz anderem zuzuwenden«.[140]

Ungeachtet ihrer bemerkenswerten Leistungen kann man die Giganten der gelehrten Welt des 17. Jahrhunderts auch als eine Art menschliches Lackmuspapier betrachten, das Probleme offenbart, die im Laufe der Jahre immer akuter werden sollten. Als Reaktion auf diese Probleme entstand ein beschränkteres Ideal allgemeiner Gelehrsamkeit, das im 18. und in der ersten Hälfte des 19. Jahrhunderts vorherrschend wurde: das Ideal des »Homme de lettres«.

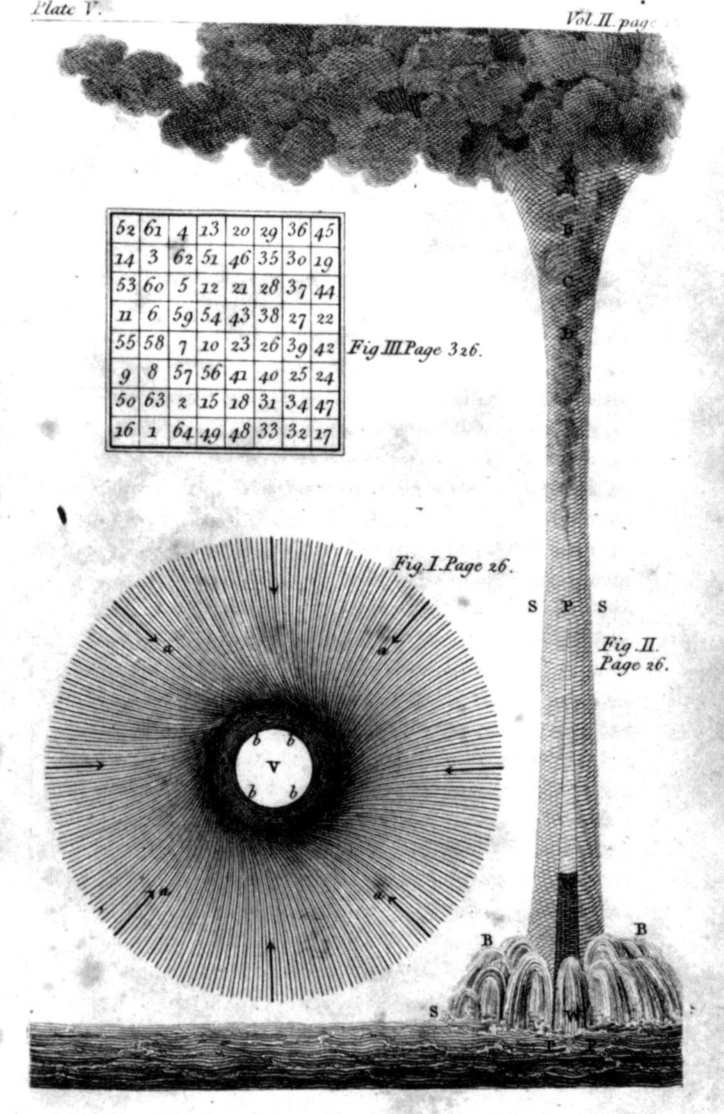

Benjamin Franklin, Darstellung eines Tornados in seinem Artikel »Water-spouts and Whirlwinds«, um 1750, wiederveröffentlicht in *The complete works in philosophy, politics, and morals, of the late Dr. Benjamin Franklin ….*, 1806, Bd. 2, S. 26

DAS ZEITALTER DES »HOMME DE LETTRES« 1700–1850

Im hohen Alter erging sich Pierre-Daniel Huet, einer der maßgeblichen Gelehrten, die im vorigen Kapitel erwähnt wurden, in Reflexionen über den von ihm konstatierten Niedergang der Gelehrsamkeit: »Ich kenne heute fast niemanden, der sich wirklich als Gelehrten bezeichnen könnte. Einige«, fuhr er fort, »rühmen sich sogar ihrer Unfähigkeit, machen die Bildung lächerlich und behandeln die Wissenschaft als Pedanterie.«[1] Auf ähnliche Weise beklagte sich Giambattista Vico, ein Gelehrter aus einer späteren Generation, von dem weiter unten noch die Rede sein wird, in einem Brief von 1726 über den »Erschöpfungszustand« der europäischen Gelehrsamkeit in sämtlichen Bereichen des Wissens (*per tutte le spezie delle scienze gl'ingegni d'Europa sono già esausti*). Um seine Klage zu erhärten, berichtete er, dass der Preis für gelehrte Werke in Latein zu seiner Zeit in seiner Heimatstadt Neapel um mehr als die Hälfte gefallen sei.[2]

Nun beklagen sich Gelehrte ja oft über den Verfall der Gelehrsamkeit, doch tatsächlich gibt es Belege für einen bedeutsamen Wandel im intellektuellen Klima zu Beginn des 18. Jahrhunderts – es sollte für Universalgelehrte weniger verheißungsvoll werden.

Das 18. Jahrhundert

Eins dieser Anzeichen war der Verfall des Ansehens von zwei der im vorigen Kapitel behandelten »Monster«, Olof Rudbeck und Athanasius Kircher. Wie sich herausstellte, wiesen ihre intellektuellen Gebäude erhebliche Mängel auf, zum Beispiel die »Füße aus Ton«, die im Buch Daniel (2, 33–34) beschrieben werden. Leibniz etwa, der Rudbecks Intelligenz und Gelehrsamkeit durchaus bewunderte, erklärte gleichwohl: »Viele seiner Meinungen kann ich nicht billigen.« Seiner Einschätzung nach waren Rudbecks etymologische Annahmen oft unbegründet, und spaßeshalber äußerte er die Befürchtung, der französische Gelehrte Paul-Yves Pezron könne beim Schreiben seiner Studie über den Ursprung der Kelten »ein wenig rudbeckisieren« (*nonnihil Rudbeckizet*).[3] Rudbecks Ideen, die er in der *Atlantica*

»Der Altertumswissenschaftler Olof Rudbeck enthüllt seinen Vorgängern Hesiod, Platon, Aristoteles, Apollodor, Tacitus, Odysseus, Ptolemäus, Plutarch und Orpheus die Wahrheit über Atlantis«, aus *Atland eller Manheim*, 1679–89

entwickelt hatte, wurden schon zu seinen Lebzeiten von Kollegen in Schweden kritisiert, und nach seinem Tod verblasste seine Reputation. Seine Vorstellungen über Schweden als Atlantis wurden zum Gegenstand von Satiren.[4]

Was Kircher betrifft, so wurden seine Anhänger, unter ihnen mit Peiresc und Leibniz auch zwei Vertreter aus dem Kreis der »Monster«, im Laufe der Zeit zunehmend misstrauisch hinsichtlich seiner Gelehrsamkeit. Peiresc, der ursprünglich begeistert über Kirchers Beitrag zum Studium des alten Ägypten gewesen war, hegte später sogar einen Betrugsverdacht und beklagte, dass einige Interpretationen seines Protegés lediglich auf Intuition basierten, als wären sie ihm »durch den Heiligen Geist zuteil geworden«.[5] Leibniz, der sich 1670 bewundernd über Kirchers China-Buch geäußert hatte, gestand 1680 gewisse Zweifel an der *Ars Magna Sciendi* ein. Seinen Kommentar zu Kirchers ägyptischen Studien schloss er 1716 mit dem Verdikt: »Er versteht nichts.«[6] Nach Aussage von Isaac Vossius, einem weiteren Universalgelehrten, wünschten »sogar seine Freunde«, Kircher »hätte seinen *Oedipus* nicht geschrieben«, in dem er behauptete, ägyptische Hieroglyphen lesen zu können.[7]

Dass Kirchers Ruhm verblasste, lag zum Teil an einem bedeutsamen Wandel in der Weltsicht gebildeter Menschen um den Beginn des 18. Jahrhunderts – dem Übergang von der Sicht des Universums als etwas Belebtem, wie er sie vertrat, zu einer Sicht des Universums als gewaltiger Maschine. Es gab zudem einen Wandel von der Vorstellung objektiver »Korrespondenzen« (etwa zwischen Mikrokosmos und Makrokosmos) zu derjenigen subjektiver Analogien. In der Formulierung der amerikanischen Wissenschaftshistorikerin Marjorie Nicolson: »Unsere Vorfahren glaubten, dass das, was wir als ›Analogie‹ bezeichnen, eine von Gott dem Wesen der Dinge eingeschriebene *Wahrheit* ist.«[8] Kircher teilte diesen Glauben und blieb damit hinter den neuen Trends zurück.

Im 18. Jahrhundert verlagerte sich die Konnotation des Begriffs »Polyhistor«, zumindest in der deutschsprachigen Welt, vom Kompliment zur Kritik. Für Kant waren Polyhistoren nicht mehr als »Wundermänner des Gedächtnisses«. Ihre Leistung bestand lediglich darin, das »Rohmaterial« für Philosophen zu liefern, mit dem diese arbeiten konnten.[9] Kritische Anmerkungen zum Polyhistor fanden sogar Eingang in Enzyklopädien. In Johann Heinrich Zedlers *Universal-Lexikon* (1731–1754) heißt es im Eintrag zu »Polyhistorie« beispielsweise, »[...] daß die grösten Polyhistores, in der Profeßion, darinnen sie stehen, der Welt eben keine so grosse Dienste leisten, sondern eben, weil sie Polyhistores sind, sich mit Allotrien beschäftigen«. Die berühmte *Encyclopédie* (1751–1772) fällte ein ähnliches Verdikt: »Die *Polymathie* ist oft nicht mehr als eine konfuse Ansammlung nutzloser Kenntnisse, die nur zum Besten gegeben werden, um mit ihnen zu protzen.«[10] Der Polyhistor wurde mit dem Erwerb trivialer Informationen um ihrer selbst willen assoziiert, im Gegensatz zu dem, was als »Politisch-galante Wissenschaft« bekannt wurde, also eine Art von Wissen, wie sie einem Mann von Welt und einem Gentleman geziemt.[11]

Grosses vollständiges
UNIVERSAL
LEXICON
Aller Wissenschafften und Künste,
Welche bißhero durch menschlichen Verstand und Witz
erfunden und verbessert worden,
Darinnen so wohl die Geographisch-Politische
Beschreibung des Erd-Creyses, nach allen Monarchien, Käyserthümern, Königreichen, Fürstenthümern, Republiquen, freyen Herrschafften, Ländern, Städten, See-Häfen, Vestungen, Schlössern, Flecken, Aemtern, Klöstern, Gebürgen, Pässen, Wäldern, Meeren, Seen, Inseln, Flüssen, und Canälen; samt der natürlichen Abhandlung von dem Reich der Natur, nach allen himmlischen, lufftigen, feurigen, wässerigen und irrdischen Cörpern, und allen hierinnen befindlichen Gestirnen, Planeten, Thieren, Pflantzen, Metallen, Mineralien, Saltzen und Steinen etc.
Als auch eine ausführliche Historisch-Genealogische Nachricht von den Durchlauchten und berühmtesten Geschlechtern in der Welt,
Dem Leben und Thaten der Käyser, Könige, Churfürsten und Fürsten, grosser Helden, Staats-Minister, Kriegs-Obersten zu Wasser und zu Lande, den vornehmsten geist- und weltlichen Ritter-Orden etc.
Ingleichen von allen Staats- Kriegs- Rechts- Policey und Haußhaltungs-Geschäfften des Adelichen und bürgerlichen Standes, der Kauffmannschafft, Handthierungen, Künste und Gewerbe, ihren Innungen, Zünfften und Gebräuchen, Schiffahrten, Jagden, Fischereyen, Berg- Wein- Acker-Bau und Viehzucht etc.
Wie nicht weniger die völlige Vorstellung aller in den Kirchen-Geschichten berühmten Alt-Väter, Propheten, Apostel, Päbste, Cardinäle, Bischöffe, Prälaten und Gottes-Gelehrten, wie auch Concilien, Synoden, Orden, Wallfahrten, Verfolgungen der Kirchen, Märtyrer, Heiligen, Sectirer und Ketzer aller Zeiten und Länder,
Endlich auch ein vollkommener Inbegriff der allergelehrtesten Männer, berühmter Universitäten Academien, Societäten und der von ihnen gemachten Entdeckungen, ferner der Mythologie, Alterthümer, Müntz-Wissenschafft, Philosophie, Mathematic, Theologie, Jurisprudentz und Medicin, wie auch aller freyen und mechanischen Künste, samt der Erklärung aller darinnen vorkommenden Kunst-Wörter u. s. f. enthalten ist.
Nebst einer Vorrede, von der Einrichtung dieses mühsamen und grossen Wercks
Joh. Pet. von Ludewig, JCti,
Königl. Preußischen geheimden und Magdeburg. Regierungs- und Consistorial-Raths, Cantzlers bey der Universität, und der Juristen-Facultät Praesidis Ordinarii, Erb- und Gerichts-Herrn auf Bendorff, Pretz und Gatterstätt.
Mit Hoher Potentaten allergnädigsten Privilegiis.
Erster Band. A. — Am.
Halle und Leipzig,
Verlegts Johann Heinrich Zedler,
Anno 1732.

Titelblatt des von Johann Heinrich Zedler verlegten *Universal-Lexikons*, Halle/Leipzig, 1731–1754

Der Jurist Ulrich Huber hielt 1678 eine Rede gegen Pedanterie, die zehn Jahre später von dem Philosophen Christian Thomasius gedruckt wurde, seinerseits ein heftiger Kritiker der von ihm so genannten »Scholastischen Pedanterey«. Zwei Lustspiele aus der ersten Hälfte des 18. Jahrhunderts – beide zufälligerweise von Universalgelehrten verfasst – zeichnen das anschauliche Bild eines Pedanten: *Erasmus Montanus* (1723) von Ludvig Holberg und *Der junge Gelehrte* (1748) von Gotthold Ephraim Lessing.

Lessing, der ein namhafter Dramatiker werden sollte, sagte von sich selbst, dass er kein Gelehrter sei (»Ich bin nicht gelehrt«) und dass »das Professoriren meine Sache nicht ist«. Tatsächlich war er ein gebildeter Mann, der damit aber einen eher spielerischen Umgang pflegte. Als Kind wollte er sich mit einem »grossen, grossen Haufen Bücher« porträtieren lassen. Der wissbegierige Lessing plante, etwas zum seinerzeit modischen Genre der Geschichte der Gelehrsamkeit beizutragen, wurde Direktor der Bibliothek in Wolfenbüttel (wie Leibniz vor ihm) und verfasste eine gewagte »Hypothese über die Evangelisten als bloss menschliche Geschichtsschreiber betrachtet«.[12]

Das wachsende Misstrauen gegenüber der Vielseitigkeit zeigt sich auch an der Verbreitung des Begriffs »Scharlatan« und seiner Synonyme. Bereits im antiken Griechenland hatte Platons *Phaidros* die Sophisten als »Dünkelweise« gebrandmarkt. Im 17. Jahrhundert wurde es gängige Praxis, Gelehrte, die etwas versprachen, das sie nicht einhalten konnten, mit den notorischen Kurpfuschern zu vergleichen, die ihre angeblichen Heilmittel auf öffentlichen Plätzen wie der Piazza San Marco in Venedig feilboten. Kircher wurde von Descartes als »Scharlatan« bezeichnet, von dem theologischen Gelehrten James Ussher als »Quacksalber« und von Christopher Wren als »Schwindler« (wahrscheinlich im Sinn von Betrüger).[13]

Im 18. Jahrhundert wurde Descartes' pejorativer Ausdruck durch den Leipziger Professor Johann Burckhardt Mencke popularisiert. In seinem Buch *De charlataneria eruditorum* (1715) beschreibt Mencke auf satirische Weise die Techniken, die Gelehrte seiner Zeit zur Eigenwerbung anwendeten (die meisten dieser Techniken dürften heutzutage noch im Schwange sein).[14] Die Vorstellung des Pseudo-Gelehrten oder Scharlatans galt als »zentral für die soziale Arbeitsweise in der Gelehrtenrepublik des 18. Jahrhunderts«.[15] Sogar der Comte de Buffon, der im weiten Feld der Naturgeschichte tonangebend war, wurde von einem anderen zeitgenössischen Universalgelehrten, dem Marquis de Condorcet, als Scharlatan bezeichnet.[16]

Angehende Universalgelehrte gerieten zunehmend unter Hybrisverdacht. Samuel Johnson, selbst ein Mann von breit gefächerten Interessen, merkte an: »Der Kreis des Wissens ist selbst für den aktivsten und emsigsten Intellekt zu groß geworden.« Und weiter: »Selbst diejenigen, denen die Vorsehung eine größere Geistesstärke zugeteilt hat, können lediglich erwarten, eine einzelne Wissenschaft zu verbessern. In jedem anderen Teil der Gelehrsamkeit müssen sie sich darauf beschränken, Meinungen zu übernehmen, die zu überprüfen sie nicht in der Lage sind.«[17] In ähnlicher Weise äußerte sich 1805 der Biograph von James Tytler, Herausgeber des Ergänzungsbands der *Encyclopaedia Britannica*: »Kein Mensch, so erstaunlich seine Begabungen und so intensiv sein Eifer auch sein mögen, kann je vernünftigerweise erwarten, eine wandelnde Enzyklopädie zu sein.«[18]

Ein neues Ideal

Das Ideal der Vielseitigkeit wurde seinerzeit zwar nicht aufgegeben, aber kleiner dimensioniert und die Messlatte, über die Kandidaten springen mussten, um sich für den Titel zu qualifizieren, niedriger gehängt. Da »universelles Wissen für den Menschen nicht mehr zu erreichen ist« (*la science universelle n'est plus à la portée de l'homme*), wie es die *Encyclopédie* formulierte, wurde es durch ein neues Ideal ersetzt, das im 18. und frühen 19. Jahrhundert dominant werden sollte. In die Praxis umgesetzt wurde dieses neue Ideal von *gens de lettres*, kultivierten Menschen (meistens, aber nicht immer männlichen Geschlechts): Sie enthielten sich jeder Pedanterie und demonstrierten ihr Wissen in geistreichen Konversationen in Salons oder in Essays, die sich in der Landessprache verfasst an Leser mit Allgemeinbildung richteten.

Die große Bedeutung, die Salons in der Kultur des 18. und frühen 19. Jahrhunderts hatten – namentlich in Paris, aber auch in Mailand, Berlin, London und anderswo –, ist seit langem bekannt. Diese Form institutionalisierter Geselligkeit für beide Geschlechter prägte den schriftlichen wie auch den sprachlichen Stil aller Beteiligten. Einige Kulturjournale reproduzierten diesen Konversationston. Ein frühes Beispiel dafür sind Bayles *Nouvelles de la République des Lettres*, die für *gens du monde* bestimmt waren, sprich für ein »weltgewandtes« Publikum aus der Oberschicht. An den *Nouvelles* orientierte sich Lessing, ein Bewunderer Bayles und seiner leichten Diktion, in einer Zeitschrift mit ähnlichem Namen, den *Critischen Nachrichten aus dem Reiche der Gelehrsamkeit* (1751).

Kulturjournale fanden im 18. Jahrhundert große Verbreitung, unter ihnen der *Spectator* (gegründet 1711), das *Gentleman's Magazine* (1731) und die *Allgemeine Deutsche Bibliothek* (1765). Sie alle versuchten, Leser und Leserinnen zu erreichen, die später als »geistige Normalverbraucher« bezeichnet wurden. Joseph Addison erklärte in der ersten Ausgabe des *Spectator*: »Ich hege den Ehrgeiz, dass man eines Tages von mir sagt, ich sei derjenige gewesen, der die Philosophie aus Kabinetten und Bibliotheken, aus Schulen und Colleges herausgeholt hat, um sie in Clubs und Versammlungen, an Teetischen und Kaffeehäusern anzusiedeln.« So ähnlich heißt es auch im Vorwort zu einem anderen dieser Kulturjournale: »Das Publikum erwartet, auf angenehme Weise instruiert zu werden: von einer trockenen Analyse fühlt es sich gelangweilt.«[19] Einer derjenigen, die eine solch »angenehme Weise« meisterhaft beherrschten, war natürlich Voltaire. Diese Zeitschriften trugen dazu bei, ein Publikum heranzubilden, das seinerseits die Karrieren der »Hommes de lettres« ermöglichte.

Titelblatt der *Allgemeinen Deutschen Bibliothek*, herausgegeben von Friedrich Nicolai, 1765

Hommes de lettres

Der Begriff »Homme de lettres« – ebenso wie sein englisches Äquivalent »man of letters« – war zu dieser Zeit mehrdeutig, da »lettres« oft für »Gelehrsamkeit« stand, woran uns der Ausdruck *Respublica Literaria*, die »Gelehrtenrepublik«, erinnert. Gleichzeitig verlagerte sich seine Bedeutung in dieser Periode langsam in Richtung *belles-lettres*, also »Literatur« im modernen Sinn, und von Gelehrten wurde zunehmend erwartet, dass sie ihre Werke dem allgemeingebildeten Publikum in einer klaren, eleganten Form präsentieren.

Den italienischen Terminus *uomo di lettere* hatte der Jesuit Daniello Bartoli bereits 1645 im Titel eines Buchs verwendet, und zwei italienische Universalgelehrte des 17. Jahrhunderts, Francesco Redi und Lorenzo Magalotti, wurden auf diese Weise bezeichnet. Redi verdankte seinen Ruhm einerseits seinen Forschungen auf dem Gebiet der Parasitologie, andererseits dem Gedicht *Bacco in Toscana*, einem Hymnus auf den toskanischen Wein. Magalotti schrieb Gedichte und Erzählungen, veröffentlichte aber auch Berichte über Experimente und Briefe über »wissenschaftliche und gelehrte« Themen.[20]

Ungeachtet solch früher Beispiele wurde erst die Phase zwischen dem frühen 18. und dem späten 19. Jahrhundert zum eigentlichen Zeitalter des Homme de lettres, also eines Gelehrtentypus, der (neben einer Tätigkeit als Lyriker, Dramatiker und Romancier) Beiträge zu den Geisteswissenschaften leistete und ein Interesse für die Naturwissenschaften offenbarte.[21]

Femmes de lettres

Wie der geschlechtsneutrale Begriff *gens de lettres* nahelegt, bot die neue Art von Gelehrsamkeit Frauen eine bedeutendere Rolle als zuvor oder, genauer gesagt, zwei Rollen: eine als Salonnière und eine als Gelehrte.

Um die Mitte des 18. Jahrhunderts erlebte Paris das große Zeitalter der Salons, die von gebildeten Damen veranstaltet und animiert wurden: Madame Dupin, Madame Geoffrin, die Marquise du Deffand und ihre Nichte und frühere Gehilfin Mademoiselle de Lespinasse, bekannt als »Muse der *Encyclopédie*«. Universalgelehrte wie Montesquieu, Voltaire, Buffon, Diderot und d'Alembert waren bei diesen Zusammenkünften oft zu sehen und zu hören. Ausschlaggebend für den Erfolg einer Gastgeberin war eine große Breite von Interessen, die Salons erweiterten mithin die Bildung der Männer und Frauen, die sie frequentierten.[22]

Salons dieser Art wurden auch in anderen Ländern veranstaltet und sollten über mehrere Generationen hinweg eine bedeutende Rolle im intellektuellen Leben spielen. In London kam in den 1760er Jahren der Ausdruck »bluestockings« (Blaustrümpfe) zur Bezeichnung von Leuten auf, die die Salons aufsuchten. Zunächst wurde er auf Personen beiderlei Geschlechts angewendet, später ausschließlich auf weibliche Intellektuelle. Der berühmteste Salon war derjenige von Elizabeth Montagu, der »Königin der Blaustrümpfe«, zu deren regelmäßigen Gästen – neben Joshua Reynolds, David Garrick, Edmund Burke und Horace Walpole – auch der Universalgelehrte Samuel Johnson gehörte.[23] Im Berlin der 1780er Jahre wurden die Brüder Humboldt, seinerzeit noch keine Universalgelehrten, in die Salons von Henriette Herz und Rahel Levin eingeführt.

Portraits in the Characters of the Muses in the Temple of Apollo, Gemälde von Richard Samuel, London, National Portrait Gallery, 1778. Dargestellt sind Elizabeth Carter, Anna Letitia Barbauld, Angelica Kauffmann, Elizabeth Ann Sheridan (stehend), Catharine Macaulay, Hannah More, Elizabeth Montagu, Elizabeth Griffith, Charlotte Lennox.

Manche Frauen dieser Zeit legten eine bemerkenswerte Wissensbreite an den Tag. Lady Mary Wortley Montagu, die in den 1750er Jahren als schon ältere Frau einen Salon in Venedig eröffnete, kannte nicht nur Latein, sondern auch mehrere moderne Sprachen, schrieb Gedichte, Romane und literaturwissenschaftliche Aufsätze, führte das Verfahren der Variolation bei Pockenerkrankung in Westeuropa ein, diskutierte über Erziehung und die Stellung von Frauen und plante, ihre Briefe mit Beschreibungen des Osmanischen Reichs, wo sie von 1716 bis 1718 gelebt hatte, als Buch zu veröffentlichen.[24]

Frauen wurden in dieser Periode zunehmend auch als eigenständige Gelehrte aktiv. Zu den bekanntesten Beispielen, die an späterer Stelle in diesem Kapitel behandelt werden sollen, gehören Émilie du Châtelet in Frankreich, Maria Gaetana Agnesi in Italien, die weltbürgerliche Germaine de Staël (ursprünglich Schweizerin), die Deutsche Dorothea Schlözer, die Schottin Mary Somerville sowie die Engländerinnen Harriet Martineau und Mary Ann Evans, besser bekannt als George Eliot, eine vielseitige Essayistin, die später ihre zweite Berufung als Romanschriftstellerin fand.

Die französische Aufklärung

Wenn es um einen Ort geht, an dem umfassend gebildete *gens de lettres* im Zeitalter der Aufklärung zu finden sind, dann muss man selbstverständlich nach Frankreich schauen, waren die Franzosen doch Trendsetter nicht nur in der Welt der Kunst und der Mode, sondern auch in der geistigen Welt Europas. Zu den maßgeblichen

Réunionsittich (*Mascarinus mascarinus*) aus Band 21 der *Histoire Naturelle*, initiiert von Georges Louis Leclerc, Comte de Buffon, erschienen zwischen 1749–1804

französischen Universalgelehrten dieser Zeit gehören Montesquieu, Voltaire, Châtelet, d'Alembert, Diderot und Condorcet.

Wie ein Montesquieu-Biograph bemerkte, besteht das Problem, über »einen Mann mit so vielen Interessen« zu schreiben, darin, dass es von jedem Autor eine »Vielzahl an Kompetenzen« verlangt, nämlich »wissenschaftlicher, philosophischer, rechtlicher, historischer und literarischer Art«.[25] Sein berühmtester Beitrag zur Literatur, die *Lettres Persanes* (1721), offenbart sein Interesse für den Orient und zugleich seine Fähigkeit, sich vorzustellen, wie Frankreich auf einen Besucher aus einer anderen Kultur wirken könnte. Neben seinem Hauptwerk, *De l'esprit des lois* (1748), einer komparativen gesellschaftlichen und historischen Analyse, schrieb Montesquieu über politische Ökonomie und alte Geschichte.

Obwohl er »Mathematik und Physik verabscheute und nichts darüber wusste«, ist Montesquieus Interesse für die Naturwissenschaften mehrfach belegt, sowohl durch sein Notizbuch über Anatomie, seine geplante geologische Erdgeschichte als auch durch einen 1721 in der Académie de Bordeaux gehaltenen Vortrag, in dem er seine Tier- und Pflanzenexperimente beschrieb. Die Bandbreite seiner Interessen offenbart sich in seiner Bibliothek von nahezu viertausend Bänden, die bis heute in der Stadtbücherei von Bordeaux zu sehen sind, darunter zahlreiche Reisebücher, aus denen er – neben seinen eigenen Besuchen in Italien, England und Mitteleuropa – die Vielfalt menschlicher Sitten und Gebräuche zu schätzen lernte. Ein besonderes Augenmerk Montesquieus galt China, das er nicht nur durch die Lektüre entsprechender Fachliteratur befriedigte, sondern auch durch die Befragung eines zum Christentum konvertierten Chinesen namens Arcadius Huang und des jesuitischen Missionars Jean-François Fouquet.[26]

Ein Biograph Voltaires äußerte sich über »die Vielseitigkeit seiner Interessen« und bezeichnete ihn als »allwissenden Universalgelehrten«.[27] Gemessen an rein akademischen Kriterien mag Voltaire nicht unbedingt den Anforderungen eines Universalgelehrten entsprechen, doch es ist schlicht unmöglich, einem so vielseitigen Mann in dieser Studie einen Platz zu verwehren. Voltaire verstand sich selbst als Homme de lettres und auch als *philosophe*, also mehr oder weniger als das, was wir meinen, wenn wir von einem »öffentlichen Intellektuellen« sprechen: Er mischte sich aktiv in die Debatten und Konflikte seiner Zeit ein, wie etwa in den Fall des französischen Protestanten Jean Calas, der unter der Anschuldigung, er habe seinen Sohn in dem Glauben ermordet, dieser wolle zum Katholizismus übertreten, gefoltert und hingerichtet wurde. Viele der Gedichte, Stücke und Erzählungen Voltaires, namentlich seine Satire *Candide* (1759), waren Vehikel für seine subversiven Ideen. Seine *Letters concerning the English Nation* (1734) waren mehr als ein Reisebericht oder eine Einführung in die englische Kultur, denn diese Lobpreisung Englands implizierte eine Kritik an Frankreich. Besondere Produktivität entfaltete Voltaire als Historiker, so verfasste er Bücher über Karl XII. von Schweden, Peter den Großen von Russland und Ludwig XIV. von Frankreich sowie seinen berühmten *Essai sur les mœurs et l'esprit des nations* (1756), ein bahnbrechendes Werk auf dem Gebiet der Sozial- und Kulturgeschichte, wie sie heute benannt wird.[28] Voltaire schrieb auch über Philosophie, unter anderem mit kritischen Anmerkungen zu Descartes und Leibniz. Zudem tat er sich in der Popularisierung von Wissenschaft hervor, insbesondere der Newtonschen, was ihm die Mitgliedschaft in der Royal Society eintrug. Er veröffentlichte einen Aufsatz zur Geologie und führte physikalische und biologische Experimente durch. So schnitt er beispielsweise Schnecken den Kopf ab, um zu sehen, ob sie sich regenerieren.[29]

Den *Essai* schrieb Voltaire für seine Geliebte, die Marquise Émilie du Châtelet, die selber eine anerkannte Femme de lettres war. Bekanntheit erlangte sie insbesondere als Mathematikerin und Naturphilosophin: In einem von der Académie des Sciences veranstalteten Wettbewerb legte sie eine Dissertation über das Feuer vor und erörterte Themen wie kinetische Energie und Dynamik mit tonangebenden Naturphilosophen wie Pierre Maupertuis. In ihrem Buch *Institutions de Physique* lieferte sie eine Synthese der Ideen von Newton und Leibniz. Du Châtelet verfasste eine *Rede vom Glück* (*Discours sur le bonheur*) und eine Abhandlung über Bibelexegese, außerdem übersetzte sie Newtons *Principia* sowie eine Auswahl aus Bernard Mandevilles *Fable of the Bees* (*Bienenfabel*). Sie veröffentlichte Artikel im *Journal des savants* und wurde zum Mitglied der Bologneser Akademie der Wissenschaften gewählt.[30]

Die Herausgeber der *Encyclopédie*, Jean d'Alembert und Denis Diderot, waren in ihren Interessen selber enzyklopädisch. D'Alembert ist in erster Linie als Mathematiker berühmt, aber er lieferte auch wesentliche Beiträge zur Physik (besonders zur Erforschung der Bewegung von Festkörpern und Fluiden) und zur Musiktheorie. Er schrieb eine Geschichte der Jesuitenverfolgung in Frankreich und veröffentlichte fünf Bände mit Essays zur Literatur und Philosophie. D'Alemberts Artikel für die *Encyclopédie* reichten von Religion bis zu Mathematik. Von ihm stammt auch die berühmte »Einleitung« zu diesem Werk, die einen Überblick über sämtliche Künste und Wissenschaften bietet.[31]

Diderot wiederum interessierte sich unter anderem für Philosophie, Psychologie, Naturgeschichte, Chemie und Musik; all das erörterte er in seinem Essay *Lettre sur les aveugles* (*Brief über die Blinden*, 1749) und in anderen posthum veröffentlichten

Fötus eines Flusspferdes *(Hippopotamus amphibius), Histoire Naturelle*, Bd. 12, 1764

Werken wie *Rameaus Neffe*. Er leistete einen wesentlichen Beitrag zu dem anonymen Kollektivwerk *Histoire des deux Indes* (*Geschichte beider Indien*, 1770), das einem anderen *philosophe*, Guillaume-Thomas Raynal, zugeschrieben wurde. Ebenso wie Voltaire äußerte Diderot seine Ideen gelegentlich in literarischer Form, namentlich in seinem Roman *Jacques le fataliste*, einer Auseinandersetzung mit dem Problem des Determinismus.

Zusätzlich zu seiner Tätigkeit als Herausgeber verfasste Diderot für die *Encyclopédie* Hunderte von Artikeln über Philosophie, Literatur, Akustik, Biologie, Kunst, Musik und Kunsthandwerk. Als Sohn eines Handwerkers respektierte Diderot auch technisches Wissen. Ihm ist es zu verdanken, dass praktisches Know-how einen breiten Platz in der *Encyclopédie* einnimmt, nicht nur im Text, sondern ebenso in den vielen Illustrationen zu technischen Verfahren.[32] Unter den übrigen 137 Beiträgern der *Encyclopédie* gibt es mindestens einen, Louis de Jaucourt, der die Herausgeber an Universalgelehrsamkeit übertraf. Jaucourt, der Theologie in Genf, Naturwissenschaften in Cambridge und Medizin in Leiden studiert hatte, lieferte ungefähr 18.000 Beiträge zu Themen, die von Geschichte bis zu Botanik, Chemie, Physiologie und Pathologie rangierten.

Einige der gerade erwähnten *philosophes* trafen sich regelmäßig zur Konversation in Salons. Zwei Angehörige dieser Gruppe – Buffon und Condorcet – hatten besonders breit gefächerte Interessen. Der Comte de Buffon ist vor allem für seinen Beitrag zu den Naturwissenschaften bekannt, doch er selbst bildete sich viel auf seinen literarischen Stil ein und schrieb für das allgemeingebildete Publikum. Seine *Histoire Naturelle*, die in sechsunddreißig Bänden zwischen 1749 und 1788 veröffentlicht wurde, umfasste eine ganze Reihe von Gebieten: Geologie, Botanik, Zoologie, Paläontologie und Ethnologie (präsentiert als die Naturgeschichte des Menschen). Das Buch betonte den Einfluss des Klimas – Buffon war ein Bewunderer Montesquieus – und die vom Autor so bezeichneten »Naturepochen«, die sich nach seiner Schätzung auf ein Erdalter von 100.000 Jahren beliefen. Buffon betätigte sich zudem als Mathematiker (mit Arbeiten zur Wahrscheinlichkeitstheorie) und als Physiologe, außerdem führte er in seinem Privatwald Experimente an Bäumen durch, um auf Bitten der Regierung Methoden zu entwickeln, mit denen sich die Langlebigkeit des zum Schiffbau benötigten Holzes verbessern ließe.[33]

Der Marquis de Condorcet war, wie ein Biograph schrieb, »selbst in einem enzyklopädischen Zeitalter hinsichtlich der Breite seiner Interessen und Aktivitäten bemerkenswert«.[34] Er studierte Mathematik bei Jean d'Alembert, veröffentlichte einen Essay zur Integralrechnung und frequentierte den Salon von Mademoiselle Lespinasse, die seine Wissbegier in »Philosophie, Belletristik, Wissenschaft, den Künsten, Politik und Jurisprudenz« bemerkte. Condorcet war mit dem Staatsmann und Ökonomen Anne Robert Jacques Turgot befreundet, der ihn zum Generalinspekteur der staatlichen Münze ernannte. Er wendete die mathematische Wahrscheinlichkeitsrechnung auf die Wahlanalyse an, ein Verfahren, das er als Element einer von ihm als »mathématique sociale« bezeichneten Wissenschaft menschlichen Verhaltens betrachtete.

Als ständiger Sekretär der Académie des Sciences verfasste Condorcet die Nachrufe ihrer Mitglieder, was ein breites Wissen über die von ihnen erforschten Themen erforderte. Condorcets Interesse für Geschichte – wozu wie im Falle Voltaires auch die Geschichte der Zivilisation gehörte – zeigt sich in seinem berühmtesten Werk, der 1795 posthum veröffentlichten *Esquisse d'un tableau historique des progrès de l'esprit humain* (*Entwurf einer historischen Darstellung der Fortschritte des menschlichen Geistes*). Diese Abhandlung unterteilte die Menschheitsgeschichte in neun Epochen, die nicht durch Kriterien von Politik oder Krieg, sondern von Technologie definiert wurden, also zum Beispiel das Zeitalter der Landwirtschaft, des Schreibens und des Buchdrucks.

Die bisher behandelten herausragenden Figuren gehörten zu einer größeren Gruppe von Schriftstellern und Denkern, die in dieser Periode aktiv waren, unter ihnen René-Antoine de Réaumur, der vor allem für sein Thermometer bekannt ist; Antoine Lavoisier, berühmt für seinen Beitrag zur Chemie; und Turgot, dessen politische Karriere und Schriften zur politischen Ökonomie in Erinnerung geblieben sind. Alle drei bewegten sich weit über ihr eigentliches Fachgebiet hinaus. Ein Freund der Familie beschrieb den jungen Lavoisier als jemanden, dessen »angeborener Hang zu den Wissenschaften ihn so weit treibt, dass er sich erst in allen auskennen möchte, ehe er sich auf die eine statt auf eine andere konzentriert«.[35]

Die schottische Aufklärung

Ebenso wie in Frankreich findet sich auch im Schottland des 18. Jahrhunderts eine ganze Riege umfassend gebildeter Hommes de lettres. Während die französischen Salons von Gebildeten beiderlei Geschlechts frequentiert wurden, fand das gesellige Leben ihrer schottischen Pendants in reinen Männerclubs statt, wie etwa in der 1754 in Edinburgh gegründeten Select Society. Zu den ursprünglich fünfzehn

Mitgliedern gehörten David Hume, Adam Smith, Adam Ferguson, William Robertson, Lord Kames und Lord Monboddo. Alle sechs waren Personen mit einem breiten Spektrum an Interessen und Leistungen, was die Bedeutung von kleinen Gruppen in der Geschichte der Gelehrsamkeit wie auch in anderen Arten von Innovation unterstreicht.[36]

David Hume lebte eine Zeitlang in Paris, wo er in den Salons von Mademoiselle Lespinasse, Madame Geoffrin und der Marquise Deffand verkehrte und sich mit Turgot anfreundete. Allgemein gilt er als einer der bedeutendsten britischen Philosophen, doch der Katalog der British Library pflegte ihn unter der Bezeichnung »David Hume, historian« zu führen. Tatsächlich beschränkten sich seine Leistungen keineswegs auf die Philosophie und er wurde mit seiner *History of England* (1754–1761) nicht nur berühmt, sondern auch wohlhabend (von seinem Verleger erhielt er 4.000 Pfund für das Werk). Wie breit gefächert die Interessen dieses Mannes waren, der in seiner Autobiographie seine Leidenschaft für »allgemeine Gelehrsamkeit« beschrieb, zeigt sich noch deutlicher in seinen *Essays Moral, Political and Literary* (1741–1742), die um vielfältigste Themen kreisen, darunter einige »leichte« – Frechheit, Liebe, Geiz und so weiter – und andere »ernsthafter« Art – etwa Geschmack, Aberglaube, Demographie, Parteienkoalition, ein perfektes Gemeinwesen, das Studium der Geschichte und die Entwicklung von Kunst und Wissenschaft. Humes Notizbücher zeugen zudem von seiner Beschäftigung mit Naturphilosophie. Man begreift ohne Weiteres, warum einer seiner Biographen betont, Hume sei »kein Spezialist«, sondern eher ein »Literat« gewesen, dessen ungezwungener Stil einem allgemeingebildeten Publikum weiblichen wie männlichen Geschlechts gut verständlich war.[37]

	Prix évalué en monn. actuelle.			Prix évalué en monn. actuelle.			Prix évalué en monn. actuelle.			Prix évalué en monn. actuelle.	
Années.	fr.	cent.	Années.	fr.	cent.	Années.	fr.	cent.	Années.	fr.	cent.
1202.....	5	8	1433.....	11	24	1511.....	1	96	1571.....	21	41
1256.....	4	85	1435.....	4	34	1512.....	3	10	1572.....	24	52
1289.....	5	69	1436.....	6	61	1513.....	4	49	1573.....	46	62
1290.....	7	58	1437.....	32	99	1515.....	14	26	1574.....	44	25
1294.....	8	80	1438.....	31	70	1517.....	5	56	1575.....	16	36
1304.....	12	65	1440.....	6	93	1519.....	4	64	1576.....	20	21
1312.....	10	71	1443.....	14	27	1520.....	5	31	1577.....	13	37
1314.....	6	60	1444.....	6	02	1521.....	17	15	1578.....	14	40
1316.....	11	22	1446.....	2	91	1522.....	12	35	1579.....	15	38
1322.....	12	29	1447.....	3	48	1524.....	12	35	1580.....	15	43
10 années..	86	47	10 années..	121	9	10 années..	81	17	10 années..	231	95
Prix moyen.	8	55	Prix moyen.	12	11	Prix moyen.	8	12	Prix moyen.	23	20
Années.	fr.	cent.	Années.	fr.	cent.	Années.	fr.	cent.	Années.	fr.	cent.
1323.....	9	46	1448.....	1	78	1525.....	4	12	1581.....	14	04
1327.....	6	05	1449.....	3	81	1526.....	3	72	1582.....	19	70
1328.....	7	59	1450.....	3	24	1527.....	8	84	1583.....	19	92
1329.....	6	60	1452.....	2	37	1528.....	8	91	1584.....	22	39
1332.....	10	34	1454.....	4	03	1529.....	15	28	1585.....	21	65
1333.....	14	44	1457.....	5	86	1530.....	10	51	1589.....	16	46
1334.....	9	09	1459.....	4	99	1531.....	21	23	1590.....	31	44
1337.....	7	28	1462.....	3	42	1532.....	16	80	1591.....	79	89
1339.....	5	28	1463.....	2	82	1533.....	8	40	1592.....	47	41
1341.....	5	13	1464.....	1	48	1534.....	6	43	1595.....	63	21
10 années..	81	26	10 années..	33	80	10 années..	104	24	10 années..	336	11
Prix moyen.	8	13	Prix moyen.	8	38	Prix moyen.	10	42	Prix moyen.	33	61
Années.	fr.	cent.	Années.	fr.	cent.	Années.	fr.	cent.	Années.	fr.	cent.
1342.....	7	82	1465.....	2	96	1535.....	8	61	1596.....	46	46
1344.....	9	65	1466.....	6	37	1536.....	12	35	1597.....	42	03
1345.....	7	10	1467.....	2	30	1538.....	11	11	1598.....	36	50
1347.....	8	01	1469.....	2	78	1539.....	15	48	1599.....	19	44
1354.....	12	99	1470.....	1	75	1540.....	7	09	1600.....	18	80
1356.....	8	90	1471.....	2	72	1541.....	7	35	1601.....	18	19
1359.....	4	07	1472.....	2	47	1542.....	9	06	1602.....	14	26
1360.....	4	15	1473.....	2	47	1543.....	10	08	1603.....	19	86
1361.....	13	27	1474.....	4	44	1544.....	11	52	1604.....	16	93
1365.....	8	94	1475.....	3	04	1545.....	11	24	1605.....	14	54
10 années..	79	90	10 années..	31	30	10 années..	103	89	10 années..	247	1
Prix moyen.	7	99	Prix moyen.	3	13	Prix moyen.	10	39	Prix moyen.	24	70
Années.	fr.	cent.	Années.	fr.	cent.	Années.	fr.	cent.	Années.	fr.	cent.
1369.....	15	04	1476.....	4	44	1546.....	10	37	1606.....	16	41
1372.....	5	28	1477.....	4	07	1547.....	8	15	1607.....	16	53
1375.....	5	77	1478.....	4	74	1548.....	8	71	1608.....	25	60
1376.....	11	12	1481.....	6	09	1553.....	12	67	1609.....	22	40
1382.....	4	64	1482.....	9	78	1554.....	11	52	1610.....	16	78
1385.....	4	24	1483.....	9	78	1555.....	11	74	1611.....	16	93
1390.....	7	83	1485.....	3	83	1556.....	19	88	1612.....	17	20
1397.....	5	15	1486.....	6	50	1557.....	12	59	1613.....	15	44
1398.....	5	51	1487.....	4	89	1558.....	10	66	1614.....	17	61
1405.....	7	10	1489.....	3	31	1559.....	12	54	1615.....	15	35
10 années..	71	68	10 années..	56	93	10 années..	125	83	10 années..	180	25
Prix moyen.	7	17	Prix moyen.	5	69	Prix moyen.	12	58	Prix moyen.	18	3
Années.	fr.	cent.	Années.	fr.	cent.	Années.	fr.	cent.	Années.	fr.	cent.
1406.....	5	85	1490.....	3	31	1560.....	12	96	1616.....	15	74
1410.....	9	74	1492.....	3	31	1561.....	15	56	1617.....	17	33
1411.....	6	25	1495.....	2	26	1562.....	20	89	1618.....	32	09
1413.....	2	91	1498.....	4	41	1563.....	27	89	1619.....	19	73
1426.....	5	61	1499.....	5	63	1564.....	12	33	1620.....	14	67
1427.....	8	40	1500.....	2	78	1565.....	20	05	1621.....	19	02
1428.....	3	99	1501.....	6	57	1567.....	27	65	1622.....	25	06
1430.....	22	67	1508.....	5	63	1568.....	19	42	1623.....	24	11
1431.....	13	24	1509.....	3	64	1569.....	17	07	1624.....	18	93
1432.....	27	70	1510.....	1	82	1570.....	14	38	1625.....	20	96
10 années..	106	36	10 années..	39	36	10 années..	188	20	10 années..	207	64
Prix moyen.	10	64	Prix moyen.	3	94	Prix moyen.	18	82	Prix moyen.	20	76

Adam Smith, Seite aus *An Inquiry into the Nature and Causes of the Wealth of Nations*, 1776

So wie Hume als Philosoph ist sein Freund Adam Smith allgemein als Ökonom in Erinnerung, was sich seinem Hauptwerk *The Wealth of Nations* (*Der Wohlstand der Nationen*, 1776) verdankt. Dieses berühmte Buch ist jedoch sehr viel mehr als eine Abhandlung über »Ökonomie« in der spezialisierten

Bedeutung des heute gebräuchlichen Begriffs, denn es behandelt seinen Gegenstand in Zusammenhang mit Moralphilosophie, Recht und Politik. Wie Smith' Freund William Robertson dem Verfasser schrieb: »Du hast einen der wichtigsten Teile politischer Wissenschaft zu einem stimmigen, folgerichtigen System geformt.«[38] Das Buch enthält auch viel Geschichtliches, insbesondere das Kapitel »Gründung und Wachstum der Städte nach dem Untergang des Römischen Reiches«.

Auf jeden Fall begann Smith seine akademische Laufbahn nicht als Nationalökonom. Er war zuerst Professor für Logik, später für Moralphilosophie an der Universität Glasgow und veröffentlichte eine *Theorie der ethischen Gefühle* (1759). Außerdem hielt er Vorlesungen über Rhetorik, Theologie und Jurisprudenz. Auch nachdem er sich der Nationalökonomie zugewandt hatte, blieb er seinen vielfältigen Interessen treu. So verfasste er beispielsweise einen Aufsatz über den Ursprung der Sprache, ein Thema, das im späteren 18. Jahrhundert auf großes Interesse stieß. Während er am *Wealth of Nations* arbeitete, bekannte Smith in einem privaten Brief, er habe »die Botanik und andere Wissenschaften [studiert], die ich bisher nur vom Hörensagen kannte«.[39] Das Ergebnis dieser Studien ist in seinen posthum veröffentlichten *Essays on Philosophical Subjects* (1795) dokumentiert, in denen er die Geschichte der Astronomie, antike Physik, Logik und Metaphysik sowie die Affinitäten zwischen Musik, Tanz und Poesie und zwischen englischer und italienischer Lyrik behandelte.

Auch andere Mitglieder der Select Society verfolgten keineswegs nur einseitige Interessen. Robertson war nicht nur Geistlicher der Church of Scotland und Rektor der Universität Edinburgh, sondern auch ein berühmter Historiker der antiken wie der modernen Welt. Die miteinander konkurrierenden Juristen Lord Kames und Lord Monboddo beschränkten sich nicht auf die Studien, die ihre Karrieren begründeten. Kames verfasste Essays über Erziehung, Geschichte, Landwirtschaft, Religion und Ethik, und Monboddo veröffentlichte vielbändige Abhandlungen über Sprache und Metaphysik.[40] Adam Ferguson, Professor für Naturphilosophie und Moralphilosophie an der Universität Edinburgh, publizierte *History of the Roman Republic*, aber seinen Ruhm verdankt er vor allem seinem *Essay on the History of Civil Society*. Heutige Soziologen sehen in ihm außerdem einen wichtigen Vorgänger.[41]

Ein weiteres Zentrum vielseitig gebildeter Schotten bildete die 1802 gegründete *Edinburgh Review*. Neben ihrem Herausgeber, dem Universalgelehrten Francis Jeffrey, der in Edinburgh sesshaft blieb, gehörten ihr auch Autoren an, die später nach England übersiedelten: Thomas Carlyle, der in seinen Werken Philosophie, Literatur, Geschichte und Mathematik behandelte; Thomas Macaulay, Dichter und Politiker, der historische Abhandlungen und Essays über verschiedene Themen verfasste; und Henry Brougham, ein Anwalt, der über Physik, Fossilien und natürliche Theologie schrieb und für allgemeine Ausbildung eintrat.

Im England des 18. Jahrhunderts bietet Samuel Johnson das Beispiel eines Literaten, der gleichzeitig Universalgelehrter war, und Joseph Priestley das eines Universalgelehrten, der gleichzeitig Literat war.

Johnson, Sohn eines Buchhändlers in Litchfield und insofern seit frühester Jugend mit einer großen Vielfalt an Büchern vertraut, war ein Dichter (in Englisch und Latein), Verfasser eines Trauerspiels, *Irene*, und eines Romans, *Rasselas*. Zudem betätigte er sich als Literaturkritiker und Shakespeare-Herausgeber. Seine Interessen waren jedoch sehr viel breiter gefächert. Er ist als »Dr. Johnson« bekannt, weil ihm zwei Ehrendoktorwürden in Recht verliehen wurden, die eine vom Trinity College in Dublin, die andere von der Universität Oxford. Im *Gentleman's Magazine* publizierte er eine Reihe von Gelehrtenbiographien und plante, eine Geschichte der »Wiedererweckung der Gelehrsamkeit in Europa« zu schreiben.[42] Seinem Biographen James Boswell gestand Johnson, er sei ein großer Schmökerer auf eine »zerfahrene Art« und habe deshalb »sehr viele Bücher zu Gesicht bekommen, die man in den Universitäten normalerweise nicht kennenlernt«. Er nahm sich den Rat seines Cousins zu Herzen: »Lerne die maßgeblichen Praecognita (die schon zuvor bekannten Dinge) – vielleicht ist es gar nicht nötig, Blatt um Blatt umzuwenden, pack stattdessen den Stamm nur fest, und du wirst alle Zweige schütteln.«[43] »Alles Wissen«, behauptete er, »ist als solches von einem gewissen Wert. Nichts ist so geringfügig oder unbedeutend, als dass ich es nicht wissen wollte.«[44]

Ein Zeitgenosse äußerte seine Bewunderung für »die Weite des Stoffs, den Johnson in seiner geistigen Schatzkammer unterbringen konnte«.[45] Diese Fundgrube des Wissens erwies sich als nützlich bei Johnsons größtem Projekt, dem *Dictionary of the English Language* (1755). Auch wenn er dieses Vorhaben als »Plackerei« bezeichnete, das nicht das »Licht der Gelehrsamkeit« erfordere, so basierte es nicht nur auf einem umfassenden Wissen, sondern auch auf der Kenntnis der verschiedenen Sprachen, bei denen das Englische Anleihen macht. Es setzte zudem eine Kenntnis der Termini technici voraus, die in den jeweiligen Berufen (Kirche, Medizin, Recht, Armee und Marine) und in solch praktischen Gewerben wie Brauerei-, Münz- und Gerbereiwesen verwendet werden (auch wenn das Vorwort darauf hinweist, dass »viele Begriffe, die bestimmten Beschäftigungen angemessen sind«, ausgelassen wurden).[46]

Einen ganz anderen Gelehrtentypus verkörperte Joseph Priestley, nämlich den »eines Autodidakten, der die Idee eines zunehmend spezialisierten und Professionalität erfordernden Wissens ablehnte.«[47] Er lieferte originelle Beiträge sowohl zur Physik als auch zur Chemie, entdeckte den Sauerstoff und sechs weitere Gase und publizierte mehrere bedeutende naturwissenschaftliche Werke, darunter *The History and Present State of Electricity* (1767) und die mehrbändigen *Experiments and Observations on Different Kinds of Air* (1774–1786). Im Bereich der Geisteswissenschaften betätigte er sich als begabter und vielseitiger Popularisierer. Als Dissenter der Church of England war er von den Universitäten Oxford und Cambridge ausgeschlossen, lehrte aber moderne Sprachen und Rhetorik an der Warrington Academy. Sein Biograph verweist auf seine Veröffentlichungen über »Sprachtheorie, englische Grammatik, Erziehungsphilosophie, Rhetorik, Politik, Geschichte, Religion und Bibelkritik sowie diejenige Wissenschaft, für die er am besten bekannt ist«.[48] Priestleys *Lectures on History* (1788) wurden beispielsweise zu einem Lehrbuch, dessen weite Verbreitung sich insbesondere seinen einprägsamen biographischen und chronologischen Tabellen verdankte.[49]

Joseph Priestleys elektrische Maschine, abgebildet in der ersten Auflage seiner *Familiar Introduction to Electricity*, 1768

Ebenso wie ihre französischen und schottischen Pendants beteiligten sich auch diese beiden englischen Universalgelehrten an Diskussionsgruppen. Zusammen mit seinem Freund, dem Maler Joshua Reynolds, gründete Johnson *The Club* (1764), auch bekannt als *The Literary Club*, deren Mitglieder sich einmal wöchentlich abends in einer Londoner Schenke namens *Turk's Head* verabredeten, um zu speisen und über verschiedene Themen zu debattieren. Priestley wiederum war – wie ein weiterer Universalgelehrter, Erasmus Darwin – ein führendes Mitglied der *Lunar Society* in Birmingham, so genannt, weil ihre Mitglieder sich einmal monatlich bei Vollmond trafen, damit sie gefahrlos zu ihren Versammlungen und auch wieder nach Hause kommen konnten. Diskutiert wurde über neue Entdeckungen in den Naturwissenschaften, etwa über das Wesen der Elektrizität, aber auch über die Anwendung von Wissenschaft in Medizin, Manufakturen und anderen praktischen Aktivitäten.[50]

So bemerkenswert die Leistungen dieser englischen Universalgelehrten auch sein mögen – von dem Waliser Sir William Jones wurden sie bei weitem übertroffen. »Oriental Jones«, wie er auch genannt wurde, beschränkte sich mehr oder weniger auf geisteswissenschaftliche Interessen, die jedoch sowohl Europa als auch Asien galten. Jones kannte sich nicht nur im britischen Common Law aus, sondern auch im Römischen Recht, im antiken griechischen Recht und, nach seiner Ernennung zum Richter am Supreme Court in Bengalen, ebenso im Hindu- und muslimischen Recht. Jones war polyglott und soll angeblich dreißig Sprachen beherrscht haben. Neben selbstverfasster Lyrik erörterte und übersetzte er auch arabische, persische und Sanskrit-Literatur, darunter das Sanskrit-Stück *Shakuntala*, das in Europa zur Zeit der Romantik berühmt wurde. Jones spielte eine wesentliche Rolle bei der Bestimmung der sogenannten indoeuropäischen Sprachfamilie, indem er Analogien zwischen Griechisch, Persisch und den romanischen, germanischen und keltischen Sprachen feststellte. Er studierte außerdem indische Chronologie und schrieb eine Geschichte des Schachspiels. Nicht von ungefähr wurde er denn auch – kaum übertrieben – als »einer der bedeutendsten Universalgelehrten in der Geschichte« bezeichnet.[51]

Von Spanien bis Russland

Das Ideal des vielseitig gebildeten Homme de lettres wurde zu der Zeit auch von Personen in anderen Ländern verkörpert, etwa in Spanien, Italien, Schweden und Russland. In Spanien kommen einem drei sehr unterschiedliche Männer in den Sinn: Lorenzo Hervás y Panduro, Gaspar Melchor de Jovellanos und Benito Jerónimo Feijoo.

Hervás, »die große vergessene Figur der spanischen Aufklärung«, als den ihn einer seiner Biographen bezeichnete, war Jesuit. Er studierte Philosophie, Theologie, Mathematik und Astronomie an der Universität Madrid. Nach der Vertreibung der Jesuiten aus Spanien und seinem Kolonialreich 1767 ging er nach Italien, wo er zwischen 1778 und 1787 die einundzwanzig Bände seines enzyklopädischen Werks *Idea dell'Universo* veröffentlichte. Hervás war und ist vor allem als Linguist bekannt. Seine Enzyklopädie enthielt einen Katalog der Sprachen aller seinerzeit bekannten Völker, den er mit Hilfe befreundeter Missionare zusammenstellte, die Sprachen der Indigenen des amerikanischen Kontinents erlernt hatten. Hervás veröffentlichte darüber hinaus eine komparative Studie über Ursprung, Entwicklung, Funktionsweise und Harmonie von Sprachen. Sein Sprachinteresse brachte ihn auch dazu, Lehrmethoden für Taubstumme zu entwickeln. So wie Athanasius Kircher, einer seiner Vorgänger unter den jesuitischen Universalgelehrten, lieferte Hervás in seiner »Ekstatischen Reise zur Welt der Planeten« (*Viaggio estatico al mondo planetario*) zudem einen frühen Beitrag zur Science-Fiction. Zu seinen unveröffentlichten Manuskripten gehören Studien zu Paläographie, Chronologie sowie eine Geschichte der ersten Kolonien in der Neuen Welt.[52]

In seiner Arbeitszeit war Jovellanos, ein führender Vertreter der spanischen Aufklärung, als Anwalt, Richter und Justizminister tätig, in seinen Mußestunden hingegen als Dichter, Dramatiker und Gelehrter. Er bietet das gute Beispiel eines Mannes von praktischer Vernunft, der sich eher für angewandtes als für reines Wissen interessierte und es in Gesetzes-, Erziehungs-, Handels-, Gewerbe- und Verfassungsreformen umgesetzt wissen wollte. Ein Großteil seines Denkens schlug sich in »Berichten« (*informes*) nieder, in denen er sich gegen die Anwendung der Folter aussprach, für Gewerbefreiheit eintrat, technische Ausbildung befürwortete und Überlegungen zu Landwirtschaft und Bergbau anstellte. Er betonte Verbindungen zwischen verschiedenen Disziplinen und plädierte für einen historischen Ansatz beim Studium des Rechts und für einen geographischen Ansatz beim Studium der Geschichte. Jovellanos schrieb auch über Sprache, Theologie, Architektur, Geologie, Botanik und Medizin. Er war ein Wegbereiter in der Neubewertung des gotischen und maurischen Stils in Spanien, und sein Beitrag zur politischen Ökonomie sollte später von Joseph Schumpeter gerühmt werden.[53]

Feijoo war ein Benediktinermönch und fast dreißig Jahre lang Professor für Theologie an der Universität Oviedo. In mancher Hinsicht wirkt er wie ein altmodischer Gelehrter, und die lobenden Attribute, mit denen ihn seine Zeitgenossen bedachten – »der Phönix unter den hervorragenden Köpfen seiner Zeit« oder »ein Monster an Weisheit« (*monstruo de sabiduría*)[54] – stammten tatsächlich eher aus dem vorangegangenen Jahrhundert. Feijoos Stärke bestand darin, Wissenschaft in Verbindung mit Kritik zu popularisieren. Sein *Teatro crítico universal* (neun Bände, 1726–1740) enthielt, wie auf der Titelseite verkündet, »Verschiedene Abhandlungen zu Themen jeglicher Art« (*Discursos varios en todo género de materias*). In seinem Prolog erklärte der Verfasser, er habe ursprünglich geplant, die Abhandlungen nach Disziplinen (*facultad*) anzuordnen, dann aber davon Abstand genommen, weil sie »entweder zu keiner Disziplin gehören oder weil sie an vielen gleichermaßen teilhaben«.

Feijoo könnte als Homme de lettres im Mönchsgewand bezeichnet werden, der »Experten« kritisierte und für ein breites Publikum schrieb, indem er einen durch Epigramme und anschauliche Metaphern belebten Konversationsstil à la Montaigne pflegte, der ein Vorbild für ihn darstellte. Als anglophiler Empiriker bewunderte er außerdem Francis Bacon, dieses »große und erhabene Genie«, den er dafür rühmte, dass er die Hindernisse für das Studium der Naturwissenschaft (*la ciencia de las cosas naturales*) beseitigt habe. Feijoo trug nicht unbedingt dazu bei, das Wissen um originelle Elemente zu bereichern, aber darum ging es ihm auch gar nicht. Sein Ziel war es, in echter Aufklärungsmanier Ignoranz, Vorurteile und »gängige Fehler« zu bekämpfen. Zu diesem Zwecke schrieb er über Theologie, Philosophie, Philologie, Geschichte, Medizin, Naturgeschichte, Alchemie, Astrologie, Mathematik, Geographie, Recht, politische Ökonomie, Landwirtschaft, Literatur und Hydrologie, wobei er eine thematische Breite entfaltete, die von Erdbeben und Fossilien bis zu den Ideen des mittelalterlichen Universalgelehrten Ramon Lull reichte.[55]

Zu den vielseitigen Gelehrten in Italien gehörten Maria Gaetana Agnesi, hauptsächlich in den Naturwissenschaften, und Giambattista Vico, hauptsächlich in den Geisteswissenschaften. Agnesi war ein Wunderkind. Mit Privatunterricht zu Hause in Mailand erzogen (wo ihr Vater Professor war), verteidigte sie in einer dortigen Anhörung 191 Thesen zu Logik, Mechanik, Chemie, Botanik, Mineralogie und weiteren Themen, die sie 1738 veröffentlichte. Ein französischer Gelehrter, der sie besuchte, bezeichnete Agnesi als »wandelndes Sprachgenie« (sie beherrschte Latein, Griechisch, Hebräisch, Französisch, Spanisch und Deutsch) und verglich ihre 191 Thesen mit denjenigen, die Pico della Mirandola 1486 hatte verteidigen sollen. Agnesi verfasste einen kritischen Kommentar zur Abhandlung eines französischen

Carl von Linné: »Boot tragender Lappländer« in seinem Tagebuch der Lappländischen Reise, *Iter Lapponicum*, 1732

Mathematikers über Kegelschnitte, den sie allerdings nicht veröffentlichte. Was sie tatsächlich publizierte, war eine Studie zur Integralrechnung, die ganz bescheiden nur »zum Gebrauch junger Italiener« dienen sollte, als handele es sich um eine simple Popularisierung, dabei lieferte sie gleichwohl neue Ideen. Agnesi erhielt eine Berufung als Professorin für Mathematik an der Universität Bologna, die sie allerdings nicht wahrnahm, sondern sich stattdessen dem Studium der Theologie und wohltätigen Werken zuwandte.[56]

Wie wir am Anfang dieses Kapitels sahen, war Vico ein Gelehrter alten Typs. Seiner Autobiographie zufolge bestand sein großer Ehrgeiz darin, alle menschliche und göttliche Weisheit (*tutto il sapere umano e divino*) miteinander zu vereinen. In der Praxis beschränkte sich Vico – so wie Jones – allerdings mehr oder weniger auf die Geisteswissenschaften. Er wurde in scholastischer Philosophie und Rechtswissenschaft ausgebildet. Seine Hoffnung, Professor für Jurisprudenz zu werden, zerschlug sich, stattdessen musste er sich mit dem Lehrstuhl für Rhetorik an der Universität Neapel und dem Posten eines Historikers am Hof Karls III. begnügen. Latein war ihm vertrauter als Französisch oder Englisch, und gewöhnlich zitierte er eher Gelehrte des 17. Jahrhunderts (unter ihnen Bacon, Grotius, Selden, Pufendorf und Huet) als spätere. Seine Schriften mögen zumindest gelegentlich altmodisch, ja sogar provinziell wirken, doch offenbaren sie eine lebhafte Vorstellungskraft und einige äußerst originelle Ideen. Posthum wurde er für seine Kritik Descartes' berühmt, und man könnte vermuten, dass es für Vico leichter als für einige seiner Zeitgenossen war, zum Post-Cartesianer zu werden, da er als Prä-Cartesianer ausgebildet worden war.

In seinem bedeutendsten Werk, der *Scienza Nuova* (*Neue Wissenschaft*, 1725, erweiterte Ausgabe 1744) bezog sich Vico auf verschiedene Disziplinen – Philosophie, Philologie, Literatur und Recht – sowie auf die Beschreibungen exotischer Gesellschaften durch europäische Reisende, die diese bei ihren Besuchen anderer Kontinente angefertigt hatten. So wie Montesquieu betrachtete auch Vico das Recht als Teil dessen, was wir »Kultur« nennen. Es ist ein Jammer, dass die beiden Gelehrten das Werk des anderen nie zur Kenntnis nahmen. (Als Montesquieu zu Besuch in Italien weilte, empfahl ihm jemand, die *Scienza Nuova* zu lesen, aber er scheint diesen Rat nicht beherzigt zu haben.)

Vico, der sich selbst als den Galilei oder den Newton der Geschichtsschreibung sah, bezeichnete sein Buch als einen Versuch, die Prinzipien einer neuen Wissenschaft herauszuarbeiten. Es gebe, so seine Argumentation, einen periodisch wiederkehrenden Zyklus von Veränderungen in Sitten und Mentalitäten, von ihm als die drei Zeitalter der Götter, Heroen und Menschen bezeichnet, die sich durch unterschiedliche Arten von Recht, Sprache und Mentalität auszeichneten. Seine grundlegendsten und originellsten Bemerkungen machte er hinsichtlich des ersten Zeitalters und seiner »poetischen Denkweise«, die so konkret und metaphorisch gewesen sei wie das kindliche Denken. In einem Abschnitt seines Buchs mit dem Titel »Entdeckung des wahren Homer« präsentierte Vico die *Ilias* und die *Odyssee* als Geschichten antiker griechischer Sitten, ein wertvoller Beleg für das, was später als »primitives« Denken bezeichnet werden sollte. Seine Ansichten untermauerte er mit einer neuen Interpretation von Mythen oder »Fabeln« (*favole*), wie er sie nannte, die er als Zeugnisse der Geschichte der »ältesten Sitten, Ordnungen und Gesetze« behandelte.[57]

Schweden brachte zwei bemerkenswerte Gelehrte hervor, die in der Erinnerung der Nachwelt nur wegen eines geringen Teils ihrer vielfältigen Leistungen geblieben sind. Carl von Linné, der heutzutage auf den Botaniker reduziert wird, war in Wirklichkeit ein »Hansdampf in allen Gassen«, der »auf den Gebieten Medizin und Naturgeschichte arbeitete« und nicht nur Pflanzen klassifizierte, sondern auch Tiere, Mineralien und Krankheiten; außerdem schrieb er über politische Ökonomie und lieferte eine Beschreibung Lapplands, die Geographie mit dem kombinierte, was wir heute Ethnographie nennen würden.[58] Emanuel Swedenborg hingegen ist bekannt für seine zweite Laufbahn als Visionär und Mystiker, die er 1743 nach einer Midlife-Crisis einschlug. Dabei wird meist seine erste Karriere als Universalgelehrter übersehen, denn er war als Wasserbauingenieur tätig, forschte über Metallurgie, Chemie, Astronomie, Anatomie, Physiologie und Physiognomie, entwarf Maschinen und verfasste für seinen Gönner König Karl XII. einen Bericht über Handel und Gewerbe.[59]

Michail Lomonossow, Porträt von Christian Wortmann, 1758

In Russland verband Michail Lomonossow eine Karriere als Professor für Chemie an der Akademie der Wissenschaften in Sankt Petersburg mit Studien in Mathematik und Ozeanographie; seine Manuskripte offenbaren zudem, dass er sich für Mineralogie und viele Aspekte der Physik interessierte. Er war auch ein Homme de lettres, der Gedichte in der Landessprache schrieb und eine Grammatik des Russischen sowie eine Geschichte Russlands verfasste. Vor Lomonossow war die Gelehrsamkeit in Russland weitgehend eine Domäne von Deutschen gewesen, die die Zaren – von Peter dem Großen bis zu Katharina der Großen – ins Land geholt hatten, um den Russen zu helfen, Anschluss an die westeuropäische Wissenschaft zu finden. So war etwa der Universalgelehrte Peter Simon Pallas auf Einladung Katharinas nach Russland gekommen, wo er dreiundvierzig Jahre verbringen sollte. Zum Professor für Naturgeschichte an die Petersburger Akademie berufen, trug er dazu bei, die Kenntnisse über russische Geographie, Geologie, Botanik und Zoologie zu vertiefen, und sammelte im Auftrag der Zarin außerdem Informationen über Sprachen aus aller Welt. Ein weiterer Universalgelehrter, August von Schlözer, der nur sechs Jahre lang in Russland lebte, verfasste zwei Jahre nach seiner Ankunft einen Bericht für die Petersburger Akademie über die Art und Weise, wie russische Geschichte geschrieben werden sollte. Dank Lomonossow wurde die Akademie, die zunächst fast nur ausländische Mitglieder gehabt hatte, nach und nach russifiziert, so dass sich eine einheimische Tradition der Gelehrsamkeit entwickeln konnte.[60]

Ein weiterer slawischer Universalgelehrter war Rugjer Bošković, ein Jesuit aus Dubrovnik, der wie Lomonossow 1711 geboren wurde. Wie dieser war Bošković nicht nur Naturphilosoph, der auf mehreren Gebieten originelle Beiträge leistete, sondern auch Dichter (er schrieb auf Latein), Archäologe, der Mosaiken in Frascati freilegte, Diplomat, Kartograph, der auf Wunsch von Papst Benedikt XIV. eine neue Landkarte des Kirchenstaats schuf, und Erfinder wissenschaftlicher Instrumente. Gleichwohl verdankt sich Bošković' Ruf in erster Linie seinen Studien in Astronomie und Optik sowie seinem Hauptwerk, der *Theoria philosophiae naturalis* (1758), mit einer Art Weltformel, nach der Atome nicht größer als Punkte sind, was ihm nach eigener Aussage erlaubte, die in der Natur waltenden Kräfte auf ein einziges Gesetz zu reduzieren.[61]

Die Neue Welt

In Hispanoamerika war es Pedro de Peralta, der die Tradition von Sor Juana und Carlos Sigüenza y Góngora fortführte. Dieser peruvianische Universalgelehrte – Professor für Mathematik an der Universität Lima und später ihr Rektor – veröffentlichte zahlreiche Werke zu unterschiedlichsten Themen, darunter ein Epos über die Eroberung Perus sowie Studien zu Musik, Metallurgie, Astronomie, Festungsbau und zur Geschichte Spaniens.[62]

In Nordamerika gab es zwei maßgebliche Universalgelehrte, die als Politiker aktiv waren: Benjamin Franklin und Thomas Jefferson. Beide waren von Joseph Priestley beeinflusst. Neben seiner politischen Karriere als Kongressabgeordneter und als Diplomat in England, Frankreich und Schweden betätigte sich der ursprünglich zum Drucker ausgebildete Franklin als Erfinder des Blitzableiters, der Bifokalbrille und eines holzbefeuerten Ofens, der die Wärmegewinnung maximierte und zugleich die Rauchbelastung im Vergleich zu einem normalen Kamin verringerte. Außerdem leistete er Beiträge zur Erforschung von Elektrizität, Meteorologie und Ozeanographie.[63]

Jefferson wiederum war nicht nur einer der Gründerväter der Vereinigten Staaten und ihr dritter Präsident (1801–1809), sondern auch praktizierender Anwalt und Landwirt, der Innovationen im Ackerbau einführte, ganz zu schweigen von seinen Erfindungen (darunter ein verbessertes Streichbrett für Pflüge, ein Speisenaufzug und ein drehbarer Bücherständer), seiner archäologischen Ausgrabung eines indianischen Grabhügels seines Anwesens in Charlottesville, Virginia, in der Nähe von Monticello, seinen architektonischen Entwürfen und seinen naturgeschichtlichen, linguistischen und künstlerischen Interessen. Kein Wunder, dass Jefferson als »Renaissance-Mensch« (und sogar, wie auch einige spätere Universalgelehrte, als »letzter Renaissance-Mensch«) bezeichnet wurde.[64]

Das späte 18. und frühe 19. Jahrhundert brachte zwei bemerkenswerte Ansammlungen von Universalgelehrten hervor, eine in England, die andere in Deutschland.

England

Zwei Hommes de lettres dieser Zeit, Samuel Coleridge und sein Freund Thomas De Quincey, waren besonders vielseitig. Coleridge, der in erster Linie für seine Gedichte in Erinnerung ist, wurde als »Inbegriff des Universalgelehrten im England der Romantik« bezeichnet.[65] »Ich habe«, schrieb er 1796 in einem Brief, »fast alles gelesen – ein unersättlicher Bibliophag –, ich stecke *tief* in allem, was es an ausgefallenen Büchern gibt.« Nach eigener Einschätzung würde er wohl einen »leidlichen Mathematiker« abgeben und hätte »gründliche Kenntnisse in Mechanik, Hydrostatik, Optik und Astronomie, Botanik, Metallurgie, Fossilienkunde, Chemie, Geologie, Anatomie, Medizin, in der geistigen Verfassung des Menschen – und dann auch der Menschen –, in allen Reisen, Fahrten und Geschichten«.[66]

De Quincey, der sein Oxford-Studium abbrach, Drogen nahm und heute für seinen autobiographischen Bericht *Confessions of an Opium Eater* (*Bekenntnisse eines englischen Opiumessers*, 1821) bekannt ist, verdiente sich seinen Lebensunterhalt dadurch, dass er im *Blackwood's Magazine* und anderen Zeitschriften Wissen popularisierte. Seine Essays »deckten ein erstaunliches Spektrum an Themen ab: deutsche Philosophie, politische Ökonomie, Literaturgeschichte und Biographien, Mordfälle, Geschichte und Philosophie der griechischen und römischen Antike, politische Kommentare zu aktuellen Angelegenheiten, Physiologie«.[67]

Andere Universalgelehrte lieferten originelle Beiträge zu einer ganzen Reihe von Disziplinen. Thomas Young, der am Emmanuel College der Universität Cambridge lehrte, ist nach Athanasius Kircher der Zweite, der von einem Biographen als »der letzte Mensch, der alles wusste« bezeichnet wurde. Etwas weniger dramatisch liest sich die Inschrift auf Youngs Grabstein in der Westminster Abbey, die ihn »herausragend in fast jedem Bereich menschlicher Gelehrsamkeit« nennt. Zu Beginn seiner Laufbahn, am Ende des 18. Jahrhunderts, fühlte sich Young zu orientalischen Sprachen hingezogen und lernte Hebräisch, Syriakisch, Samaritanisch, Arabisch, Persisch und Türkisch. Als ausgebildeter Arzt praktizierte er auch in diesem Beruf und führte medizinische Forschungen durch. Zudem veröffentlichte er wichtige Aufsätze, in denen er Lebensversicherungen berechnete und seine Experimente im Bereich der Akustik und Optik beschrieb (er war ein früher prominenter Verfechter der Wellentheorie des Lichts).

Young hielt außerdem Vorlesungen über Physiologie, Chemie und Gezeitentheorie, fungierte als Sekretär der Kommission für Gewichte und Maße (wobei er sich besonders für das Pendel interessierte) und verfasste Einträge zum Ergänzungsband der vierten Auflage der *Encyclopaedia Britannica*, unter anderem über Renten, Ägypten, Hydraulik und Sprachen. Der Artikel über Sprachen unterteilte diese in fünf Hauptfamilien, darunter die »indoeuropäische«, die Young als Erster so benannte, nachdem ein früherer Universalgelehrter, William Jones, wie beschrieben, bereits Affinitäten zwischen Sanskrit, Griechisch und den lateinischen, germanischen und romanischen Sprachen erörtert hatte.[68] Young widmete sich auch der Erforschung ägyptischer Hieroglyphen, die zur Zeit von Napoleons Ägypten-Feldzug 1798 ein neues Interesse geweckt hatten, und machte Fortschritte bei ihrer Entzifferung, wurde darin allerdings durch seinen spezialisierteren französischen Rivalen Jean-François Champollion überflügelt.[69]

John Herschel, ein Vertreter der nachfolgenden Gelehrtengeneration, wurde als »einer der letzten der großen Universalisten« bezeichnet. Er war nicht nur Astronom – zunächst als Assistent seines Vaters William, dessen Werk er dann weiterführte –, sondern auch Mathematiker und Chemiker. Seine Beiträge zum Studium von Magnetismus, Botanik, Geologie, Akustik, Optik und Photographie flossen in ein Werk ein, das er – im Anschluss an d'Alemberts *Discours préliminaire* zur *Encyclopédie* – als *Preliminary Discourse on the Study of Natural Philosophy* (1831) betitelte. Zusätzlich übersetzte Herschel Schiller, Dante und Homer.[70] Als Student in Cambridge in den Jahren um 1810 freundete er sich mit zwei späteren Universalgelehrten an, William Whewell und Charles Babbage, die den sogenannten »philosophischen Frühstücksclub« gründeten.[71] Die Freundschaft zwischen diesen drei Männern in jungem Alter spricht ebenfalls dafür, dass sich Kreativität besonders gut in kleinen Gruppen entfalten kann.

Herschels Freund Whewell, der Rektor des Trinity College in Cambridge wurde, ist eine weitere Person, die mit Fug und Recht als Universalgelehrter betrachtet werden kann.[72] Herschel schrieb in seinem Nachruf auf ihn, niemand sonst habe »eine erstaunlichere Vielfalt und Menge an Wissen in nahezu jedem Bereich menschlicher Forschung angesammelt«.[73] Whewell schrieb über Mathematik, Mechanik,

Mineralogie, Astronomie, Philosophie, Theologie und Architektur. Er gestand seinen »Wunsch, alle Arten von Büchern auf einmal zu lesen« und soll, wie Aldous Huxley später, die *Encyclopaedia Britannica* von vorne bis hinten durchgelesen haben, »um sie stets parat zu haben«.[74] Er erfand ein Instrument zur Messung der Windgeschwindigkeit, nahm an geologischen Expeditionen teil, überarbeitete die Klassifizierung von Mineralien, entwickelte eine »Gezeitenlehre« (»tidology«), die über Youngs Theorie hinausging, und veröffentlichte zwei Werke zur »induktiven Wissenschaft«: *History of the Inductive Sciences* (1837) und *Philosophy of the Inductive Sciences* (1840).

Charles Babbages Differenzmaschine No. 1, Holzschnitt nach einer Zeichnung seines Sohnes Benjamin Herschel Babbage, gedruckt in *Harper's new monthly magazine*, Bd. 30, Nr. 175, 1864/65, S. 34

Babbage wiederum ist vor allem für die Konstruktion zweier Vorläufer des Computers bekannt, die »Analytische Maschine« (inklusive Lochkarten) und die »Differenzmaschine«, ein Projekt, bei dem ihm Ada, Countess of Lovelace (die Tochter Lord Byrons) assistierte. Neben seinen Aktivitäten als Mathematiker und Physiker veröffentlichte Babbage Aufsätze über Schach, Statistik, Geologie, Ziffern, Eklipsen und Leuchttürme. Außerdem schrieb er über natürliche Theologie und den »Niedergang der Wissenschaften in England« und gründete zusammen mit anderen die Astronomical Society.[75]

Deutschland

Eine noch bemerkenswertere Ansammlung von Universalgelehrten im späten 18. und frühen 19. Jahrhundert fand sich in Deutschland, einer Kulturnation, die seinerzeit noch kein Nationalstaat war. Deutschsprachige Universalgelehrte gab es natürlich auch schon im früheren 18. Jahrhundert. Lessing zum Beispiel wurde bereits erwähnt. Der Schweizer Albrecht von Haller, Professor für Medizin, Anatomie und Botanik in Göttingen, war auch als Literaturkritiker, Dichter und Romancier aktiv. Immanuel Kant könnte ebenfalls mit einbezogen werden, da sich seine Interessen keineswegs auf Philosophie beschränkten. Was wir heute als Psychologie und Anthropologie bezeichnen – Disziplinen, zu denen er Beiträge lieferte –, bildete zu seiner Zeit zwar noch einen Teil der Philosophie, doch Kant schrieb zudem über Kosmologie und physische Geographie.

Ihre Blütezeit erlebte um das Jahr 1800 eine Gruppe, zu der Johann Gottfried Herder, sein Freund Johann Wolfgang von Goethe sowie die mit Goethe befreundeten Brüder Wilhelm und Alexander von Humboldt gehörten.

Herder, der 1803 starb, lieferte wichtige Beiträge zur Sprach-, Literatur- und Kulturwissenschaft. Schon als junger Gelehrter gewann er den von der Berliner Akademie der Wissenschaften jährlich ausgelobten Preis mit seiner *Abhandlung über den Ursprung der Sprache* (1772). Er vertrat die These, dass jede Sprache ihren eigenen Charakter habe. »Hat wol ein Volk, zumal ein uncultivirtes Volk«, fragte er in seinen *Briefen zur Beförderung der Humanität* (1793–1797), »etwas Lieberes, als die Sprache seiner Väter? In ihr wohnet sein ganzer Gedankenreichthum an Tradition, Geschichte, Religion und Grundsätzen des Lebens, alle sein Herz und Seele.«[76] Deshalb sammelte und veröffentlichte er auch Volkslieder, die er als »Stimmen der Völker« im Sinne der ganzen Nation betrachtete.[77] Herders Begriff des Volksgeists implizierte die Existenz autonomer Kulturen im Plural, im Unterschied zu früheren Fortschrittsvorstellungen einer einheitlich genormten »Zivilisation«. Das Volksgeist-Konzept sollte später eine wichtige Rolle in der Entwicklung neuer Disziplinen wie Folklore und Kulturanthropologie spielen und wurde von Franz Boas aufgegriffen, einem weiteren deutschen Universalgelehrten, von dem später noch die Rede sein wird.

Johann Wolfgang von Goethe, Ölgemälde von Joseph Karl Stieler, München, Neue Pinakothek, 1828

Herders Interessen waren noch breiter gestreut. Eins seiner berühmtesten Werke, *Ideen zur Philosophie der Geschichte der Menschheit* (1784–1791), enthielt Gedanken zu dem, was heute als »Big History« bekannt ist, indem es den Zustand der Erde vor dem Auftauchen menschlicher Wesen erörterte. Herder lieferte außerdem einen Beitrag zur Wissenschaftsphilosophie, wie wir sie heute nennen, wobei er die Rolle der Analogie für wissenschaftliche Entdeckungen und die Bedeutung des Prototyps (*Hauptform*) betonte, der nur in seinen Variationen sichtbar wird.[78]

Herders jüngerer Freund Goethe war nicht nur Dichter, sondern seinem Selbstverständnis nach auch Gelehrter und Wissenschaftler. Dass er den Doktor Faustus zum Protagonisten seines berühmtesten Dramas machte, kam nicht von ungefähr, schließlich hatte Goethe selbst ein geradezu faustisches Verlangen nach vielerlei Wissen.[79] Er studierte Sprachen mit großer Begeisterung – Latein, Griechisch, Französisch, Italienisch, Englisch, dazu etwas Hebräisch und Arabisch. Seine literarischen Interessen erstreckten sich auf die ganze Welt, auf persische Dichtkunst zum Beispiel und auf chinesische Heldenromane. Er interessierte sich für Philosophie und studierte Kant, wenngleich er nicht mit ihm übereinstimmte.[80] »Entwicklung« war eine von Goethes Hauptideen, wie sich an dem von ihm verwendeten Begriff der Bildung und in seinem *Wilhelm Meister* zeigt, der die Persönlichkeitsentwicklung Wilhelms in den Vordergrund stellt und deshalb später als »Bildungsroman« bezeichnet wurde.

In den Naturwissenschaften machte Goethe originelle Entdeckungen und brachte originelle Ideen voran. Er lieferte Beiträge zur Anatomie (die Entdeckung des Zwischenkieferknochens im menschlichen Schädel), zur Botanik (die Infragestellung des Linnéschen Klassifizierungssystems) und zur Mineralogie (er war zeitweilig Direktor einer Silbermine). Zudem kritisierte er Newtons Optik und entwickelte seine eigene Farbtheorie (*Farbenlehre*, 1810). Ihn faszinierte die von ihm so genannte »Morphologie«, das Studium der Entwicklung und Transformation natürlicher Formen, eine Weiterentwicklung der Herderschen Idee der *Hauptform*.[81]

Zu Goethes Freundeskreis ab den 1790er Jahren gehörten die Brüder Wilhelm und Alexander von Humboldt, sie bildeten eine kleine kreative Gruppe, die unter anderen den Dichter, Historiker und Philosophen Friedrich Schiller einschloss. Wilhelm von Humboldt widmete sich über ein Jahrzehnt lang seiner persönlichen Bildung, indem er – als eine Form der Selbstentfaltung – antike griechische Autoren studierte und übersetzte und Experimente durchführte, sei es allein oder zusammen mit seinem Bruder Alexander. Danach schlug er eine aktive Laufbahn als Diplomat und Bildungsreformer ein, zog sich aber 1819 mit 52 Jahren zurück, um fortan ausschließlich Sprachwissenschaft zu betreiben.

Humboldt war auch Philosoph und Theoretiker allgemeiner Erziehung, die er mit Goethes Begriffen als Bildung definierte, wobei er die Kultivierung der eigenen Persönlichkeit gegenüber dem Erwerb von Wissen und Fähigkeiten betonte. Er schrieb über Geschichte (unter anderem die grundlegende Abhandlung »Über die Aufgabe des Geschichtsschreibers«), Politik (über die »Grenzen der Wirksamkeit des Staats«) und Literatur (etwa eine Erörterung des Goetheschen Werks). Er interessierte sich darüber hinaus für Naturwissenschaften, insbesondere für Anatomie, und besaß genügend chemikalische Kenntnisse, um eine Einleitung zur Abhandlung seines Bruders über Gase verfassen zu können.[82]

Als Linguist beziehungsweise als Philologe – um den seinerzeit gebräuchlichen Begriff zu verwenden – interessierte sich Wilhelm von Humboldt, ebenso wie Herder, für den spezifischen Charakter verschiedener Sprachen, der sich in ihrer Struktur wie auch in ihrem Vokabular offenbart. Er schrieb zwei bahnbrechende Monographien, eine über das Baskische und eine über Kawi (die alte Sprache der Insel

Java). Unter allen polyglotten Universalgelehrten, die in diesem Buch erwähnt sind, beherrschte Humboldt fraglos die größte Anzahl an Sprachen – vom Ungarischen bis zum Japanischen –, was ihm erlaubte, das Thema aus globaler Sicht zu behandeln und seinen berühmten Aufsatz über die Variation in sprachlichen Strukturen zu verfassen. Humboldts Leistung auf diesem Gebiet wurde als eine »Kopernikanische Revolution« bezeichnet.[83]

Das hervorstechendste Beispiel eines Universalgelehrten des 19. Jahrhunderts ist jedoch sicherlich Wilhelms jüngerer Bruder Alexander von Humboldt, ein Monster an Gelehrsamkeit von Leibnizschen Ausmaßen. Seine Zeitgenossen waren sich der Breite seines Wissens durchaus bewusst. In den Vereinigten Staaten benannte John Kirkland, der Präsident der Harvard University, Humboldt als jemanden, der »in jedem Thema zu Hause ist«, und der Dichterphilosoph Ralph Waldo Emerson würdigte ihn anlässlich seines hundertsten Geburtstags mit einer Rede, in der er erklärte: »HUMBOLDT war eines jener Weltwunder, die – wie Aristoteles, wie Julius Cäsar, wie der Admirable James Crichton – von Zeit zu Zeit auftauchen, so als wollten sie uns die Möglichkeiten des menschlichen Geistes vorführen, die Kraft und das Spektrum seiner Fähigkeiten – einen universellen Menschen.«[84]

Humboldt begann seine Karriere als staatlicher Bergassessor. Auf einer fünfjährigen Expedition durch Hispanoamerika (1799–1804), die er zusammen mit seinem Freund, dem französischen Botaniker Aimé Bonpland, unternahm, erforschte er die Geologie, Flora, Fauna und Meteorologie der Neuen Welt. Man könnte sagen, dass er zum richtigen Moment eintraf, an dem viele neue Pflanzen und Tiere (neu zumindest für Europäer) in diesem Teil der Welt ihrer Entdeckung harrten. Humboldt war mit den neuesten wissenschaftlichen Methoden vertraut, einschließlich der Messung von Naturphänomenen, und führte auf der Expedition an die vierzig verschiedene Messinstrumente mit sich. Einen Namen machte er sich auch als wagemutiger Reisender, der den Chimborazo im heutigen Ecuador bestieg und 1829, als bereits Sechzigjähriger, Sibirien erkundete.

Alexander von Humboldt, Ölgemälde von Joseph Karl Stieler, Potsdam, Schloss Charlottenhof, 1843

Mit seiner schöpferischen Vorstellungskraft regte Humboldt neue Forschungsfelder an, wie etwa die Geographie von Pflanzen. Er maß die Temperatur des Ozeans und untersuchte Meeresströmungen, von denen eine nach ihm benannt wurde. Über das von ihm initiierte Studium des Geomagnetismus, also der Bestimmung des Erd-

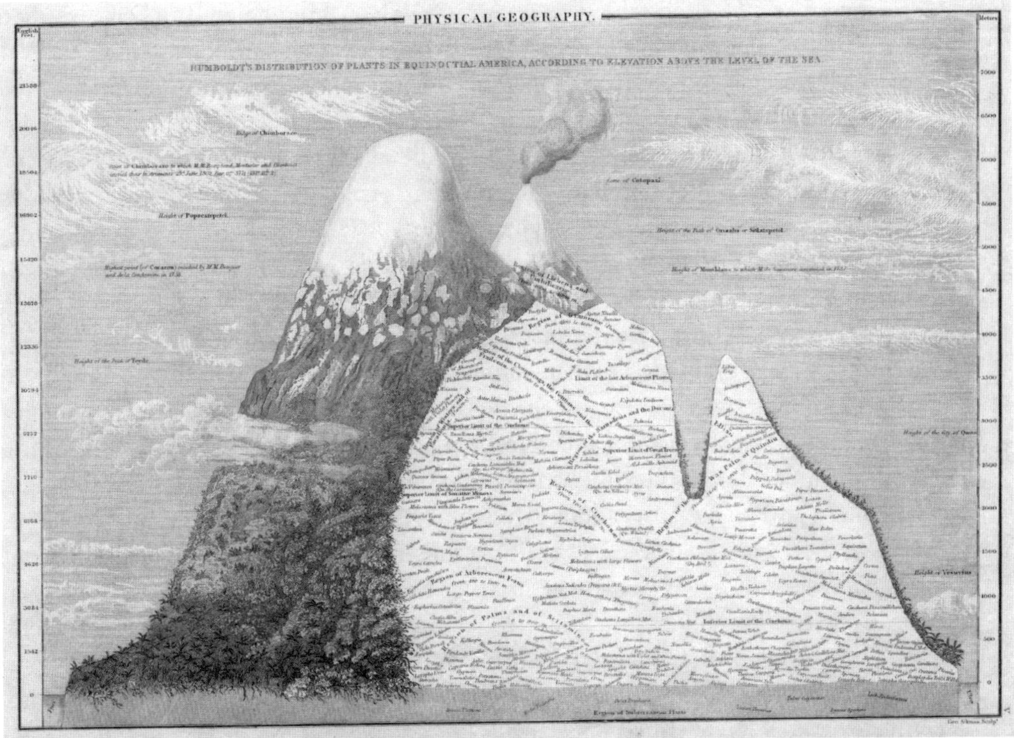

Alexander von Humboldts Karte über die Verbreitung der Pflanzen auf dem amerikanischen Kontinent, je nach Höhe über dem Meeresspiegel, gezeichnet von George Aikman, 1839

magnetfelds, berichtete er nicht nur in eigenen Abhandlungen, sondern er organisierte auch die Arbeit anderer zum selben Thema. Spät in seinem langen Leben veröffentlichte Humboldt mit *Kosmos* ein umfassendes Werk, dem seine Jahre zuvor in Berlin gehaltenen öffentlichen Vorlesungen zugrunde lagen. Darin erweiterte er den »bisher unbestimmt aufgefaßten Begriff einer *physischen Erdbeschreibung*« auf einen »vielleicht allzu kühnen Plan, durch das Umfassen alles Geschaffenen im Erd- und Himmelsraume« zu »einer *physischen Weltbeschreibung*« zu kommen.

Humboldt war zudem ein Homme de lettres in der Bedeutung, die der Ausdruck im 19. Jahrhundert hatte. Ähnlich polyglott wie Wilhelm, teilte Alexander das Interesse seines Bruders für Philologie.[85] In seinem Buch *Kosmos* beschrieb er nicht nur die Welt der Natur, sondern auch die Geschichte ihrer Erforschung und die Emotionen, die beim Betrachten der Natur hervorgerufen werden. Es reicht von arabischer Dichtung bis zu chinesischer Chronologie, von der Archäologie des alten Ägyptens bis zu Tizians Landschaften, von Kolumbus bis Kopernikus. In seiner »Vorrede« an die Leser schrieb Humboldt, er habe »zu zeigen gesucht, daß eine gewisse Gründlichkeit in der Behandlung der einzelnen Thatsachen nicht unbedingt Farbenlosigkeit in der Darstellung erheischt« – eine Auffassung, die sich in vielen seiner Schriften niederschlägt.

Ebenso wie Goethe schlug auch Alexander von Humboldt Brücken zwischen den Kulturen der Geistes- und der Naturwissenschaften sowie zwischen den Welten des Handelns und der Kontemplation.[86] Sein *Versuch über den politischen Zustand des Königreichs Neu-Spanien* (das wenig später unter dem Namen Mexiko unabhängig werden sollte) beschrieb die Ökonomie, die Gesellschaftsstruktur und das politische System. Zu seiner Beschäftigung mit dem geographischen Milieu gehörte dessen Einfluss auf verschiedene Zivilisationen sowie auf Pflanzen. Wie es seinen Gewohnheiten entsprach, vermaß er die Pyramide von Cholula, und geleitet von seinem Interesse für präzise Zahlen erstellte er Statistiken über die Bevölkerung Hispanoamerikas, ihre Dichte an verschiedenen Orten sowie ihre Aufteilung in weiße, schwarze und indigene Einwohner. Angesichts seiner vielseitigen Interessen mag Humboldt zwar wie ein Fuchs erscheinen, doch sein Bedürfnis, Zusammenhänge herzustellen, weist ihn andererseits als Igel aus. Bei all seinen Messungen ging es ihm immer darum, allgemeingültige Naturgesetze zu formulieren, unabhängig von ihrem jeweiligen Anwendungsbereich.

Obschon Humboldt die Befürchtung äußerte, er könne der »Oberflächlichkeit des Enzyklopädisten« verfallen, zeigt seine Laufbahn, dass es einem Einzelnen zu dieser Zeit noch möglich war, originelle und wichtige Beiträge zu unterschiedlichsten Disziplinen zu liefern und dabei Breite und Tiefe miteinander zu vereinen. Wie »der letzte Mensch, der alles wusste« wurde er – allerdings mit größerer Berechtigung – als »der letzte Universalgelehrte« beschrieben.[87]

Wenn auch ein Sonderfall, so bietet Alexander von Humboldt immerhin ein Beispiel eines Individuums, das in den 1850er Jahren noch in der Lage war, es an Vielseitigkeit und Entdeckungen mit den Monstern der Gelehrsamkeit des 17. Jahrhunderts aufzunehmen. In der nachfolgenden Generation traten ein paar wenige Individuen mit dem Versuch auf den Plan, Gedankengebäude zu errichten, die das gesamte menschliche Wissen – oder zumindest seinen größten Teil – enthalten sollten, was angesichts der ständig wachsenden Menge an Informationen eine immense Herausforderung war. Zu diesen Individuen gehörten Auguste Comte, Herbert Spencer und Karl Marx.

Systembaumeister

Comtes berufliche Laufbahn vollzog sich zu seinem Bedauern am Rand der akademischen Welt – seinen Lebensunterhalt musste er als außeruniversitärer Prüfer und Repetitor bestreiten.[88] Er war ein Vorreiter auf dem Gebiet der Wissenschaftsgeschichte und bat den Erziehungsminister François Guizot, ihm einen entsprechenden Lehrstuhl am Collège de France einzurichten, was dieser ablehnte. Comte war einer der vielseitigsten Gelehrten seiner Zeit. In seinen öffentlichen Vorträgen behandelte er Themen, die von Astronomie bis zur Geschichte der Menschheit reichten. Insbesondere interessierte er sich dafür, verschiedene Arten von Wissen zu klassifizieren, wobei er zwischen eher »abstrakten« Wissenschaften wie Mathematik und eher »konkreten« unterschied. Auch verglich er »einfache« Wissenschaften wie Physik, die allgemeine Gesetze formulieren, mit komplexeren Wissenschaften wie Biologie und Soziologie, deren Gesetze spezifischer sind. Zur Ausarbeitung seines Klassifizierungssystems studierte Comte Mathematik, Mechanik, Astronomie, Akustik, Optik, »Thermologie« (Wärmelehre), Chemie, Biologie, politische Ökonomie und eine neue Disziplin, für die er die Bezeichnung »Soziologie« prägte und die er als Untersuchung der »gesellschaftliche Phänomene betreffenden Grundgesetze« definierte.[89]

Als britisches Pendant zu Comte könnte man Herbert Spencer nennen (der Comtes Einfluss auf ihn allerdings stets bestritt), denn auch er machte sich einen Namen als Systembaumeister.[90] Spencer schrieb über Phrenologie, Biologie, Physiologie, Psychologie und Soziologie und entwickelte eine von ihm so genannte »synthetische Philosophie«. Spencer vertrat die Auffassung, die Sozialwissenschaften sollten sich am Beispiel der Naturwissenschaften orientieren und die Gesellschaft müsse als ein Organismus betrachtet werden, der aus relativ einfachen Formen hervorgegangen sei und sich zu komplexeren entwickelt habe. Er verband eine große Belesenheit – oder vielmehr ein extensives Blättern, denn er las selten Bücher von vorne bis hinten durch – mit einer Neigung, gegen die Ideen des jeweiligen Autors aufzubegehren. Spencer war ein intellektueller Außenseiter, ein Autodidakt, der nie eine Universität besucht hatte. Als ausgebildeter Bauingenieur arbeitete er zunächst für die Eisenbahn, wurde später Journalist (für *The Economist*) und dann zum freiberuflichen Schriftsteller. Als solcher konnte er sich durch die Tantiemen für seine Bücher und die Honorare für seine Artikel in den Zeitschriften, die im intellektuellen Leben des viktorianischen England eine bedeutende Rolle spielten, finanzieren[91] Spencers Bemerkungen zum gesellschaftlichen »Gleichgewicht« in seinen *Social Statics* (1851) deuten darauf hin, dass er die Denkgewohnheiten, die er als Ingenieur entwickelt hatte, immer beibehielt.

Politische Karikatur »Ein empörender Versuch, den Wachhund der Wissenschaft mundtot zu machen« von Friedrich Graetz mit Herbert Spencer als Verfechter der Wissenschafts- und Meinungsfreiheit im *PUCK Magazine*, Bd. 13, Nr. 314, 1883

Das von Karl Marx begründete System hat länger überdauert als das von Auguste Comte und Herbert Spencer, obwohl sein Spektrum enger war als das ihre.[92] Dieses System, wie es in seinem Hauptwerk *Das Kapital* (1867–1893) am umfassendsten erläutert und illustriert ist, lieferte eine Synthese aus politischer Ökonomie, Philosophie, Geschichte und der neuen Disziplin der Soziologie. Marx' Interesse für Geschichte würde man heute als »global« bezeichnen. Er studierte Indien und China, um eine allgemeine Theorie historischer Entwicklung auszuarbeiten, zu der unter anderem die »asiatische Produktionsweise« gehört. Die mehr als dreißig Artikel über Indien, die er für die *New York Tribune* verfasste, entstanden zur Zeit des »Indischen Aufstands« von 1857, wie ihn die Briten nannten (Inder bezeichnen ihn als Unabhängigkeitskrieg). In seinem späteren Leben entdeckte Marx die neue Disziplin der Anthropologie, insbesondere das Werk des amerikanischen Gelehrten Lewis Morgan über die Irokesen.[93]

Marx' Interessen gingen weit über die Gesellschaftswissenschaften hinaus. Seine Dissertation an der Berliner Universität schrieb er über den griechischen Philosophen Epikur. Wie andere gebildete Männer seiner Zeit war Marx mit den Schriften der griechischen und lateinischen Klassik bestens vertraut, und er besaß eine phänomenale Kenntnis der Meisterwerke der modernen europäischen Literatur. Er beteiligte sich an den tagesaktuellen philosophischen Debatten, für und gegen Hegel. Während seines langen Exils in England (1850–1883) verbrachte Marx viel Zeit im berühmten runden Lesesaal des British Museum und stürzte sich, wie sein Freund, Kollege und späterer Gegner Arnold Ruge in einem Brief an Ludwig Feuerbach schrieb, »immer von neuem in ein endloses Büchermeer«.[94] Wenn er, nach eigener Auskunft, »ganz arbeitsunfähig« war, »las er anatomische und physiologische Literatur.«[95]

Der Fortbestand des Homme de lettres

Die Tradition des vielseitig gebildeten Homme de lettres blieb das 19. Jahrhundert über stabil. Egal ob sich Autoren auf Fiktion oder Fakten konzentrierten, ob sie Bücher oder Artikel veröffentlichten – es wurde für sie leichter, von ihrer Schriftstellerei zu leben. Kulturjournale wie die *Edinburgh Review* oder die *Revue des Deux Mondes* boten Universalgelehrten die Möglichkeit, als Rezensenten neuer Bücher über unterschiedlichste Themen ihren Lebensunterhalt zu bestreiten. Ausführliche Rezensionen wurden zu eigenständigen Essays ausgearbeitet, die dann gelegentlich in Form von Sammelbänden erschienen. Den Hommes de lettres erwuchs seinerzeit eine neue Rolle, nämlich die eines Kritikers in doppelter Funktion – nicht nur als jemand, der literarische oder künstlerische Werke beurteilt, sondern auch als Beobachter, der auf Fehlentwicklungen in der zeitgenössischen Kultur und Gesellschaft hinweist.

Im Frankreich des 19. Jahrhunderts gab es vier maßgebliche Hommes de lettres, die als Kritiker dieses Typs tätig waren: Charles Sainte-Beuve, Alexis de Tocqueville, Ernest Renan und Hippolyte Taine.

Sainte-Beuve ist als Literaturkritiker in Erinnerung geblieben, doch seine Interessen waren viel breiter gefächert. Er schrieb Gedichte, einen Roman und eine fünfbändige Geschichte des Klosters Port-Royal, im 17. Jahrhundert eines der Zentren der Jansenistischen Bewegung, die von manchen als eine Art katholischer Puritanismus bezeichnet wird. Auf jeden Fall beschränkten sich seine kritischen Essays nicht auf Literatur im engeren Sinne, sondern erstreckten sich beispielsweise auf eine Erörterung der Ideen Bayles und Rousseaus. Für Sainte-Beuve bestand die erste Stufe der Kritik darin, »alles zu verstehen, was gelebt hat« (*comprendre tout ce qui a vecu*). Seine Essays, von denen viele in den Zeitschriften *Le Constitutionnel* und *Le Moniteur* erschienen, nannte er »Plaudereien« (*Causeries*), weil sie in einem leichten Konversationsstil, wie gesprochenes Französisch, gehalten waren. Dieser Stil verdankte sich in gewisser Weise dem Umstand, dass der Autor die Salons von Juliette Récamier und anderer einflussreicher Gastgeberinnen der damaligen Zeit zu frequentieren pflegte, die die große Tradition des 18. Jahrhunderts fortsetzten.[96]

In seinem relativ kurzen Leben verfolgte der französische Aristokrat Alexis de Tocqueville eine politische Karriere, aber in seinen *Erinnerungen* positionierte er sich zwischen »Literaten, die Geschichte schrieben, ohne an den öffentlichen Angelegenheiten teilzuhaben, und Politikern, die immer nur damit beschäftigt waren, Ereignisse zu produzieren, ohne dass sie daran gedacht hätten, sie auch zu beschreiben«. Er unternahm ausgedehnte Reisen und verfasste zwei Meisterwerke politischer und gesellschaftlicher Analyse, *De la démocratie en Amérique* (*Über die Demokratie in Amerika*, 1835–1840) und *L'Ancien Régime et la Révolution* (*Das Ancien Régime und die Revolution*, 1856). Tocqueville schrieb auch über Armut in England und Irland, nachdem er sich bei Besuchen von Armenhäusern informiert hatte, wie das System funktioniert, sowie über den Kolonialismus in Algerien, den er aus erster Hand untersuchte – ein Jahrhundert vor dem Soziologen Pierre Bourdieu, wobei er zu gegenteiligen Erkenntnissen kam

Alexis de Tocqueville, Karikatur von Honoré Daumier, National Gallery of Art, 1849

und sowohl die Eroberung als auch die Kolonisierung unterstützte.[97] Tocqueville studierte Religion, insbesondere den Islam und den Hinduismus, und plante ein Buch über die Briten in Indien. Sein Beitrag zum Wissen, der als »polymorph« beschrieben wurde,[98] ging weit über die politische Wissenschaft hinaus. Sein Buch über die Demokratie in Amerika, das mit der Untersuchung der gesellschaftlichen Sitten (*mœurs*) die kulturelle Dimension betont, bietet »eine wichtige und originelle Analyse der Wirtschaft der Vereinigten Staaten«.[99]

Turbulenter verlief die Karriere von Ernest Renan. Genauer gesagt waren es drei Karrieren: die erste als Priester, die zweite als Gelehrter und die dritte als Kritiker und als das, was man einen »öffentlichen Intellektuellen« nennen könnte. Im Priesterseminar studierte er Philosophie, Theologie und Hebräisch. Durch seine philologische Sicht auf das Alte Testament begann er an seiner Berufung zum Priester zu zweifeln und entschied sich dann dagegen. Als weltlicher Gelehrter veröffentlichte Renan ein Buch über Averroes, den mittelalterlichen arabischen Philosophen, von dem im Kapitel »Ost und West« die Rede war, und eine vergleichende Studie der semitischen Sprachen. Er wurde zum Leiter einer archäologischen Mission in »Phönizien« (dem heutigen Libanon) ernannt und auf einen prestigeträchtigen Lehrstuhl am Collège de France berufen. Renan bezeichnete sich selbst einmal als den »am wenigsten literarischen Menschen«.[100] Dennoch wurde er zu einem Homme de lettres, der sowohl für die *Revue des Deux Mondes* als auch für das *Journal des Débats* schrieb. Seine umstrittene Jesus-Biographie *Vie de Jésus* (1863), die zum Bestseller wurde, machte ihn schlagartig zu einem Mann des öffentlichen Lebens, der Vorträge über unterschiedlichste Themen hielt, und zu einem Kulturkritiker, der die These vertrat, Frankreich bedürfe einer geistigen und moralischen Erneuerung. »Kein Geist«, wurde von ihm gesagt, »war universeller und umfassender als derjenige Renans.«[101]

Hippolyte Taine bietet das noch spektakulärere Beispiel eines Universalgelehrten in der Mitte des 19. Jahrhunderts.[102] Als junger Mann wollte er Philosoph werden, doch gleichzeitig fühlte er sich zu den Gesellschafts- und Naturwissenschaften hingezogen, insbesondere zur Physiologie, Medizin und Naturgeschichte. Ein Kommilitone beschrieb Taines Verstand als »ungeheuren Schwamm«.[103] Er hegte die Hoffnung auf eine akademische Laufbahn, die sich allerdings zerschlug, nachdem er aufgrund seiner abweichenden philosophischen Ideen eine wichtige Prüfung nicht bestanden hatte und der von ihm eingereichte Dissertationsentwurf abgelehnt worden war. Deshalb schlug er eine Karriere als Kritiker ein. Zunächst schrieb er für die

Hippolyte Taine, Bildnis von Félix Valloton, Paris, Bibliothèque nationale de France, 1897

Revue des Deux Mondes und das *Journal des Débats* und veröffentlichte seine Artikel später in Buchform: *Essais de critique et d'histoire* (1857) und *Histoire de la littérature anglaise* (1863). In Letzterer formulierte er erstmals die Idee, dass die Literatur, ebenso wie die Kultur im Allgemeinen, durch drei Faktoren bestimmt werde, durch »Rasse«, »Milieu« und »Moment«.

Die schriftstellerische Arbeit für Journale und für den Publikumsverlag Hachette sowie die regelmäßigen Besuche literarischer Salons ermutigten Taine, einen Konversationsstil à la Sainte-Beuve zu kultivieren (mit einer gewissen Boshaftigkeit notierten die Brüder Goncourt Taines »große Angst, als Pedant zu gelten«).[104] Taine schrieb außerdem über die Philosophie der Kunst und die Psychologie der Intelligenz. Als Reaktion auf den Schock, den die Niederlage Frankreichs durch die Preußen 1870 ausgelöst hatte, wandte er sich der Geschichtsschreibung zu. Sein sechsbändiges Werk *Les origines de la France contemporaine* (*Die Entstehung des modernen Frankreich*, 1875–1893) präsentierte die französische Geschichte ab 1789 von einem psychologischen Standpunkt aus, der von der Erfahrung der Pariser Kommune inspiriert war. Darin verortete Taine die Geisteswissenschaften in dem zwischen Natur- und den Gesellschaftswissenschaften entstehenden Raum. Nicht von ungefähr bezeichnete ihn der dänische Kritiker Georg Brandes als »Renaissance-Menschen«.[105]

Englische Kritiker

Zu den maßgeblichen Kulturkritikern in England gehörten John Stuart Mill, John Ruskin, William Morris und Matthew Arnold.

Mills Hauptinteressen galten der Philosophie, der Politik und der Ökonomie. Als Sohn des Universalgelehrten James Mill wurde er zu Hause erzogen und entwickelte sich zu einem Wunderkind. Bereits als Jugendlicher studierte er Mathematik und Naturwissenschaften in Montpellier und korrespondierte mit Comte. Nach Abbruch eines Studiums der Rechtswissenschaft trat Mill in die East India Company ein, für die er fünfunddreißig Jahre lang tätig sein sollte, und assistierte dem Sozialreformer Jeremy Bentham bei dessen Untersuchungen zum juristischen Beweismittel. Mill publizierte Bücher über Logik, Repräsentativregierung und zusammen mit seiner Frau Harriet Taylor über Freiheit, politische Ökonomie und die Unterwerfung von Frauen.[106] Zudem verfasste er Essays über Themen wie Zivilisation, Religion, den Zeitgeist sowie über andere Universalgelehrte wie Coleridge und Taine.[107]

Ruskin begann seine Karriere als Kunst- und Architekturkritiker. Selbst Künstler verteidigte er das Werk William Turners im ersten Band seiner *Modern Painters* (*Geschichte der modernen Malerei*, 1843), sowie später die Präraffaeliten. Den von ihm konstatierten Niedergang der venezianischen Architektur ab dem Mittelalter, den er in einem historischen Kontext verortete, beschrieb er in *The Stones of Venice* (*Die

Steine von Venedig, 1851–1853). Im späteren Leben wandelte sich Ruskin vom Ästhetiker zum Gesellschaftskritiker. Er hielt Vorträge über die »politische Ökonomie der Kunst«, später auch über politische Ökonomie im Allgemeinen, wobei er die Industriegesellschaft seiner Zeit kritisierte. Obwohl er dem Darwinismus ablehnend gegenüberstand, war Ruskin kein Gegner der Naturwissenschaft. Zeitlebens interessierte er sich für Geologie, Botanik und Zoologie, auch wenn er zu diesen Disziplinen keine eigenen Beiträge lieferte.[108]

Für den jungen William Morris waren Ruskins Schriften eine »Offenbarung«, und er folgte einem ähnlichen Weg von der Kunst zur Politik. Nach der in diesem Buch verwendeten Definition war Morris streng genommen kein Universalgelehrter, da er sich kaum für akademische Disziplinen interessierte (obwohl er sich im Mittelalter so gut auskannte wie jeder beliebige Historiker seiner Zeit). Dennoch war er so vielseitig – ich würde ihn sogar als »Renaissance-Menschen« bezeichnen, hätte er die Renaissance nicht gehasst –, dass man ihn hier unmöglich ausschließen kann. Sein Schüler Walter Crane beschrieb Morris einmal als einen Mann mit sechs Persönlichkeiten, darunter fünf öffentliche: Autor, Künstler, Unternehmer, Drucker und Sozialist.[109] Er arbeitete zunächst als Architekt, wandte sich dann der Bildhauerei und Malerei zu, fand seine Berufung als Designer, betätigte sich aber auch kunsthandwerklich, unter anderem als Weber, Färber und Kalligraph. Er liebte »handfeste« Praktiken im allerwörtlichsten Sinne – während seiner Färbereiphase wurden seine Hände indigoblau. Er könnte auch als »Experimentalarchäologe« bezeichnet werden, denn er riss mittelalterliche Textilien auseinander, um zu sehen, wie sie hergestellt worden waren.

Morris betätigte sich außerdem als Übersetzer – er übertrug Werke von Homer und Vergil bis zu Beowulf und isländischen Sagas) –, als Lyriker und als Autor von Heldenromanen. Als er sich politisch zu engagieren begann, brachte er seine sozialistischen Ideale in belletristischer Form zum Ausdruck, namentlich in seinem utopischen Roman *News from Nowhere* (*Kunde von Nirgendwo*, 1890). Ebenso wie Ruskin übte er ästhetische wie moralische Kritik an der englischen Gesellschaft, die er hässlich, »schäbig« und ungerecht nannte.[110]

»William Morris kocht auf Island«, Karikatur von Edward Burne-Jones, London, British Museum, um 1871

Matthew Arnold verband die Rolle des Kritikers mit denjenigen eines Dichters und Schulinspektors. Die wichtigste Funktion der Literaturkritik bestand nach seiner Auffassung darin, den Einfluss von Büchern auf die »allgemeine Kultur« zu beurteilen.[111] »Kritik« war ein Wort, das ihm oft aus der Feder floss, so wie es auch bei Renan und Taine in Frankreich der Fall war. Arnold bezeichnete Sainte-Beuve als »den Ersten unter den lebenden Kritikern«. Der Band *Essays in Criticism* (1865) kreiste hauptsächlich um Literatur, enthielt aber auch einen Aufsatz über Spinoza, und sein berühmtestes Buch, *Culture and Anarchy* (1869), hatte den Untertitel »An Essay in Political and Social Criticism«. Es verwies auf die kulturelle Schwäche der britischen Oberschicht (deren Angehörige Arnold als »Barbaren« bezeichnete), der Mittelschicht (die »Philister«) und der Arbeiterklasse (der »Pöbel«) und forderte mehr »Süße und Licht«, seine Version des deutschen Ausdrucks »Bildung« (an anderer Stelle schrieb er von der Notwendigkeit, »humaner« zu werden). Literatur stand im Zentrum von Arnolds Interessen, aber er brachte sie in Zusammenhang mit Religion (*Literature and Dogma*, 1873), mit Sprache und mit Kultur im allgemeineren Sinne. So interessierte er sich für die aufkommende Disziplin der Ethnologie und setzte sich nicht nur mit englischen Texten auseinander, sondern zum Beispiel auch mit Homer, Dante, Goethe und sogar mit keltischer Literatur, »obwohl er keine einzige keltische Sprache fließend beherrschte«. So umfassend belesen, wie er war, kannte Arnold auch die *Bhagavad Gita* und Wilhelm von Humboldts Abhandlungen über sie, die ihn zu seinem eigenen Gedicht »Empedocles on Etna« inspirierten.[112]

Die neuen Femmes de lettres

In der ersten Hälfte des 19. Jahrhunderts, dem Zeitalter Jane Austens, der Schwestern Brontë und George Sands, gab es einige Frauen, die sich erfolgreich auf der literarischen Bühne behaupten konnten. Ein paar von ihnen verdienen es, als Universalgelehrte erinnert zu werden.

Die aus der Schweiz stammende Germaine de Staël tauchte als frühreifes Kind bereits im Alter von fünf Jahren erstmals im Salon ihrer Mutter Suzanne Courchod auf, die Edward Gibbon, als sie noch ein junges Mädchen war, hatte heiraten wollen. Germaine de Staël frequentierte später die Salons von Madame Geoffrin und Madame du Deffand in Paris und gründete ihren eigenen. Außer Romanen und Theaterstücken schrieb Madame de Staël Texte über Philosophie, die Passionen, den Freitod, Übersetzung und Politik (etwa über den Prozess gegen Marie Antoinette, über Frieden und die Französische Revolution). Ihre beiden bekanntesten Werke sind eine frühe Studie zur Literatursoziologie, *De la littérature considérée dans ses rapports avec les institutions sociales* (*Über die Literatur in ihren Verhältnissen mit den gesellschaftlichen Einrichtungen und dem Geiste der Zeit*, 1800), und *De l'Allemagne* (*Über Deutschland*, 1813). Diese Beschreibung der deutschen Gesellschaft enthält Bemerkungen zur Religion und zur Stellung der Frauen sowie eine Beurteilung deutscher Leistungen auf dem Gebiet der Literatur, der Philosophie und der Naturwissenschaften.[113]

Ein weiteres frühreifes Mädchen war Dorothea Schlözer, Nutznießerin – beziehungsweise Opfer – eines Erziehungsexperiments, das ihr berühmter Vater, der Historiker August Ludwig von Schlözer, an ihr vornahm. Bereits im Alter von achtzehn Monaten lernte sie das Alphabet, ging dann zu modernen Sprachen über und – als Fünfjährige – zur Mathematik. Sie war die erste Frau, die an einer deutschen Universität mit einer Doktorarbeit promovierte (in Göttingen 1787). Sie beherrschte zehn Sprachen, studierte Botanik, Zoologie, Mineralogie, Optik, Religion und Kunst. Ihr Interesse für die Naturwissenschaften unterschied sie von ihrem Vater.[114]

Unter weiblichen Universalgelehrten in Großbritannien wären Harriet Martineau und Mary Ann Evans zu nennen, besser bekannt unter ihrem Nom de Plume George Eliot. Martineau schrieb über sich selbst, sie habe Wissenschaft »allgemeinverständlich darstellen, aber weder entdecken noch erfinden können«. Das Spektrum ihrer Bildung war gleichwohl beeindruckend – sie soll in der Lage gewesen sein, über nahezu jedes beliebige Thema zu konversieren. Nachdem sie beschlossen hatte, ihren Lebensunterhalt als Schriftstellerin zu bestreiten, veröffentlichte sie Bücher über Religion (*Devotional Exercises*, 1823); politische Ökonomie (*Illustrations of Political Economy*, 1832); *Society in America* (1837), ebenso wie Tocquevilles *De la démocratie en Amérique* Ergebnis einer Reise in die Vereinigten Staaten; Erziehung (*Household Education*, 1848); *Eastern Life, Present and Past* (1848), entstanden nach einer Reise durch den Mittleren Osten; und *The Thirty Years' Peace* (1849), eine Geschichte der Periode 1816 bis 1846. Martineau schrieb auch für Zeitungen, verfasste Essays und Romane und übersetzte eine Auswahl aus Comtes *Cours de Philosophie Positive* (1853).[115]

George Eliot erklärte einmal: »Ich finde Vergnügen an allen Themen.«[116] Was sie über Maggie Tulliver schrieb, die Protagonistin ihres Romans *The Mill on the Floss* (*Die Mühle am Floss*, 1860) – »es dürstete sie nach jeder Art von Wissen« –, traf fraglos auf die Autorin selbst zu. Ihre Sachliteratur wurde lange von ihren berühmten Romanen in den Schatten gestellt. Dabei begann ihre schriftstellerische Laufbahn bei einem der seinerzeit maßgeblichen Periodika, der *Westminster Review*, zunächst als inoffizielle Redakteurin, dann als Autorin langer Beiträge zu Themen wie »Frauen in Frankreich«, »Kirchengeschichte im 19. Jahrhundert«, »Die Zukunft der deutschen Philosophie«, Übersetzung und Ethnographie sowie biographischer Skizzen über Wollstonecraft, Goethe, Milton, Tennyson, Wagner und andere. Sie beherrschte sieben

George Eliot, Porträt von Frederic William Burton, London, National Portrait Gallery, 1865

Fremdsprachen und übersetzte Spinozas *Ethica*, Ludwig Feuerbachs *Das Wesen des Christentums* und David Strauß' umstrittene Darstellung des Lebens Jesu. Durch ihre Bekanntschaft mit George Henry Lewes begann sie sich in den 1850er Jahren hauptsächlich für Geistes- und Sozialwissenschaften zu interessieren (namentlich für die Ideen Auguste Comtes und Herbert Spencers). Nachdem sie mit dem verheirateten Lewes eine offene Liebesbeziehung eingegangen war, begleitete sie ihn auf wissenschaftlichen Expeditionen und »las mit ihm Werke über Medizinwissenschaft, Zoologie, Anatomie und Meeresbiologie«.[117]

Lewes, der heute vor allem als Partner von George Eliot bekannt ist, war selber ein bemerkenswerter Universalgelehrter. Er gab die *Fortnightly Review* heraus und veröffentlichte zwei Romane sowie eine Reihe von Sachbüchern: *A Biographical History of Philosophy*, eine Studie des spanischen Dramas, eine Analyse von Comtes Wissenschaftsphilosophie und Biographien von Robespierre und Goethe. Später wandte sich Lewes den Naturwissenschaften zu, verfasste eine meeresbiologische Studie, ein Buch über Physiologie und eine psychologische Abhandlung, *Problems of Life and Mind*, die unvollendet blieb und nach seinem Tod von Eliot vervollständigt wurde.[118] Dieser hochgebildete Mann hatte im Übrigen nie eine Universität besucht.

Eliots wissenschaftliches Interesse zeigt sich in ihren Essays, Briefen und Notizbüchern, die eine Vertrautheit mit Geologie, Biologie, Physik, Astronomie und Anatomie offenbaren. Ihre Phantasie war so sehr »von wissenschaftlichen Ideen und Spekulationen durchdrungen«, wie eine Literaturwissenschaftlerin schrieb, dass sie bisweilen von Rezensenten wegen der zahlreichen gelehrten Anspielungen in ihren belletristischen Werken kritisiert wurde.[119] Ihre Notizbücher zeugen von den sorgfältigen Recherchen, die sie zur Vorbereitung ihrer Romane unternahm. Für *Middlemarch* studierte sie die politische Geschichte Englands in den Jahrzehnten vor der Reform Bill von 1832. Für den Roman *Romola*, dessen Protagonistin eine Frau der Renaissance war, die so gelehrt werden wollte wie Cassandra Fedele (siehe Kapitel zum »Renaissance-Menschen«), recherchierte Eliot in Florenz, im British Museum und in der London Library.[120] Für *Daniel Deronda*, der die jüdische Gemeinde des viktorianischen London in den Mittelpunkt rückt, lernte sie Hebräisch und wurde nach Lewes' Worten »so bewandert in jüdischer Geschichte und Literatur wie jeder Rabbi«. In prägnanter Erinnerung wird sie bleiben für ihr wenig schmeichelhaftes Porträt des Gelehrten Edward Casaubon in *Middlemarch*, doch bekannte sie auch einmal (in einem Brief an Harriet Beecher-Stowe von 1872), dass »die Wesenszüge Casaubons meinem eigenen Charakter nicht ganz fremd sind«.

Die Schottin Mary Somerville war eine Wissenschaftlerin, die von einem führenden englischen Kollegen mit Maria Agnesi (siehe weiter oben) verglichen wurde.[121] Sie wuchs in einer schottischen Kleinstadt als »wilde Kreatur« auf, wie sie sehr viel später schrieb, und bildete sich weitgehend autodidaktisch, da einer Frau ihrer Generation der Besuch einer britischen Universität nicht gestattet war. Sie studierte Latein, Griechisch, Mathematik, Astronomie, Mineralogie und Geologie, führte Experimente durch (zum Beispiel über die Auswirkungen der Sonneneinstrahlung) und veröffentlichte Abhandlungen in den *Transactions* der Royal Society. Später zog sie nach London, wo sie die Universalgelehrten Young, Herschel und Babbage kennenlernte (den sie für sein »umfassendes Wissen über viele Themen« rühmte).[122]

Da sie wegen ihrer Verpflichtungen als Ehefrau und Mutter keine Zeit fand, sich systematischer Forschung zu widmen, machte Somerville aus der Not eine Tugend – oder zumindest eine Gelegenheit – und konzentrierte sich ganz darauf, Informationen und Ideen zu systematisieren. Ihr Leben änderte sich, schrieb sie später, als sie den Auftrag bekam, den *Traité de mécanique céleste* (*Mechanik des Himmels*) von Pierre-Simon Laplace zu übersetzen. Der Essay, den sie als Einleitung zu diesem Buch verfasste, führte zu ihrem Hauptwerk *On the Connection of the Physical Sciences* (1834). Das in einem klaren, verständlichen Stil geschriebene Buch, das für eine breite Leserschaft gedacht war, bietet ein gutes Beispiel dafür, was die Stärken von Universalgelehrten ausmacht – das große Bild zu präsentieren und Verbindungen herauszuarbeiten, die den Spezialisten entgangen waren. Somerville veröffentlichte auch ein Lehrbuch über physikalische Geographie. Ihr Werk wurde nicht nur von Whewell gerühmt, sondern auch von Alexander von Humboldt, der ihre Fähigkeit schätzte, Zusammenhänge zu erkennen.[123]

Natur- und Geisteswissenschaftler

In der Zeit, als George Eliot und Mary Somerville Naturwissenschaften studierten, kam der Begriff »scientist« in Gebrauch (er wurde in den 1830er Jahren von dem Universalgelehrten William Whewell geprägt), ein frühes Zeichen der allmählichen Aufspaltung dessen, was über ein Jahrhundert später als »die zwei Kulturen« benannt werden sollte: Natur- und Geisteswissenschaften.[124] Um diese Zeit jedoch hatten einzelne Personen, die sich einen Ruf als Naturwissenschaftler erwarben – oft in mehreren Disziplinen –, ebenso Anteil an der Kultur der Geisteswissenschaften, zu denen sie gelegentlich auch Beiträge leisteten.

In Frankreich zum Beispiel begann Antoine Cournot seine Karriere in der Mechanik, wechselte dann zur Mathematik, die er auf die Untersuchung des Reichtums in einer bahnbrechenden Studie der politischen Ökonomie anwendete, und beendete seine Laufbahn als Philosoph, als der er einen Essay über die Grundlagen des Wissens verfasste. Zudem interessierte er sich lebhaft für Astronomie. Georges Cuvier beherrschte die miteinander verwandten Disziplinen Zoologie, vergleichende Anatomie, Paläontologie und Geologie, schrieb aber auch über Wissenschaftsgeschichte. Cuviers Freund, Mitarbeiter, Rivale und Gegner Étienne Geoffroy Saint-Hilaire arbeitete in den drei ersten dieser Bereiche und war außerdem auf dem Gebiet der experimentellen Embryologie tätig.[125]

In Deutschland gab es zu dieser Zeit eine ganze Reihe universalgelehrter Wissenschaftler, unter ihnen Rudolf Virchow, Hermann von Helmholtz und Ernst Haeckel. Virchow, der sich aktiv in der Politik engagierte, war nicht nur praktizierender Arzt, Pathologe und Biologe, sondern arbeitete auch als Ethnologe und Prähistoriker. Tatsächlich behauptete er: »Die Medicin ist eine sociale Wissenschaft, und die Politik ist weiter nichts, als Medicin im Grossen«.[126] Fraglos betrieb er Politik auf ernsthafte Weise: Nachdem er sich an der Revolution von 1848 beteiligt hatte, wurde er später zum liberalen Abgeordneten im Preußischen Abgeordnetenhaus und als solcher zum Gegner Bismarcks, der ihn als jemanden beschrieb, der »sich aus *seinem* Gebiete entfernt und auf *mein* Feld unzünftig übergeht«.[127] Neben seinen naturwissenschaftlichen Beiträgen, namentlich zur Zellulartheorie und -pathologie (mit der er den Ursprung des Krebses erklärte und die Leukämie identifizierte), studierte Virchow physische Anthropologie und leitete eine Enquete, bei der Haare, Haut und Augenfarbe von nahezu sieben Millionen deutscher Schulkinder untersucht wurden, womit er beweisen konnte, dass die Vorstellung einer arischen Rasse reine Phantasie ist. Er gab eine Zeitschrift für Ethnologie heraus und schrieb über Goethe als Naturforscher. Außerdem unterstützte er die Ausgrabung Trojas durch den Geschäftsmann Heinrich Schliemann und führte selber archäologische Untersuchungen in Pommern durch (in jenen relativ unspezialisierten Zeiten brauchte man nicht unbedingt ein mit Landkarten ausgerüsteter Archäologe zu sein, um Ausgrabungen vorzunehmen).[128]

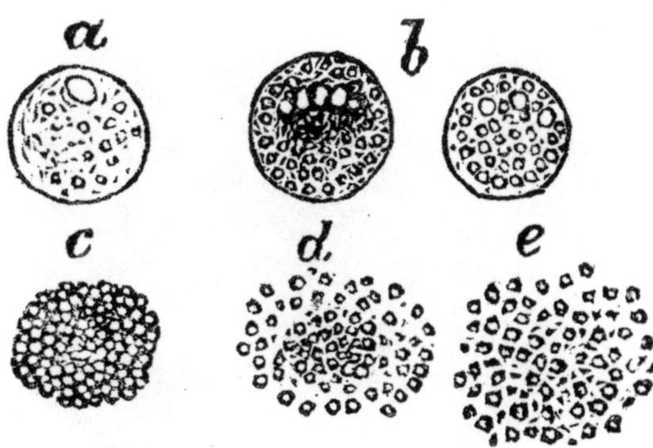

Rudolf Virchow, Abb. 66 (»In der Fettmetamorphose begriffener Eiter«) der neunten Vorlesung aus seiner *Cellularpathologie*, 1858

Hermann von Helmholtz wurde als »Universalgenie« bezeichnet und als »der letzte Gelehrte, dessen Werk, in der Tradition Leibnizens, sämtliche Naturwissenschaften umfasste, aber ebenso die Philosophie und die schönen Künste«.[129] Das ansonsten eher lakonische *Dictionary of Scientific Biography* würdigt ihn ausführlich für seine Beiträge zur »Energetik, Akustik, physiologischen Akustik, physiologischen

Sonderbriefmarke der Deutschen Post mit Helmholtz-Radierung, menschlichem Auge und Farbdreieck, 1994

Ernst Haeckel: Quallen (Discomedusae), hier *Desmonema annasethe*, die er nach seiner Frau Anna Sethe benannte, Bildtafel Nr. 8 aus *Kunstformen der Natur,* 1899

Optik, Epistemologie, Hydrodynamik und Elektrodynamik«.[130] Als Jugendlicher faszinierte Helmholtz Physik, doch dem Rat seines Vaters folgend studierte er Medizin. An der Berliner Universität belegte er auch Lehrveranstaltungen in Chemie, Mathematik und Philosophie. Helmholtz erhielt einen Ruf als Professor für Anatomie und Physiologie, zunächst an der Universität Bonn, später in Heidelberg, wo er über die Physiologie des Sehens und Hörens arbeitete. Seine ursprüngliche Begeisterung führte ihn zurück nach Berlin als Professor für Physik. Helmholtz interessierte sich insbesondere für die Wahrnehmung von Kunst und für Musiktheorie. Er hielt Vorlesungen für Kunststudenten und korrespondierte mit den Historikern für Alte und Neue Geschichte Theodor Mommsen und Heinrich von Treitschke. Ebenso wie Virchow schrieb er über Goethe und die Naturwissenschaft.[131]

In der nachfolgenden Generation war es Virchows Student Ernst Haeckel, der sich fachübergreifend betätigte – in Anatomie, Zoologie und Ökologie (eine Disziplin, deren Bezeichnung er als Erster prägte) – und außerdem über Wissenschaftsphilosophie schrieb. Ihm ging es um die Einheit der Wissenschaften, und zu diesem Behufe gründete er den Deutschen Monistenbund, der eine freidenkerische Weltanschauung propagierte. Haeckel war auch ein Künstler, der seine eigenen Bücher illustrierte, und ein Athlet, der eine Medaille im Weitsprung gewann. Damit zeichnete er sich als erster Universalgelehrter seit der Renaissance, dem Zeitalter Leon Battista Albertis, Rudolf Agricolas und James Crichtons, in diesem Feld aus. Er liebte Forschungsreisen und Bergsteigen – nicht von ungefähr war Alexander von Humboldt eine Identifikationsfigur für ihn.

Humboldt inspirierte auch den amerikanischen Universalgelehrten George Marsh. Marsh betätigte sich als Anwalt, Diplomat und Sozialreformer, doch in seiner Mußezeit war dieser »vielseitige Vermonter« Kunstsammler, Archäologe, Sprachforscher, Geograph und Wegbereiter des Umweltschutzes, der von seinem Biographen David Lowenthal als »umfassendster Gelehrter seiner Zeit« bezeichnet wurde.[132]

Auch das Großbritannien des viktorianischen Zeitalters brachte eine Reihe vielseitiger Gelehrter hervor, die Beiträge zu mehreren Disziplinen leisteten und eine naturwissenschaftliche Kultur mit einer literarischen verbanden.

Charles Darwin war zum Beispiel ein solch viktorianischer Homme de lettres. Sein Vater wollte, dass er Arzt würde, weshalb er zum Medizinstudium nach Edinburgh ging. Doch da ihm Anatomie zuwider war, wurde er nach Cambridge geschickt, um sich für eine kirchliche Laufbahn ausbilden zu lassen, hier entdeckte er wiederum die Naturgeschichte für sich. Er bewunderte Alexander von Humboldt und bekannte einmal: »Mein ganzer Lebenslauf ist dadurch bestimmt, dass ich als Jugendlicher immer und immer wieder seine *Personal Narrative* gelesen habe.«[133] So wie Humboldts Expedition ins spanische Amerika veränderte auch Darwins ausgedehnte Reise auf der *Beagle* (1831–1836) sein Leben. Auf seinen Reisen »schien ihn alles zu interessieren, Menschen, Orte, Kreaturen, Pflanzen, das Klima, die Struktur der Felsen, die Politik, die Stämme der Einheimischen«.[134] Darwin veröffentlichte letztlich sechs Bücher zur Botanik, drei zur Geologie und eins über den »Gefühlsausdruck bei Tieren und Menschen«.

Sein Hauptwerk *On the Origin of Species* (*Über die Entstehung der Arten*, 1859), das seinen Ruhm begründete, wurde zu Recht als ein Werk der Literatur analysiert, da es seinen Gegenstand in erzählerischer Form präsentiert und die Beweisführung anhand genau beobachteter und anschaulich beschriebener Beispiele entwickelt.[135] Zentrale Ideen des Buchs verdanken sich der großen Belesenheit des Verfassers, was einmal mehr illustriert, wie ein Universalgelehrter eine bestimmte Disziplin dadurch bereichern kann, dass er Ideen aus benachbarten Gebieten entlehnt und sie dem neuen Kontext anpasst. So regte Darwin die Lektüre der dreibändigen *Principles of Geology* (*Lehrbuch der Geologie*, 1830–1833) seines Freundes

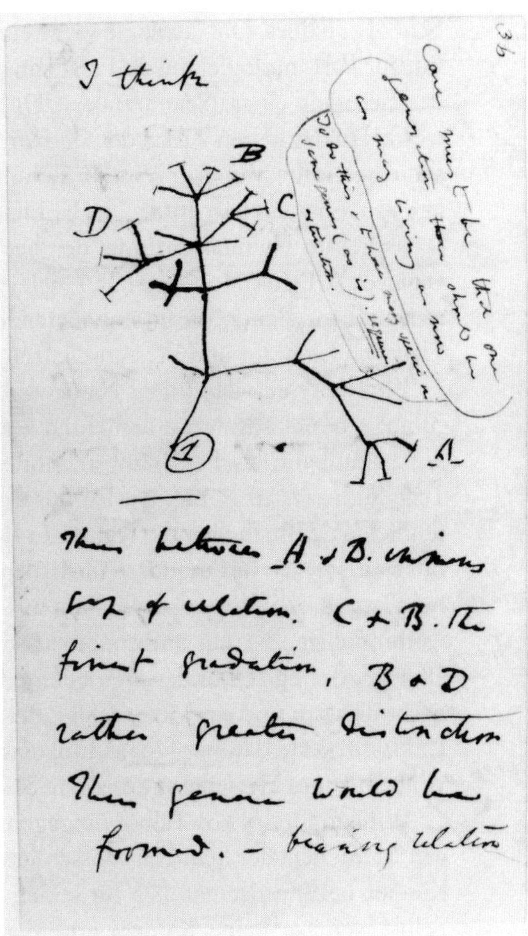

Charles Darwin, 3. Evolutionsdiagramm aus Notebook B, Federzeichnung, 1837

Charles Lyell zu dem Gedanken an, dass sich die Evolution unterschiedlicher Arten in einem sehr langfristigen Prozess vollzieht, und *The Principle of Population* (*Das Bevölkerungsgesetz*, 1798) von Thomas Malthus inspirierte ihn zu der Vorstellung vom Überlebenskampf.[136]

Thomas Henry Huxley, der vor allem für seine öffentliche Verteidigung Darwins bekannt ist, war ein weiterer Universalgelehrter, der den Göttern für die »Mannigfaltigkeit seiner Vorlieben« dankte und erklärte: »Hätte ich so viele Leben wie eine Katze, bliebe mir kein Winkel unerforscht.« Wie Darwin studierte Huxley Medizin, ohne das Studium abzuschließen. Und sein Leben veränderte sich ebenso wie Darwins durch eine Expedition – in seinem Fall zur Meerenge der Torres Strait und nach Australien zwischen 1846 und 1850 –, an der er als Schiffsarzt auf der HMS *Rattlesnake* teilnahm. Huxley begann sich für Zoologie zu interessieren und stellte Forschungen über Seeanemonen, Quallen und Seeigel an. Nach seiner Rückkehr nach Großbritannien lehrte Huxley als Professor für Geologie an der Londoner School of Mines. Die Geologie sowie ein evolutionsgeschichtliches Interesse führten ihn zur Paläontologie und zu Forschungen über Dinosaurier und zur Untersuchung des Schädels eines Neandertalers. Durch eine Begegnung mit Herbert Spencer wurde Huxley in den Zirkel der *Westminster Review* eingeführt, für die er regelmäßig schreiben sollte, wobei er seine Begabung für klare und anschauliche Popularisierungen von Wissenschaft entdeckte. Er hielt zudem öffentliche Vorlesungen über unterschiedlichste Themen, darunter den berühmten Vortrag »On a Piece of Chalk« von 1868 vor Arbeitern in Norwich. Huxleys gesammelte Essays und Vorträge belaufen sich auf neun Bände, die unter anderem eine Debatte mit Matthew Arnold über den Platz von Literatur und Wissenschaft in der Bildung enthalten.[137]

Ein weiterer vielseitiger Naturwissenschaftler war Francis Galton, heute berühmt – beziehungsweise berüchtigt – als Verfechter der Eugenik. Auch er begann seine Laufbahn als Forschungsreisender: Er erkundete den Mittleren Osten und Teile Südwestafrikas, die den Europäern bis dahin nicht bekannt waren, und veröffentlichte ein Buch über die Kunst des Reisens. Galton, ein Cousin Charles Darwins, interessierte sich insbesondere für Erbanlagen, die er sowohl bei Menschen als auch bei Platterbsen untersuchte. Zudem war er Mathematiker, Statistiker, ein physischer Anthropologe, der ein anthropometrisches Labor gründete, ein Experimentalpsychologe, der ein besonderes Augenmerk auf Intelligenztests und das visuelle Gedächtnis hatte, und ein Meteorologe, der die Antizyklone entdeckte und so benannte. Er klassifizierte darüber hinaus Fingerabdrücke, wobei er sich auf die Arbeiten von William James Herschel stützte, dem Sohn des Universalgelehrten John Herschel.[138]

William Henry Fox Talbot hingegen bietet den spektakulären Fall eines vielseitigen Menschen, der heute fast ausschließlich für eine einzige Form von Wissen und Können bekannt ist, nämlich für seinen Beitrag zur Entwicklung der Photographie. Selbst wenn er keine Kamera erfunden und nicht – wie in *The Pencil of Nature* (1844) – über Photographie geschrieben hätte, wäre Talbot ein Platz in der Geschichte als viktorianischer Universalgelehrter sicher. Er war ein herausragender

Mathematiker: »Talbots Kurve« ist nach ihm benannt. Nachdem er John Herschel kennengelernt hatte, begann er über Optik zu arbeiten und formulierte »Talbots Gesetz«. Die Optik führte ihn über das Spektroskop zur Chemie, indem er demonstrierte, dass sich die verschiedenen Elemente aus ihren Spektren identifizieren lassen. Seine Interessen für Optik und Chemie flossen wiederum in die Photographie ein, aber Talbots Spektrum reichte noch viel weiter. In der Botanik identifizierte er zwei neue Arten, die nach ihm benannt wurden. Er veröffentlichte drei Aufsätze zur Astronomie und mehrere zur Zahlentheorie. Außerdem schrieb er über Etymologie und entzifferte als einer der Ersten assyrische Keilschrifttexte. Als jemand, der in naturwissenschaftlichen Kategorien dachte, nahm er ein »Experiment« vor, um die Verlässlichkeit von Übersetzungen aus diesen Texten zu überprüfen: Verschiedene Gelehrte hatten eine neu entdeckte Inschrift parallel übersetzt, ohne miteinander in Verbindung zu treten (glücklicherweise unterschieden sich ihre Versionen nicht sehr stark voneinander). Talbot war auch als Parlamentarier aktiv, und in einem seiner vielen Bücher entwickelte er Gedanken zu einer Parlamentsreform (*Thoughts on Moderate Reform in the House of Commons*, 1830).[139]

In Richtung einer neuen Krise

In dem Maße, wie die Menge an Informationen in dieser Periode allmählich zunahm, begannen sowohl die Idee als auch die Praxis intellektueller Arbeitsteilung an Boden zu gewinnen. Ab Mitte des 18. Jahrhunderts wurde Spezialisierung, beziehungsweise spezialisiertes Wissen, zum Gegenstand öffentlicher Diskussionen. Bereits 1748 hatte Denis Diderot auf die Entwicklung der Spezialisierung in der Chirurgie hingewiesen und eine ähnliche Tendenz in der Allgemeinmedizin vorausgesagt, die dann tatsächlich eintrat.[140]

Adam Smith, Büste von Patric Park, 1845

In den »Vorlesungen über Rechts-, Polizei-, Steuer- und Heereswesen«, die er 1763 an der Universität Glasgow hielt, nahm Adam Smith seine berühmten Erläuterungen zur Arbeitsteilung in *The Wealth of Nations* vorweg, indem er zur geistigen Arbeit bemerkte: »Mit der

Entwicklung einer Gesellschaft werden auch Wissenschaft und Forschung, wie jede andere Beschäftigung, zum Hauptberuf oder zur ausschließlichen Tätigkeit einer bestimmten Schicht von Bürgern.« Man könnte denken, dass diese Bemerkungen sarkastisch gemeint waren, doch im Weiteren erklärte Smith: »Und wie in allen Berufen fördert die Arbeitsteilung auch hier die Fertigkeit und erspart Zeit. Jeder sammelt Erfahrung und wird Fachmann in seiner Disziplin, alles in allem wird mehr geleistet, und der Wissensstand wächst beträchtlich.«[141]

Immanuel Kant stimmte in seiner *Metaphysik der Sitten* (1785) mit Smith hinsichtlich der Arbeitsteilung im Allgemeinen und auch hinsichtlich der Philosophie überein, insbesondere in Bezug auf die Teilung zwischen empirischen und rationalen Ansätzen. Es lohne sich zu fragen, so Kant, »ob die reine Philosophie in allen ihren Theilen nicht ihren besondern Mann erheische, und es um das Ganze des gelehrten Gewerbes nicht besser stehen würde, wenn die, so das Empirische mit dem Rationalen dem Geschmacke des Publicums gemäß nach allerlei ihnen selbst unbekannten Verhältnissen gemischt zu verkaufen gewohnt sind, die sich Selbstdenker, andere aber, die den bloß rationalen Theil zubereiten, Grübler nennen, gewarnt würden, nicht zwei Geschäfte zugleich zu treiben, die in der Art, sie zu behandeln, gar sehr verschieden sind, zu deren jedem vielleicht ein besonderes Talent erfordert wird, und deren Verbindung in einer Person nur Stümper hervorbringt«.[142]

In England war es Charles Babbage, der ungeachtet seiner eigenen großen Interessenvielfalt die Teilung der »mentalen Arbeit« begrüßte.[143] Auch in Herbert Spencers Gesellschaftstheorie spielte die Tendenz zur Spezialisierung oder »Differenzierung« eine wichtige Rolle, da sie nach seiner Auffassung zum Fortschritt beziehungsweise zur gesellschaftlichen »Evolution« beiträgt.[144] Andere englische Gelehrte waren über diesen Trend weniger glücklich. Besonders eloquent äußerte sich der Universalgelehrte William Whewell, der »einen zunehmenden Hang zur Trennung und Zerstückelung« unter den Wissenschaften konstatierte: »Der Mathematiker wendet sich vom Chemiker ab; der Chemiker vom Naturforscher; der Mathematiker, sich selbst überlassen, teilt sich in einen reinen und einen gemischten Mathematiker auf, der sich bald von ihm lossagt« und so weiter.[145] Whewell machte sich die politische

Immanuel Kant, Kupferstich von H. Pfenning nach Carle Vernet, 1795

Metapher zu eigen, der »Commonwealth of Science« könnte sich auflösen wie »ein großes Imperium, das auseinanderfällt«[146] – eine Formulierung, die häufig verwendet wurde, seit er seine Befürchtung geäußert hatte.

Der Prozess der Spezialisierung erfuhr mit der Gründung neuer Institutionen erheblichen Auftrieb. So wurde in Frankreich das alte System nicht-spezialisierter regionaler Akademien im 19. Jahrhunderts durch lokale landwirtschaftliche, archäologische, altertumsbezogene und wissenschaftliche Gesellschaften nach und nach abgelöst. In Paris folgten auf die Académie Celtique (1804 gegründet) die Société Asiatique und die Société de Géographie (beide 1821 gegründet), die Société Géologique (1830), die Société Anthropologique (1832), die Société Ethnologique (1839) und die Société d'Économie Politique (1842). Zu den Neugründungen in Berlin gehörten die Gesellschaft für deutsche Sprache und Altertumskunde (1815), der Verein der Geographen (1828), die Physikalische Gesellschaft (1845), die Deutsche Geologische Gesellschaft (1848) und die Berliner Anthropologische Gesellschaft (1869).[147]

In London gründeten sich nacheinander Geological Society (1807), die Astronomical Society und die Royal Society of Literature (beide 1820), der Political Economy Club (1821), die Royal Asiatic Society (1823), die Zoological Society (1826), die Entomological Society und die Botanical Society (beide 1833) sowie die Ethnological Society (1843). Joseph Banks, Präsident der Royal Society of London, fand eine anschauliche Metapher für die Fragmentierung, als er in einem Kommentar zu diesem Trend schrieb: »Ich sehe eindeutig, dass all diese neumodischen Assoziationen die Royal Society letzten Endes zu Fall bringen und der Old Lady nur einen Fetzen Stoff lassen werden, um sich zu bedecken.«[148]

In Frankreich äußerte sich Comte ambivalent. Der Preis der Spezialisierung war seiner Ansicht nach das Unvermögen, den »Geist des Ganzen« zu sehen, doch zugleich hielt er Spezialisierung im Sinne des Fortschritts für erforderlich und glaubte, dass eine Gruppe von Spezialisten für Allgemeinwissen entstehen würde. Das folgende Kapitel wird zeigen, dass Comte in allen drei Punkten recht hatte.

Albert Robida: Flugmaschine, Illustration aus seinem Science-Fiction-Roman *La vie éléctrique*, 1893

DAS ZEITALTER DER TERRITORIALITÄT 1850–2000

Gegen Ende des 19. Jahrhunderts wurde das kulturelle Klima für vielseitige Gelehrte rauer. Wie beschrieben, waren schon im 17. Jahrhundert einige Monster der Gelehrsamkeit, namentlich Athanasius Kircher und Olof Rudbeck, wegen allzu großer Ambitionen kritisiert worden, doch im 19. wurde diese Art von Kritik immer häufiger artikuliert.

Universalgelehrte in einem kalten Klima

Alexander von Humboldt wurde zum Beispiel von seinem Freund Friedrich Schiller kritisiert, weil er »pausenlos mit zu vielen Dingen gleichzeitig beschäftigt sei«, und klagte einmal über den Vorwurf, er interessiere sich für zu viele Dinge auf einmal.[1] Von William Whewell hieß es (in den Worten des Ironikers Sidney Smith), »Allwissenheit ist seine Marotte«. Der Essayist William Hazlitt schrieb über Coleridge: »Es gibt kein Thema, dem er sich nicht gewidmet hätte«, aber auch »keins, bei dem er geblieben wäre«.[2] Thomas Peacock verspottete Coleridge in seinem Roman *Headlong Hall* (1816) als »Mr Panscope«, »der den ganzen Reigen der Wissenschaften durchlaufen hatte und sich auf alle gleichermaßen gut verstand«.

Ein weiterer Universalgelehrter, der für zu viele Versuchsanordnungen kritisiert wurde, war Thomas Young. Ein italienischer Gelehrter erwähnte in einem Brief an ihn das »allgemeine Bedauern darüber, dass Sie in den Wissenschaften eine solch umfassende Vielseitigkeit walten lassen [...], dass Sie nicht in der Lage sind, mit ihren Entdeckungen fortzufahren und sie auf die Höhe der Perfektion zu bringen, die wir von einem Mann von so bemerkenswerten Begabungen, wie Sie es sind, zu Recht erwarten dürfen«. Anlässlich seines Todes verband der Präsident der Royal Society seine Würdigung der Leistungen Youngs mit dem Hinweis, dass die Society »eher empfiehlt, sich bei der Forschung auf ein klar begrenztes Segment der Wissenschaft zu konzentrieren, anstatt sich um eine globale Darstellung des Ganzen zu bemühen«.[3]

Ein weiteres Anzeichen für den Wandel des intellektuellen Klimas war die Bedeutungsverlagerung des Begriffs *dilettante*. Als das Wort im Italienischen geprägt und im 18. Jahrhundert auch im Englischen verbreitet wurde, hatte es eine positive Konnotation. Es bezeichnete jemanden, der sich an etwas »erfreut«, so wie der französische Begriff *amateur* ursprünglich auf jemanden verwies, der die Kunst oder die Gelehrsamkeit »liebte«. Im Lauf des 19. Jahrhunderts bekamen diese Begriffe einen pejorativen Sinn, der nicht mehr Enthusiasmus implizierte, sondern ein oberflächliches Verständnis von Nicht-Spezialisten. Georg Waitz, ein Experte für das mittelalterliche Deutschland, kritisierte beispielsweise in der ersten Ausgabe der *Historischen Zeitschrift* (1859) den von ihm so bezeichneten »Dilettantismus«. Auf ähnliche Weise tat Emil Du Bois-Reymond, ein führender deutscher Physiologe, Goethes Farbenlehre als »todtgeborene Spielerei eines autodidaktischen Dilettanten« ab.[4]

Überflutung

Was war die Ursache für diesen Wandel? Kurz gesagt: »Überflutung«. Wie im 17. Jahrhundert gab es eine Wissensexplosion im doppelten Sinne von Expansion und Fragmentierung. Die Erfindung der dampfgetriebenen Schnellpresse sowie die Verwendung billigeren Papiers aus Zellstoff reduzierten den Preis von Büchern und Zeitschriften, was zu ihrer raschen Vermehrung führte und die sogenannte »zweite Buchrevolution« beziehungsweise »die Flut des Billigdrucks« auslöste.[5] Die Popularisierung des Wissens, insbesondere wissenschaftlicher Kenntnisse, gewann in dieser Zeit immer mehr an Bedeutung.[6] Thomas De Quincey, einer der britischen Universalgelehrten, die im vorigen Kapitel erwähnt wurden, brachte seine Beklemmung

Grandville: »Die Planetenbrücke« in seinem Werk *Un Autre Monde*, Kapitel 21 (»Die Geheimnisse des Unendlichen«), 1844

anschaulich zum Ausdruck, als er eine alptraumhafte Vision schilderte, in der »eine Prozession von Karren und Wagen« unaufhörlich Bücherstapel vor seinem Haus entlud.[7]

Zur Überflutung kam es nicht allein aufgrund des Billigdrucks. Es wurde auch immer mehr Wissen produziert, was sich einer regen Forschungstätigkeit verdankte. Dazu gehörten Experimente in Physik und Chemie, die Beobachtung und Beschreibung einer wachsenden Vielfalt von Gesteinen, Pflanzen und Tieren sowie historische Forschungen in offiziellen Archiven, die nach und nach der Öffentlichkeit zugänglich wurden. Stärkere Teleskope und Mikroskope ermöglichten in dieser Zeit die Entdeckung neuer Gestirne und neuer Elemente. Wissenschaftliche Expeditionen, von denen viele zu strategischen und ökonomischen Zwecken ausgerüstet und aus staatlichen Mitteln finanziert wurden, brachten Tausende mineralischer, botanischer und zoologischer Proben zurück und steigerten damit erheblich die Kenntnisse des Westens über andere Teile der Welt, namentlich über Afrika, Ozeanien und die Arktik – über ihre natürlichen Ressourcen, ihre Menschen und ihre Sprachen.[8]

Akademisches Wissen war nicht das einzige, das sich auf diese Weise verbreitete. Denn im 19. Jahrhundert fand gleichsam eine »Revolution auf Regierungsebene« statt: der Aufstieg des »Informationsstaats«, in dem Daten systematisch erhoben und gesammelt wurden, um auf ihrer Grundlage zu wichtigen Entscheidungen zu gelangen.[9] Viele dieser Daten wurden in Statistiken aufbereitet, von denen ein Großteil veröffentlicht wurde. Es gab in dieser Zeit eine »Lawine gedruckter Zahlen«, die oftmals von Bürokratien generiert wurden.[10]

Je mehr die imperialen Reiche der Briten, Franzosen und Belgier in Indien, Nordafrika und im Kongo expandierten, desto dringlicher wurde es für Regenten und ihre Beamten, etwas über die Geographie, die Ressourcen und die Völker in ihrem Herrschaftsbereich zu erfahren. Territorien wurden vermessen und kartiert und Berichte darüber verfasst, ob die jeweiligen Einwohner zu Gehorsam oder zur Rebellion gegen die imperialen Regime neigten.[11] In den Metropolen trug die Polizei immer mehr Informationen zusammen. Beim britischen Criminal Investigation Department (CID) fanden sich 1879 schon über 40.000 offizielle Schreiben und Spezialberichte.[12] Wirtschaftsunternehmen folgten nach und nach dem staatlichen Modell, an der Spitze die amerikanischen Eisenbahngesellschaften, die ihren Bedarf an Informationen ständig erhöhten, zunächst vor allem um Unfälle zu vermeiden, später auch, so wie andere Firmen, zur Verwaltung eines expandierenden Unternehmens.[13]

All diese Informationen mussten organisiert werden. Wie erwähnt, hatte die erste Krise des Wissens im 17. Jahrhundert dazu geführt, dass neue Methoden entwickelt wurden, Notizen zu verfassen und zu katalogisieren. Im 18. Jahrhundert erschienen zahllose Nachschlagewerke zu einer wachsenden Vielfalt an Themen, die zur Konsultation oder zum Durchblättern und nicht unbedingt zur Lektüre bestimmt waren. Es gab so viele von ihnen, dass 1758 ein Gesamtkatalog dieser Lexika veröffentlicht wurde.[14]

Der schottische Universalgelehrte Francis Jeffrey, Herausgeber der berühmten *Edinburgh Review*, äußerte 1819 die Befürchtung: »Wenn wir im gegenwärtigen Rhythmus noch weitere 200 Jahre schreiben und dichten, wird man eine neue Art *Steno-Lektüre* erfinden müssen – oder die Leute werden so entmutigt sein, dass sie das Lesen gänzlich aufgeben.«[15]

Gegen Ende des 19. Jahrhunderts konstatierte der deutsche Universalgelehrte Hermann von Helmholtz Verbesserungen einer nach seinen Worten »äusserlichen mechanischen Ordnung« – »Kataloge, Lexica, Register, Indices, Literaturübersichten« –, die es ermöglichten, dass Wissen »jeden Augenblick von demjenigen, der es braucht, gefunden werden kann«.[16] Möglicherweise dachte er dabei an das von dem Universalgelehrten und Bibliothekar Melvil Dewey entwickelte Karteikartensystem, dessen standardisierte Karten nicht nur bei anderen Bibliothekaren, sondern auch bei Wissenschaftlern und in der Geschäftswelt Anklang fanden (»Verzettelung ist heutzutage ein wesentliches Erfordernis des modernen Geschäftslebens geworden«).[17] Vielleicht dachte Helmholtz auch an die Hängeregistratur, die – erstmals 1875 produziert – zur unverzichtbaren Einrichtung von Büros und Bibliotheken werden sollte.

Spezialisierung

Die entscheidende Maßnahme gegen diese Explosion des Wissens bestand darin, die Menge der zu beherrschenden Informationen auf dem Wege der Spezialisierung zu reduzieren. Spezialisierung kann als eine Art Abwehrmechanismus betrachtet werden, als ein Damm gegen die Informationsflut. 1979 sprach ein renommierter amerikanischer Historiker von der Notwendigkeit »einer noch ungeschriebenen allgemeinen Geschichte der Spezialisierung«.[18] Diese Lücke wurde bisher noch nicht gefüllt, was damit zusammenhängen mag, dass das Schreiben einer solchen allgemeinen Geschichte seinerseits ein Team von Spezialisten erfordern würde. Alles, was das vorliegende Buch zu leisten vermag, ist nicht mehr als eine kurze Zusammenfassung. Die frühen Stadien des Spezialisierungsprozesses wurden im vorigen Kapitel erwähnt, doch der Trend verfestigte sich zwischen den 1850er Jahren und der Jahrtausendwende.

Einmal mehr offenbart sich das Problembewusstsein in der Entstehung neuer Wörter. Wie erwähnt wurde der Begriff *scientist* in den 1830er Jahren geprägt – ein frühes Anzeichen für das zunehmende Auseinanderdriften von Hommes de lettres und Naturforschern. In Frankreich kam der Begriff *spécialité* in den 1830er und 1840er Jahren in Gebrauch, gefolgt von *spécialiste* (1848), ebenfalls in einem medizinischen Kontext. Paradoxerweise war es der Universalgelehrte Auguste Comte, der das abstrakte Nomen *spécialisation* einführte.[19] Im Englischen taucht der Begriff *specialist* erstmals 1856 auf, *specialism* im selben Jahr und *specialization* 1865. Es bedurfte neuer Wörter, um neue Trends zu beschreiben.

Die von Kant und Adam Smith begonnene Debatte hallte weiter nach. Auf der einen Seite vertrat der Soziologe Émile Durkheim die Auffassung, die Arbeitsteilung münde in eine größere gesellschaftliche Geschlossenheit, da die Einzelnen voneinander abhängiger seien. Trotz der Breite seiner eigenen Interessen sah Durkheim die Arbeitsteilung auch für die akademische Welt als Vorteil an und hatte eine »durchweg positive Meinung von der disziplinären Spezialisierung«.[20] Er befürwortete Spezialisierung sogar in der Soziologie, da sie eine präzisere und objektivere Untersuchung der Gesellschaft ermögliche, die ansonsten allzu oft »als philosophische Spekulation« daherkomme.[21]

Émile Durkheim, Porträtaufnahme, undatiert

Auf der anderen Seite beschrieb Karl Marx die Vision einer zukünftigen kommunistischen Gesellschaft, die es ermöglichen würde, »heute dies, morgen jenes zu tun, morgens zu jagen, nachmittags zu fischen, abends Viehzucht zu treiben, nach dem Essen zu kritisieren, wie ich gerade Lust habe, ohne je Jäger, Fischer, Hirt oder Kritiker zu werden«.[22] Auch William Morris kritisierte eine Gesellschaft, in der die Mehrheit der Arbeiter »immer genau ein und dasselbe Stück Arbeit zu verrichten hat und nie an ein anderes denken darf«. In seiner Idealgesellschaft soll »der Handwerker [...] seine eigene individuelle Intelligenz und Begeisterung in die Güter legen [...], die aus seiner Hand hervorgehen. So wenig seine Arbeit eine ›geteilte‹ sein darf [...], so muss er alles von der Ware wissen, die er herzustellen hat, und von ihrem Verhältnis zu ähnlichen Waren«.[23]

Der universalgelehrte Sozialwissenschaftler Max Weber brachte seine ambivalente Haltung in dem berühmten Vortrag *Wissenschaft als Beruf* von 1917 zum Ausdruck, in dem er das Spannungsverhältnis zwischen Vielseitigkeit und Spezialisierung behandelte.[24] Diese Spannung empfand Weber selbst, sie könnte möglicherweise sogar zu seinem Nervenzusammenbruch 1897 beigetragen haben.

Die Aufspaltung von Institutionen

Es ist kein Zufall, dass Begriffe wie »Spezialist« zunächst im medizinischen Kontext verwendet wurden, denn wie Diderot schon um die Mitte des 18. Jahrhunderts feststellte, begann sich die ärztliche Praxis früh in unterschiedliche Zweige aufzuteilen, die sich auf bestimmte Krankheiten oder Körperteile konzentrierten.[25]

Den Universitäten ging es dagegen um Wissen im Allgemeinen. Der Fortbestand des Universalgelehrten im Zeitalter des Homme de lettres verdankte sich unter anderem der Tatsache, dass das damalige höhere Bildungssystem in Westeuropa relativ unspezialisiert war. Deutsche Studenten wechselten zum Beispiel regelmäßig von einer Disziplin zur anderen, so wie sie auch verschiedene Universitäten besuchten, ehe sie ihren Abschluss machten. In Schottland, wo man als ersten Abschluss den Master of Arts nach vier Jahren Studium erwarb (im Unterschied zum dreijährigen Bachelor of Arts in anderen Teilen Großbritanniens), hatte der traditionelle Lehrplan allgemeinen Charakter und schloss Philosophie als Pflichtfach mit ein.[26] In Cambridge wurden die Anfangssemester vor den 1870er Jahren entweder in Altphilologie oder in Mathematik geprüft, darüber hinaus gab es optionale Vorlesungen in anderen Disziplinen, die bisweilen in einen informellen Unterricht mündeten. Charles Darwin zum Beispiel, der 1828 als Achtzehnjähriger an die Universität kam, vertiefte sich ins Studium der Naturgeschichte und wurde dabei von zwei Professoren begleitend unterstützt, von John Henslow in Botanik und von Adam Sedgwick in Geologie.

Gegen Ende des 19. Jahrhunderts jedoch schlossen sich die neuen Forschungsuniversitäten in Deutschland, den Vereinigten Staaten und anderswo dem Beispiel der Mediziner an. Diese Institutionen wurden ihrerseits zum Vorbild für Universitäten im Allgemeinen, die sich fortan in immer mehr Abteilungen gliederten, um neue Disziplinen unter ihrem Dach beherbergen zu können.[27]

Der deutsche Professor, schrieb ein amerikanischer Akademiker, der in Deutschland studiert hatte, in seinem 1874 veröffentlichten Buch über deutsche Universitäten, »ist kein Lehrer im englischen Wortsinn – er ist ein Spezialist«.[28] Insbesondere in Deutschland und den Vereinigten Staaten schossen neue akademische Fachbereiche, die sich als Disziplinen verstanden wissen wollten und in eigenen Abteilungen institutionelle Formen annahmen, wie Pilze aus dem Boden. Indem die Betonung zunehmend auf Forschung – mit anderen Worten: auf eigenständige Beiträge zum Wissen – gelegt wurde, waren diejenigen, die eine akademische Laufbahn anstrebten, mehr oder weniger gezwungen, sich auf ganz bestimmte, eng eingegrenzte Gebiete zu konzentrieren. Ein amerikanischer Altphilologe, der in den 1850er Jahren in Deutschland studiert hatte, erinnerte sich später daran, dass viele Seminarthemen »hoffnungslos mikroskopisch« waren.[29]

In der Folge kam es wiederholt zu Unabhängigkeitsbestrebungen, die darauf abzielten, bestimmte Fachbereiche zu autonomen Disziplinen zu machen. 1872 wurden zum Beispiel die École Libre des Sciences Politiques in Paris und der Lehrstuhl für Politik- und Sozialwissenschaften in Yale gegründet. Émile Durkheim kämpfte leidenschaftlich – und letztlich mit Erfolg – für die Autonomie der Soziologie mit eigenem Forschungsgegenstand und eigenem »Existenzrecht«, abgetrennt nicht nur von der Rechtswissenschaft, sondern auch von Philosophie und Psychologie.[30] Die

Experimentalpsychologie etablierte sich ebenfalls schrittweise als eigenständiges, von der Philosophie unabhängiges Forschungsgebiet, zuerst 1879 an der Universität Leipzig, 1884 an der Johns Hopkins University und 1891 an der Université de Genève.

Ebenso wie die Philosophie büßte auch die alte Disziplin der Philologie, die noch Mitte des 19. Jahrhunderts nach umfassenden kulturellen und historischen Kategorien definiert worden war, an Bedeutung ein angesichts neuer Forschungsgegenstände wie dem Studium vernakularsprachlicher (germanischer, romanischer, slawischer, englischer und so weiter) Literaturen. Selbst im Fall der griechischen und römischen Antike führte der Aufstieg der klassischen Archäologie und Kunstgeschichte dazu, dass sich das Feld der Philologen auf reines Sprachenstudium reduzierte.[31]

Den neuen Disziplinen ging es nicht anders als manchen neuen Nationen – sie zersplitterten rasch. Geschichte wurde nicht nur in Perioden unterteilt (alte, mittelalterliche und neuere), sondern auch in Wirtschaftsgeschichte mit eigenen Lehrstühlen (wie etwa 1892 in Harvard) und Wissenschaftsgeschichte (mit einem im selben Jahr eingerichteten Lehrstuhl am Collège de France). Geographie wurde in physische und Humangeographie unterteilt, wobei sich Letztere schon sehr bald in ökonomische und politische Geographie spaltete (ab 1899 auch unter dem Begriff »Geopolitik« bekannt).

In England markiert das spätere 19. Jahrhundert einen Wendepunkt. In Oxford erhielten Studenten nach der Universitätsreform von 1871 die Möglichkeit, in neuerer Geschichte, Jura, Theologie, Mathematik und Naturwissenschaften zu graduieren (alle ab 1872), in englischer Literatur (1894), modernen Sprachen (1903) und so weiter.[32] Die Schotten sträubten sich noch eine Zeitlang: Kompromisse wurden 1858 erzielt, laut denen bessere Studenten Allgemeinstudien belegen konnten zusammen mit einem Kurs in einer bestimmten Disziplin zum Erwerb eines akademischen Grads. Und ab 1889 bestand neben dem alten »general degree« die Alternative spezialisierter Kurse.[33]

Die Grenzen zwischen einzelnen Disziplinen zu überschreiten wurde immer schwieriger, und so entstand eine Landschaft »akademischer Stämme und Territorien«.[34] Eines der äußeren Zeichen für diese Territorialisierung des Wissens war die zunehmende Verwendung von Ausdrücken wie »mein Feld« oder (bei Historikern) »meine Periode«. Manche Akademiker entwickelten ein geschärftes Bewusstsein für die Notwendigkeit, ihre Forschungsgebiete gegen Konkurrenten zu verteidigen. Bei einem Meeting der American Economic Association im Jahr 1894 erklärte ein Teilnehmer, die Soziologen hätten »kein Recht, einen Teil des Felds der Sozialwissenschaften für sich abzustecken, ohne die Wirtschaftswissenschaftler zu konsultieren«.[35]

Gefördert wurde die Fragmentierung des Wissens durch die zunehmende Verbreitung von Termini technici im Jargon der Wissenschaftsgemeinde, etwa »Dolichocephalie« (Langschädeligkeit) in der physischen Anthropologie; »Deindividuation«

(Verlust der Selbstaufmerksamkeit) in der Sozialpsychologie; »Zoosemiotik« (Studium des Zeichengebrauchs von Tieren) in der Zoologie; »Schismogenese« (der Prozess kultureller Differenzierung) in der Anthropologie. Es waren nützliche Kürzel für Eingeweihte, die jedem anderen aber unverständlich bleiben mussten – was eindeutigere Grenzen zwischen Disziplinen und auch zwischen Fachleuten und Amateuren entstehen ließ. Diese Grenzen verfestigten sich durch die Anwendung von Methoden, die für Laien nicht unbedingt nachvollziehbar waren.

Im 18. Jahrhundert waren wissenschaftliche Experimente mit alltäglicher Beobachtung vergleichbar und konnten ohne Weiteres von Amateuren wie Voltaire wiederholt werden, der Schnecken die Köpfe abschnitt, um zu sehen, ob sie wie die Schwänze von Eidechsen nachwachsen würden. Selbst im 19. Jahrhundert war es Laien noch möglich, Wissenschaft praktisch zu betreiben, indem sie durch Mikroskope schauten, Gesteine zerhämmerten, Herbarien anlegten oder relativ einfach zu handhabende Geräte wie den Bunsenbrenner verwendeten. Doch wissenschaftlicher Fortschritt wurde zunehmend von großen und teuren Instrumenten abhängig. Amateure sind völlig außerstande, die Experimente nachzuvollziehen, die etwa die Entdeckung der DNA-Struktur oder des Higgs-Bosons in der Teilchenphysik ermöglichten. »Wissenschaftstheorie«, bemerkte der Philosoph Alfred Whitehead schon in den 1920er Jahren, »überfordert den gesunden Menschenverstand.«[36]

Kurz gesagt, der Universitätscampus wurde zu einer Art Archipel, bestehend aus vielen Inseln des Wissens, die durch Mauern voneinander getrennt waren – den Mauern der »departments«, wie sie in Großbritannien bezeichnet wurden, beziehungsweise der »Institute«, als die man sie in Deutschland und anderswo kannte.[37]

Museen, Gesellschaften, Kongresse

Auch außerhalb der Universität gab es Wissensinstitutionen, die sich ab dem späten 19. Jahrhundert immer mehr spezialisierten. Neue Museen beschränkten sich oft auf ein bestimmtes Gebiet – etwa Naturgeschichte, Archäologie, Anthropologie, Asien oder sogar, wie im Falle eines Museums in Leipzig, auf »Kriegswirtschaft«. Ebenso wie universitäre Fachbereiche zersplitterten auch ältere Museen bisweilen. In London wurde das Natural History Museum 1881 vom British Museum unabhängig. Vier Jahre später wurde das Science Museum aus dem South Kensington Museum (dem heutigen Victoria and Albert Museum) ausgegliedert. Das British Museum selbst wurde nach und nach in Departments aufgeteilt: »Prints and Drawings«, »Coins and Medals«, »Oriental Antiquities« und so weiter.

Der Aufstieg spezialisierter Gesellschaften auf Kosten der Royal Society wurde schon im vorigen Kapitel erwähnt, aber auch die Royal Society selbst wurde immer spezialisierter. Bis 1847 hatte sie ihre Mitglieder in den Bereichen »Gelehrsamkeit und Wissenschaft« gewählt, darunter »Archäologen, Numismatiker und Altertumsforscher«, doch danach wurden nur noch Kandidaten gewählt, die Naturwissenschaftler waren. 1887 schritt die Spezialisierung voran, und die *Philosophical Transactions* der Gesellschaft wurden in zwei Serien unterteilt, Serie A (mathematische und physikalische Wissenschaften) und Serie B (biologische Wissenschaften).[38] Zwar war es einigen wenigen Archäologen und Anthropologen auch nach 1847 noch möglich, der Royal Society beizutreten (John Lubbock 1858, Edward Tylor 1871, Augustus Pitt-Rivers 1876, Arthur Evans 1901 und James Frazer 1920).[39] Doch während die Archäologie seinerzeit als Wissenschaft anerkannt war, wurde die Anthropologie, ungeachtet der Betonung auf Kultur im Werk von Tylor und anderen, weitgehend als Disziplin betrachtet, in der es um menschliche Naturgeschichte ging.

Auf der professionellen Ebene nahm der Austausch mit Kollegen in anderen Ländern zu, dank der im späteren 19. Jahrhundert immer häufiger stattfindenden internationalen Kongresse, die durch den Ausbau des europäischen Eisenbahnnetzes möglich wurden. Diese Kongresse beschränkten sich normalerweise auf eine bestimmte Disziplin. Der erste internationale Kongress zu Anthropologie und prähistorischer Archäologie wurde 1865 abgehalten, gefolgt von den Geographen 1871, den Orientalisten 1873 und den Kunsthistorikern im selben Jahr. Manche Kongresse widmeten sich sogar Teildisziplinen wie etwa der »Kriminalanthropologie« (erster Kongress 1885) oder der Dermatologie (1889). Diese Kongresse trugen fraglos dazu bei, Spezialisten-Identitäten herauszubilden, indem sie Forscher mit ähnlichen Interessen immer besser miteinander vernetzten.[40]

Zeitschriften

Während das frühe 19. Jahrhundert die Blütezeit allgemeinbildender Zeitschriften war – wie die *Edinburgh Review* oder die *Revue des Deux Mondes* –, war das späte 19. Jahrhundert die Zeit der akademischen Fachzeitschrift. Dass die *Revue des Deux Mondes* nach den 1870er Jahren Abonnenten verlor, lag nach Expertenmeinung unter anderem daran, dass Fachzeitschriften mit ihr um Leser zu konkurrieren begannen.[41] Berühmte Beispiele in ihren jeweiligen Gebieten waren die *Historische Zeitschrift* (1859), *Revue Historique* und *Revue Philosophique* (beide 1876), das philosophische Fachblatt *Mind* (1876), *American Journal of Philology* (1880), *Political Science Quarterly* (1886), *The Quarterly Journal of Economics* (1887), *Annales de Géographie* (1891), *L'Année Psychologique* (1894), *American Journal of Sociology* (1895) und *L'Année Sociologique* (1898).

In den Naturwissenschaften ging die Spezialisierung nicht nur weiter, sondern auch schneller voran. Auf disziplinäre Zeitschriften wie *Journal de Physique* (1872) oder *American Journal of Mathematics* (1878) folgten bald teildisziplinäre Periodika wie *Zeitschrift für physiologische Chemie* (1877), *Beiträge zur Geophysik* (1887) und

Journal of Tropical Medicine (1898). In den 1880er und 1890er Jahren vollzog sich eine rasche Differenzierung wissenschaftlicher Zeitschriften. So existierten im Jahr 1900 bereits 1.258 solcher Fachorgane.[42]

Um einen originellen »Beitrag zum Wissen« zu leisten, mussten Aufsätze in diesen Zeitschriften immer spezialisierter werden, und ihre Sprache wurde technischer. Vergleicht man Ausgaben ein und derselben Zeitschrift, etwa des 1895 gegründeten *American Journal of Sociology*, mit denjenigen, die hundert Jahre später erschienen, sticht diese Veränderung sofort ins Auge. Der Jahrgang 1895 enthält Aufsätze wie »The Relation of Anthropology to the Study of History«, »Business Men and Social Theorists« und »Local Alliances«. Im Band des Jahrgangs 1995 finden wir »Statistical Methods for Comparing Regression Coefficients between Models«, »Shifting Currents in Critical Sociology of Education« und »Social Capital and the Control of Right-Wing Extremism among East and West Berlin Youth«.

Zwei Kulturen

In einer berühmten – oder berüchtigten – Vorlesung, die er 1959 in Cambridge hielt, unterschied der englische Romancier und Physiker C. P. [Charles Percy] Snow zwischen den »zwei Kulturen« der Natur- und der Geisteswissenschaften. Er beklagte die Tatsache, dass eine ehemals geistig-kulturelle Einheit um die Mitte des 20. Jahrhunderts auseinandergebrochen war, dass beide Gruppen »sich so gut wie gar nichts mehr zu sagen hatten« und dass Gebildete auf der geisteswissenschaftlichen Seite nicht einmal mehr oberflächliche Kenntnisse der Naturwissenschaften besaßen.[43]

Die Debatte, die auf Snows Vorlesung folgte und Jahre später noch einmal aufgefrischt wurde, sollte nicht bloß als Teil der Geschichte der University of Cambridge verstanden werden. Sie lässt sich auch nicht nur auf die Geschichte englischer Kultur Mitte des 20. Jahrhunderts reduzieren. Wie spätere Kommentare zu Snows These in Deutschland, den Niederlanden, Italien, Schweden und anderswo zeigten, war die Cambridge-Debatte das lokale Beispiel eines sehr viel allgemeineren Phänomens.[44]

Heute, gut sechzig Jahre nach der Vorlesung, mutet es fast merkwürdig an, dass Snow seinerzeit eine Unterteilung in nicht mehr als zwei Kulturen konstatierte. Denn eine dritte Kultur, die »Sozialwissenschaft«, wurde schon oft erwähnt (ursprünglich von Snow selbst), während gleichzeitig die Behauptung, alle Naturwissenschaftler (oder alle Gelehrte in den Geisteswissenschaften) bildeten eine einheitliche Kultur, heute fraglich erscheint. Fragmentierung wurde also schon im 19. Jahrhundert sichtbar, wie die Beispiele von Gesellschaften, Kongressen und Zeitschriften nahelegen, und seit den 1950er Jahren ist sie noch sehr viel weiter vorangeschritten.

In einer bekannten Studie zum Nationalismus des 19. Jahrhunderts führte Benedict Anderson den Ausdruck »imagined community« (»vorgestellte Gemeinschaft«) ein, den er auf die Nation bezog, die von der nationalen Presse zusammengehalten werde, da die Einzelnen nicht nur dieselben Nachrichten zur selben Zeit wie ihre Landsleute läsen, sondern sich dessen auch bewusst seien.[45] So wie die regelmäßige Lektüre einer bestimmten Zeitung – und das Wissen, dass sie von anderen ebenfalls gelesen wird – trägt auch der Beitritt zu einer Gesellschaft oder die Teilnahme an einem internationalen Kongress zur Herausbildung einer »vorgestellten Gemeinschaft« bei. Solche disziplinären Gemeinschaften vermehrten sich massenhaft auf Kosten der alten Gelehrtenrepublik und des »Commonwealth of Science«.

Teamarbeit

Um der ständig wachsenden Menge an Informationen Herr zu werden und sie in Wissen umzuwandeln, wurde die Arbeit, die früher einzelne Gelehrte geleistet hatten, zunehmend durch den Einsatz ganzer Teams abgelöst, so etwa bei wissenschaftlichen Expeditionen, Enzyklopädien, Laboren und Observatorien.

Ab dem späten 18. Jahrhundert wurden immer mehr wissenschaftliche Expeditionen lanciert, und Gelehrte, die an ihnen teilnahmen, wurden oft unter dem Aspekt ihres Spezialistentums ausgesucht. Auf seine Pazifik-Expedition von 1785 nahm der Comte de La Pérouse beispielsweise zehn Spezialisten mit, darunter einen Astronomen, einen Geologen, einen Botaniker, einen Physiker und drei Naturforscher. Als Nicolas Baudin 1800 von der französischen Regierung auf eine Expedition nach Australien entsandt wurde, um geographische (insbesondere hydrographische) und naturgeschichtliche Forschungen anzustellen, brach er mit zahlreichen Forschern auf – unter ihnen »drei Botaniker, fünf Zoologen, zwei Mineralogen [...], zwei Astronomen und zwei Geographen« –, von denen ihm unterwegs allerdings einige abhandenkamen.[46] Der britischen Challenger-Expedition (1872–1876), die zu reinen Forschungszwecken unternommen wurde, um die Tiefe des Ozeans auszuloten, gehörten unter anderem zwei Meeresbiologen, zwei Naturforscher und ein Chemiker an.

Wie an früherer Stelle bemerkt, stützte sich die berühmte französische *Encyclopédie* (1751–1772) Jean d'Alemberts und Denis Diderots auf das Wissen von mindestens 139 Einzelpersonen.[47] Die Zahl der Mitarbeiter an solchen Kollektivwerken hat sich seitdem stetig vergrößert. Die berühmte elfte Auflage der *Encyclopaedia Britannica* von 1911 machte sich die Expertise von 1.507 Autoren zunutze, und bei der *Enciclopedia Italiana* von 1937 waren es bereits 3.272.[48] Im Zeitalter von Wikipedia erscheinen selbst diese Ziffern winzig.

Teamarbeit beschränkte sich nicht auf Expeditionen und Enzyklopädien. Zu Beginn des 20. Jahrhunderts war sie bereits ein Merkmal der Großforschung oder »Big

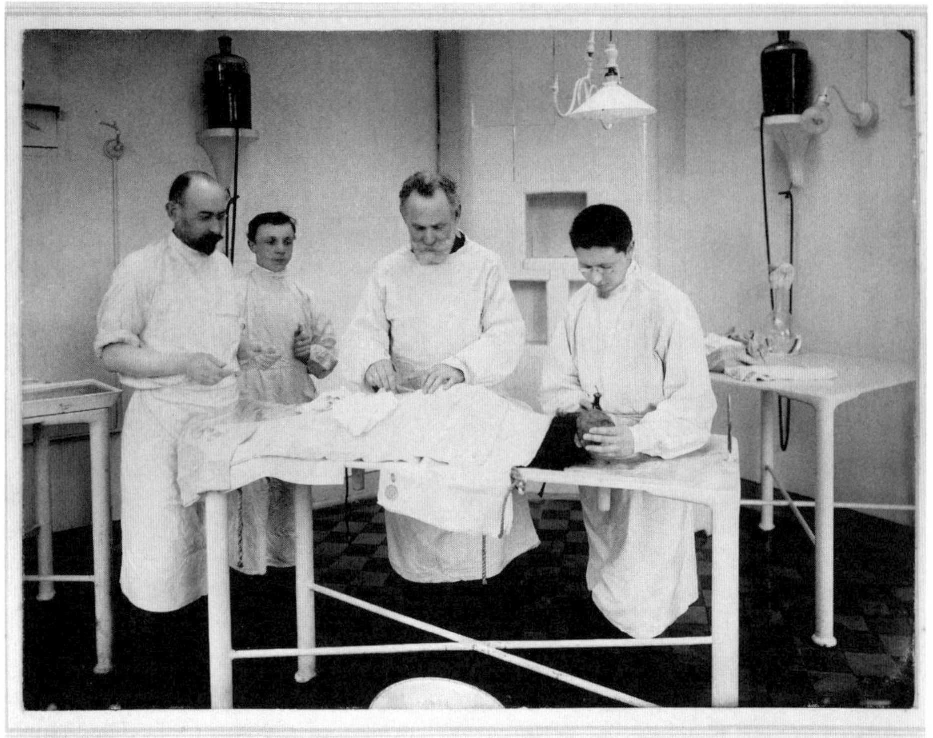

Iwan Pawlow operiert mit drei Kollegen einen Hund am Institut für Experimentalmedizin in St. Petersburg, 1905

Science«, vor allem in Deutschland. Der Chemiker Emil Fischer bemerkte 1902 in seiner Nobel-Vorlesung, dass »die Massenarbeit, welche das moderne wirtschaftliche Leben beherrscht [...] auch Eingang in die experimentelle Wissenschaft gefunden [hat]«. In Russland wurde zur selben Zeit das physiologische Labor von Iwan Pawlow, in dem etwa hundert Personen arbeiteten, mit einer Fabrik verglichen.[49] Die Arbeitsteilung ist seitdem erheblich vorangeschritten, wie die zunehmende Zahl von Autorennamen unter wissenschaftlichen Aufsätzen belegt.

In eine ähnliche Richtung bewegten sich auch die Sozialwissenschaften. In Frankreich war es Durkheim, der um 1900 Teamarbeit (*travail en commun*) befürwortete und die Praxis in die von ihm geleitete Soziologengruppe einführte.[50] Unter den Historikern plädierte Lucien Febvre in den 1930er Jahren für eine zumindest partielle Form von Teamarbeit in dem Sinne, dass sich Einzelne abstimmten, ähnliche Probleme mit ähnlichen Fragestellungen zu untersuchen, ihre Forschungen aber eigenständig durchzuführen und die Ergebnisse schriftlich selbst festzuhalten. In den Geisteswissenschaften ist diese Art der Teamarbeit heute selbstverständlich geworden, schon allein wegen der Notwendigkeit, Fördermittel von Institutionen wie der European Science Foundation zu bekommen, nach deren Maßgaben Forscher aus verschiedenen Ländern an einem bestimmten Projekt beteiligt sein müssen.

Die Neustrukturierung der Universitäten

Noch wichtiger war der Trend zur Spezialisierung an den Universitäten, da sie hier sehr viel mehr Menschen in einem jüngeren und noch eher formbaren Alter betraf. Intellektuelle Arbeitsteilung hatte es bereits an frühneuzeitlichen wie an mittelalterlichen Universitäten gegeben, insbesondere in den postgraduierten Fakultäten wie Theologie, Rechtswissenschaft und Medizin. Innerhalb dieser Fakultäten wurden vor allem im 17. und 18. Jahrhundert neue Lehrstühle eingerichtet. Professoren für Hebräisch gingen an die theologischen Fakultäten, Professoren für Naturrecht zu den Rechtswissenschaftlern, und die medizinische Fakultät zählte in ihren Reihen Professoren für Pharmakologie und »Iatrochemie« (Chemie für medizinische Zwecke).

Die einschneidendsten Veränderungen erlebte die philosophische Fakultät, die eine allgemeinere Ausbildung anbot. Ein spezialisierter Lehrstuhl war derjenige für »praktische Philosophie«, wozu Ethik, Politik und »Ökonomie« im Sinn einer Haushaltsführung gehörten. Ethik (beziehungsweise »Moralphilosophie«) hatte mancherorts einen eigenen Lehrstuhl, dies galt ebenso für Politik (oder »politische Philosophie«) und schließlich, im 18. Jahrhundert, für »politische Ökonomie«, die heute unter der Bezeichnung »Wirtschaftswissenschaft« firmiert. Naturphilosophie, mittlerweile als »Naturwissenschaften« bekannt, wurde unabhängig von Philosophie im Allgemeinen und spaltete sich dann in Fachgebiete wie Chemie und Naturgeschichte auf. Letztere wurde wiederum in Geologie, Botanik und Zoologie unterteilt. Dieser Trend setzte sich noch bis ins frühe 19. Jahrhundert fort. So wurden in Moskau, Cambridge und Montpellier zwischen 1804 und 1809 Lehrstühle für Mineralogie eingerichtet. An der Universität Berlin kam es noch vor 1850 zur Gründung von Lehrstühlen für Germanistik, Geographie, Sanskrit, Medizin- und Kunstgeschichte.

Versuche zur Erklärung der Spezialisierung

Ein Experte für Bildungsgeschichte hat Spezialisierung als »ehernes Gesetz« ausgemacht.[51] Wieso gab es zu dieser Zeit einen derart starken – manche würden sogar sagen: unwiderstehlichen – Trend in diese Richtung? Es wäre sicherlich eine grobe Vereinfachung, würde man den Prozess auf ein einziges Element, die erwähnte Explosion des Wissens, zurückführen. Auf diese Frage sind verschiedene Antworten möglich und auch gegeben worden, wobei jede von ihnen mit eigenen Erkenntnissen aufwartet.

Soziologen vertraten beispielsweise die Auffassung, dass »interne Differenzierung« in unterschiedliche Spezialitäten in ein System von Disziplinen mündet.[52] Hinter diesem Ansatz steht der viktorianische Universalgelehrte Herbert Spencer, der argumentierte, Gesellschaften und ihre Institutionen hätten sich im Verlauf eines Differenzierungsprozesses von Homogenität zu Heterogenität entwickelt. Seine Formulierung lässt diesen Prozess als zugleich unvermeidlich, unwiderstehlich und unpersönlich erscheinen.

Eine zweite Antwort gaben Historiker mit dem Hinweis auf einen in bestimmten Perioden besonders ausgeprägten Trend. Die Spezialisierung wurde möglich durch die Ausweitung der Hochschulbildung in Europa und den Vereinigten Staaten. Laut einer Studie entstand um das Jahr 1800 ein »Massenmarkt für Bildung«, während andere diese Art von Expansion auf die zweite Hälfte des 19. Jahrhunderts datierten.[53] In Frankreich wuchs die Zahl von Universitätsstudenten zwischen 1876 und 1914 rapide an, insbesondere in den philosophischen Fakultäten.[54] In Deutschland nahm sie sogar noch schneller zu, von 20.000 im Jahr 1871 auf 68.000 im Jahr 1910.[55]

Die Vergrößerung der einzelnen Abteilungen ermöglichte eine wachsende Vielfalt an spezialisierten Lehrveranstaltungen. An der Harvard University gab es 1870 »32 Professoren, die 73 Kurse abhielten; 1910 waren es 169 Professoren mit 401 Kursen«.[56] Die Expansion vollzog sich bisweilen sehr schnell: Die Faculté des Lettres an der Sorbonne hatte 1887 rund 120 Studenten, 1902 (nach der Eröffnung neuer Gebäude) schon 1.830.[57] »Die explosionsartige Ausweitung des Universitätssystems auf der ganzen Welt«, so ein Rückblick aus den 1990er Jahren, »erzeugte einen strukturellen Druck, der schon allein deshalb zu wachsender Spezialisierung führte, weil Wissenschaftler auf der Suche nach immer neuen Nischen waren.«[58]

Eine dritte Erklärung für die Spezialisierung bringt Einzelpersonen und Gruppen ins Spiel. Spezialisierung ermöglichte Studenten ebenso wie Hochschullehrern, in der Informationsflut nicht unterzugehen, sondern den Kopf über Wasser zu behalten. Für ambitionierte oder angehende Professoren in einem von Konkurrenz geprägten Umfeld war die Schaffung neuer Spezialitäten eine Form dessen, was Pierre Bourdieu mit seinem berühmten Begriff »distinction« bezeichnet hat.[59] Marktforscher sprechen von »Produktdifferenzierung« als einem erfolgreichen Mittel im Kampf um Marktanteile. Das Ideal war, ein neues Problem aufzuspüren, es in eine Unterkategorie und dann in eine autonome Disziplin zu verwandeln.

Spezialisierung als eigentliches Problem

Spezialisierung mag eine Antwort auf das Problem der Überflutung gewesen sein, früher oder später wurde sie als Problem an sich wahrgenommen. So entstand eine Bewegung, die darauf abzielte, die abhandengekommene Einheit des Wissens wiederherzustellen. Schon 1864 erklärte beispielsweise der universalgelehrte Naturwissenschaftler Lothar Meyer, es sei notwendig, »das gelockerte Band zwischen beiden Disciplinen [i.e. Chemie und Physik] fester zu knüpfen«.[60] Von diesem Ideal fühlten sich auch einige Universalgelehrte des 20. Jahrhunderts angesprochen, unter ihnen der Schotte Patrick Geddes, der Belgier Paul Otlet und der Österreicher Otto Neurath. Es ist sicherlich kein Zufall, dass alle drei – samt und sonders »Igel«-Typen – mit Diagrammen und anderen visuellen Hilfsmitteln arbeiteten, die dem Betrachter erlauben, Informationen in einem Bruchteil der Zeit aufzunehmen, den die Lektüre gedruckter oder geschriebener Wörter erfordern würde.

Lothar Meyer, circa 1890

Geddes verwendete gerne das Wort »synoptisch«, und sein Anspruch, das Ganze in den Blick zu nehmen, zeigte sich in seinem Umbau des Outlook Tower in Edinburgh zu einem Museum, in dem die Besucher Edinburgh im Verhältnis zu Schottland, Europa und der Welt sehen konnten. Es bot ein Wissenspanorama in visueller Form. Otlets Wunsch, Wissen zu klassifizieren, kam unter anderem in einem Projekt für ein Bildarchiv zum Ausdruck. Neurath entwickelte ein System von Piktogrammen, das sogenannte »International System of Typographic Picture Education« (ISOTYPE).

Geddes, nach eigenen Worten »ein umfassender, synthetisierender Generalist«, wurde von einem Zeitgenossen als jemand bezeichnet, der »sich auf Allwissenheit spezialisierte«.[61] Er begann seine Laufbahn als Biologe, entdeckte aber durch die Lektüre der Werke von Frédéric Le Play, einem früheren Universalgelehrten, die Soziologie für sich. Obwohl er nie einen akademischen Titel erwarb, wurde Geddes Professor für Botanik an der University of Dundee. Ein Bekannter von ihm, der Stadtplaner Patrick Abercrombie, beschrieb ihn als »höchst beunruhigende Person, die immer nur redet, redet, redet – über alles und jedes«.[62] Nach Aussage eines seiner Schüler – als charismatische Figur übte er große Faszination auf Studenten aus – war er »zu vollkommen, als dass ihn Spezialisten verstehen könnten [...] Sie müssen ihn leicht irre nennen – oder andernfalls genau das von sich selbst denken.«[63] Geddes, so ein schottischer Landsmann, der Dichter »Hugh MacDiarmid« (eigentlich Christopher Murray Grieve), »wusste, dass wasserdichte Abteile nur für ein sinkendes Schiff von Nutzen sind, und folglich setzte er sich über alle Grenzen zwischen einzelnen Bereichen hinweg«.[64]

Nachdem Geddes in seinen Botanikstudien aufgrund von Augenproblemen kein Mikroskop mehr verwenden konnte, wandte er sich der Meeresbiologie zu. Zusammen mit einem seiner Studenten verfasste er zwei biologische Lehrbücher, doch während eines Forschungsaufenthalts in Frankreich begann er sich für Sozialreform

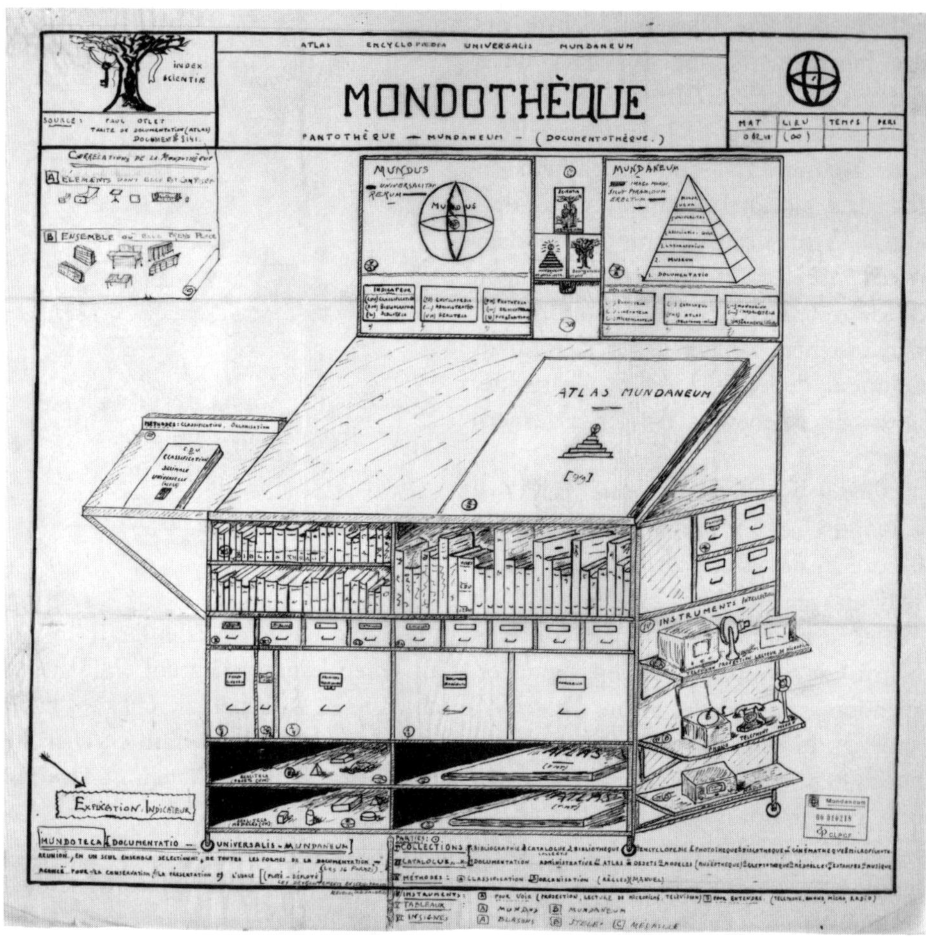

Paul Otlets *Mondothèque*, eine analoge Suchmaschine, 1930

zu interessieren. Aus seiner Beschäftigung mit der Sanierung von Slum-Vierteln in Edinburgh erwuchs ein Interesse für Stadtplanung. 1919 wechselte er von seinem Lehrstuhl für Botanik in Dundee zu einem für »Staatsbürgerkunde und Soziologie« an der University of Bombay. Für Geddes mag das kein großer Schritt gewesen sein, da er ohnehin die von ihm so genannte »Biosoziologie« praktizierte, mit der er die Stadt als etwas Ganzes studieren wollte, als einen mit ihrer Region zusammenhängenden und sich graduell entwickelnden Organismus.[65]

Wie Francis Bacon betrachtete auch der Belgier Paul Otlet die Gesamtheit des Wissens als sein ureigenes Fach. Der studierte Jurist wird oft als Bibliograph bezeichnet, und in der Tat plante er eine universelle Bibliographie, bestehend aus archivierten Karteikarten. Nach eigener Definition war er zudem ein »Dokumentalist«: Er benutzte Mikrofiches (eine ab den 1920er Jahren verfügbare Technik) zum Archivieren und Wiederauffinden von Dokumenten und plante eine auf Mikrofilm gespeicherte, von überall her zugängliche Enzyklopädie. Zur Unterbringung dieses

Archivs gründete er das sogenannte Mundaneum, eine Institution in Brüssel, die bis heute existiert, wenn auch nicht mehr an ihrem ursprünglichen Standort.

Ebenso wie Hans Sloane im 18. Jahrhundert versuchte Otlet, die ganze Welt zu klassifizieren und zu katalogisieren.[66] Seine Projekte zum Informationsretrieval waren Teil einer größeren Vision, zu der Weltfrieden und eine Weltregierung gehörten. In dieser Hinsicht ähnelt er Comenius und anderen Adepten der *Pansophia*. Dasselbe gilt für Geddes, der Otlets Friedensziele teilte und mit ihm korrespondierte. Während Otlets politische Träume unerfüllt blieben, wurde sein technischer Traum nach der digitalen Revolution Wirklichkeit. Was er sein *réseau mondial* nannte und sein Zeitgenosse H. G. Wells, der englische Science-Fiction-Pionier, als »Nervennetzwerk eines Weltgehirns« bezeichnete, wurde im World Wide Web zur Realität. Wenn Tim Berners-Lee der Vater des Web ist, dann könnte man sagen, dass Paul Otlet einer seiner Großväter war.

Otto Neuraths Lebenswerk galt der Wiederherstellung der »unity of science«, wie er sie nannte, nachdem er 1940 nach Großbritannien emigriert war (als er noch auf Deutsch schrieb, hatte er von der »Einheitswissenschaft« gesprochen, zu der für ihn neben Soziologie und Psychologie auch die Naturwissenschaften gehörten). Menschen, die ihm begegneten, äußerten sich über Neuraths »allumfassendes Wissen« und über seine Bücherregale, »vollgestopft mit Werken von Wissenschaftlern, Philosophen, Dichtern, Kirchenvätern«.[67] Er »schätzte, dass er im Durchschnitt täglich zwei Bücher las«.[68]

Während er an seiner Dissertation über die Wirtschaftsgeschichte der antiken Welt arbeitete, gab Neurath auch die Werke eines deutschen romantischen Dichters heraus.[69] Er war politisch aktiv als Mitglied der kurzlebigen Bayerischen Räterepublik 1919, engagierte sich als Philosoph im berühmten Wiener Kreis, interessierte sich als Nationalökonom insbesondere für Kriegswirtschaft, war als empirischer Soziologe auf dem Gebiet der Siedlungspolitik tätig und arbeitete als Museums- und Ausstellungskurator sowie als Wissenschaftstheoretiker. Außerdem erfand er

Otto Neurath: »How Long Do Animals Live?«, aus dem Buch *The Transformer: Principles of Making Isotype Charts*, herausgegeben von Marie Neurath und Robin Kinross

zur Zeit des Ersten Weltkriegs eine Drahtseilbahn und eine »Zieleinrichtung für Kampfflugzeuge«.

Neurath ist vor allem als Organisator bekannt, der ein Institut und eine Zeitschrift gründete, Kongresse ausrichtete und eine Enzyklopädie herausgab.[70] Er teilte Otlets Vision internationaler Kooperation und kooperierte tatsächlich kurz mit ihm, als er eine Zweigstelle des Mundaneums in Den Haag eröffnete.[71] Er war sich der intellektuellen Tradition bewusst, in der seine Bewegung stand. Seine *Encyclopedia*, schrieb er einmal, »setzt das Werk der berühmten französischen *Encyclopédie* fort«.[72] Zu dieser Tradition gehörte auch Comenius, der ebenfalls an die Verwendung von Bildern in der Erziehung glaubte. Neuraths Kampagne für die Einheit der Wissenschaft wirkt wie eine Anpassung der *Pansophia*-Idee an die Welt des 20. Jahrhunderts, bei der größerer Nachdruck auf Organisationen gelegt wird.

Der Fortbestand des Universalgelehrten

Wie konnten Universalgelehrte in der neuen Welt der Spezialisten, Institute und Arbeitsgruppen überleben? Eine mögliche Rolle war die, sich wie Geddes, Otlet und Neurath für die Einheit der Wissenschaft zu engagieren. Eine weitere Option war, zum Generalisten zu werden, also die paradoxe Rolle eines Spezialisten einzunehmen, der die fortschreitende Beschränktheit oder Kurzsichtigkeit anderer Spezialisten korrigiert.

Nehmen wir den Fall des Amerikaners Lewis Mumford. Er selbst, ein – zumindest zeitweiliger – Anhänger Geddes' (nach dem er seinen Sohn benannte), bezeichnete sich als »Generalisten«, den sein »Lehrer« Geddes davor »bewahrt hatte, ›einfach nur ein weiterer Spezialist‹ zu werden«.[73] Der mit ihm befreundete Literaturkritiker Van Wyck Brooks betrachtete Mumford als Igel und erklärte: »Lewis war einer der wenigen Menschen, die keine *Ideen* haben, sondern *eine Idee*, und an der sollte er sich sein ganzes Leben lang abarbeiten.«[74]

In jungen Jahren studierte Mumford Geologie, Wirtschaftswissenschaften und Anthropologie, daneben auch jene Disziplinen, zu denen er später Beiträge leistete: Literatur, Architektur, Geschichte und Soziologie. Als ihn im späteren Leben Studenten am Dartmouth College nach seinem Spezialgebiet fragten, antwortete Mumford, er sei »Professor der Allerlei Wissenschaften«. Nicht von ungefähr liebte Mumford Brücken. Er schrieb ein Stück über die Brooklyn Bridge und ein weiteres über Leonardo da Vinci. »Nur unter Verzicht auf Details kann man die Gesamtstruktur sehen«, erklärte er, wenn man authentische Fragmente zusammensetzt, »die zufällig oder manchmal willkürlich getrennt worden sind; denn die Spezialisten neigen dazu, zu rigoros auf dem ›Gentleman's agreement‹ zu beharren, einander nicht ins Gehege zu kommen«.[75] Daraus ergibt sich, dass dem Generalisten eine bestimmte Aufgabe zukommt, »nämlich weit auseinanderliegende Felder, die von Spezialisten fein säuberlich eingezäunt wurden, zu einem größeren gemeinsamen Gebiet zusammenzufassen, das nur aus der Vogelschau sichtbar ist« (oder, könnte man ergänzen, von Geddes' Outlook Tower aus).[76]

Mumford, »Amerikas letzter Homme de lettres«,[77] war ein serieller Universalgelehrter, der seine Laufbahn als Literaturkritiker begann. Von der Literaturkritik, darunter ein Buch über Herman Melville, wechselte er zur Architekturkritik und damit zur Doppelrolle des Kulturkritikers (wie Ruskin, ein weiterer seiner Heroen) und öffentlichen Intellektuellen.

Mumford hatte ursprünglich gehofft, Ingenieur zu werden, und seine anhaltende Beschäftigung mit Technik äußerte sich in der Veröffentlichung von *Technics and Civilization* (1934). Sein Interesse für Architektur und seine Liebe zu New York brachten Mumford zum Studium von Städten und damit zu den sozialen und technischen Veränderungen, die sie im Laufe der Jahrhunderte, spätestens seit der Industriellen Revolution, umgewandelt hatten – nach Mumfords Ansicht zum Schlechteren. Auf diese Weise kombinierte er einen interdisziplinären Ansatz – architektonisch, historisch und soziologisch – mit der Konzentration auf einen einzelnen (großen) Forschungsgegenstand, was sich in seinen Publikationen *The Culture of Cities* (1938) und *The City in History* (1961) niederschlug. Letztere, auf Deutsch unter dem Titel *Die Stadt. Geschichte und Ausblick* (1963) erschienen, ist fraglos sein Meisterwerk.

Passive Universalgelehrte

In der Einleitung wurde zwischen drei Typen von Universalgelehrten unterschieden, den passiven, den selektiven und den seriellen. Ihre Ausprägungen zeigten sich im Zeitalter der Territorialität deutlicher denn je zuvor.

H.G. Wells, Aldous Huxley und Jorge Luis Borges sind als kreative Autoren in Erinnerung, doch sie waren auch passive Universalgelehrte. Wells pflegte als Jugendlicher während seiner Arbeit in einem Textilgeschäft Enzyklopädien zu lesen, und in seinem späteren Leben plante er eine Enzyklopädie, zu der er »Aufbau und Vorworte« beizusteuern gedachte.[78] Huxley und Borges (merkwürdigerweise beides Männer mit schwachem Sehvermögen) lasen die *Encyclopaedia Britannica* (so wie William Whewell zuvor), anstatt sie einfach nur zu konsultieren.

Huxley schleppte auf Reisen Bände der *Britannica* in einem besonderen Koffer mit sich herum. Bertrand Russell bemerkte einmal, dass man immer sofort wisse, welchen Band Aldous gerade lese, da sein Gespräch um Themen zu kreisen pflege, die mit einem bestimmten Buchstaben des Alphabets begännen.[79] Huxley schrieb für Periodika wie *The Athenaeum* und *Harper's*, den Pendants der berühmten Journale des 19. Jahrhunderts, die an früherer Stelle erwähnt wurden. In seinen Artikeln widmete er sich den unterschiedlichsten Themen – Kunst, Literatur, Philosophie, Politik, Psychologie, Musik, Soziologie, Religion und so weiter. Seine Essays

Jorge Luis Borges, fotografiert von Annemarie Heinrich, 1967

bezeichnete er als »mäßig gebildet, aber nicht pedantisch, da ich nicht genug weiß, um die Professoren-Nummer glaubwürdig abziehen zu können«. Später erklärte er: »Von Berufs wegen bin ich ein Essayist, der gelegentlich Romane und Biographien schreibt.«[80] Huxley trat in den 1940er und 1950er Jahren auch in dem BBC-Programm »The Brains Trust« auf, in dem eine Gruppe von Intellektuellen Hörer- beziehungsweise Zuschauerfragen beantwortete. »Wenige Gestalten des 20. Jahrhunderts hatten einen so eindeutigen Anspruch auf den Titel eines ›Universalgelehrten‹.«[81]

Einem Interviewer erzählte Borges: »Als Jugendlicher kam ich ziemlich regelmäßig hier in die Bibliothek [die Biblioteca Nacional, Buenos Aires], und da ich sehr schüchtern war und mich nicht traute, den Bibliothekar nach Büchern zu fragen, nahm ich einen Band der *Britannica*, wahllos irgendeinen, selber aus dem Regal ... und las darin.«[82] Borges hatte eine geradezu libidinöse Beziehung zu Enzyklopädien – er las sie nicht nur, sondern schrieb auch über sie, wie etwa in dem berühmten Fall der imaginären chinesischen Enzyklopädie, die in seinem Essay über den englischen Universalgelehrten John Wilkins aus dem 17. Jahrhundert vorkommt.

Man könnte Borges gewissermaßen als einen Huxley der spanischsprachigen Welt betrachten, der seine belletristischen Werke mit Essays und Besprechungen über Themen unterschiedlichster Art verband.[83] Wäre er 1940 mit 41 Jahren gestorben, würde man sich heute nur an den Dichter und Essayisten Borges erinnern können (wenn auch mit immerhin fünf Essay-Bänden, die er seinerzeit schon veröffentlicht hatte). Danach eröffnete sich ihm ein neues aufregendes Leben: »Ich reiste in Argentinien und Uruguay landauf, landab, hielt Vorlesungen über Swedenborg, Blake, die persischen und chinesischen Mystiker, Buddhismus, Gaucho-Dichtung, Martin Buber, die Kabbala, Tausend-und-eine-Nacht, T. E. Lawrence, mittelalterliche germanische Dichtung, isländische Sagas, Heine, Dante, den Expressionismus und Cervantes.«[84] Das gewaltige thematische Spektrum mutet fast unglaublich an.

Borges' Hauptinteressen – Philosophie, Sprache, Mathematik, Geschichte, Orientalismus und Okkultismus – zeigen sich in seiner Belletristik, die oft erkenntnistheoretische Fragen behandelt, namentlich das Verhältnis zwischen Darstellung und Wirklichkeit, das Problem der Klassifizierung von Wissen (um das es in der chinesischen Enzyklopädie geht) sowie die Methode der »Abduktion« (eine bestimmte Art der Schlussfolgerung, die mit dem Universalgelehrten Charles Sanders Peirce in Verbindung gebracht wird) in »Der Garten der Pfade, die sich verzweigen«. Die Geschichten aus dem Sammelband *Fiktionen* kreisen insbesondere um die Idee des totalen Wissens. Die Bibliothek von Babel ist unendlich, Ireneo Funes, die Figur mit dem unerbittlichen Gedächtnis, erinnert sich an alles, und eine Landkarte wird im selben Maßstab wie das von ihr dargestellte Territorium beschrieben.[85]

Kritiker

Im 20. wie auch im 19. Jahrhundert gab es eine Reihe von Universalgelehrten, die zu Kulturkritikern wurden. Zu den führenden Protagonisten gehörten Johan Huizinga, José Ortega y Gasset, Edmund Wilson, George Steiner, Susan Sontag und Umberto Eco. An dieser Stelle wollen wir uns zunächst einmal auf Steiner und Sontag konzentrieren (Eco folgt später).

George Steiner wurde als »bester Buchrezensent seit Edmund Wilson« bezeichnet.[86] Weitere Attribute, mit denen er bedacht wurde, waren »ein ganz, ganz später Renaissance-Mensch« und »dieses Monster, das alles weiß« (Boerhaaves Metapher weiterhin in Gebrauch).[87] Steiner war einige Jahre lang an der University of Chicago eingeschrieben, wo er Lehrveranstaltungen in Physik, Chemie, Biologie, Anthropologie, Literatur und Philosophie besuchte und durch eine Vorlesung von Leo Strauss Heidegger entdeckte. Er schrieb über Philosophie, Theologie, Linguistik, Geschichte und Schach und unternahm ein paar Versuche auf belletristischem Gebiet. Ein Großteil seines Werks besteht aus Essays, die er ursprünglich im *New Yorker* und anderen Zeitschriften veröffentlicht hatte.

Die Rolle des Kulturkritikers spielte Steiner mit Genuss, wobei er die »Barbarei« unserer Zeit aufs Korn nahm und, etwas konstruktiver, dafür eintrat, die Idee literarischer Bildung auf die Wissenschaften und die Künste auszuweiten.[88] Er selbst bezeichnete sich als jemanden, der sich in intellektueller »Grenzüberschreitung« übe und besonders heftig gegen die Spezialisierung zu Felde ziehe, die nach seinen Worten »eine schwachsinnige Vehemenz erreicht hat«.[89] Trotz der Vielfalt an Themen, zu denen er seine Meinung kundtat – bisweilen mit übertriebenem Selbstbewusstsein –, beruht seine Reputation vor allem auf seinen komparatistischen Studien, insbesondere zur europäischen Literatur des 19. und 20. Jahrhunderts.

Eine Kulturkritikerin par excellence war auch Susan Sontag, die eine Privatbibliothek mit 10.000 Büchern besaß und von einer Freundin als »intellektuelle Marathonläuferin« beschrieben wurde, »die immer versuchte, sich selbst zu überbieten«. Von sich selbst sagte sie einmal: »Ich möchte keine Professorin sein und ich möchte keine Journalistin sein. Ich möchte Schriftstellerin sein, die auch Intellektuelle ist.«[90] Als Kind las Sontag nach eigener Aussage gerne Enzyklopädien.[91] Ebenso wie Steiner schrieb auch sie sich an der University of Chicago ein, deren interdisziplinäres

Susan Sontag, Fotografie von Peter Hujar, 1966

Cover der ersten Auflage von Susan Sontags *Against Interpretation,* 1966

»Core Curriculum« sie faszinierte, und studierte alte Geschichte, Philosophie und Literatur. Im Zuge der Heirat mit dem Soziologen Philip Rieff arbeitete sie mit ihm an *Freud: The Mind of the Moralist* (1959). Nach ihrem Abschluss in Chicago schrieb sie sich für ein Graduiertenstudium in Englischer Literatur an der Harvard University ein, wurde dann dort aber Tutorin in Philosophie. Sie ging nach Paris, um zeitgenössische Philosophie zu studieren, verbrachte einen Großteil ihrer Zeit allerdings im Kino.

Sontag schrieb Romane und Theaterstücke, drehte mehrere Filme und bekannte sich offen zu einer »Sucht«, Essays zu schreiben, die ebenso groß sei wie ihre Nikotinsucht. Tatsächlich veröffentlichte sie nicht weniger als neun Essay-Sammlungen, darunter *Against Interpretation* (*Kunst und Antikunst*, 1966), *On Photography* (*Über Fotografie*, 1977) und *Illness as Metaphor* (*Krankheit als Metapher*, 1978). Wie Steiner wurde sie zu einer Kulturkritikerin, die bereits als Dreißigjährige nicht davor zurückschreckte, Schwachpunkte selbst anerkannter Autoritäten bloßzulegen: Ingmar Bergman (»öde Pseudointellektualität«), Georg Lukács (»düster«) oder C.P. Snow (»nur oberflächliche Kenntnisse im Bereich der Künste«).[92] Ab 1968 entwickelte sie auch politische Interessen, die sie veranlassten, Nordvietnam und Kuba zu besuchen. Zunächst unterstützte sie die Linke, die sie später allerdings kritisierte. Mit ihren Kommentaren zu 9/11 machte sie sich unbeliebt, als sie sich weigerte, die Terroristen als »Feiglinge« zu bezeichnen, die Anschläge vielmehr als Reaktion auf die Außenpolitik der USA sah.

In ihren kunst- und geisteswissenschaftlichen Essays behandelte Sontag Malerei (vom Manierismus bis zur modernen Kunst), Literatur, Theater, Tanz, Philosophie, Psychoanalyse, Anthropologie, Geschichte und insbesondere Photographie und Film, ein Gebiet, in dem sie zur Expertin wurde.[93] Ihre größte Leistung bestand wahrscheinlich darin, dass sie Brücken zwischen zwei Kulturen baute, in ihrem Fall nicht zwischen Natur- und Geisteswissenschaften, sondern zwischen »Hochkultur« und »Massenkultur«: Nach eigener Aussage interessierte sie sich ebenso für David Bowie wie für Diderot und ließ sich sowohl vom *Rolling Stone* als auch von *Tel Quel* interviewen.[94]

Selektive Universalgelehrte

Manche Universalgelehrte sind in dem Sinne »selektiv«, dass sich ihre Leistungen auf Gebiete konzentrieren, die miteinander verwandt sind. Damit folgen sie dem, was der Universalgelehrte Donald T. Campbell, ein Kritiker des »Ethnozentrismus der Disziplinen«, das »Fischschuppen-Modell« sich überschneidender Unternehmen nannte.[95] Während Generalisten wie Patrick Geddes und Otto Neurath Brücken zwischen weit entfernten Disziplinen bauten, konstruierten selektive Universalgelehrte kürzere Brücken, auf denen aber mehr Verkehr herrschte. Der Transfer und die Einbürgerung von Begriffen zwischen benachbarten Disziplinen sind weniger schwierig und weniger spektakulär als Austausch zwischen entfernten Disziplinen, doch da er häufiger vorkommt, hat er in der Geschichte des Wissens wahrscheinlich eine wichtigere Rolle gespielt.

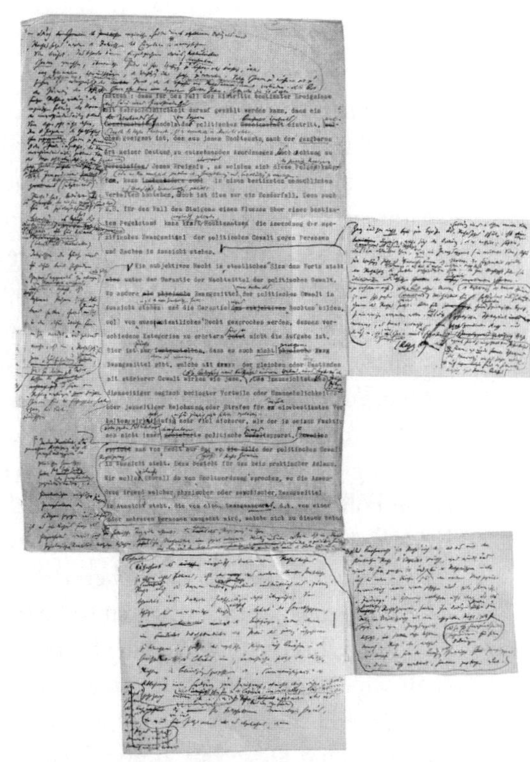

Max Weber, Manuskript der *Rechtssoziologie*, einem Teil von *Wirtschaft und Gesellschaft*, mit Anmerkungen und Korrekturen, circa 1919

Max Weber, der wie Durkheim als einer der »Gründerväter« der Soziologie bezeichnet wird, gab seine Berufung einmal selbstironisch so zu Protokoll: »[…] wenn ich jetzt (laut meiner Anstellungsurkunde!) nun einmal Soziologe geworden bin …«.[96] Er begann seine Laufbahn als Historiker, und seine Habilitationsschrift zur römischen Agrargeschichte beeindruckte den großen Althistoriker Theodor Mommsen so sehr, dass er den jüngeren Mann als seinen legitimen Nachfolger betrachtete. Weber leistete außerdem Beiträge zu den Disziplinen Philosophie, Rechtswissenschaft und Ökonomie. 1903 gab er seinen Lehrstuhl für Soziologie auf, um sich »fortan einer interdisziplinär ausgerichteten Laufbahn« zu widmen.[97] Historiker streiten bis heute über Webers Erklärung zum Aufstieg des Kapitalismus; Philosophen der Sozialwissenschaft erörtern noch immer seinen Begriff des »Idealtypus« oder Modells; und Soziologen und Politikwissenschaftler verwenden aktuell weiterhin seine Kategorien traditioneller, bürokratischer und charismatischer Herrschaft (den Begriff »Charisma« übernahm Weber von dem Theologen Rudolf Otto und passte ihn seinen Zwecken an).

Im Bereich der Wirtschaftswissenschaften nannte sich Kenneth Boulding bis 1949 einen »ziemlich reinen Ökonomen« und danach einen »ziemlich unreinen Sozialphilosophen«, was er mit folgender Begründung erklärte: »Wann immer ich mich mit einem ökonomischen Problem beschäftige, treibt es mich zu irgendeiner anderen Wissenschaft, ehe ich es zu fassen bekomme.« Auch sagte er, dass es »so etwas wie Ökonomie« überhaupt nicht gebe, »sondern nur Sozialwissenschaft, die auf ökonomische Probleme angewendet wird«. Mit anderen Worten, er sah Ökonomie (ebenso wie Karl Polanyi, ein weiterer Universalgelehrter) in ein größeres Ganzes eingebettet. Den gebürtigen Briten Boulding zog es zur University of Michigan, denn »Ann Arbor scheint ein guter Ort zu sein, um die Sozialwissenschaften zu integrieren, sofern sie denn überhaupt integrierbar sind«. Neben Ökonomie behandelte Boulding in seinen rund 40 Büchern und 800 Aufsätzen Themen wie Gesellschaft, Wissen, Konflikt, Frieden, die Geschichte des 19. und 20. Jahrhunderts sowie die von ihm so genannte »Ökodynamik«.[98]

Der amerikanische Politikwissenschaftler Harold Lasswell studierte Philosophie und Volkswirtschaft an der University of Chicago, wandte sich dann jedoch der Politologie zu und schrieb seine Dissertation über Propaganda während des Ersten Weltkriegs. Er entdeckte die Psychoanalyse für sich, machte selber eine Analyse und erlangte mit seinem Buch *Psychopathology and Politics* (1930) große Bekanntheit. Im Laufe seiner Karriere arbeitete Lasswell mit einem Anwalt, einem Philosophen und einem Soziologen zusammen.[99] Der American Council of Learned Societies erklärte ihn zum »Meister aller Sozialwissenschaften, der in jeder von ihr Pionierarbeit leistet: Voller Übermut macht er sich daran, Barrieren zwischen den Sozialwissenschaften einzureißen und auf diese Weise jede einzelne mit dem Rest in Zusammenhang zu bringen; er agiert als jemand, der die interdisziplinären Räume zwischen Politikwissenschaft, Psychologie, Philosophie und Soziologie ausfüllt.«[100] Die Erklärung ehrt nicht nur Lasswell, sondern liefert auch eine anschauliche Zusammenfassung der gesellschaftlichen Rolle von Universalgelehrten.

Schwieriger ist es, jemanden wie Michel Foucault zu klassifizieren. Obwohl sein Vater, ein Chirurg, den Wunsch hatte, dass sein Sohn Medizin studiert, begann Foucault seine berufliche Laufbahn als Philosoph, entwickelte jedoch Interessen für verschiedene Formen der Psychologie, von experimenteller Psychologie bis zur Psychoanalyse. Seine Dissertation über Wahnsinn entsprang diesen Interessen, führte ihn aber weiter zum kulturellen und historischen Kontext der sich wandelnden Haltungen gegenüber Patienten. Die Doktorarbeit, 1961 unter dem Titel *Histoire de la Folie* (*Wahnsinn und Gesellschaft*) veröffentlicht, machte den Autor berühmt.

Während er die Dissertation verfasste, unterrichtete Foucault französische Sprache und Literatur an der Universität Uppsala in Schweden. Nach seiner Rückkehr nach Frankreich begann er, Studien über Schriftsteller wie Gustave Flaubert, Alain Robbe-Grillet und Raymond Roussel zu publizieren. Im selben Jahr – sogar am selben Tag –, an dem das Roussel-Buch erschien (1963), veröffentlichte Foucault seine bekannte Untersuchung über die »Geburt der Klinik« (*Naissance de la clinique*), womit er endlich dem Wunsch seines Vaters entsprach – wenn auch auf eine für ihn typisch unerwartete Weise: Die Studie konzentrierte sich auf Institutionen und Räume und leistete damit einen Beitrag zur Soziologie beziehungsweise Sozialgeographie.

Michel Foucault in seinem Arbeitszimmer im Collège de France, Paris, 1970

Drei Jahre später folgte Foucaults *Les Mots et les Choses* (*Die Ordnung der Dinge*), eine Studie zur intellektuellen Geschichte mit dem Schwerpunkt auf drei Disziplinen: Linguistik, politische Ökonomie und Biologie. Das Buch begann auf dramatische Weise mit der eingehenden Analyse eines Gemäldes von Velázquez (*Las Meninas*), ein erster Abstecher in die Kunstgeschichte (Foucault schrieb später ein Buch über Manet).[101] In den 1970er Jahren erweiterten sich seine Interessen auf die Gebiete Justiz, Verbrechen und Bestrafung. Mit einem marxistischen Intellektuellen veröffentlichte er einen Dialog über Volksjustiz, dann gab er eine Studie über den Fall eines Familienmörders im 19. Jahrhundert heraus (in Zusammenarbeit mit Teilnehmern seines Seminars) und publizierte eines seiner bekanntesten Bücher, *Surveiller et Punir* (*Überwachen und Strafen*, 1975), das die Geschichte der Gefängnisse untersuchte. Ein Jahr später brachte Foucault den ersten Band einer ambitionierten Geschichte der Sexualität heraus, *La Volonté de Savoir* (*Der Wille zum Wissen*, 1976), an der er bis zu seinem frühen Tod arbeitete. Außerdem hielt er Vorlesungen am Collège de France über weitere Themen, etwa über die von ihm eingeführten Konzepte der »Gouvernementalität« und der »Biopolitik«.

Foucaults diverse Interessen waren alle miteinander verbunden und kreisten immer um die Geschichte des Wissens. Seine Geschichte des Wahnsinns bezeichnete der Autor als Studie über das in Institutionen »investierte« Wissen und seine Geschichte des Gefängnisses als Beitrag zur Herausbildung von Wissen in der modernen Gesellschaft. Seinen Ansatz zur intellektuellen Geschichte begründete er in einem Buch mit dem Titel *L'Archéologie du Savoir* (*Archäologie des Wissens*, 1969). In einem berühmten Interview von 1975 diskutierte er über das Verhältnis zwischen Wissen und Macht (*savoir* und *pouvoir*), und seine Geschichte der Sexualität leitete er mit einem Essay über den »Willen zum Wissen« ein.[102]

Paradoxerweise bot die Konstituierung neuer Disziplinen im Zeitalter der Spezialisierung Universalgelehrten eine neue Rolle, zumindest kurzfristig, da eine neue Disziplin in der ersten Generation zwangsläufig von Professoren unterrichtet wird, die in etwas anderem ausgebildet wurden. Die neue Disziplin erfordert serielle Universalgelehrte, Nomaden in einem Zeitalter der Territorialität. Sie bietet ihnen die Freiheit, die mit einer Grenze des Wissens verbunden ist. Diese Art von Gelegenheit kommt für Universalgelehrte nur einmal, da die zweite Generation bereits in der neuen Disziplin ausgebildet ist und damit die Spezialisierung verstärkt.

Einige Universalgelehrte haben neue Disziplinen mit Namen versehen, von denen sich nur manche durchsetzen konnten. Auguste Comte erfand die Bezeichnung »Soziologie«, Charles Sanders Peirce »Semiotik«, Norbert Wiener »Kybernetik«, Konstantinos Doxiadis »Ekistik«, Félix Guattari »Ökosophie«, Ray Birdwhistell »Kinesik« und Hans Blumenberg »Metaphorologie«. Die Entwicklung der Biometrik oder Biometrie, eine Form mathematischer Biologie, die zu Beginn des 20. Jahrhunderts einsetzte, verdankte sich in erheblichem Maße dem Universalgelehrten Karl Pearson.

Pearson, ein Schüler Francis Galtons, wurde 1884 auf einen Lehrstuhl für angewandte Mathematik am University College in London berufen, wo er einige wichtige Aufsätze über »mathematische Beiträge zur Evolutionstheorie« verfasste. Seine Wissensgebiete waren jedoch sehr viel breiter gestreut. Eine seiner ersten Publikationen war ein Artikel über den Einfluss Moses Maimonides' auf Spinoza, in dem der erst sechsundzwanzigjährige Pearson seine Kenntnisse des Hebräischen, Lateinischen und Niederländischen offenbarte. Er interessierte sich besonders für die deutsche Kultur und hielt in London Vorlesungen über Martin Luther, aber auch, wie er sich später erinnerte, über Ferdinand Lassalle und Karl Marx »an Sonntagen in revolutionären Clubs von Soho«. Später wurde er Professor für Eugenik.[103]

Universalgelehrte spielten auch eine wichtige Rolle in der frühen Entwicklung der Biochemie. Linus Pauling unternahm beispielsweise Forschungen in Physik und Chemie (für die er den Nobelpreis bekam), um sich später der Molekularbiologie zuzuwenden, einem Gebiet, das der »Wissensmanager« Warren Weaver in den 1930er Jahren unterstützte. Weaver hatte Bauwesen studiert und Mathematik unterrichtet und wurde 1932 zum Direktor der Abteilung für Naturwissenschaften bei der Rockefeller Foundation ernannt, um dort ein neues Programm für Biochemie zu initiieren, die seinerzeit als Forschung von »Lebensprozessen« bezeichnet wurde. Weaver hatte ein direktes Verhältnis zu seinem Aufgabenbereich: Er segnete Projekte persönlich ab und blieb mittwochs immer zu Hause, um sich durch die Lektüre der neuesten Fachpublikationen auf dem Laufenden zu halten. Wie vielseitig Weaver interessiert war, belegen seine Zusammenarbeit mit Claude Shannon bei der mathematischen Informationstheorie, sein Engagement für die Grüne Revolution in der Dritten Welt, seine Arbeit zur maschinellen Übersetzung und sein Buch *Lady Luck* (dt. *Die Glücksgöttin*) über die Wahrscheinlichkeitstheorie.[104]

Die Sozialwissenschaften

Besonders sichtbar ist die Rolle von Universalgelehrten in den Sozialwissenschaften, die sich ab dem späteren 19. Jahrhundert als eigenständige Disziplinen entwickelten. Einige Vertreter dieser neuen Disziplinen kamen aus der Medizin wie zum Beispiel Paolo Mantegazza, der von seinem Lehrstuhl für Pathologie an der Universität Pavia auf einen für Anthropologie wechselte. Er veröffentlichte Artikel zu unterschiedlichsten Themen sowie einen Zukunftsroman.[105] Sein Landsmann Giuseppe Pitrè wurde als Mediziner ausgebildet, widmete sich später als Historiker der italienischen Folklorekultur und wurde schließlich, mit siebzig Jahren, Professor für »Volkspsychologie« (*demopsicologia*) an der Universität Palermo.[106] Ein dritter Italiener, Cesare Lombroso, war ursprünglich Chirurg, wechselte dann zur Psychologie (und Parapsychologie) und wurde schließlich als Begründer der Anthropologie von Kriminellen berühmt.[107]

Ein vierter Italiener, Vilfredo Pareto, begann seine berufliche Laufbahn als Ingenieur bei einer Eisenbahngesellschaft, widmete sich dann der Wirtschaftswissenschaft (1893 wurde er Professor für politische Ökonomie in Lausanne) und schließlich den Politik- und Sozialwissenschaften. Bei seinen Streifzügen durch die verschiedenen Disziplinen hielt Pareto an der Idee des Gleichgewichts fest und demonstrierte damit einmal mehr, welchen Beitrag serielle Universalgelehrte zur Innovation leisten können.[108] Dasselbe gilt für die disziplinäre Frühgeschichte der Soziologie, Psychologie und Anthropologie sowie für die neueren Fachgebiete Informatik, Allgemeine Systemtheorie und Semiotik.

Soziologie

Die Soziologie, von Auguste Comte so benannt, verdankt ihren Aufstieg Universalgelehrten. Der Franzose Frédéric Le Play, dessen Buch Geddes inspirierte, war Ingenieur und Professor für Metallurgie, ehe er sich der Familiensoziologie zuwandte und der von ihm so bezeichneten *économie sociale*. Der Belgier Adolphe Quételet begann seine Laufbahn als Mathematiker, wechselte dann zur Astronomie und Meteorologie. Sein Interesse für Wahrscheinlichkeitstheorien veranlasste ihn, Statistik und »Sozialphysik« zu studieren, womit er zur Anthropometrie und zu dem beitrug, was wir heute als »Kriminologie« kennen. Sehr viel später wurde die statistische Wende in der nordamerikanischen Soziologie durch den österreichischen Emigranten Paul Lazarsfeld befördert, der sich ursprünglich mit angewandter Mathematik beschäftigt hatte.[109]

Émile Durkheim, einer der berühmtesten Soziologen, begann seine akademische Karriere als Dozent für Philosophie und Pädagogik. Sein Rivale Gabriel Tarde, ursprünglich Richter, wurde später Professor für Philosophie am Collège de France.

Tarde verfasste nicht nur ein Buch über soziale »Gesetze« wie Imitation, sondern wendete auch als Kriminologe anthropologische und psychologische Methoden auf Kriminelle an. Ebenso wie Mantegazza schrieb Tarde zudem einen utopischen Roman.[110] In Deutschland hatte Georg Simmel, der sich wie Durkheim darum bemühte, die Soziologie als eigenständige Disziplin zu etablieren, den Ruf, über ein »ausgebreitetes und vielseitiges Wissen« zu verfügen.[111] Er veröffentlichte Essays zu unterschiedlichen Themen, über Rembrandt und Goethe ebenso wie über Psychologie und Philosophie.

In den Vereinigten Staaten wurde Lester Ward 1906, im Alter von fünfundsechzig Jahren, zum Professor für Soziologie an die Brown University berufen. Er hatte zuvor als Bibliothekar für das Bureau of Statistics gearbeitet und als Botaniker, Geologe und Paläontologe für den United States Geological Survey. Entsprechend verfügte er über das Selbstbewusstsein, einen seiner Kurse mit »A Survey of All Knowledge« zu betiteln.[112]

In Großbritannien war zwar schon 1904 eine Abteilung für Soziologie an der London School of Economics eingerichtet worden, doch die Disziplin entwickelte sich hier nur langsam. Insofern konnte der deutsche Universalgelehrte Norbert Elias noch in den 1950er Jahren einen wesentlichen Beitrag zu dieser Entwicklung leisten. Elias hatte sowohl Medizin, Philosophie, Geschichte und Psychoanalyse als auch Soziologie studiert, und alle diese Disziplinen sollten seine Gesellschaftstheorie beeinflussen. Er besaß genügend Kenntnisse über Embryologie, um die theoretischen Implikationen der Recherchen seines Freundes Alfred Glucksman zu erörtern.[113] Nach Hitlers Machtantritt emigrierte Elias über Paris nach Großbritannien, wo er die Psychoanalyse entdeckte. In seinem berühmtesten Werk, *Über den Prozess der Zivilisation* (1939), verband er Geschichte, Psychologie und Gesellschaftstheorie miteinander.

Norbert Elias bei der Verleihung des Oranien-Nassau-Ordens, Amsterdam, 1987

Nachdem er 1954 – im Alter von siebenundfünfzig Jahren – eine Dozentenstelle an der University of Leicester bekommen hatte, spielte Elias eine entscheidende Rolle beim Aufbau der Abteilung. Er lehnte es ab, als historischer

Soziologe eingeordnet zu werden: Jede Art von Soziologie, so sein Argument, sollte eine historische Dimension haben, und seine Kollegen kritisierte er für ihren »Rückzug in die Gegenwart«. Elias studierte in diesem Sinne die zeitgenössische Gesellschaft, vor allem aber war er ein höchst origineller Theoretiker. Im Rückgriff auf seine medizinische Ausbildung blieb die Beziehung zwischen dem Körper und der Gesellschaft ein durchgängiges Thema in seinem Werk, von den frühen Studien zu guten Sitten bis zu den späteren über Sport. Bei der Entwicklung der Soziologie des Wissens, die mit Karl Mannheim assoziiert wird (dessen Assistent er Anfang der 1930er Jahre an der Universität Frankfurt gewesen war), analysierte Elias den Prozess der Spezialisierung und den Aufstieg des von ihm so bezeichneten »wissenschaftlichen Establishments«, dessen interne Rivalität er mit der Konkurrenz zwischen Firmen und Nationalstaaten verglich.[114]

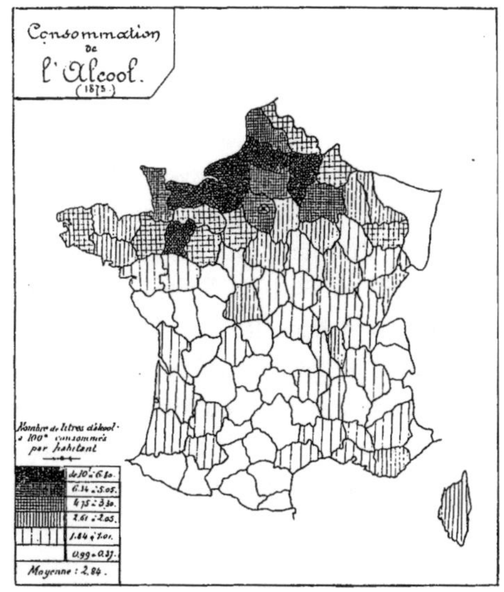

Alkoholkonsum 1873 in Frankreich, Karte aus Émile Durkheims *Le suicide. Étude de sociologie*, 1897

Psychologie

In dem Maße, wie die Psychologie im späten 19. Jahrhundert von der Philosophie unabhängig wurde, erregte sie das Interesse serieller Universalgelehrter. Wilhelm Wundt zum Beispiel begann seine Laufbahn in Medizin und Physiologie, wechselte dann zur experimentellen Psychologie – ein Fach, zu dessen Mitbegründern er gehörte – und schließlich zur Philosophie und zur »Völkerpsychologie«.[115] William James, der Wundt vorwarf, er beabsichtige, »eine Art Napoleon der intellektuellen Welt« zu werden, nahm einen ähnlichen Werdegang. Er studierte Medizin in Harvard, wurde dort Dozent für Anatomie und Physiologie und gründete 1875 ein Labor für experimentelle Psychologie, das als das weltweit erste seiner Art gilt. James bleibt vor allem als Philosoph in Erinnerung und als Verfasser des Werks *Varieties of Religious Experience* (1902, dt. *Die religiöse Erfahrung in ihrer Mannigfaltigkeit*, 1914).[116]

Der Franzose Gustave Le Bon, auch er als Mediziner ausgebildet, schrieb zunächst Reisebücher und populärwissenschaftliche Werke, verdankte seinen späteren Ruf aber Untersuchungen in Psychologie, insbesondere der Massenpsychologie, ein

Interesse, das – ebenso wie im Fall des bereits erörterten Hippolyte Taine – durch seine Beobachtungen während der Pariser Kommune von 1871 geweckt wurde.[117]

Ein weiterer Universalgelehrter war der Begründer der Psychoanalyse. Sigmund Freud begann seine Laufbahn an der medizinischen Fakultät der Wiener Universität und studierte anschließend Meeresbiologie in Triest. Mit der Untersuchung der Nervenzellen von Fischen wandte er sich der Physiologie zu. Tatsächlich war Freud zwanzig Jahre lang »vor allem Neurologe und Anatom«. Sein erstes Buch, *Aphasia* (1891), gilt als »solider Beitrag zur konventionellen Neuropathologie«.[118] Als er zur Psychologie wechselte und die Methode der Psychoanalyse entwickelte, ließ er sich bei seinem genetischen Ansatz von der Biologie inspirieren. Freud, ein Bewunderer Darwins, wurde als »Darwin der Psyche« und als »Biologe der Seele« bezeichnet.

Freuds Interessen beschränkten sich nicht auf die Naturwissenschaften. Seine humanistische Erziehung hinterließ Spuren in seinem späteren Werk, am auffälligsten in seinem Konzept des »Ödipuskomplexes«. Sehr belesen in zeitgenössischer Literatur, verfasste er Texte über Shakespeare und andere Autoren. Er studierte sowohl Geschichte als auch Kunstgeschichte und schrieb über Leonardo da Vinci sowie über einen Fall von Teufelsneurose im 17. Jahrhundert. Zudem sammelte er altägyptische Artefakte. Er entdeckte die Anthropologie, die ihn veranlasste, in *Totem und Tabu* (1913) »einige Übereinstimmungen im Seelenleben der Wilden und der Neurotiker« zu erörtern (was bei maßgeblichen Anthropologen wie Franz Boas auf Widerspruch stieß).[119]

Anthropologie

Die erste Generation derjenigen, die Anthropologie (oder Ethnologie) lehrten und über das Thema schrieben, kam aus unterschiedlichsten Disziplinen. Unter ihnen befanden sich ehemalige Mediziner, Zoologen, Altphilologen und Theologen.

Der Franzose Paul Broca, Gründer der Société d'Anthropologie de Paris, war ursprünglich Mediziner und richtete seine Aufmerksamkeit insbesondere auf physische Anthropologie. Demgegenüber war Marcel Mauss, Durkheims Neffe und intellektueller Erbe, ein Pionier der Kulturanthropologie. Sein *Essai sur le don* (1925, dt. *Die Gabe*, 1968) gilt nach wie vor als Standardwerk auf diesem Gebiet. Mauss hatte noch breiter gestreute Interessen als sein Onkel. Er studierte orientalische Philologie und lehrte sowohl Ethnographie als auch Religionsgeschichte. Außerdem unternahm er Studien in Rechtwissenschaft, Nationalökonomie und Geschichte. Dementsprechend pflegten seine Studenten von Mauss zu sagen, er wisse alles. Er schrieb und veröffentlichte relativ wenig, denn er verbrachte seine Zeit lieber damit, neue Dinge zu lernen. Sein Ruf gründet sich auf ein paar zukunftsweisende Essays, die er unmöglich hätte schreiben können, wäre er nicht so ungeheuer belesen gewesen.[120] In den Vereinigten Staaten war Franz Boas, ein Emigrant aus

Deutschland und ebenfalls Pionier auf dem Gebiet der Kulturanthropologie, als Geograph und Museumskurator aktiv gewesen, ehe er 1899 an der Columbia University eine Professur für Anthropologie erhielt. Einige seiner Studenten und Adepten sollten selbst zu bedeutenden Vertretern der neuen Disziplin werden.[121]

Der Engländer Alfred Haddon war ein Zoologe, der sich für die ländliche Kultur an der Westküste Irlands zu interessieren begann, während er dort Seeanemonen untersuchte. 1898 wurde er eingeladen, als Zoologe an einer Expedition zu den Torres-Strait-Inseln (heute Teil des australischen Bundesstaats Queensland) teilzunehmen, wo er jedoch ebenfalls sein Augenmerk auf die lokale Kultur richtete. Zwei Jahre später erhielt er einen Lehrauftrag für Ethnologie an der University of Cambridge.[122] Ein weiterer Teilnehmer der Torres-Strait-Expedition war William Rivers, der auf Rat von Haddon seine intellektuellen Betätigungsfelder, zu denen Medizin, Neurologie und Psychologie gehörten, um Anthropologie erweiterte. Mit seiner Studie *The Todas* (1906) leistete er einen wesentlichen Beitrag zur Ethnographie Indiens.[123]

Ein anderer Weg zur Anthropologie führte über die Altphilologie, wie im Fall von James Frazer: Er begann sich für komparative Mythologie und Religion zu interessieren und verfasste das Standardwerk *The Golden Bough* (1890, dt. *Der goldene Zweig*, 1928), dank dessen er als Vorläufer, wenn nicht als Begründer der Sozialanthropologie gilt.[124] Einige der zahlreichen Publikationen Andrew Langs, eines weiteren (und ebenfalls schottischen) Altphilologen, beschäftigten sich mit Anthropologie und Folklore, zwei Disziplinen, zwischen denen zu Beginn des 20. Jahrhunderts noch nicht eindeutig unterschieden wurde. Lang wurde als »Jäger, Freibeuter und Grenzüberschreiter« bezeichnet.[125] Er schrieb über Mythologie, psychische Forschung und schottische Geschichte.[126] Bronisław Malinowski, der in Krakau Mathematik und Physik studiert hatte, ließ sich später von Frazers *Golden Bough* zu seiner legendären anthropologischen Wende inspirieren. Dasselbe Buch veranlasste auch Jack Goody, der ursprünglich englische Literatur in Cambridge unterrichtet hatte, zur Anthropologie zu wechseln (später schrieb er zudem über Geschichte und Soziologie).

William Robertson Smith, der bemerkenswerteste unter den britischen Universalgelehrten, die sich der Anthropologie in ihrer Frühzeit widmeten, hatte ebenso wenig wie Lang jemals einen Posten in dieser Disziplin inne. Smith, ebenfalls Schotte, fungierte in den 1880er Jahren eine Zeitlang als Chefredakteur der *Encyclopaedia Britannica*. Einer seiner Kollegen sprach einmal von der »seltenen Vielseitigkeit« seines Wissens, und in einem Nachruf

William Robertson Smith, Gemälde von George Reid, Cambridge, Christ's College, 1877

auf ihn hieß es: »In der Tiefe und Breite seines Wissens hatte Professor Smith unter den Lebenden nicht Seinesgleichen«.[127] Sein intellektueller Werdegang führte ihn von der Mathematik zur Theologie und einem Lehrstuhl für Bibelexegese in Aberdeen, von dem er wegen »Häresie« vertrieben wurde. Er bekam eine Professur für Arabisch in Cambridge und veröffentlichte eine Studie zu Verwandtschaft und Ehe im frühen Arabien (*Kinship and Marriage in Early Arabia*, 1885). Die Freundschaft mit Smith veranlasste Frazer, sich der Anthropologie zuzuwenden.[128]

Informatik

Um die Mitte des 20. Jahrhunderts gab es eine Reihe von Universalgelehrten, die in dem neuen, sich rasch entwickelnden Forschungsfeld der Computer und der künstlichen Intelligenz aktiv wurden. Zu ihnen gehörten – in der Reihenfolge ihres Alters – Norbert Wiener (geboren 1894), John von Neumann (1903), Alan Turing (1912) und Claude Shannon (1916). Weitere Universalgelehrte, die sich auf diesem Gebiet engagierten, waren Herbert Simon, Allen Newell und Marvin Minsky.

Wiener machte im Alter von vierzehn Jahren einen ersten Abschluss in Mathematik, promovierte drei Jahre später über mathematische Logik und betätigte sich in verschiedenen Jobs – unter anderem als Ingenieur und Journalist –, um schließlich Professor für Mathematik am Massachusetts Institute of Technology (MIT) zu werden. Seine Beschäftigung mit der automatischen Zielsteuerung von Flugabwehrgeschützen während des Zweiten Weltkriegs brachte ihn zu dem von ihm so benannten Gebiet der »Kybernetik«. Ab 1946 nahm er an den jährlich zu diesem Thema stattfindenden Konferenzen der Macy Foundation teil, wo er auch in einen Gedankenaustausch mit John von Neumann treten konnte.[129]

Neumann, der sich ebenfalls als mathematisches Wunderkind hervorgetan hatte, studierte später Chemie und unternahm Forschungen in Hydrodynamik und Meteorologie. Ein Bekannter sagte: »von Neumanns Geist war allumfassend. Er konnte auf jedem beliebigen Gebiet Probleme lösen.«[130] Am Institute for Advanced Study in Princeton arbeitete er zu Wirtschaftsmathematik, wobei er unter anderem die berühmte Spieltheorie auf ökonomisches Verhalten anwendete. Durch den Einsatz von Computern als Hilfsmittel bei seinen Berechnungen begann Neumann ihre Verbesserung in den Blick zu nehmen und entwickelte ein geradezu »obszönes Interesse« für diese Apparate inklusive ihrer Viren.[131] Ab 1946 nahm auch er an den Macy-Konferenzen teil.[132]

Claude Shannon machte an der University of Michigan zwei Abschlüsse – einen in Mathematik und einen in Elektrotechnik – und wurde mit einer Studie über die Anwendung der Mathematik auf die Genetik promoviert. Sein Aufsatz »A Mathematical Theory of Communication« (1948), der sich zum Teil auf die Arbeit Norbert Wieners stützte, bildete die Grundlage der Informationstheorie. Daraus entstand das gemeinsam mit dem bereits erwähnten »Wissensmanager« Warren Weaver verfasste Buch *The Mathematical Theory of Communication* (1949, dt. *Mathematische Grundlagen in der Informationstheorie*, 1976). Shannon erfand unter anderem einen Apparat, der die Funktionsweise von Computern erklärt.[133]

Während des Zweiten Weltkriegs arbeitete Shannon an Decodierungsprogrammen. In dieser Eigenschaft kam er mit dem Engländer Alan Turing in Kontakt, einem seriellen Universalgelehrten, der seinerseits Mathematiker, Philosoph, Kryptanalytiker, Ingenieur und theoretischer Biologe war. 1936 erfand Turing eine »universelle Maschine«, heute als »Turing-Maschine« bekannt, die in der Lage war, die Arbeit aller anderen Maschinen zu verrichten. Die berühmteste Episode in Turings Laufbahn ereignete sich während des Zweiten Weltkriegs, als er zur Funkabhörstelle Bletchley Park abgestellt wurde, um bei der Dechiffrierung des deutschen »Enigma«-Codes zu assistieren. Dort entwarf er einen Apparat, mit dessen Hilfe dies tatsächlich gelang. Nach dem Krieg arbeitete Turing an einem wissenschaftlichen Programm, das er »Imitationsspiel« nannte, mit anderen Worten an der Konstruktion eines Computers, der Fragen auf eine Weise beantworten kann, die von menschlichen nicht zu unterscheiden wären. Seine brillante Karriere fand ihr tragisches Ende, als er, wegen Homosexualität angeklagt, mit knapp zweiundvierzig Jahren (vermutlich durch Suizid) starb.[134]

Die Karrieren dieses Quartetts außerordentlicher Figuren betonen zwei Themen, die in diesem Buch immer wieder auftauchen. Das eine ist die Faszination, die ein entstehendes Studiengebiet auf Einzelpersonen mit breit gestreuten Interessen ausübt. Das andere ist die Rolle von Außenseitern als Erneuerer, wenn sie Probleme in einer bestimmten Disziplin mit einer Denkgewohnheit untersuchen, die in einer anderen ausgebildet ist.

Allgemeine Systemtheorie

Gegen Ende seines kurzen Lebens beschäftigte sich Turing mit mathematischer Biologie, was ihn veranlasste, die Analogien zwischen Lebewesen und Maschinen aus entgegengesetzter Perspektive zu betrachten. Auf ähnliche Weise wurde Neumann bei seiner Arbeit mit Computern dazu angeregt, das Nervensystem als etwas Digitales zu denken, womit er zum Entstehen der Neurowissenschaften beitrug. Sein Buch *The Computer and the Brain* wurde posthum 1958 veröffentlicht (dt. *Die Rechenmaschine und das Gehirn*, 1960).

Für Biologen unter den Universalgelehrten wie Lawrence Henderson, Ludwig von Bertalanffy und Anatol Rapoport standen Systeme schon länger im Fokus. Henderson war als Chemiker tätig, ist aber insbesondere für seine physiologischen Forschungen bekannt. Während er im Chemielabor in Harvard arbeitete, besuchte er die von Josiah Royce veranstalteten Philosophie-Seminare. Henderson organisierte später ein eigenes Seminar zur Soziologie Vilfredo Paretos und veröffentlichte ein Buch aus physiologischer Sicht über ihn, in dem er die Idee disziplinübergreifender Systeme erörterte.[135]

Biologen bilden ebenso wie Ingenieure eine Gruppe, die in und mit Systemen denkt. Der Österreicher Ludwig von Bertalanffy war zum Beispiel Biologe und zugleich Begründer der Allgemeinen Systemtheorie. Seine akademische Laufbahn begann er mit philosophischen und kunsthistorischen Studien, seine Dissertation schrieb er über das Werk eines weiteren Universalgelehrten, des Philosophen-Psychologen-Physikers Gustav Fechner. Später wandte er sich der theoretischen Biologie zu und übernahm dabei einen mathematischen Ansatz (die »Bertalanffy-Gleichung« beschreibt das Wachstum eines Organismus nach mathematischen Kategorien). Des Weiteren kontrastierte er die »geschlossenen Systeme« der Physik, die den Gesetzen der Thermodynamik unterliegen, mit den »offenen Systemen« lebender Dinge und ging sogar so weit, Psychologie und die Sozialwissenschaften in seine *General Systems Theory* (1969) – kurz GST – zu integrieren.[136]

Der aus Russland stammende Amerikaner Anatol Rapoport war ein dritter Wissenschaftler mit breit gestreuten Interessen – unter anderem Musik und Psychologie –, die sich wie diejenigen Bertalanffys vor allem auf mathematische Biologie, die Verhaltenswissenschaften und die Allgemeine Systemtheorie konzentrierten (er war 1954 an der Gründung der Society for General Systems Research beteiligt). Was ihn nach eigenen Worten faszinierte, war »die fundamentale Vernetzung von allem mit allem anderen«.[137]

Der universalgelehrte Ökonom Kenneth Boulding datierte die Geburt der GST auf das Treffen, das 1954 im kalifornischen Palo Alto zwischen Bertalanffy, Rapoport, Ralph Gerard und ihm selbst stattfand und bei dem den Beteiligten klar wurde, dass sie »sich alle aus verschiedenen Richtungen einer Art allgemeiner Systeme annäherten«.[138]

Semiotik

Die Semiotik ist eher ein Kreuzungsbereich als ein eigenständiges Fachgebiet oder eine Disziplin, weshalb es nicht verwundern darf, dass Universalgelehrte in der Entwicklung dieser »Wissenschaft der Zeichen« eine wesentliche Rolle gespielt haben. Zu ihnen gehören Charles Sanders Peirce, Roman Jakobson, Juri Lotman, Roland Barthes, Charles Morris, Jakob von Uexküll, Thomas Sebeok, Giorgio Prodi und Umberto Eco, eine internationale Gruppe, die von sehr unterschiedlichen Ausgangspunkten zu diesem Ziel gelangte.

Peirce, heute vor allem als Philosoph bekannt, studierte Chemie und Zoologie und führte eigene Forschungen zur Schwerkraft und zur Wahrscheinlichkeitsmathematik durch. Bei seiner Arbeit zur Logik gelangte er zu einer Art Schlussfolgerung, die weder Deduktion noch Induktion war, und prägte zu ihrer Beschreibung den Begriff »Abduktion«. Er studierte außerdem Psychologie und Ökonomie. Wie andere Universalgelehrte von Bacon bis Comte interessierte sich Peirce für die Klassifizierung der Wissenschaften. Er untersuchte die von ihm so genannte »Semiotik« vom Standpunkt eines Logikers aus, wobei er zwischen drei Arten von Zeichen unterschied: ein »Ikon«, das seinem Objekt ähnelt; ein »Index«, der mit seinem Objekt verbunden ist; und ein Symbol.[139]

Roman Jakobson bezeichnete sich selbst gerne als »russischen Philologen« – so lautet auch die Inschrift (in kyrillischen Buchstaben) auf seinem Grabstein –, doch die Interessen dieses polyglotten Gelehrten waren sehr viel breiter gestreut. Kollegen nannten ihn einen »Polyhistor« und »einen der vielseitigsten Gelehrten des 20. Jahrhunderts«.[140] Sein Hauptaugenmerk galt zwar der Sprache, aber darüber hinaus gab es viele weitere Dinge, die ihn beschäftigten.

Jakobson war ein Freund des russischen Volkskundlers Petr Bogatyrev, »der mich«, so schrieb er später, »in die Wonnen und die mühseligen Aufgaben der ethnographischen Feldforschung einführte«.[141] Gemeinsam veröffentlichten sie einen wegweisenden Aufsatz zur Folkloristik, in dem sie diese kontrastierend mit der Literatur verglichen. Folklore, so die Autoren, entspricht dem, was Linguisten als *langue* bezeichnen, im Sinne eines Systems von Ressourcen des Sprechvermögens, während Literatur dem Begriff *parole* entspricht, einer bestimmten Auswahl aus diesen Ressourcen.[142] Der Aufsatz bietet ein typisches Beispiel für die wiederkehrende Verwendung binärer Gegensätze in Jakobsons Werk – nicht umsonst hatte er in seiner Jugend Hegels Dialektik studiert.[143]

Sein Interesse für Sprache führte Jakobson auch zur Psychologie und Neuropsychologie.[144] Er erforschte den Spracherwerb von Kindern und veröffentlichte 1956 einen berühmt gewordenen Aufsatz zur Aphasie. Darin machte er zwei Typen dieser Sprachstörung aus, die zwei bekannten rhetorischen Stilfiguren entsprechen: der (auf Ähnlichkeit basierenden) Metapher und der (auf Kontiguität basierenden) Metonymie.[145] Dieser Aufsatz illustriert einmal mehr, wie serielle Universalgelehrte originelle Beiträge zu ihren zweiten oder dritten Disziplinen leisten, indem sie sich ihnen mit den mentalen Gewohnheiten annähern, die sie in ihrer ersten erworben haben.

Jakobsons Ideen wirkten sich sogar auf Disziplinen aus, zu denen er keinen persönlichen Beitrag geleistet hatte. So verdankte sich etwa der methodische Ansatz des Psychoanalytikers Jacques Lacan zum sprachlichen Unbewussten seinem Werk.[146] Claude Lévi-Strauss, der Jakobson 1941 in New York kennenlernte und später mit ihm zusammenarbeitete, betonte, wie sehr er von seinen Ideen über die Bedeutung binärer Gegensätze in der Sprache beeinflusst worden sei. Insofern trug Jakobson zur strukturalistischen Anthropologie bei und damit zu einem allgemeineren Aufstieg des Strukturalismus (ein Begriff, den er bereits 1929 verwendet hatte: Die Beziehungen zwischen Dingen, so schrieb er damals, sind wichtiger als die Dinge an sich).[147]

Der Russe Juri Lotman, der Jakobson ebenfalls bewunderte und die Tartu-Schule der Semiotik begründete, prägte den Begriff »Semiosphäre« für ein Gebiet, in dem unterschiedliche Zeichensysteme aufeinandertreffen. Roland Barthes wiederum bevorzugte den Begriff »Semiologie« und konzentrierte sich bei seiner Forschung auf Literatur, wandte diesen »strukturalistischen« Ansatz aber darüber hinaus auf Sprache, Werbung, Sumo-Wrestling, Essen und insbesondere auf Mode an. Selbst in seinem Bericht über einen Japan-Besuch präsentierte sich der Autor als Beobachter, dem es in erster Linie um das Lesen von Zeichen geht.[148]

Der Amerikaner Charles Morris studierte Ingenieurwesen und Psychologie und promovierte in Philosophie, um sich später der Semiotik zuzuwenden. Er gehörte der Bewegung zur Einheit der Wissenschaft an. Sein ehemaliger Student Thomas Sebeok war als Linguist und Anthropologe tätig, bevor er zur Etablierung der Biosemiotik beitrug, wobei auch der deutschbaltische Adlige Jakob von Uexküll einen großen Anteil hatte. Uexküll war Physiologe, Biologe und Ökologe, der analysierte, auf welche Weise unterschiedliche Tiere ihre Umwelt wahrnehmen (der von ihm eingeführte Begriff »Umwelt« wurde von Lotman übernommen). Er untersuchte lebende Organismen als Beispiele der Informationsverarbeitung, die auf Zeichen reagieren. Der Italiener Giorgio Prodi, der von Haus aus Mediziner war, gehörte ebenfalls zu den maßgeblichen Wissenschaftlern auf dem Gebiet der Biosemiotik. Er war mit Umberto Eco befreundet, einem der herausragenden Universalgelehrten der jüngeren Zeit, dem der frühere italienische Ministerpräsident Giulio Andreotti eine »facettenreiche Persönlichkeit« (»una poliedrica personalità«) bescheinigte.[149]

Eco war Philosoph, Literaturkritiker, Semiotiker und Essayist, der über eine unglaubliche Vielfalt von Themen schrieb – serielle Musik, *Candomblé*, die Roten Brigaden, das Mittelalter und so weiter. Seine Essays, die oft als Artikel in Publikumszeitschriften wie *L'Espresso* erschienen, boten einer sehr heterogenen Leserschaft anschauliche, gut verständliche Zusammenfassungen schwieriger Themen und Argumente, die der landläufigen Meinung über die behandelten Personen und Sujets häufig widersprachen. So wie Susan Sontag überbrückte Eco die Kluft zwischen Hoch- und Populärkultur: Unter Verwendung semiotischer Kategorien schrieb er über Superman und James Bond, brachte Heidegger mit der Sportpresse in Zusammenhang oder erörterte das Mittelalter, wie es einerseits von dem französischen Historiker Georges Duby und andererseits von der – so Eco – »pseudo-mittelalterlichen Pulp-Figur« *Conan der Barbar* evoziert wird.

Eco, der im Wesentlichen einer akademischen Laufbahn folgte, schrieb seine Dissertation über die Ästhetik bei Thomas von Aquin (1954). Inspiriert von seiner Freundschaft mit dem Komponisten Luciano Berio verfasste er eine allgemeine Studie über die Avantgarden in Künsten und Wissenschaften, wobei er Analogien zwischen verschiedenen »disziplinären Universen« zog, wie er sie nannte.[150] Von einer Dozentenstelle für visuelle Kommunikation an der Universität Florenz wechselte Eco auf einen Lehrstuhl für Semiotik an der Universität Bologna. Neben seinen universitären Verpflichtungen arbeitete er für das Fernsehen, im Verlagswesen, als Journalist und schließlich als Romanschriftsteller, angefangen mit seinem Bestseller *Der Name der Rose* (1980), in dem er mehrere seiner Interessen miteinander verknüpfte. In der im Mittelalter angesiedelten Mordgeschichte folgt der Detektiv Peirces Methode der Abduktion, die Lösung des Geheimnisses ergibt sich letzten Endes aus der korrekten Deutung eines Zeichens.[151]

Sechs serielle Universalgelehrte

Es gibt zu viele Universalgelehrte, die im 20. Jahrhundert aktiv waren, als dass sich alle in diesem Kapitel unterbringen ließen. Gleichwohl müssen sechs von ihnen unbedingt genannt werden, die in ihrem breiten Spektrum an die »Monster« des 17. Jahrhunderts erinnern. In chronologischer Reihenfolge ihres Geburtsjahrs sind dies: Pavel Florenskij (1882), Michael Polanyi (1891), Joseph Needham (1900), Gregory Bateson (1904), Herbert Simon (1916) und Michel de Certeau (1925).

Pavel Florenskij wurde als »Russlands unbekannter da Vinci« bezeichnet. Nach seinem Mathematik- und Philosophiestudium an der Moskauer Universität wurde er orthodoxer Priester, hielt Vorlesungen über Theologie und veröffentlichte Studien in dieser Disziplin, aber auch in Philosophie sowie in Kunstgeschichte und -theorie. Bei seinen Untersuchungen von Ikonen konzentrierte er sich auf deren räumliche Darstellung, wobei er den Habitus eines Geometrikers an den Tag legte. Erstaunlicher mutet es an, dass Florenskij auch Volkslieder sammelte und Forschungen zur Elektrodynamik anstellte, was er als Kompensation für »die kulturelle Sterilität« der selbstgenügsamen Mathematik bezeichnete. Um diese Zeit, in den 1920er Jahren, war die Elektrifizierung ein Hauptprojekt der jungen Sowjetunion, und Florenskij nahm daran in Elektrifizierungskommissionen teil (bei einer der Konferenzen zum Thema trat er in seinem Priestertalar auf – zur Überraschung des ebenfalls anwesenden Leo Trotzki). Selbst nach seiner Verhaftung während der Stalinschen Säuberungen forschte Florenskij weiter über so unterschiedliche Themen wie die Sprache der Oroqen und die Gewinnung von Jod aus Seetang.[152]

Pavel Florenskij (links) und Sergei Bulgakow, Gemälde von Michail Wassiljewitsch Nesterow, Moskau, Staatliche Tretjakow-Galerie, 1917

Michael Polanyi stammte aus Ungarn und wurde als Mediziner ausgebildet. In Deutschland nahm er ein Chemiestudium auf und emigrierte 1933 nach der Machtergreifung der Nazis nach England, wo er Professor für physikalische Chemie (C.P. Snows Disziplin) an der University of Manchester wurde. Schon zu seiner Zeit in Deutschland entwickelte Polanyi ein starkes Interesse für Ökonomie und Sozialstudien, das durch Debatten mit seinem älteren Bruder angeregt wurde (Karl verteidigte den Sozialismus, während Michael ihn ablehnte). Später verließ er die Abteilung für Chemie, um Philosoph zu werden. In dieser neuen Laufbahn, die er als Siebenundfünfzigjähriger begann, untersuchte Polanyi »Wesen und Berechtigung wissenschaftlichen Wissens«, wie er im Vorwort zu seinem Buch *Personal Knowledge* (1958) schrieb. Des Weiteren analysierte er das von ihm so genannte »implizite Wissen«, also das praktische Wissen, das Menschen besitzen, ohne sich dessen bewusst zu sein. Polanyis Bemerkung gegenüber einem Freund, er sei sein »ganzes Leben lang ein Vagabund« gewesen, lässt sich gleichermaßen auf seinen intellektuellen Werdegang wie auf seine Ortswechsel von Ungarn nach Deutschland und von Deutschland nach Großbritannien anwenden.[153]

Joseph Needham, der ebenso wie Lasswell als »Renaissance-Mensch des 20. Jahrhunderts« bezeichnet wurde, startete seine Laufbahn als Biochemiker. Später begann er sich nicht nur für die Embryologie, sondern auch für ihre Geschichte zu interessieren.[154] Seine Leidenschaft für China, die in den späten 1930er Jahren geweckt wurde, verstärkte sich durch seinen jahrelangen Aufenthalt in diesem Land während des Zweiten Weltkriegs. Seine Berufung fand Needham als Historiker chinesischer Wissenschaft, und in dieser Eigenschaft schuf er, zusammen mit einer Reihe von Mitarbeitern, ein Standardwerk, das (auch nach dem Tod des Hauptverfassers 1995) weitergeführt wird und sich heute auf 27 voluminöse Bände beläuft, die in einem Zeitraum von über sechzig Jahren veröffentlicht wurden. Wie James Frazer vor ihm wurde Needham zum Fellow sowohl der Royal Society (1941) als auch der British Academy (dreißig Jahre später) gewählt. Als er nach dem Krieg für kurze Zeit nach Cambridge zurückkehrte, arbeitete er an *Science and Civilisation*, während er »gleichzeitig seine Professur in Biochemie wahrnahm und drei Spezialkurse unterrichtete«. Needhams Begeisterung für die Geschichte der chinesischen Wissenschaft blieb für den Rest seines Lebens ungebrochen (als Student in Oxford hörte ich eine seiner Vorlesungen über Wasseruhren und kann bezeugen, dass sein Enthusiasmus ansteckend war).[155]

Nach Needhams Auffassung hatte der »immer stärker werdende Trend zur Spezialisierung« die Menschen vergessen lassen, dass es viele Probleme gibt, »die nicht anhand eines einzelnen Gegenstands zu verstehen sind«. Er stellte gerne große Fragen wie etwa die berühmte »Needham Question«: Warum fand die Wissenschaftliche Revolution in Europa und nicht in China statt? Er war sich der Gefahren von Überstürztheit und Oberflächlichkeit bewusst und bezeichnete seine Essays als »spannende Erkundungen, bei denen nie das letzte Wort über irgendetwas gesagt wird, die vielmehr die Schatzgruben öffnen, welche spätere Gelehrte weiter ausbeuten können«.[156] Seine Bemerkung beschreibt sehr schön, worin der spezifische Beitrag von Universalgelehrten zum allgemeinen Wissensvorrat bestehen kann.

Der Genetiker William Bateson gab seinem Sohn den Namen »Gregory«, als Hommage an den Vorreiter der Vererbungslehre Gregor Mendel, dessen Werk er die Wiederentdeckung zu ermöglichen versuchte. Gregory Bateson begann seine Laufbahn mit einem Zoologiestudium in Cambridge, wechselte dann zur Anthropologie, um, wie er sagte, »mit der normalen, unpersönlichen Wissenschaft zu brechen« und auch um der Rolle des »Sohns von William Bateson« zu entkommen.[157] Er betrieb Feldforschungen unter den Iatmul in Neuguinea und später in Bali, bei denen er mit der Anthropologin Margaret Mead zusammenarbeitete, die zeitweise seine Ehefrau war. Nach der Scheidung von Mead 1950 unterzog sich Bateson einer Psychotherapie und begann diese Disziplin auch theoretisch zu durchdringen. In dem Zusammenhang führte er die Idee der »Doppelbotschaft« (double bind) ein, um miteinander unvereinbare Anforderungen an Personen zu beschreiben, die in einen »Nervenzusammenbruch« münden können, wie es umgangssprachlich heißt. Weil Harvard seine Professur für Anthropologie nicht erneuerte, ging Bateson an die Medical School der University of California in San Francisco, wo er fortan mit dem Psychiater Jürgen Ruesch zusammenarbeitete.

Zu Batesons Betätigungsfeldern gehörten auch Ökologie und Ethologie (er studierte etwa das Verhalten von Ottern und Delphinen), was ihm die Bezeichnung eines »intellektuellen Nomaden« eintrug.[158] Gleichwohl wechselte er nicht einfach von einer Disziplin zur anderen, indem er seinen unterschiedlichen Interessen in verschiedenen Abteilungen nachging. Vielmehr betätigte er sich auf die typische Weise eines Universalgelehrten, der Konzepte aus einer Disziplin verwendet, um eine andere zu studieren. Seine vielfältigen Ideen bezeichnete er als »Ökologie des Geistes« und übernahm das Konzept der Selbstregulierung aus der Informatik, um die Emotionen und das Verhalten von Individuen und Gruppen zu analysieren.

Batesons Interessen mögen disparat erscheinen, doch die meisten von ihnen, wenn nicht sogar alle, kreisten um die Frage der Kommunikation.[159] In Bali in den 1930er Jahren photographierte er Gesten. In den 1940er Jahren agierte er als einer der Vorreiter der Kybernetik und sprach auf den legendären Macy-Konferenzen neben Norbert Wiener und John von Neumann über dieses Thema, worüber er berichtete: »Die Teilnahme an diesen Konferenzen [...] war eine der großen Ereignisse in meinem Leben«.[160] Sein Hauptaugenmerk in der Psychologie lag auf der schizophrenen Kommunikation, und gemeinsam mit seinem Kollegen Ruesch veröffentlichte er ein Buch mit dem Titel *Kommunikation: Die soziale Matrix der Psychiatrie* (1951, dt. Ausg 1995). Auch bei seiner Untersuchung von Delphinen ging es ihm darum, herauszufinden, wie sie miteinander kommunizieren. Nach eigener Aussage wollte Bateson eine »Brücke zwischen allen Zweigen der Erfahrungswelt finden – den intellektuellen, emotionalen, beobachtenden, theoretischen, verbalen und wortlosen«.[161]

Herbert Simon studierte an der University of Chicago zu einer Zeit, als Examen parallel in den Geistes-, Sozial- und Naturwissenschaften abgelegt werden mussten. Er begann seine Laufbahn als Politikwissenschaftler, wobei er sich insbesondere für Prozesse der Entscheidungsfindung interessierte. Seine späteren Forschungen betrafen die Verwaltung in öffentlichen Behörden und privaten Unternehmen. Damit betätigte er sich in den Wirtschaftswissenschaften, für die er 1978 sogar mit dem Nobelpreis ausgezeichnet wurde, ohne je in einer entsprechenden universitären Abteilung gearbeitet zu haben. Sein eigener Kommentar dazu lautete: »Die Psychologen meinen, ich sei ein Ökonom, aber die Ökonomen denken, ich sei ein Psychologe. Tatsächlich fühle ich mich keiner dieser akademischen Gruppen zugehörig, sondern betrachte mich selbst als Weltbürger – als Verhaltenswissenschaftler.«[162] Simons besonderes Augenmerk galt der Verhaltensökonomik, die mit seiner früheren Arbeit zu Entscheidungsverfahren in Zusammenhang stand.[163] Dieser serielle Universalgelehrte betrachtete 1955/56 als Wendepunkt in seinem intellektuellen Leben, »als sich das Labyrinth auf höchst unerwartete Weise verzweigte« und ihn zu einem »Kognitionspsychologen und Informatiker« machte. Gemeinsam mit seinem jüngeren Kollegen Allen Newell – ebenfalls ein Universalgelehrter, der seine Laufbahn als Mathematiker begann – richtete er an der Carnegie Melon University in Pittsburgh ein Labor zur Erforschung künstlicher Intelligenz ein, in dem er mit Hilfe von Computern menschliche Problemlösungen simulierte.[164]

In Hinblick auf seine Untersuchungen zur sogenannten »eingeschränkten Rationalität«, die er zwischen den Polen konventioneller Rationalität und Irrationalität verortete, könnte man Simon auch als Philosophen bezeichnen. Er behauptete von sich, mehr als zwanzig Sprachen zu beherrschen, die ihm dazu dienten, sowohl Belletristik als auch verhaltenswissenschaftliche Sachtexte zu lesen. Nachdem er die Erzählung »Der Garten der Pfade, die sich verzweigen« von Borges gelesen hatte, besuchte er den Autor in Buenos Aires, um mit ihm darüber zu diskutieren, da er Verbindungen zu seinen eigenen Denkgewohnheiten entdeckt hatte.

Der letzte der sechs modernen Monster, der französische Gelehrte Michel de Certeau, bezeichnete sich selbst als Historiker, doch er bewegte sich zwischen neun verschiedenen Disziplinen (Geschichte, Theologie, Philosophie, Soziologie, Anthropologie, Linguistik, Literatur, Geographie und Psychoanalyse). Certeau wurde von Jesuiten in Philosophie und Theologie ausgebildet. Während er an seiner religionswissenschaftlichen Dissertation arbeitete, besuchte er Seminare eines Religionshistorikers (Jean Orcibal) und eines Historikers für Politik und Gesellschaft (Roland Mousnier). Certeau war von der Geschichte der Mystik fasziniert, ein Interesse, das seine frühen Forschungen mit dem gegen Ende seiner Laufbahn veröffentlichten Buch *La fable mystique* (1982, dt. Ausg. *Mystische Fabel*, 2010) verband.

Nach diesem einigermaßen konventionellen intellektuellen Werdegang besuchte Certeau die Seminare des dissidenten Psychoanalytikers Jacques Lacan. Sein Buch *La possession de Loudun* (1970) untersuchte den Fall der angeblich von Teufeln besessenen Nonnen im Kloster Loudun sowohl aus psychoanalytischer als auch historischer und theologischer Sicht (Aldous Huxley hatte 1952 ein Buch über dieselbe Episode geschrieben, allerdings auf eher konventionelle Art).

Die französische Studentenrevolte von 1968, die Certeau als eine *prise de parole* interpretierte (ein Ausdruck mit der doppelten Bedeutung von »Wortmeldung« und »Wortergreifung« im Sinne von Gefangennahme), stimulierte sein Interesse für Politik, Kultur und Gesellschaft. Er veröffentlichte einen Essay über die Bedeutung der »Ereignisse« von 68 sowie eine Studie zur Sprachpolitik in der Französischen Revolution.[165] Aufgrund des Essays wurde Certeau vom Kulturministerium eingeladen, ein Seminar über die Entwicklungsmöglichkeiten der Kultur in Frankreich zu organisieren. Dies veranlasste Certeau zum Versuch eines kollektiven Überblicks über die Kultur der Arbeiterklasse und damit zu seiner bekanntesten Publikation *L'invention du quotidien* (1980, dt. Teilausgabe *Kunst des Handelns*, 1988). In dem zweibändigen Werk argumentierte er gegen die Marxisten, dass der Durchschnittsmensch auch in der zeitgenössischen Gesellschaft noch über einen gewissen Grad an Freiheit verfüge und dass Konsum als eine Form von Produktion betrachtet werden solle.

Giganten oder Scharlatane?

Trotz der oben beschriebenen Leistungen sahen sich Universalgelehrte weiterhin der Kritik ausgesetzt. Selbst in einem eigentlich wohlwollenden Bericht über Otto Neurath hieß es, seine vielen Projekte ließen ihm »keine Zeit, sie auszuarbeiten«.[166] Eine noch schärfer formulierte Kritik der Universalgelehrten, wie sie im Zeitalter zunehmender Spezialisierung zu erwarten war, lief darauf hinaus, sie als Dilettanten, Amateure oder sogar – unter Rückgriff auf den Ausdruck des 17. Jahrhunderts – als Scharlatane zu verunglimpfen.

Émile Durkheim zum Beispiel kritisierte seinen Rivalen, den Universalgelehrten Gabriel Tarde, als »Amateur« und zeigte sich besorgt, »die Soziologie könnte von Aufschneidern überrannt werden«.[167] Von Kenneth Boulding hieß es einmal, er werde »als Ökonom sehr bewundert – von Nicht-Ökonomen«.[168] Isaiah Berlin bezeichnete Michael Polanyi als »großartigen Wissenschaftler«, der die Wissenschaft aufgab, um »mediokre Werke zur Philosophie« zu verfassen.[169] Alan Turing hielt seinen ebenfalls universalgelehrten Kollegen Warren McCulloch für einen »Scharlatan«.[170] Lewis Mumford tat seine universalgelehrten Kollegen Buckminster Fuller und Marshall McLuhan ebenfalls als »Scharlatane« ab.[171] Der britische Historiker Edward Thompson ließ gegenüber Carlo Ginzburg, während die beiden in einem Pariser Café saßen, die Bemerkung fallen: »Foucault ist ein Scharlatan.«[172] Noam Chomsky wiederum nannte den französischen Psychoanalytiker Jacques Lacan »einen totalen Scharlatan«.[173] Nach seiner Meinung zu Jacques Derrida befragt, konnte sich Isaiah Berlin ein Oxymoron nicht verkneifen und antwortete: »Er mag

Noam Chomsky in Amherst (USA) im April 2017

ein echter Scharlatan sein, wenn auch ein kluger Mann.«[174] Ähnliche Äußerungen wurden (gelegentlich von Journalisten) über George Steiner und Slavoj Žižek getätigt.[175] Der Ausdruck »Scharlatan« hat den Vorzug, in einem einzigen Wort ein breites Spektrum von Kritikpunkten zusammenzufassen – Arroganz, Oberflächlichkeit, uneingelöste Versprechungen und »sich in Szene setzen«.

Was Chomsky an Lacan am meisten missfiel, war dessen »Imponiergehabe vor den Fernsehkameras« zu einer Zeit, als einige wenige Intellektuelle wie etwa Steiner, Sloterdijk und Žižek in dieser neuen Art von Rampenlicht standen.

Peter Sloterdijk, der mit einer Dissertation in deutscher Literatur promoviert wurde, weitete seine Studien auf Philosophie, Geographie, Ökologie und Medientheorie aus und lieferte journalistische Beiträge zu zeitgenössischen Themen wie Wohlfahrtsstaat, Terrorismus und Globalisierung. Er suchte die Kontroverse, insbesondere in seinen Angriffen auf lebende Angehörige der Frankfurter Schule, die er als reine Akademiker abtat. Seine eigene Gelehrsamkeit betreffend bezeichnete selbst ein wohlgesonnener Kritiker Sloterdijk als »Intellektuellen im Gewand einer diebischen Elster«. Wie Susan Sontag hat er gesellschaftliche und politische Probleme auf literarische Weise und von einem literarischen Standpunkt aus erörtert, wobei er sich auf Erzählungen und Metaphern konzentriert und seine Argumente durch Romanzitate untermauert.[176]

Žižek, der seine Laufbahn mit zwei Dissertationen begann, eine über Strukturalismus und eine über Psychoanalyse, schreibt außerdem über Soziologie, Politik und Film. Wie Eco und Sontag bereitet es ihm Vergnügen, Hoch- und Populärkultur nebeneinanderzustellen.[177] In seinem Fall, wie auch in dem von Jacques Derrida, hat ein spielerischer Schreibstil Kritiker veranlasst, ihn wahlweise als Scharlatan, als »Komödianten« oder als »Marx Brother« zu bezeichnen.[178]

Manche dieser Kritiken mögen berechtigt sein, andere sind es nicht. Heutzutage ist es kaum möglich, als öffentlicher Intellektueller nicht im Fernsehen aufzutreten. Hinter diesen Vorwürfen verbirgt sich die Annahme, jeglicher Anspruch auf umfassendes Wissen müsse zwangsläufig betrügerisch sein. Diese Vermutung scheint sich mit zunehmender Beschleunigung des Spezialisierungsprozesses immer mehr aufzudrängen.

Was im 20. Jahrhundert neu gewesen sein mag, ist das Bedauern ihrer Vielseitigkeit, das Universalgelehrte gelegentlich selbst zum Ausdruck brachten. Andrew

Lang wurde oft als »versatil« bezeichnet, aber »es gab nichts, was er weniger gerne hörte«. »Wäre ich bei einer einzigen Sache geblieben«, sagte er einmal, »wäre ich in der Anthropologie vielleicht ein wirklich großes Tier geworden.«[179] Eine der diversen Spannungen, die es im Leben und Werk Max Webers gab, war diejenige zwischen dem Generalisten und dem Spezialisten. Obwohl er seine vielfältigen Projekte beharrlich verfolgte, sagte er den Hörern einer seiner berühmtesten Vorlesungen, »Daß die Beschränkung auf Facharbeit, mit dem Verzicht auf die faustische Allseitigkeit des Menschentums, welchen sie bedingt, in der heutigen Welt Voraussetzung wertvollen Handelns überhaupt ist«.[180]

Ungeachtet möglicher Makel verlangt die Leistung aller oder zumindest der meisten dieser Universalgelehrten Bewunderung. Die Frage, wie es ihnen gelang, sie zu vollbringen, soll im folgenden Kapitel untersucht werden.

Ein Erzengel offenbart einer Gruppe von Naturphilosophen und Mathematikern (Bacon, Kopernikus, Galilei, Newton, Thales, Descartes, Archimedes, Grosseteste) das Universum, Radierung von James Barry, Wellcome Library, 1795

EIN GRUPPENPORTRÄT

Sind Universalgelehrte eine bestimmte Sorte Mensch? Was veranlasst oder drängt sie dazu, ausgerechnet diese Laufbahn einzuschlagen? Es ist an der Zeit, einige allgemeine Merkmale der Spezies herauszufiltern, die Analysen der vorangegangenen Kapitel zusammenzufassen und sich an einer Synthese zu versuchen. Dabei kann es sich zwangsläufig lediglich um eine Annäherung handeln, denn die Universalgelehrsamkeit stellt bislang im Gegensatz zur Kreativität für Vertreter der Erkenntnispsychologie kein Thema systematischer Untersuchungen dar. Zudem fehlt es allzu oft an Informationen, insbesondere über die frühen Jahre von Universalgelehrten.

Gleichzeitig sind diverse Eigenschaften, auf die in ihren Autobiographien und den Erinnerungen von Freunden und Verwandten immer wieder verwiesen wird, durchaus bemerkenswert. Diese Eigenschaften zeichnen bis zu einem bestimmten Grad auch viele andere Gelehrte aus, doch erweisen sich einige als besonders bedeutsam für Universalgelehrte. Zudem besitzen diese Geistesgrößen jene Merkmale in ganz besonderem Maße. Im Folgenden wird eine Reihe dieser Eigenschaften in der Art eines pointillistischen Gruppenporträts erörtert, eines kollektiven Bilds, das durch die Gegenüberstellung zahlreicher Informationstupfer entsteht. Manche, wie etwa Neugierde, ein gutes Gedächtnis oder außergewöhnliche Kreativität, sind womöglich genetisch bedingt. Eines der daran beteiligten Gene ist der sogenannte Wachstumsfaktor BNDF. Die Abkürzung steht für »brain-derived neurotrophic factor«, auf Deutsch übersetzt hieße das etwa: »vom Gehirn stammender neurotropher Faktor«.

Die Interessen, Fähigkeiten und Leistungen von Universalgelehrten sind geprägt durch ihre Erziehung sowie das Milieu und die Zeit, in der sie lebten, was im folgenden Kapitel über »Lebensräume« erörtert wird. Es erübrigt sich wohl anzumerken, dass sich zwischen dem Psychologischen und dem Gesellschaftlichen nur schwer eine Grenze ziehen lässt. Mein zentrales Argument lautet in diesem Sinne, dass Universalgelehrte nicht allein aufgrund ihrer individuellen Gaben reüssieren – zu den Voraussetzungen gehört eine Nische, die diesen Gaben entspricht.

Womöglich gibt es ein Gen, das für Neugier zuständig ist – im Fall der Kohlmeise haben Forscher des Max-Planck-Instituts tatsächlich ein sogenanntes »Neugier-Gen« nachgewiesen, Drd4.[1] In Bezug auf Menschen lässt sich die Frage allerdings noch nicht beantworten. Davon abgesehen ist eine Überdosis an Neugier, die früher als *libido sciendi* bekannt war und die der Universalgelehrte Francis Bacon als »unersättliche Wissbegier« bezeichnete, zweifellos die allgemeinste und auch offensichtlichste Eigenschaft dieser Spezies.

Moderne Studien zu Leonardo da Vinci, die auf seine umfangreichen Notizbücher zurückgreifen, erwähnen vielfach seine Neugier, die sie mit den Adjektiven »alles verschlingend«, »leidenschaftlich«, »besessen« oder sogar »unerbittlich« bedenken. Die Universalgelehrten selbst beschreiben sich häufig auf ähnliche Weise. Sor Juana Inés de la Cruz etwa erklärte dem Bischof von Puebla ihr elementares Bedürfnis, Wissen zu erwerben. Peiresc sprach von »meiner exzessiven Neugier.«[2] Pierre Bayle sagte von sich selbst, er sei »ausgehungert nach allem Wissen« (*affamé de savoir tout*). Pierre-Daniel Huet erinnerte sich an seinen »grenzenlosen Wunsch zu lernen« (*infinitum discendi desiderium*) und an die Zeit, als »ich glaubte, nichts gelernt zu haben, sobald ich etwas sah, das ich noch lernen konnte«.[3] In seinen puritanischen Jugendjahren meinte Isaac Newton, sich Gott gegenüber dafür entschuldigen zu müssen, dass sein Herz eher an dem Wunsch hing, Wissen zu erwerben, als an ihm.[4] Benjamin Franklin sprach von seinem »Wissensdurst« als Kind.[5] Alexander von Humboldt bekannte sich zu einem »unwiderstehlichen Drang nach verschiedenartigem Wissen«.[6]

Auch wenn im 19. und 20. Jahrhundert zunehmend eine intellektuelle Spezialisierung stattfand, empfanden mehrere Männer und Frauen eine umfassende Neugier nach wie vor als Triebfeder. Alexis de Tocqueville schrieb, in seiner Jugend sei er »einer unersättlichen Neugier erlegen« (*livré à une curiosité insatiable*).[7] Im Alter von einundzwanzig Jahren schrieb Hippolyte Taine einem Freund, er studiere nicht aus praktischen Gründen, sondern aus »dem Bedürfnis nach Wissen« heraus (*par besoin de savoir*).[8] Bei seinem Medizinstudium an der Universität Wien »bewegte« Sigmund Freud »eine Art Wißbegierde«.[9] Bertrand Russell nannte »das Forschen nach Wissen« eine seiner drei großen Leidenschaften.[10] Der kubanische Soziologe Fernando Ortiz räumte eine »rastlose Neugier« (*inquietas curiosidades*) ein.[11]

Freunde und Bekannte von Universalgelehrten berichten Ähnliches. So sprach einer der Mäzene Leibnizens von dessen »unstillbarer Neugier«.[12] Ein Freund des jungen Samuel Johnson beschrieb ihn als »außergewöhnlich wissbegierig«.[13] Lewis Mumford, der sich eingehend mit seinem großen Vorbild Patrick Geddes beschäftigte, schilderte dessen »allumfassende Neugier«, die »derjenigen Leonardos in nichts nachstand.«[14] Klára, die zweite Frau John von Neumanns, erinnerte sich, dass »Johnnys typischster Wesenszug seine grenzenlose Neugier bezüglich allem und jedem« war.[15] Ein Bekannter Karl Polanyis sprach von dessen »unendlicher Neu-

Flammarions Holzstich, auch »Wanderer am Weltenrand«, erstmals erschienen in *L'atmosphère* als Illustration zu *La forme du ciel* im Kapitel *Le jour*, Paris, 1888

gier«.[16] Der Biograph Edmund Wilsons, der mit dem Objekt seiner Betrachtung persönlich bekannt war, schilderte ihn als »ungemein neugierig«.[17] Einer der Lehrer an Michel Foucaults Schule erzählte später: »Man spürte bei ihm eine ungeheure intellektuelle Neugier«.[18] Ein Kollege des Jesuiten Michel de Certeau sprach von dem »leidenschaftlichen Interesse [...], das er allem entgegenbrachte«.[19] Die »immense, grenzenlose Neugier« wird auch in einer Studie über David Riesman angemerkt, der ohne jede formale soziologische Ausbildung ein berühmter Soziologe wurde.[20]

Konzentrationsvermögen

Eine weitere wesentliche Eigenschaft zumindest mancher Universalgelehrter ist die ausgeprägte Gabe, sich zu konzentrieren, und zwar auf unbewusster ebenso wie auf bewusster Ebene. Giambattista Vico sagte von sich selbst, er »lese, schreibe und denke während einer Unterhaltung mit Freunden und inmitten des Geschreis seiner Kinder«.[21] John von Neumann wachte morgens angeblich mit der Lösung eines Problems im Kopf auf, über das er am Vorabend nachgedacht hatte, und »einige seiner besten Sachen entstanden auf überfüllten Bahnhöfen und Flughäfen, in Zügen, Flugzeugen, Schiffen, Hotelfoyers, auf turbulenten Cocktailpartys oder sogar in Gesellschaft kreischender Jungspunde, die einen draufmachten«.[22] Tatsächlich zog er beim Arbeiten ein lärmendes Hintergrundgeräusch vor.

Die Fähigkeit, sich nicht stören zu lassen, war und ist insbesondere erforderlich im Fall weiblicher Universalgelehrter, die Mütter sind. Mary Somervilles Tochter schrieb in der Autobiographie ihrer Mutter einen Absatz über deren »einzigartige Versunkenheit«, die ihr ermöglichte, »völlig in ihrer Arbeit aufzugehen«, so dass sie weder Gespräche noch Musik wahrnahm – was besonders wertvoll war, da Mary Somerville kein »Zimmer für sich allein« hatte, sondern im Wohnzimmer las und schrieb.[23]

Wie bei Fachgelehrten wurde die Konzentrationsfähigkeit bei Universalgelehrten häufig als »Geistesabwesenheit« betrachtet, obwohl der Geist nur woanders weilte und sich vom alltäglichen Treiben löste, während der Betreffende sich mit einem bestimmten Problem befasste. Über berühmte Vertreter dieser Gattung – unter anderem John Selden, Isaac Barrow, Isaac Newton, Montesquieu, Immanuel Kant, Samuel Johnson, Adam Smith, Henri Poincaré und Norbert Wiener – kursieren zahlreiche Anekdoten, deren Quellen jedoch nicht immer zuverlässig sind.

Der in Oxford ansässige Gelehrte Anthony Wood, der gerne Klatschgeschichten zum Besten gab, erzählte unter anderem, dass man in den Büchern, die Selden der Bodleian Library hinterließ, »beim Öffnen der Bände bisweilen Brillen fand, die Mr. Selden dort abgelegt, wieder herauszunehmen aber vergessen hatte«.[24] Und nach Aussage des nicht minder klatschfreudigen John Aubrey war Barrow »derart vertieft« in seine Studien, dass er nicht bemerkte, wenn sein Bett gemacht wurde (vermutlich nicht einmal, während er darin lag), außerdem »verließ er bisweilen das Haus ohne Hut«, und zumindest in einem Fall hatte er dabei seinen Umhang »nur zur Hälfte angezogen«.[25] Newton vergaß zu essen, und während seiner Zeit am Trinity College in Cambridge ging er bisweilen im Chorhemd zum Abendessen in die Halle, als würde er zur Messe schreiten.[26] Adam Smith soll angeblich einmal über zwanzig Kilometer zu Fuß gegangen sein, ohne zu merken, dass er noch seinen Morgenrock trug.[27]

Der Neffe Poincarés wiederum wusste zu berichten, dass dieser »bei Tisch, bei Familientreffen, selbst in den *Salons* zu denken pflegte«, und ein Freund sagte von ihm, er sei »fast ständig geistesabwesend«. Angeblich stellte Poincaré einmal bei einem Spaziergang fest, dass er einen Vogelkäfig mit sich trug, ohne sich erinnern zu können, dass er ihn in die Hand genommen hatte.[28] Und über Norbert Wiener gibt es die bekannte Anekdote, nach der er einmal seine eigene Tochter nicht erkannte. Im Vergleich dazu nimmt sich Karl Polanyis Vorliebe, seine Handschuhe, den Schal oder selbst seinen Pass zu vergessen, deutlich weniger exzentrisch aus.[29]

Neugier und Konzentrationsvermögen allein machen noch keinen Universalgelehrten, auch ein gutes Gedächtnis ist von erheblichem Vorteil. Kant hatte zweifelsohne recht, als er Universalgelehrte als Beispiele für »Wundermänner des Gedächtnisses« nannte, auch wenn es weniger freundlich von ihm war, diese Eigenschaft zu Lasten anderer hervorzuheben. Wie dem auch sei, Menschen, die Universalgelehrte persönlich kannten, erwähnten diese Gabe häufig. Blaise Pascals Nichte Marguerite Périer etwa sprach von seinem außerordentlichen Gedächtnis. Ein Freund von Thomas Browne sagte: »Sein Gedächtnisvermögen war gewaltig und von Dauer«, und zwei Zeitgenossen Gilbert Burnets priesen dessen »phänomenales Gedächtnis«. Ein Freund von Dr. Johnson erklärte, sein »Gedächtnis war so großartig, dass er nichts vergaß, was er je gelesen oder gehört hatte.«[30] Ein Freund Condorcets schrieb: »Sein Gedächtnis ist so ausgezeichnet, dass er nie etwas vergisst.«[31] Georges Cuvier war »mit einem so guten Gedächtnis gesegnet, dass er sich alles merkte, was er sah und las, und das ihn in keinem Moment seiner Laufbahn im Stich ließ [...] lange Listen von Herrschern, Fürsten und die nüchternsten chronologischen Tatsachen blieben, sobald er sie in seinem Gedächtnis gespeichert hatte, unvergessen.«[32] Auch Macaulay war berühmt für sein Erinnerungsvermögen, das ihn lange Texte auswendig rezitieren ließ, etwa Miltons *Paradise Lost*, Bunyans *The Pilgrim's Progress* und Walter Scotts *The Lay of the Last Minstrel*.[33] Nach Aussage eines Freundes hatte Sainte-Beuve »ein phänomenales Gedächtnis *für alles*«.[34]

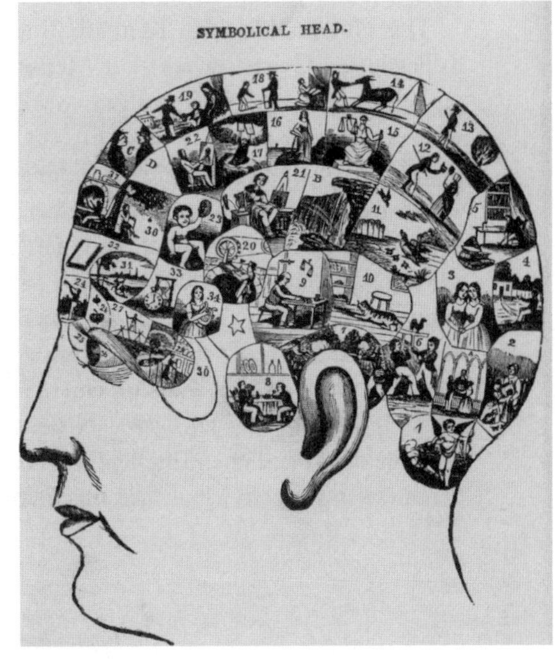

Ausschnitt von Seite 14 aus Orson Squire Fowlers *Memory and intellectual improvement applied to self-education and juvenile instruction*, New York, 1850

Ein Beispiel aus jüngerer Zeit ist Wiener, der sich viel auf sein Gedächtnis zugute hielt. Ein Freund John von Neumanns staunte über dessen Fähigkeit, »ein Buch oder einen Aufsatz einmal zu lesen und ihn dann wortwörtlich wiedergeben zu können«. Ein weiterer Augenzeuge berichtete, Neumanns Gedächtnis sei »unvorstellbar, es photographierte alles, was er je lernte oder sah« (von Neumann wird in diesem Kapitel noch häufiger die Rede sein, weil er praktisch alle Kästchen des imaginären Fragebogens zur Eignung als Universalgelehrter ankreuzte).[35] Joseph Needhams Frau Dorothy und einige seiner Mitstreiter sprachen von seinem »photographischen« oder »phänomenalen Gedächtnis«.[36] Auch Fernand Braudel war für sein »Elefantengedächtnis« bekannt, das ihm ermöglichte, einen Großteil seines Hauptwerks über den Mittelmeerraum im Kriegsgefangenenlager zu schreiben, ohne Zugriff auf seine Bücher und Unterlagen.

Geschwindigkeit

Die Fähigkeit, neue Arten von Information zu erfassen, und zwar vorzugsweise innerhalb kürzester Zeit, war allen Universalgelehrten von Nutzen, und viele konnten offenbar auch darauf zurückgreifen. Gilbert Burnet wurde von einem Zeitgenossen eine »rasche Auffassungsgabe« bescheinigt, und er selbst bemerkte, er könne sich »Dinge schnell einprägen«.[37] Ein Kommilitone von Louis Agassiz an der Universität Zürich schrieb: »Agassiz wusste alles. Er war stets in der Lage, zu jedem Thema etwas zu demonstrieren oder sich darüber zu verbreiten. Ging es um ein Thema, mit dem er nicht vertraut war, befasste er sich damit und beherrschte es sehr bald.«[38] Ähnlich bemerkte Macaulays Biograph dessen »Fähigkeit, den Inhalt einer gedruckten Seite mit einem Blick aufzunehmen«: »Er las Bücher schneller, als andere Menschen sie überflogen, und er überflog sie so schnell, wie ein anderer umblättern konnte.«[39] Ein Freund Robertson Smiths sprach von »der unglaublichen Geschwindigkeit seines Verstands, der sehr schnell Wissen über fast jedes Thema aufnahm«.[40]

Der Universalgelehrte Kenneth Boulding sagte von Anatol Rapoport, einem Kollegen im Geiste, er sei »ein Mensch mit der Gabe, Dinge außergewöhnlich schnell zu lernen«.[41] Walter Pitts »war dafür bekannt, den Inhalt eines Lehrbuchs über ein ihm bis dahin fremdes Gebiet innerhalb weniger Tage zu beherrschen«.[42] Joseph Needham besaß »eine besondere Gabe dafür, sich ein neues Thema [schnell] anzueignen«.[43] Ein früherer Mitschüler Linus Paulings sagte: »Man hatte den Eindruck, er müsse sich lediglich an einen Tisch setzen und ein Buch anschauen, um das darin enthaltene Wissen in sich aufzunehmen, ohne das Buch tatsächlich zu lesen«.[44] Die Fähigkeit, Neues zu lernen, geht oft mit dem Bedürfnis nach Neuem einher. Von George Evelyn Hutchinson – dessen Interessen Zoologie und Ökologie ebenso umfassten wie Kunstgeschichte und Archäologie – heißt es, er habe den Wunsch gehabt, jedes Jahr etwas Neues zu lernen.[45] Und Marvin Minsky, einer der Pioniere der künstlichen Intelligenz, erklärte in einem Interview, im Unterschied zu den meisten anderen Menschen mache es ihm Spaß, »etwas Neues zu lernen«.[46]

Vorstellungsvermögen

Zur psychologischen Grundausstattung eines Universalgelehrten gehört zudem eine lebhafte Phantasie. Charles Darwin bekannte sich zu einem Hang zur Tagträumerei, und Herbert Simon bezeichnete sich als »einen entsetzlichen Tagträumer«, der »selten einen zusammenhängenden Gedankengang verfolgen kann«. Nun könnte man dem entgegenhalten, dass diese Geistesgrößen erst durch Tagträumerei (die oft als »Geistesabwesenheit« beschrieben wird) und die unbewusste Assoziation von Gedanken zu ihren Erkenntnissen gelangten, zumindest einem guten Teil von ihnen. Eine der wesentlichsten Fähigkeiten ist dabei die Gabe, »Tatsachen zu verknüpfen«, wie Darwin es nannte, in seinem Fall Informationen über verschiedene Spezies und ihre unterschiedlichen Umgebungen.[47] Universalgelehrte bemerken Verbindungen, die anderen entgehen. Zu seinen »Durchbrüchen« gelangte beispielsweise Shen Gua »durch das Gegenüberstellen von Erkenntnissen, die im herkömmlichen Sinn nicht zusammenpassten«.[48] In den Worten Pierre Bourdieus übertragen Universalgelehrte den in einer Disziplin erworbenen »Habitus« auf die Probleme einer anderen. Nach Michel de Certeau verfügen sie über ein besonderes Talent dafür, Gedanken in einem neuen Kontext »wiederzuverwenden«.

John Elas: *Ist man mit Phantasie versehn so kann man bei mir sehr schönes sehn*, 1930

Wie Dichter und andere kreative Autoren, die in Metaphern denken, ziehen Universalgelehrte laufend Analogien und betreiben das, was Aristoteles als »die Wahrnehmung des Ähnlichen im Unähnlichen« bezeichnete. In den Aufzeichnungen Leonardo da Vincis gibt es, wie erwähnt, zahlreiche Beispiele für ein derartiges Vorgehen, wie etwa die Vergleiche zwischen Vögeln und Fledermäusen mit Flugmaschinen. Herder bezeichnete Newton, Leibniz und Buffon als Dichter wider Willen, weil sie ihre Entdeckungen einer Analogie verdankten. Und spätere Philosophen der Naturwissenschaft machten darauf aufmerksam, dass naturwissenschaftliche Theorien beziehungsweise Modelle etwas Grundsätzliches mit Metaphern gemein haben.[49] Eine ganze Reihe der Beiträge, die Thomas Young zu unserem Wissensfundus beisteuerte, gingen auf seine Wahrnehmung von Analogien zurück: zwischen Licht- und Klangwellen etwa oder zwischen unterschiedlichen indoeuropäischen Sprachen.

Ähnliches kann man von der Sozialwissenschaft behaupten. Dass Vilfredo Pareto den Gedanken des Gleichgewichts vom Ingenieurswesen auf die Ökonomie übertrug, wurde bereits erwähnt. Max Weber wandte das theologische Konzept des Charismas auf die Diskussion über Politik an. Und Pierre Bourdieu griff in seiner Sozialtheorie ebenfalls häufiger auf Analogien zurück. Er entlehnte die Idee des

»Felds« aus der Sozialpsychologie, des »Habitus« aus der Kunstgeschichte, des »Kapitals« aus der Ökonomie und der »Weihe« aus der Theologie.

Wenig überraschend spielten Universalgelehrte denn auch eine führende Rolle bei der Herausbildung der Vergleichsmethode, die sich als Suche nach Ähnlichkeiten wie nach Unterschieden versteht. Beiträge zur komparativen Mythologie leisteten (unter anderem) Samuel Bochart, Pierre-Daniel Huet, Giambattista Vico, James Frazer und in neuerer Zeit Georges Dumézil, der sich mit der langen Tradition der Mythologie von Indien über Griechenland und Rom bis Nordeuropa beschäftigte.[50] Eine Reihe Universalgelehrter, etwa Conrad Gessner, Leibniz, Hiob Ludolf, Wilhelm von Humboldt und Roman Jakobson, konzentrierte sich auf komparative Linguistik, wieder andere auf vergleichende Studien zu Recht (etwa Montesquieu) oder Religionen (Selden und Robertson Smith). Cuviers Ruhm beruht auf seiner vergleichenden Anatomie, die seinen berühmten Rekonstruktionen ausgestorbener Tiere zugrunde lag (sein immenses analogisches Talent wurde von Balzac aufgegriffen). Darwins Theorie von der Evolution der Arten entstand aus Analogien mit dem Werk Charles Lyells über Gestein und Malthus' über Bevölkerungstheorie. Alan Turings Arbeit über künstliche Intelligenz wiederum baut auf Analogien zwischen Menschen und Maschinen auf.

Aus diesen Gründen erscheint es sinnfällig, von wissenschaftlicher Phantasie zu sprechen, oder allgemeiner von einer gelehrten Phantasie, die bei Vorreitern auf einem bestimmten Gebiet besonders stark ausgeprägt ist. Wenn Universalgelehrte Vergleiche ziehen, haben sie den unbestrittenen Vorteil, dass sie sich persönlich mit unterschiedlichen Disziplinen auskennen. Da Innovation, wie eine These besagt, durch den Transfer von Konzepten entsteht, brillieren Universalgelehrte auf diesem Gebiet.[51]

Für die Vorstellung, Universalgelehrte seien mit einer besonders fruchtbaren und kreativen Phantasie gesegnet, spricht auch der Umstand, dass eine Reihe von ihnen zusätzlich zu ihren vielfältigen anderen Leistungen Gedichte veröffentlichte. In der frühen Neuzeit 21 Beispiele dafür zu finden, überrascht weniger, da das Schreiben von Gedichten damals als gängiger Zeitvertreib galt, zumindest in der höheren Gesellschaft.[52] Bemerkenswerter erscheint, dass mindestens 14 Universalgelehrte des 19. und 20. Jahrhunderts es ihnen gleichtaten: darunter Goethe, Coleridge, Matthew Arnold und Thomas Macaulay.[53]

Abgesehen von drei Romanautoren, die zugleich Universalgelehrte waren (George Eliot, Aldous Huxley und Vladimir Nabokov), veröffentlichten über vierzig Universalgelehrte Romane diverser Art. »Science-Fiction« im weitesten Sinn ist durch *Discovery of a World in the Moon* von John Wilkins vertreten, durch *Blazing World* (dt. *Die gleissende Welt*) von Margaret Cavendish, *Itinerarium Exstaticum Coeleste* von Athanasius Kircher und *Viaggio estatico al mondo planetario* von Lorenzo Hervás. Dazu gesellen sich die utopischen Entwürfe, die etwa in Werken von Tommaso Campanella, Paolo Mantegazza, Gabriel Tarde, William Morris, Alexander Bogdanow, H. G. Wells und dem österreichischen Biologen Karl Camillo Schneider beschrieben werden. Umberto Ecos *Name der Rose* wurde wie gesagt weltweit ein Bestseller.[54]

Ein gutes Gedächtnis und eine lebhafte Phantasie allein wären wenig zielführend, fehlte es dem – oder der – Universalgelehrten an der nötigen Energie, diese Eigenschaften auch nach Kräften einzusetzen. Eine Voraussetzung für diese Art Arbeit ist nämlich körperliche Ausdauer, wie oft beobachtet wurde. Ein früherer Mitarbeiter John Wilkins' beschrieb diesen als »unermüdlich«.[55] Pierre Bayles Freund Jacques Basnage schilderte ihn als »unermüdlich bei der Arbeit« (*infatigable au travail*) und erinnerte sich, dass er am Vorabend seines Todes trotz angegriffener Gesundheit bis nachts um elf Uhr arbeitete.[56] Burnet sprach von seiner »gesegneten Konstitution«, die ihm »viel Arbeit und straffes Studieren ermöglicht«.[57] Buffon war dafür bekannt, im Morgengrauen aufzustehen und »mit unglaublicher Energie« vierzehn Stunden am Tag zu arbeiten.[58] Dasselbe galt für Émilie du Châtelet. Und auch Alexander von Humboldt wurde von seinem Bruder eine »unermüdliche Energie« bescheinigt.[59] Der Biograph von Louis Agassiz wiederum würdigte dessen »unglaubliche körperliche Ausdauer«.[60]

Ein Beobachter schilderte William Morris' »unbändige Energie«, ein anderer nannte ihn »überschäumend vor Energie«.[61] Wenn Max Weber dozierte, beeindruckte er seine Zuhörer mit seiner explosiven Energie, die bisweilen mit einem Vulkan verglichen wurde. Ähnlich beschrieb eine Bekannte Herbert Simons diesen bei Vorträgen: »Die intellektuelle Energie, die er verströmt, könnte an diesem Abend die ganze Stadt erleuchten«.[62] Ein Freund des vielseitigen Politikwissenschaftlers Harold Lasswell sprach von dessen »großem Ausmaß körperlicher Energie«.[63] Gäste Henri Berrs, eines altgedienten Verfechters der historischen Synthese, zeigten sich von seinem *élan* fasziniert.[64] Bei Otto Neurath fiel einer Reihe von Bekannten seine »Vitalität« auf. Mumford bezeugte die »intellektuelle Energie« und die »unglaubliche Vitalität« Patrick Geddes'.[65] Ein Kollege von Joseph Needham bezeichnete ihn als »einen Ausbund an physischer und intellektueller Energie«, und ein anderer zeigte sich angetan von seiner »titangleichen Energie und Begeisterungsfähigkeit«.[66] Susan Sontags Sohn David nannte seine Mutter »eine Person mit wahrhaft grenzenloser Energie«.[67]

Auch das Multitasking – die Fähigkeit, parallel mehrere Dinge zu tun – zeichnete einige Universalgelehrte aus. Buffon arbeitete angeblich »gleichzeitig in mehrere Richtungen«.[68] William Morris wurde dabei beobachtet, wie er im Kopf Homer übersetzte, während er an der Staffelei stand und malte, und einmal erklärte er: »Wenn jemand sich nicht darauf versteht, beim Weben eines Gobelins ein episches Gedicht zu verfassen, dann sollte er den Mund halten«.[69] Joseph Needham wurde nachgesagt, einen Vortrag halten und unterdessen Korrektur lesen zu können. Otto Neurath machte nach Auskunft seiner Frau Marie »am liebsten drei Dinge gleichzeitig«.[70] Und Linus Pauling war ein weiterer Universalgelehrter, der »zur selben Zeit mehrere Probleme durchdachte«.[71]

Ein Übermaß an Energie äußert sich häufig in Rastlosigkeit, die man entweder als positiven Zug betrachten kann, insofern sie serielle Universalgelehrtheit fördert, oder als negative Kehrseite der Neugier. Leibniz kritisierte Johann Joachim Becher als »rastlos«.[72] Alexander von Humboldt wurde ebenfalls als »rastlos, unruhig« bezeichnet. Henry James beschrieb die »nervöse Rastlosigkeit« von William Morris.[73] Auch August Strindberg war berüchtigt wegen seiner Rastlosigkeit. Und Umberto Eco sagte von seinem Freund, dem Universalgelehrten Giorgio Prodi, er sei »immer in Eile«.[74]

Einige Universalgelehrte fühlten sich im Nomadentum heimisch. Robert Burton berichtete seinen Lesern von seinem »umherschweifenden Temperament«. Georg Simmel wurde von einem früheren Studenten (Siegfried Kracauer, einem weiteren Universalgelehrten) als »Wanderer« bezeichnet. Der in die USA ausgewanderte Literaturprofessor Gilbert Chinard, der Biographien und historische Studien verfasste, schickte einem ehemaligen Studenten ein Buch mit der Widmung, dies sei zur Erinnerung an ein halbes Jahrhundert der »vagabondage littéraire«. Michael Polanyi bemerkte einmal einem Freund gegenüber: »Ich war mein Leben lang ein Vagabund« – es zog ihn nicht nur von der Chemie zur Philosophie, er zog auch von Ungarn über Deutschland nach England.[75] Die Frau Julian Huxleys sagte von ihm: »Er entkommt einer Tätigkeit, indem er sich in die nächste stürzt«.[76]

Gregory Bateson wurde als »intellektueller Nomade« bezeichnet, der »von Ort zu Ort streifte, von einem Gebiet zum nächsten, ohne sich jemals in der Sicherheit einer bestimmten Nische einzurichten«.[77] George Steiner beschrieb sich selbst als »dankbaren Wanderer«, der die Leiden und die Vorteile der »Wurzellosigkeit« erlebte (weil es keinen Ort gab, dem er sich entwurzelt fühlen konnte).[78] Edward Said sah sich selbst als Nomaden, der überall »fehl am Platz« war.[79] Auch der Reiseschriftsteller und Romancier Bruce Chatwin, der angesichts seines Interesses für Kunst, Archäologie und Anthropologie ebenfalls als Universalgelehrter gelten kann, zeichnete sich durch Rastlosigkeit aus. So lag es nahe, dass er sich für das Leben der Nomaden begeisterte und sich eines seiner letzten Bücher mit der *Anatomy of Restlessness* (dt. *Der Traum des Ruhelosen*) befasste.

Serielle Universalgelehrte bewegen sich von einer Disziplin zur nächsten und von dort zur übernächsten. Herbert Simon berichtete, er sei »von der Politikwissenschaft und öffentlichen Verwaltung über Volkswirtschaft und Erkenntnispsychologie zur künstlichen Intelligenz und Informatik gewandert«.[80] Viele Universalgelehrte sahen sich zum fachlichen Wandern gezwungen: Gustav Fechner, Patrick Geddes, Aldous Huxley und Herbert Fleure – sie alle hatten Probleme mit den Augen, so dass sie notgedrungen ihr ursprüngliches Gebiet aufgeben und auf ein anderes ausweichen mussten, im Fall Fechners auf die Physik, bei Geddes die Botanik, bei Huxley die Medizin und bei Fleure die Zoologie.

Andere Universalgelehrte wiederum versuchten ihr Glück zunächst in diversen Berufen, ehe sie eine akademische Laufbahn einschlugen. Der Geograph Friedrich

Ratzel und der Soziologe Robert Park arbeiteten als Reporter, der Anthropologe Adolf Bastian praktizierte als Schiffsarzt, während Elton Mayo als Journalist und als Verwaltungsangestellter in einer Goldmine in Afrika tätig war, ehe er sich zum Industriepsychologen berufen fühlte und sich in Harvard niederließ.[81]

Zweierlei Grenzen zu überschreiten – die eines Landes und die einer Disziplin –, beflügelt offenbar weitergehende Überlegungen. Im 20. Jahrhundert waren mindestens sieben führende Universalgelehrte in der internationalen Friedensbewegung aktiv: Wilhelm Ostwald, Paul Otlet, Patrick Geddes, Bertrand Russell (der die nach ihm benannte Friedensstiftung gründete), Kenneth Boulding, Linus Pauling (der – nach dem Nobelpreis für Chemie 1954 – 1962 den Friedensnobelpreis erhielt) und Noam Chomsky (der 2017 mit dem Sean McBride Peace Prize gewürdigt wurde). Es mag kein Zufall sein, dass sich all diese Gelehrten sowohl für den Internationalismus als auch für die Interdisziplinarität engagierten. Einige frühere Universalgelehrte, allen voran Comenius und Leibniz, hatten sich ebenfalls für den Frieden zwischen den Völkern eingesetzt.

Arbeit

Sollte ein Leser dieser Zeilen seinen Ehrgeiz dareinsetzen, selbst Universalgelehrter zu werden, so sei er gewarnt, denn vor den Erfolg sind lange Arbeitstage gesetzt. Dank ihrer großen Energie benötigen einige Universalgelehrte weniger Schlaf als Normalsterbliche und können die dadurch gewonnene Zeit auf ihre Studien verwenden. Der Philologe Franciscus Junius etwa absolvierte einen 16-Stunden-Tag, meist von vier Uhr morgens bis acht Uhr abends.[82] Pierre-Daniel Huet behauptete in seiner Autobiographie, er gönne sich nachts lediglich drei Stunden Schlaf, um mehr Zeit für seine Studien aufbringen zu können. Von Alexander von Humboldt hieß es, dass er wie Napoleon nur vier Stunden Schlaf pro Nacht benötigte, John von Neumann drei bis vier.[83] Émilie du Châtelet »konnte mit vier oder fünf Stunden Schlaf pro Nacht

Franciscus Junius, Stich von Michael Burghers (nach Anthony van Dijick), Rijksmuseum Amsterdam, 1698

auskommen« und morgens um vier Uhr aufstehen, um dann vierzehn Stunden zu arbeiten.[84] In einer Biographie Thomas Jeffersons wird von seiner »erstaunlichen Bereitschaft« gesprochen, lange Arbeitsstunden einzulegen, bisweilen von fünf Uhr morgens bis Mitternacht, und einmal riet er einem Studenten, elf Stunden am Tag zu arbeiten. John Theodore Merz, der seinen Unterhalt als Geschäftsführer und Vorsitzender von Industrieunternehmen verdiente, verfasste seine vierbändige Geistesgeschichte Europas im 19. Jahrhundert in den Morgenstunden von fünf bis acht Uhr, ehe er zu seiner normalen Arbeit aufbrach. Lester Ward eignete sich seine Bildung in Abendkursen an und schrieb später, während er tagsüber für den United States Geological Survey beschäftigt war, in den Nachtstunden ein Werk über Soziologie.[85]

Auf die Frage seines Biographen, woher er die Zeit für seine mannigfaltigen Tätigkeiten nehme, gab Joseph Leidy die Auskunft, er arbeite »jede Nacht bis zwei Uhr und meist auch sonntags, mit nur einem freien Abend die Woche«, und bisweilen von acht Uhr morgens bis acht Uhr abends, ohne auch nur einen Schluck zu trinken.[86] Auch Karl Pearson erklärte seinen Erfolg mit »der Fähigkeit, hart zu arbeiten«.[87] Herbert Simon rühmte sich offenbar damit, ein »Workaholik« zu sein und »sechzig bis achtzig Stunden die Woche« am Schreibtisch zu sitzen, »bisweilen auch länger«.[88] Linus Pauling erklärte, er habe sich in seiner Jugend »das Arbeiten angewöhnt«.[89] Klára, die Frau John von Neumanns, erinnerte sich: »Seine Leistungsfähigkeit war praktisch unbegrenzt«.[90] Ein Mitarbeiter Joseph Needhams bemerkte, dass er »unaufhörlich arbeitete«, selbst während des Frühstücks, und dass er eine Vorliebe für gekochte Eier gehabt habe, weil er weiter tätig sein konnte, solange sie kochten.[91] Auch Michel Foucault gönnte sich ab seiner Schulzeit bis kurz vor seinem Tod nur wenige Pausen. An dem Tag im Jahr 1974, an dem er das Buch *Überwachen und Strafen* abschloss, begann er gleich das nächste, *Der Wille zum Wissen*.[92]

Ohne derartige Arbeitsgewohnheiten wäre die Produktivität vieler Universalgelehrter kaum vorstellbar. Henri Poincaré zum Beispiel schrieb über 30 Bücher und rund 500 Artikel, wurde dennoch von Kenneth Boulding mit seinen 40 Büchern und circa 800 Artikeln in den Schatten gestellt. Niklas Luhmann veröffentlichte etwa 70 Bücher, Benedetto Croce über 80 und Salomon Reinach 90.

Allerdings forderten die vielen Stunden am Schreibtisch bisweilen ihren Tribut. In seiner Autobiographie schildert Leon Battista Alberti Symptome dessen, was eine spätere Generation als »Nervenzusammenbruch« bezeichnen sollte, dass sich die Wörter, die er las, in Skorpione verwandelten. Auch Darwins Gesundheit litt aufgrund seiner harten Arbeit. William Robertson Smith verzichtete angeblich auf das Mittagessen, um mehr Zeit für seine Forschungen zu haben, und sein früher Tod mag zumindest teilweise auf Überarbeitung zurückzuführen sein.[93] Ähnliches galt vermutlich für Karl Lamprecht, der glaubte, »durch Willenskraft seinem Körper unbegrenzte Energiemengen entnehmen zu können«. Sein Freund Wilhelm Ostwald erinnerte sich, Lamprecht – der im Alter von 59 starb – gewarnt zu haben, sich nicht zu überarbeiten.[94]

Herbert Spencer, der sich gewohnheitsmäßig überarbeitete, erlitt 1855 einen Nervenzusammenbruch. T.H. Huxleys Kollaps im Jahr 1871 und erneut 1884 hatte offenbar eine ähnliche Ursache. Leslie Stephen verglich sich mit einem Reifen: »Wenn ich nicht in voller Fahrt bin, stürze ich ab.«[95] Nach Aussage Bertrand Russells war Überarbeitung die Ursache für John Maynard Keynes' Tod. Max Weber erlitt seinen Zusammenbruch zwar infolge des Tods seines Vaters, doch mag Überarbeitung ihn anfälliger dafür gemacht haben.

Leslie Stephen mit seiner Tochter Virginia Woolf, Fotografie von George Charles Beresford, 1902

Zeitökonomie

Die Pflicht, keine Zeit zu vergeuden, sondern sie vielmehr sinnvoll zu nutzen, wurde vielen Universalgelehrten bereits in jungen Jahren eingeschärft – eine Ausprägung dessen, was Weber »innerweltliche Askese« nannte. Der anglikanische Geistliche und Universalgelehrte Mark Pattison vertrat in seinen Predigten die Ansicht, Bildung sei eine Art von Askese, oder solle es zumindest sein.[96] In seiner Autobiographie beschrieb John Stuart Mill seinen Vater als einen Mann, der »eifrig das Prinzip befolgte, niemals Zeit zu verlieren« und dazu neigte, »diese Regel auch bei der Unterrichtung seines Zöglings zu beherzigen«.

Im Tagebuch des calvinistischen Gelehrten Isaac Casaubon ist immer wieder von seiner »ständigen Sorge um die Zeit und den Mangel daran« die Rede.[97] Das Motto seines calvinistischen Kollegen Hugo Grotius lautete: »Die Zeit enteilt« (*Ruit Hora*). Thomas Browne wurde zu seinen Lebzeiten als Mensch beschrieben, der »Faulheit und Müßiggang so sehr ablehnte, dass er zu sagen pflegte, er könne nicht nichts tun«.[98] Newtons Sekretär berichtete von seinem Brotherrn: »Alle Stunden, die er nicht seinen Studien widmete, hielt er für vergeudet [...]. Ich glaube, es tat ihm sogar leid um die kurze Zeit, die er mit Essen und Schlafen zubrachte«.[99] Auch für Montesquieu stellte Müßiggang keineswegs himmlische Freude dar, sondern die Qualen der Hölle. Benjamin Franklin wiederum erklärte: »Freizeit ist die Zeit, etwas Nützliches zu tun«. Aus seinem Ruhestand berichtete Wilhelm von Humboldt einer guten Freundin: »vor 1 Uhr gehe ich nie zu Bette [...] und in meiner Stube, in der ich [...] die meiste Zeit meines Lebens zubringe, bin ich mit Papieren und Büchern umringt.«[100] Thomas Young berichtete am Ende seines Lebens nicht ohne Stolz, er habe keinen einzigen Tag müßig verbracht. Der junge John Herschel wünschte, ihm

Isaac Casaubon, Gemälde eines unbekannten Malers, London, National Portrait Gallery, spätes 16./frühes 17. Jahrhundert

wäre »jene beneidenswerte Fähigkeit« gegeben, »jedes Atom von Zeit sinnvoll zu nutzen«.[101] Darwin wiederum vertrat die Meinung: »Wer es wagt, eine Stunde an Zeit zu vergeuden, hat den Wert des Lebens nicht erkannt«.[102]

Einige Universalgelehrte sahen sich dazu veranlasst, verlorene Zeit wettzumachen. Obwohl Darwin an Bord der *Beagle* Studien betreiben und bei jeder Landung zahlreiche wertvolle Beobachtungen machen konnte, freute er sich am Ende seiner fünf Jahre währenden Expedition mit »einer merkwürdigen Mischung aus Grauen und Zufriedenheit auf die viele Arbeit, die mir in England noch zu tun bleibt«.[103] Der Philosoph Hans Blumenberg hatte während der nationalsozialistischen Herrschaft als Halbjude keinen Zutritt zur Universität. Nach dem Krieg verzichtete er jede Woche auf eine Nacht Schlaf, um länger forschen zu können.[104]

Webers »Arbeitswut« wird in einer neueren Biographie erörtert, ebenso wie sein Gefühl, dass die Zeit dahinrase. Seine »zwanghafte Eile« machte sich in seiner »flattrige[n] Schrift« bemerkbar.[105] H.G. Wells trieb die Sorge um, er könne Zeit vergeuden, und schrieb seiner Mutter, mit seinen siebzehn Jahren habe er »bereits über ein Viertel meines Lebens« verbracht. Später litt er an Überarbeitung.[106] Ein noch extremeres Beispiel für die Angst vor Zeitversäumnis lieferte Melvil Dewey, der fanatisch auf Effizienz achtete und von seinen Mitarbeitern verlangte, gut vorbereitet zu sein, wenn sie mit ihm sprachen, »damit Sie, ohne einen Moment zu verlieren, den Fall mit den geringstmöglichen Worten schildern können«.[107] Angeblich tadelte er einmal die Person, die ihn am Empfang einer Bibliothek mit »Guten Morgen, Dr. Dewey!« begrüßte, weil das eine Verschwendung kostbarer Zeit sei. Offenbar gibt es nicht nur eine Psychologie, sondern auch eine Pathologie des Universalgelehrtentums.

Rivalität

Leidenschaftlicher Arbeitseifer wird vielfach von Rivalitäten befeuert. John Selden verfasste zwei seiner Abhandlungen in Konkurrenz zu Gelehrten, die er bewunderte: Mit *De diis Syriis* wollte er Joseph Scaliger, mit *De jure naturali* Hugo Grotius nacheifern.[108] Ein Schulfreund Samuel Johnsons erinnerte sich an dessen »Ehrgeiz, sich hervorzutun«.[109] Herbert Simon gestand einmal: »Ich war und bin jemand, der andere auszustechen versucht«, und George Homans erinnerte sich an seine Zeit als Schuljunge, als er »ein großer kleiner Ehrgeizling« war.[110] Diese Eigenschaft kommt auch bei anderen Universalgelehrten zum Tragen, von Isaac Newton bis Karl Mannheim, der 1928 einen berühmten Vortrag über »Die Bedeutung der Konkurrenz auf dem Gebiete des Geistigen« hielt und von seinem früheren Assistenten Norbert Elias als ausgesprochen ehrgeizig beschrieben wurde.[111] Thomas Young war der Ansicht, dass »wissenschaftliche Forschung eine Art Kriegführung ist […] gegen alle Zeitgenossen und Vorgänger«, was in seiner Beziehung zu Jean-François Champollion, seinem Rivalen bei der Entzifferung der Hieroglyphen, bestätigt wurde.[112] Konkurrenzdenken ist ein Ansporn und führt zu »einer gewissen Rücksichtslosigkeit beim Verfolgen der eigenen Ziele«, wie Needham feststellte.[113] Die Rivalität unter Geschwistern hat zu den Leistungen der Brüder Humboldt, Polanyi und Huxley sicherlich beigetragen, wobei jedes Paar eine Arbeitsteilung praktizierte, sich aber nicht zwingend daran hielt. Michael Polanyi sattelte von Chemie auf Ökonomie um, während Julian Huxley ebenso wie sein Bruder Science-Fiction schrieb.

John Selden, Gemälde eines unbekannten Malers, London, National Portrait Gallery

Das spielerische Element

Es wäre grundfalsch, die Leistungen von Universalgelehrten ausschließlich als apollinisch zu betrachten, als reine Arbeit ohne jedes Vergnügen. Ihnen wohnt durchaus ein dionysisches Element inne, nämlich die Freude, Wissen anzuhäufen und zugleich Probleme zu lösen. In einem Interview verglich Carlo Ginzburg, ein Historiker von außergewöhnlich breitem Blickwinkel, die Freude an der Beschäftigung mit einem neuen Thema mit dem Vergnügen, in frischem Schnee Ski zu fahren.[114]

Einige Universalgelehrte besaßen auch eine große Vorliebe für Wortspiele, wie etwa Jacques Derrida, der den Begriff *différance* prägte, der im Deutschen bisweilen als »Differänz« wiedergegeben wird, Slavoj Žižek, der eine Sammlung von Witzen herausgab, und Gilberto Freyre, der manche Leser mit einem (portugiesischen) Wortspiel über Zivilisation und Syphilis schockierte. Kenneth Boulding pflegte humorvolle Verse über seine zahlreichen Studienfelder abzufassen. Umberto Eco, der in *Der Name der Rose* eine Abhandlung Aristoteles' über das Lachen erfand und einen scharfsichtigen Essay über Johan Huizingas *Homo Ludens* schrieb – eine Studie über das spielerische Element in der Kultur –, betrieb seine Wissenschaft mit spielerischem Vergnügen und war für seine *battute* (»Aperçus«) bekannt. Jemand, der einer ernsthaften philosophischen Abhandlung den Titel *Kant und das Schnabeltier* gab, dürfte seine eigene Gelehrsamkeit wohl kaum als Bürde betrachtet haben. Der Soziologe David Riesman schrieb gleichfalls nicht nur spielerisch, sondern auch über das Spielen.

Im 16. Jahrhundert war Gerolamo Cardano wegen seines ebenso theoretischen wie praktischen Interesses an Glücksspielen bekannt, und auch in der Kultur der ersten Informatiker kamen anscheinend unterschiedlichen Arten des Spiels eine wesentliche Rolle zu. Eine Maschine zu bauen, die Schach spielen kann, war selbst ein Spiel, wenn auch eines mit weitreichenden Folgen.

Als »spielerischer Erfinder« konstruierte Claude Shannon unter anderem eine Jongliermaschine. Auch Alan Turing erfreute sich an einer Reihe von Spielen. Warren McCulloch wusste nach eigener Aussage »Spaß« zu schätzen, während es seinem Mitstreiter Walter Pitts wiederum Freude bereitete, »alle möglichen Wortspiele zu erfinden«.[115] John von Neumann, der in seinem Werk auf die Spieltheorie zurückgriff, wurde als »verspielter Mensch« beschrieben. Der Informatiker und Kognitionspsychologe Allen Newell, der ein Buch über *The Chess Machine* veröffentlichte und die Naturwissenschaften als ein »Spiel mit Optionen« betrachtete, wurde von einer Interviewerin ebenfalls als »verspielt« dargestellt.[116] Seinem Kollegen Herbert Simon diente offenbar das Verfassen von Artikeln über Physik als Erholung (wie auch das Klavierspiel und das Lesen von Proust im Original). Wissenschaftliche Problemstellungen zu lösen war für ihn das Äquivalent des Kreuzworträtsels für Normalsterbliche.

Igel und Füchse

Universalgelehrte werden, wie bereits erläutert, bisweilen in zwei Kategorien eingeteilt, Füchse und Igel.[117] Zu Beginn meiner Recherchen zu diesem Buch ging ich davon aus, dass sich die meisten Universalgelehrten in der Gruppe der Füchse wiederfinden würden, die sich zentrifugal zu verschiedensten Wissensgebieten hingezogen fühlen. Einige betrachteten sich tatsächlich als Füchse. Gilbert Chinard etwa bekannte sich, wie erwähnt, zu seiner *vagabondage*, ebenso wie Michael Polanyi, während Gregory Bateson nach eigenen Worten eine Vorliebe für »Umwege« hatte.[118]

Andererseits mag das, was Außenstehenden wie eine bunte Interessenpalette erscheint, sich für den Betroffenen selbst völlig anders darstellen. Von Hermann Conring etwa heißt es: »Seine Schriften machen den Eindruck, verstörend unvereinbar zu sein, doch in seinem Kopf gehörten sie alle zusammen.«[119] Der Vater Pavel Florenskijs (des »russischen Leonardo«) sorgte sich, weil sein Sohn laufend eine andere Richtung einschlug, doch der junge Mann selbst schrieb seiner Mutter: »Mathematik ist der Schlüssel zu einer Weltsicht«, in der »nichts so unbedeutend sein wird, als dass es sich nicht lohnte, es zu studieren, und [in der] es nichts gibt, das nicht mit etwas anderem verbunden wäre«. Wie bereits erörtert, sah er seine »Lebensaufgabe« darin, »den Weg zu einer künftigen integralen Weltsicht« zu verfolgen.[120] In ähnlicher Manier warnte Joseph Needhams Vater seinen Sohn vor dessen vielseitiger Lektüre: »Vergeude nicht deine Energie, mein Junge.« Doch im Rückblick auf sein Leben bezeichnete sich Needham selbst als Brückenbauer oder Synkretisten.[121]

Mit seinen Interessen, die außer sämtlichen Sozialwissenschaften auch der Mathematik und der Informatik galten, erscheint Herbert Simon wie das Paradebeispiel eines Fuchses. Doch nach eigener Einschätzung war das, »was wie eine Verstreutheit aussieht, in Wirklichkeit eher eine Monomanie«, und zwar eine, die sich auf die Logik der Entscheidungsfindung richtete.[122] Jacob Bronowski gestand: »Obwohl mir alles, was ich schrieb, von Jahr zu Jahr recht unterschiedlich vorkam, dreht es sich letztlich um dasselbe zentrale Anliegen, nämlich um die Einzigartigkeit des Menschen, die aus seinem Bemühen (und seiner Fähigkeit) erwächst, sowohl die Natur als auch sich selbst zu verstehen.«[123] Die Anzahl der Universalgelehrten, die sich an Projekten zur Vereinheitlichung des Wissens beteiligten, beweist ebenfalls die Bedeutung des Igel-Ideals.

Einige Vertreter sehen sich selbst auf eine Art – oder werden auf eine Art gesehen –, die die ursprüngliche Unterscheidung verwässert oder transzendiert. In dem Essay, in dem diese Zweiteilung erstmals getroffen wurde, beschrieb Isaiah Berlin Tolstoi als einen Fuchs, der glaubte, er müsse im Grunde ein Igel sein. Paul Lazarsfeld war (nach Aussage Marie Jahodas, seiner ehemaligen Frau) »den Gaben und Interessen nach« ein Fuchs, der sich zu Mathematik, Psychologie, Soziologie und dem Studium der Medien hingezogen fühlte, obwohl »historische Umstände ihn dazu zwangen, sich als Igel auszugeben«.[124] George Steiner wurde als »zwei Steiners« bezeichnet, sowohl Fuchs als auch Igel.[125] Carlo Ginzburg sagte von sich selbst, er »werde mehr und mehr zum Fuchs, aber letzten Endes betrachte ich mich als Igel«.[126]

Carlo Ginzburg

Leonardo, Alexander von Humboldt und Michel de Certeau verdeutlichen ebenfalls die Schwierigkeiten, welche diese Dichotomie aufwirft. Leonardo wird häufig als Mensch von zentrifugalen Interessen beschrieben, allerdings heißt es von ihm ebenso, dass seine scheinbar ungerichtete Wissbegierde letztlich immer auf die Fragen zulief, die ihn am meisten beschäftigten: »Diese unsichtbaren Fäden verbinden die Fragmente.« Bei seiner Arbeit ging Leonardo von der Annahme aus, dass »die scheinbaren Unterschiede der Natur Symptome einer inneren Einheit sind«.[127] Auch Alexander von Humboldt erweckt den Anschein, Inbegriff eines Fuchses zu sein, doch glaubte er, dass »alle Kräfte der Natur miteinander verflochten und verwoben« sind. Seine naturwissenschaftliche Leistung bestand insbesondere darin, Verbindungen »zwischen Klima und Vegetation, zwischen Höhe und Fruchtbarkeit, zwischen menschlicher Produktivität und Besitzverhältnissen sowie zwischen dem Tier- und dem Pflanzenreich« aufzuzeigen.[128] In seinem monumentalen Werk *Kosmos* (1845–1862) erläuterte Humboldt Verbindungen auf einer im wahrsten Sinn des Wortes weltumspannenden Ebene.

Um die Frage eingehender zu betrachten, lohnt sich ein erneuter Blick auf Michel de Certeau.[129] Dessen intellektuelle Entwicklung vom Historiker der Mystik zum Konsumsoziologen war zweifelsohne ungewöhnlich. Er praktizierte die interdisziplinäre »Wilderei« (braconnage) nicht nur, er predigte sie auch.[130] Allerdings arbeitete er bei seinen Ausflügen in die unterschiedlichen Disziplinen mit denselben grundlegenden Konzepten. Mehrere zentrale Themen verbinden seine Untersuchungen, unter anderem der Gedanke der Alterität – das »Anderssein« anderer Kulturen, anderer Epochen, von Mystikern und Menschen, die vom Teufel besessen sind. Certeaus analytische Sprache blieb gleich, auch wenn der Gegenstand seines Interesses sich veränderte. Er besaß die große Gabe, Analogien zu erkennen, und einige seiner soziologischen Konzepte erwiesen sich als Umwidmung theologischer Konzepte – er tat das, was er mit seinem Lieblingsbegriff »Wiederverwendung« umschrieb. Glaube, *la croyance*, und die Erzeugung von Glauben, *faire croire*, sind wesentliche Themen in seinem Werk, anfangs im religiösen Kontext, danach im politischen; so stellte er fest, dass die Fähigkeit zu glauben im politischen Raum zunehmend verschwand. Seine spätere Diskussion sozialer Aktivitäten, vom Einkaufen bis zum Lesen, erinnert an seine früheren Artikel über religiöse Themen, wobei er Begriffe wie *pratique sacramentelle*, *pratique chrétienne* und *pratique de l'amour* verwendete.

Auch Abwesenheit und verwandte Themen wie Unsichtbarkeit und Stille spielen eine wesentliche Rolle in Certeaus politischer und sozialer Analyse: die Bedeutung der Abwesenheit, die Notwendigkeit, der Stille zu lauschen, und so weiter. Diese Themen hatten sich bereits in seinen Studien zur Mystik herauskristallisiert. Auch sein Gedanke der Wiederverwendung hat einen religiösen Ursprung. Explizit kommt er bei mehreren Kirchenvätern vor, allen voran bei Augustinus in der Erörterung der Frage, ob sich Christen die klassische Kultur zunutze machen durften, ein Vorgehen, das er mit den »ägyptischen Spolien« verglich, welche die Israeliten beim Auszug aus Ägypten mitnahmen. Kurz gesagt, man kann Certeau als Igel im Fuchspelz beschreiben.[131]

Der Gedanke, scheinbar zentrifugal ausgerichtete Gelehrte wie Humboldt und Certeau hätten einen zentripetalen Impetus, lässt sich verallgemeinern. Vielleicht ist es insgesamt sinnvoller, Universalgelehrte auf einer Verbindungslinie zwischen diesen beiden Polen zu verorten, anstatt sie streng in zwei Gruppen zu unterteilen. Noch anschaulicher könnte die Annahme sein, dass sich viele Universalgelehrte hin und her gerissen fühlten zwischen zentrifugalen Interessen und dem Wunsch, Verbindungen herzustellen.

Echte Füchse gibt es offenbar nur selten, Igel hingegen kommen weit häufiger vor. Gleichwohl ist es notwendig, zwischen Menschen zu unterscheiden, die Verbindungen erkennen wollen, solchen, die behaupten, sie erkannt zu haben, und jenen, die tatsächlich Verbindungen zwischen unterschiedlichen Wissensbereichen aufgezeigt haben. Auf jeden Fall hat das Fuchs-Element nicht selten zu dem geführt, was ich das »Leonardo-Syndrom« nenne.

Das Leonardo-Syndrom

Ein wiederkehrendes Phänomen im Leben von Universalgelehrten ist, dass ihre weit gestreuten Interessen sie daran hinderten, Bücher zu schreiben, Forschungen abzuschließen oder Entdeckungen zu machen, denen sie bereits sehr nah waren.

Leonardo ist zweifellos das berühmteste Beispiel für eine derartige Verzettelung, doch hat er in dieser Hinsicht durchaus Konkurrenz. Der deutsche Gelehrte Lucas Holstenius, vorwiegend bekannt wegen seiner Herausgabe von Texten der klassischen Antike und des Mittelalters, nahm eine Reihe ehrgeiziger Projekte in Angriff – so sammelte er Inschriften und begann eine Geschichte der Päpste zu schreiben –, ohne sie je zum Abschluss zu bringen. Peiresc wiederum veröffentlichte, wie wir gesehen haben, gar nichts, obwohl er durch seine Briefe mehr zur Verbreitung von Wissen beitrug als viele andere Gelehrte durch ihre Bücher. Leibniz beendete nie seine bahnbrechende Studie zur Geschichte des deutschen Mittelalters. Ein moderner Bewunderer Robert Hookes berichtete von dessen »Unvermögen, Dinge zu Ende zu bringen«. Diese Schwäche trug wohl ihren Teil dazu bei, dass die Nachwelt seine Bedeutung nicht erkannte.[132]

Lucas Holstenius, Radierung von Johann Jacob Haid, Staats- und Universitätsbibliothek Hamburg, 1740

Auch im 19. und 20. Jahrhundert sind Beispiele für dieses Syndrom zu finden. So bekannte Thomas Young, wie bereits erwähnt, dass seine Stärke eher darin bestehe, »scharfsinnige Anregungen« zu geben, als eine Beschäftigung bis zum bitteren Ende durchzuführen. Obwohl er sich mit Unterbrechungen über Jahre hinweg mit der Entzifferung der ägyptischen Hieroglyphen befasste, verbuchte den abschließenden Erfolg schließlich sein französischer Konkurrent Champollion.[133] Ähnlich wie Young räumte auch Thomas Huxley ein, dass sein Verstand eher »scharfsichtig und schnell« als »durchdringend und tiefschürfend« sei. Der deutsche Philosoph Arnold Ruge merkte an, dass Karl Marx zahlreiche Interessen habe, »aber er vollendet nichts, er bricht überall ab«. Um der Wahrheit die Ehre zu geben, schloss Marx *Das Kapital* vor seinem Tod fast ab, überließ jedoch seinem Freund Friedrich Engels die Aufgabe, das Werk druckfertig zu machen.[134]

Was Alexander von Humboldt betrifft, so wollte er den Bericht über seine Forschungsreisen in Amerika bald nach seiner Rückkehr 1804 veröffentlichen, allerdings erschien der letzte Band erst 35 Jahre später, und die Einleitung zum Gesamtwerk wurde nie beendet. Wäre Humboldt mit 70 anstatt mit 89 Jahren gestorben, wäre sein berühmtestes Werk, *Kosmos* – basierend auf einer Reihe öffentlicher Vorlesungen, die er im Winter 1827/28 gehalten hatte –, überhaupt nie in Druck gegangen (alle fünf Bände wurden zwischen 1845 und 1862 verlegt). Doch auch dieses Buch blieb unvollständig.

Bei Freud wiederum beklagte sein Freund und Biograph Ernest Jones, er habe in seiner Jugend mehrmals »die Gelegenheit zu Weltruhm« verpasst, »weil er es damals noch nicht wagte, seine Gedanken bis zu ihrem letzten – und nicht mehr fernen – logischen Schluß zu verfolgen«, insbesondere was den medizinischen Nutzen von Kokain betraf.[135] Von Patrick Geddes heißt es, ihm sei »schnell langweilig [geworden], er interessierte sich immer mehr für den nächsten Gedanken, anstatt den vorhergehenden so weit zu verfolgen, dass er eine Monographie darüber schreiben konnte«.[136] In einer Abhandlung über Otto Neurath ist die Rede von »der unglaublichen Fruchtbarkeit und dem großen Gedankenreichtum seiner Ideen«, aber auch von der »fehlenden Zeit, sie auszuarbeiten«.[137] Nach Aussage eigentlich wohlmeinender Biographen ziehen sich durch Michael Polanyis Werk selbst in seiner Kerndisziplin, der Chemie, »zahlreiche Beinahetreffer«.[138] Linus Pauling, der sich im Laufe seiner Karriere als Physiker, Chemiker und Biologe

Karl Marx, Fotografie von John Mayall jun., 1875

betätigte, war der Struktur der DNA auf den Fersen, entschlüsselte sie schlussendlich aber nicht – womöglich, weil seine anderen Interessen ihn davon ablenkten.

In anderen Fällen erwies sich die Angst vor dem Leonardo-Syndrom als unbegründet. Einer von Certeaus jesuitischen Kollegen war besorgt, weil »er sich ständig von neuen Forschungsthemen angesprochen fühlt, sich leidenschaftlich für alles interessiert (vergleichbar mit einem außerordentlich begabten Jugendlichen) und es ihm praktisch unmöglich ist, eine Wahl zu treffen und bei einer Sache zu bleiben«.[139] Doch hinterließ Certeau später ein nicht nur bedeutendes, sondern auch kohärentes Werk.

Ole Worm, Ansicht seiner Kopenhagener Wunderkammer *Museum Wormianum*, posthum herausgegebener Katalog seines Sohnes Willum Worm, 1655

LEBENSRÄUME

Ein gutes Gedächtnis und große Energiereserven verdanken sich eher den Genen als den Einflüssen von Erziehung. Ähnliches gilt wohl auch für die Wissbegier, wenngleich sie geweckt werden muss und ein Umfeld benötigt, in dem sie florieren kann. Solche Voraussetzungen erfüllen nur einige Gesellschaften. Auch andere Eigenschaften von Universalgelehrten sind durch eine kulturelle oder gesellschaftliche Komponente bedingt. Während es im vorigen Kapitel hauptsächlich um die Psychologie von Universalgelehrten ging, widmet sich das vorliegende ihrem Lebensraum, von der – geographischen und sozialen – Umgebung ihrer Kindheit bis hin zu den Nischen, in denen sie sich später einrichteten.

Giambattista Vico erklärte in seiner Autobiographie, er hätte nur ein Gelehrter werden können, weil er in Italien »und nicht in Marokko« geboren sei. Hätte er von der Existenz Ibn Chalduns gewusst, der eine Weile in Fez lebte, hätte er dieses Beispiel womöglich nicht gewählt, doch ändert das nichts an der Tatsache, dass er mit der geographisch ungleichen Verortung von Gelehrsamkeit nicht Unrecht hatte.[1] Universalgelehrte waren in der westlichen Kultur keineswegs gleichmäßig verbreitet, in Europa ebenso wenig wie in Nord- und Südamerika.

Die relativ hohe Zahl von Universalgelehrten aus einigen kleinen Ländern ist bei der Verteilung augenfällig. So kommen aus Schweden zwei Persönlichkeiten, die heute nur noch wegen einer ihrer zahlreichen Fähigkeiten und Leistungen bekannt sind: der bereits erörterte Emanuel Swedenborg als Visionär und August Strindberg als Dramatiker – der aber auch (unter anderem) über Geschichte, Photographie, Alchemie, Linguistik, China und Japan schrieb.[2] Die relativ große Zahl schwedischer Geistesgrößen im Vergleich zur eher geringen Gesamtbevölkerung mag damit zusammenhängen, dass in Schweden bereits Ende des 17. Jahrhunderts nahezu neunzig Prozent der Erwachsenen lesen und schreiben konnten.[3] Im 18. Jahrhundert brachte auch Schottland eine erstaunliche Schar von Universalgelehrten hervor, allen voran David Hume, Adam Smith, Adam Ferguson, Lord Kames, Lord Monboddo sowie die Brüder John und William Playfair. Die Schweizer wiederum warteten ab dem 16. Jahrhundert (Conrad Gessner und Theodor Zwinger) bis zum 20. (Carl Gustav Jung und Jean Piaget) mit einer hohen Quote auf, in der Zwischenzeit finden sich zudem Leonhard Euler, Albrecht von Haller, Germaine de Staël, Louis Agassiz und Jacob Burckhardt.

Der hohe Anteil niederländischer Universalgelehrter vor allem im 17. Jahrhundert nimmt sich besonders bemerkenswert aus – eine Erfolgsgeschichte, aus der sich möglicherweise allgemeinere Erklärungen ableiten lassen. Im 17. Jahrhundert waren die Vereinigten Niederlande ein dicht besiedeltes Land, das dank seiner Kanäle gute inländische Verbindungen und dank seiner vielen Schiffe ebenso gute Beziehungen zu einem Großteil der restlichen Welt unterhielt. Es wies eine urbane Kultur auf (mit Amsterdam befand sich dort eine der größten Städte Europas), die Alphabetisierungsrate war hoch, und es gab vier Universitäten (Leiden, Utrecht, Herderwijk und Franeker), wobei insbesondere Leiden mit einer erstklassigen Bibliothek, einigen berühmten Professoren und einer großen Zahl ausländischer Studenten als bedeutendes Zentrum der Gelehrsamkeit galt. Zudem verfügte Amsterdam mit dem Athenaeum Illustre über eine weitere wichtige Bildungseinrichtung und obendrein über eine Börse. Darüber hinaus befanden sich dort die Hauptsitze der East und der West India Company sowie andere »Zentren der Kalkulation« und »Orte des Wissens«.[4]

Es liegt auf der Hand, dass der Zugang zu Wissen, den Schulen, Universitäten, Bibliotheken und andere Institutionen angehenden Universalgelehrten ermöglichen, von außerordentlicher Bedeutung ist. Somit stellte es einen entscheidenden Vorteil dar, in einer großen Stadt wie Amsterdam zur Welt zu kommen. Analog bot Hamburg, ebenfalls eine Handelsstadt, sechs deutschen Universalgelehrten der frühen Neuzeit eine Nische, nicht zuletzt durch die berühmte, 1529 gegründete Gelehrtenschule des Johanneums. Eine historische Studie der Hamburger Gelehrten wurde bereits 1783 veröffentlicht.[5] Im 19. und 20. Jahrhundert waren dann Paris, London und Berlin bedeutende Zentren der Universalgelehrsamkeit.

Einige Universalgelehrte stammten auch aus Lateinamerika.[6] Angesichts der Gesamtbevölkerung des Kontinents fällt die Zahl zwar relativ niedrig aus, auch im Vergleich zu den Vereinigten Staaten mit ihren weitaus größeren Möglichkeiten, verblüfft aber gleichwohl. Eine denkbare Erklärung für den Fortbestand der dortigen Universalgelehrsamkeit sind die späte Spezialisierung und der Umstand, dass die Vorstellung des »Gelehrten« länger populär blieb. Es wurde schon vielfach angemerkt, dass Sozialtheorien vorwiegend in Westeuropa und Nordamerika entwickelt wurden und dass Theoretiker bei ihren Generalisierungen auch von diesen Weltregionen ausgingen. Zwei große Ausnahmen von dieser Regel gibt es gleichwohl, den Kubaner Fernando Ortiz und den Brasilianer Gilberto Freyre, die jeweils für die sogenannte »Südliche Theorie« stehen.

Beide Männer lehrten bisweilen an Universitäten, verstanden sich im Grunde jedoch als Privatgelehrte, die Gedichte und Geschichten schrieben, aber auch auf dem Gebiet der Soziologie, Anthropologie, Geographie, Geschichte und Psychologie sehr belesen waren und ihre Theorien aufgrund von Beobachtungen in ihrer eigenen Gesellschaft entwickelten. Sie unterstrichen beide die Bedeutung der kulturellen Vermischung und lehnten die Vorstellung einer »Rasse« ab. Ortiz verglich die kubanische Kultur mit dem regionalen Eintopfgericht (*ajiaco*) und sprach von einer

»Transkulturation«, ähnlich schrieb Freyre über die »Interpenetration« der Kulturen, insbesondere in Brasilien.[7]

Arbeitsmoral

Bei der regionalen Verbreitung der Universalgelehrten spielt auch die geographische Verteilung der Religion eine Rolle. Im Rahmen der langen Debatte über die Ursachen der wissenschaftlichen Revolution im 17. Jahrhundert wurde bisweilen behauptet, »die protestantische Elite«, um mit Max Weber zu sprechen, sei ein wesentlicher Faktor beim Aufstieg nicht nur der Naturwissenschaften, sondern auch des Kapitalismus gewesen.[8] Dieses Argument bedarf einer Präzisierung. Es sollte nämlich lediglich auf die »puritanische« Ausprägung des Protestantismus beschränkt werden, auf das Ethos von Frugalität und harter Arbeit. Umgekehrt ist das, was häufig als »protestantische« Arbeitsmoral bezeichnet wird, auch bei anderen Religionen virulent, zum Beispiel bei Konfuzianern und Juden (dazu unten mehr) sowie bei einigen Katholiken wie etwa Umberto Eco, dessen »Arbeitsmoral« (*etica lavorativa*) von einem seiner ehemaligen Studenten hervorgehoben wurde.[9] Dass auch einige Jesuiten in der Gruppe der Universalgelehrten vertreten sind, entkräftet die These einer rein protestantischen Arbeitsmoral.[10]

Trotz dieser notwendigen Einschränkung ist Webers Argument nicht völlig von der Hand zu weisen. Man könnte sich sogar versucht fühlen, es allgemein auf Gelehrte und insbesondere Universalgelehrte zu beziehen. Nicht zuletzt zitierte Weber als Paradebeispiel für protestantische Moral den Universalgelehrten Benjamin Franklin, der bereits im Alter von zwanzig Jahren in seinem »Plan für zukünftiges Verhalten« (1726) auf die Bedeutung von Frugalität und Fleiß hinwies.

Auch die hohe Zahl protestantischer Geistlicher unter den Universalgelehrten erhärtet dieses Argument, ob sie nun Lutheraner, Calvinisten oder Anglikaner waren. In Mitteleuropa gehörten dazu Philipp Melanchthon, Johann Heinrich Alsted, Johannes Comenius und Johann Gottfried Herder. In Schottland waren es unter anderem Gilbert Burnet, John Playfair (ein Mathematiker, Geologe und Astronom) und William Robertson Smith, im vorwiegend katholischen Frankreich Samuel Bochart, Pierre Bayle sowie Auguste Comtes Mentor Daniel Encontre (der nacheinander Professor der Literatur, der Mathematik und der Theologie war). Bei anderen Universalgelehrten erwarteten in jungen Jahren sie selbst oder ihre Eltern, dass sie eine geistliche Laufbahn einschlagen: der Biologe und Psychologe James G. Miller, Warren McCulloch – ein Pionier auf dem Gebiet der künstlichen Intelligenz –, der Ökonom und Historiker Harold Innis, der aus einer Baptisten-Familie stammte, und Melvil Dewey, ein weiterer Baptist, der sich mit dem Gedanken trug, Missionar zu werden.

Weitere Universalgelehrte – unter ihnen Olof Rudbeck, Pierre Bayle, Carl Linné, Emanuel Swedenborg, Adam Ferguson, Jacob Burckhardt, John Stuart Mill, Louis

Max und Marianne Weber, Fotografie von 1894

Agassiz, Carl Gustav Jung, Harold Lasswell und Robert Hutchins – waren Söhne protestantischer Geistlicher und zeichneten sich aller Wahrscheinlichkeit nach durch eine »protestantische Moral« aus, die ihnen schon in jungen Jahren eingeimpft wurde.[11] Friedrich Nietzsche, selbst Sohn eines lutherischen Pfarrers, schrieb einmal: »Der protestantische Pfarrer ist Großvater der deutschen Philosophie«. Diese Bemerkung könnte auf die Gelehrsamkeit insgesamt übertragen werden.[12] Enkelkinder von Geistlichen waren unter anderem Johann Albert Fabricius, Madame de Staël und Jürgen Habermas. Letzterer verbringt viele Stunden des Tages an seinem Schreibtisch und ist der Enkel eines »an den preußischen Tugenden des Arbeitsethos orientierten« Pastors.[13]

Ein herausragendes Beispiel für große Arbeitsmoral ist Max Weber selbst, dessen Mutter, wie auch die Mütter Benjamin Franklins und Warren McCullochs, eine fromme Protestantin war. Max sagte seiner Frau Marianne einmal, es sei für ihn ein »natürliches Bedürfnis«, ununterbrochen zu arbeiten. John Maynard Keynes (ebenfalls ein Workaholic, wie wir gesehen haben) war Sohn eines »überzeugten Nonkonformisten«, und nach Aussage von Bertrand Russell »lebte in seinem Sohn ein Teil dieses nonkonformistischen Geistes fort.«[14]

Die Veblen-Frage

Um Webers These in der richtigen Perspektive zu betrachten, lohnt sich die Gegenüberstellung mit einer Überlegung des ebenfalls universalgelehrten Soziologen Thorstein Veblen. In einem berühmten Essay von 1919 erörterte er »Die intellektuelle Vorrangstellung von Juden im modernen Europa« und versuchte sich an einer Erklärung, weshalb es unter Juden »eine unverhältnismäßig große Anzahl an Personen« gab, »von der sich die moderne Naturwissenschaft und Gelehrsamkeit Führung und Richtung erwarten«, von den »Pionieren einer verstörenden Zunft von Pfadfindern und Ikonoklasten«. Eine auf der Kategorie Rasse beruhende Erklärung lehnte er mit der Begründung ab, die Juden seien »eine Nation hybrider Kreuzungen«. Stattdessen vertrat er ein gesellschaftsbezogenes Argument, indem er behauptete, Juden würden kreativ, sobald sie »die Gelehrtenrepublik der Nichtjuden« beträten, denn dann schwebten sie zwischen zwei Welten und betrachteten beide mit einer gewissen Distanz und Skepsis.[15]

Die Untersuchungen dieses Buchs lassen ebenfalls darauf schließen, dass Menschen jüdischer Herkunft (ob sie nun praktizierende Juden, Katholiken, Protestanten oder Atheisten waren) unter den Universalgelehrten in der Tat zahlenmäßig überdurchschnittlich vertreten sind, insbesondere ab Mitte des 19. Jahrhunderts, beginnend mit Marx. Diese Beobachtung stützt in gewisser Weise Veblens These, in anderer Hinsicht jedoch unterwandert sie sie. Denn wenn er recht gehabt hätte, hätte »der Bestand an jüdischen Renegaten«, wie Veblen sie nannte, Anfang des 20. Jahrhunderts, nachdem Juden die Ghettos verlassen und sich der europäischen oder amerikanischen Kultur assimiliert hatten, im Feld der Universalgelehrsamkeit versiegen müssen. Das aber war dezidiert nicht der Fall. Somit ist eine alternative Erklärung für die »intellektuelle Vorrangstellung« von Juden vonnöten, um Veblens Ansicht zu ergänzen, wenn nicht gar zu ersetzen.

Da ihnen der Zugang zur Politik verwehrt war, verlegten sich intelligente junge Männer aus Minderheiten – etwa auch aus jener der Quäker – auf andere Gebiete wie Handel oder Wissenschaft. Für jüdische Eltern hatte Bildung traditionell einen hohen Stellenwert, und ein Wissenschaftler oder Gelehrter zu werden konnte als eine säkularisierte Form des überlieferten Studiums des Tanach oder der Thora betrachtet werden. So überrascht es nicht, dass einige Eltern ihre Kinder mit Nachdruck zur Bildung drängten, wie etwa im Fall von Norbert Wiener, der später scherzhaft erklärte, er sei »in einer zweifach puritanischen Umgebung erzogen worden«, nämlich in einer jüdischen Familie im protestantischen Neuengland.[16] Erwähnenswert ist auch die Rolle, die das Exil spielt, wie Veblen zweifelsohne angemerkt hätte, hätte er seinen Essay nicht 1919, sondern in den 1930er Jahren geschrieben. Die in diesem Buch erwähnten Universalgelehrten jüdischen Ursprungs waren gemeinhin entweder selbst Exilanten oder Kinder von Exilanten, die zwischen den Kulturen ihres Heimat- und ihres Gastlandes lebten und damit beide aus einer gewissen Distanz betrachteten. So entgingen sie der Provinzialität, die Forscher und Gelehrte beschränkt, wenn sie einem bestimmten Umfeld und damit dessen Denkweisen verhaftet bleiben.[17]

Erziehung

Wird Universalgelehrsamkeit durch eine bestimmte Art von Erziehung gefördert? Es erscheint wahrscheinlich – wenn auch schwer beweisbar –, dass häuslicher Unterricht eher als die Schule dazu angetan ist, die Missachtung formaler akademischer Grenzen zu fördern, deren Kenntnis er teilweise nicht einmal vermittelt. Jedenfalls wurden mehrere führende Universalgelehrte zu Hause unterrichtet. Für Frauen war dies lange Zeit notgedrungen die Norm, etwa für Anna Maria van Schurman, Sor Juana de la Cruz, Mary Somerville und Lady Mary Wortley Montagu, die sich autodidaktisch Latein aneignete, während »alle dachten, ich würde bloße

Liebesromane lesen«. Zu den männlichen Universalgelehrten, die zumindest in frühen Jahren zu Hause unterrichtet wurden, gehören Christiaan Huygens, Nicolaes Witsen, Christopher Wren, Gilbert Burnet, die Brüder Humboldt, Thomas Young, John Stuart Mill, Mark Pattison, William Robertson Smith, Karl Pearson, Karl und Michael Polanyi, John von Neumann, Bertrand Russell, Jorge Luis Borges und Ludwig von Bertalanffy.

Eine ganze Reihe Universalgelehrter waren Wunderkinder, etwa Blaise Pascal, Juan Caramuel, Maria Agnesi, der Schweizer Physiologe Albrecht von Haller, Thomas Macaulay, John Stuart Mill, Dorothea Schlözer, Marcelino Menéndez y Pelayo, Jean Piaget (der bereits als Jugendlicher mehrere naturwissenschaftliche Artikel veröffentlichte), John von Neumann, Norbert Wiener (dessen Autobiographie in der Originalausgabe den Titel *Ex-Prodigy*, also »Ehemaliges Wunderkind«, trug), sein Freund William Sidis (der sich bereits mit elf Jahren in Harvard einschrieb) und Walter Pitts.

Einige von ihnen, insbesondere Mill, Schlözer und Wiener, die alle Kinder von Intellektuellen waren, spürten den »großen Erwartungsdruck«, der von Seiten ihrer Väter auf ihnen lastete. Mill lernte Griechisch im Alter von drei Jahren, Dorothea Schlözer befasste sich schon als Fünfjährige mit Geometrie, Französisch und Latein, und Wiener studierte mit sieben Jahren Physik und Chemie, besuchte mit zwölf die Universität und machte zwei Jahre später seinen ersten Abschluss. Er erinnerte sich, dass sein Vater »schwer und unablässig arbeitete« und dass »Vater von mir das Gleiche erwartete wie von sich selbst«.[18] Ralph Gerard, der einen vergleichbaren Hintergrund wie Wiener hatte, besuchte die Universität ab dem Alter von fünfzehn Jahren und beschrieb seinen Vater als »großen Lehrmeister, anspruchsvollen Antreiber und Tyrannen«.[19] Als solche bezeichnete Kenneth Boulding seine Eltern zwar nicht, aber er sagte rückblickend, dass sie ebenfalls »ausgesprochen hohe Erwartungen« in ihren frühreifen Sohn setzten.[20]

Andere Universalgelehrte gingen auf normale Schulen, schlugen dort aber eigene Wege ein. Giambattista Vico bezeichnete sich als Autodidakten. Alan Turing, der die Privatschule Sherborne in Dorset besuchte, »bevorzugte immer seine eigenen Methoden, anstatt denen im Schulbuch zu folgen«, und Herbert Simon behauptete, als Schuljunge in Milwaukee habe »seine Ausbildung ausschließlich in seiner eigenen Hand gelegen und [er habe] nur selten um Rat gefragt«. An diese »Strategie des Selbststudiums«, wie er sie nannte, habe er sich auch gehalten, als er sich in seinem späteren Leben mit Mathematik und Sprachen befasste.[21] Er war beileibe nicht der einzige Universalgelehrte, der diese Methode einem akademischen Curriculum vorzog. Daniel Morhof verteidigte den Autodidakten.[22] David Hume erklärte, man könne »von einem Professor nichts lernen, das nicht auch Bücher bieten könnten«. In ähnlicher Manier vertrat Thomas Young die Meinung, es gebe »nur sehr wenig, was ein Mensch, der ernsthaft um seine Weiterbildung bemüht ist, sich nicht mit mehr Gewinn aus Büchern aneignen kann als von einem lebenden Lehrer«.[23]

Um sich außerhalb der Schule im Selbststudium zu bilden, war es natürlich hilfreich, wenn zu Hause oder in der Nähe eine gut bestückte Bibliothek zur Verfügung stand. Christiaan Huygens etwa hatte Zugang zu der immensen Büchersammlung seines Vaters, Giambattista Vico und Samuel Johnson hatten wiederum den Vorteil, als Söhne von Buchhändlern zur Welt gekommen zu sein. Thomas Young entdeckte die Naturwissenschaften beim Stöbern in der Bibliothek eines Nachbarn.[24] H.G. Wells durfte sich Bücher aus der Bibliothek des Landsitzes Uppark ausleihen, wo seine Mutter als Bedienstete tätig war, und später äußerte er sich über »die Wunder der Selbstbildung«.[25] George Homans war überzeugt, dass »ich einen Großteil dessen, was ich aus Büchern lernte, nicht in der Schule erfuhr, sondern zu Hause aus unserer herausragenden Bibliothek«.[26] Jorge Luis Borges wuchs ebenfalls in einem Haus mit zahlreichen Büchern auf und schrieb im Rückblick: »Müsste ich das eine prägende Erlebnis meines Lebens benennen, würde ich die Bibliothek meines Vaters anführen«.[27] Walter Bagehot, Norbert Wiener, John von Neumann und Joseph Needham entwickelten ihre breit gestreuten Interessen alle durch Schmökern in der väterlichen Bibliothek, und Otto Neurath, der Sohn eines Professors, der rund 13.000 Bücher besaß, berichtete: »Bei meinen ersten mathematischen Schätzungen habe ich die Anzahl der Bücher in der Bibliothek überschlagen«.[28]

Einige Universalgelehrte brachen ihr Universitätsstudium ab, beispielsweise Robert Hooke, Denis Diderot, David Hume, Thomas De Quincey, T.H. Huxley, August Strindberg, Patrick Geddes, Elton Mayo, Kenneth Burke, H.G. Wells (der zunächst an der Normal School of Science in London eingeschrieben war) und Lewis Mumford. Später lehrte Mumford bisweilen an Colleges, vermied aber dauerhafte Anstellungen und meinte einmal, von Akademikern gelesen zu werden sei wie »ein zweites Begräbnis«. Einige studierten gar nicht, etwa Leonardo da Vinci, Joseph Priestley (dem als Nicht-Anglikaner der Besuch von Oxford und Cambridge verwehrt war), Herbert Spencer und Jorge Luis Borges.

Weiblichen Gelehrten wurden in mehr als zwei Dritteln der in diesem Buch untersuchten Zeit, also ungefähr zwischen 1400 und 1800, beträchtliche Steine in den Weg gelegt. Zwar war ihnen der Besuch einer Universität nicht grundsätzlich untersagt, doch höhere Bildung war nach allgemeinem Dafürhalten nichts für sie. Sofern sie intellektuelle Interessen hegten, sollten sich diese auf das Schöngeistige beschränken und nicht auf ein Studium ausdehnen, und bei ihren Veröffentlichungen, wenn sie denn publizierten, sollte es sich um Übersetzungen und nicht um eigene Werke handeln. Angesichts dessen grenzt es an ein Wunder, dass in der frühen Neuzeit doch einige weibliche Universalgelehrte existierten, zwischen 1450 und 1800 nach den aufgestellten Kriterien zwölf.[29]

Als einige der Hindernisse, mit denen sich intellektuelle Frauen konfrontiert sahen, beseitigt wurden, stieg im 19. Jahrhundert die Zahl der weiblichen Universalgelehrten ein wenig an, darunter Germaine de Staël, Dorothea Schlözer, George Eliot, Mary Somerville, Harriet Martineau und Harriet Taylor. Ihnen folgte im 20. und 21. Jahrhundert eine größere Gruppe vielseitiger weiblicher Gelehrter, die von den besseren Bildungs- und Arbeitsmöglichkeiten für Frauen profitierten. Das galt insbesondere für die Generation der in den 1930er Jahren Geborenen, wie Susan Sontag oder die Altphilologin, Religionshistorikerin und Kulturanthropologin Clara Gallini und deren Nachfolgerinnen.

Zu den lebenden Frauen, die mit Fug und Recht als Universalgelehrte gelten, gehören Gayatri Chakravorty Spivak, die sich mit Philosophie, Literaturtheorie und postkolonialen Studien beschäftigt, Luce Irigaray (Philosophie, Psychoanalyse und Linguistik), Hélène Cixous (Philosophie, Psychoanalyse, Literatur), Juliet Mitchell (Literatur, Psychoanalyse und Gender Studies), Julia Kristeva (Literatur, Philosophie, Psychoanalyse, Semiotik), Griselda Pollock (Kunstgeschichte, Kulturtheorie, Psychoanalyse), Aleida Assmann (Literatur, Kulturgeschichte, Anthropologie), Judith Butler (Philosophie, Linguistik, Politologie), Margaret Boden (Philosophie, Psychologie und Kognitionswissenschaft), die Literatur-, Kunst- und Medientheoretikerin Mieke Bal, die auch als Videokünstlerin in Erscheinung tritt, sowie Jacqueline Rose, die über Literatur, Psychoanalyse, Gender Studies, Politologie und Geschichte schreibt und darüber hinaus einen Roman verfasst hat.

Unabhängigkeit

Wissbegier, Energie und der Drang, Zeit sinnvoll zu nutzen, machen allein noch keine Universalgelehrten aus – sie müssen auch genügend Freiräume haben, um sich ihrer eigenen Arbeit widmen zu können. Bisweilen wurde ihnen das durch ein Leben in einer Gemeinschaft ermöglicht, etwa an Colleges in Oxford oder Cambridge oder als Angehörige eines geistlichen Ordens – bei den Benediktinern etwa (Johannes Trithemius und Benito Feijoo), Karmeliten (zeitweise Jean Bodin, Sor Juana), Zisterziensern (Caramuel), als Regularkanoniker (eine Weile Erasmus, Kopernikus), bei den Franziskanern (Rabelais und Sebastian Münster, jeweils für eine bestimmte Zeit), Dominikanern (Fernão de Oliveira, eine Weile auch Giordano Bruno, und Tommaso Campanella), Serviten (Paolo Sarpi) und insbesondere den Jesuiten (die bereits erwähnten). Prinzessin Elisabeth wurde protestantische Äbtissin. Ehelosigkeit und der befreiende Umstand, sich nicht um Essen und Unterkunft kümmern zu müssen, ermöglichten es diesen Gelehrten, sich allein dem Erwerb und der Vermittlung von Wissen zu widmen. Athanasius Kircher verstand sich besonders gut darauf, das globale Netzwerk seines Ordens für seine Zwecke zu nutzen: Sein Buch über China beruhte auf den persönlichen Erfahrungen von Mitbrüdern, die als Missionare tätig waren. Ihm gelang es sogar, eine Gruppe von Jesuiten zusammenzustellen, die in verschiedenen Teilen der Welt magnetische Abweichungen beobachteten.[30]

Auch einige nicht-geistliche Universalgelehrte blieben unverheiratet. In manchen Fällen, von Leonardo bis Alan Turing, erklärt sich dies vermutlich aus ihrer

Homosexualität, bei anderen bestand der Grund dafür möglicherweise in dem Wunsch, nicht vom Studium abgelenkt zu werden. Zu dieser Gruppe gehörten Filippo Brunelleschi, Joseph Scaliger, Franciscus Junius, Nicolas-Claude Fabri de Peiresc, Leibniz, Pierre Bayle, René-Antoine de Réaumur, Gaspar Melchor de Jovellanos, Alexander von Humboldt, Thomas Macaulay, Herbert Spencer, Charles Sainte-Beuve, William Robertson Smith und Charles Ogden. Als Charles Darwin seine legendäre Liste mit Vor- und Nachteilen einer Ehe zusammenstellte, nannte er als Argument für ein Junggesellendasein »Zeitverlust – abends nicht lesen können« (was ihn nicht daran hinderte, später Emma Wedgwood zu ehelichen).[31]

Eine beträchtliche Reihe von Universalgelehrten gehörte zur »Klasse der Müßiggänger« mit einem Einkommen, das sie keiner Angestellten-Tätigkeit verdankten: beispielsweise Pico della Mirandola, John Dee, Tycho Brahe, Christiaan Huygens, Scipione Maffei, Montesquieu und Buffon. Alexander von Humboldt besaß nicht nur genügend Geld, um den eigenen Lebensunterhalt zu finanzieren, sondern auch für seine berühmte Expedition nach Lateinamerika. Im Vereinigten Königreich waren Charles Babbage, Charles Darwin, Francis Galton, John Lubbock und William Henry Fox Talbot allesamt Privatiers der besseren Gesellschaft. Aby Warburg, Sohn und Bruder von Bankiers, konnte ein komfortables Leben führen und sich alle Bücher kaufen, die er für seine Studien brauchte.[32] Walter Benjamin wurde von seinen wohlhabenden Eltern unterstützt, wenn auch nicht immer bereitwillig. Auch Henry Murray war »finanziell unabhängig«.[33]

Eine großzügige Erbschaft erlaubte es einer ganzen Reihe von Universalgelehrten, sich im späteren Leben ihren weit gestreuten Interessen zu widmen, Thomas Young etwa, Charles Sanders Peirce, Herbert Spencer, Georg Simmel und Vilfredo Pareto, der im Alter von 61 Jahren das Unterrichten aufgab, um sich auf seine Bücher konzentrieren zu können. Bertrand Russell erbte von seinem Vater 20.000 Pfund, musste allerdings weiterhin Bücher schreiben und Vortragsreisen durch die Vereinigten Staaten unternehmen, um seine diversen Ehefrauen und Kinder zu versorgen.

Erzwungener Müßiggang

Einige Universalgelehrte verstanden es, Nutzen aus Zeiten erzwungener Untätigkeit zu ziehen, Walter Raleigh etwa, der laut Aubrey »am meisten während seiner Seereisen studierte, auf die er immer eine Bücherkiste mitnahm«.[34] Darwin, der auf der *Beagle* fünf Jahre auf See verbrachte, wo er in seiner Hängematte lag, las und schrieb, teilte seinem Vater mit: »Auf einem Schiff kann man bequem alle möglichen Arbeiten verrichten. Man hat alles bei der Hand, und durch die Enge geht man gezwungenermaßen sehr methodisch vor, so dass ich letztlich nur davon profitiert habe.« Eines der Bücher, das er damals las, war Charles Lyells *Principles of Geology* (1830–1833), von dem er bei der Ausarbeitung seiner Evolutionstheorie profitierte.[35]

Eine zweite Phase erzwungener Untätigkeit erlebte Raleigh als Gefangener im Tower of London, wo er seine *History of the World* schrieb. John Selden verfasste im Gefängnis Marshalsea, wo er 1629 aus politischen Gründen einsaß, eine Studie der jüdischen Rechtsgeschichte. Später äußerte er sich ironisch über »den Überfluss an Müßiggang im Gefängnis«.[36] Tommaso Campanella verbrachte 27 Jahre in neapolitanischen Gefängnissen und schrieb dort einige seiner bedeutendsten Werke. Samuel Pufendorf, der in der Familie eines schwedischen Diplomaten als Hauslehrer tätig war, wurde bei Ausbruch des Kriegs zwischen Dänemark und Schweden in Kopenhagen gefangen gesetzt. Nach eigener Aussage nutzte er seine Zeit in Haft, um sein *Elementorum jurisprudentiae universalis libri duo* (*Grundlagen einer allgemeinen Rechtslehre*) zu schreiben – und zwar aus dem Gedächtnis, da ihm keine Bücher zur Verfügung standen.[37] Der spanische Staatsmann Jovellanos, der im Castell de Bellver auf Mallorca einsaß, nutzte die Zeit, um die Geologie der Region zu analysieren, eine historische Beschreibung des Castells zu verfassen und Aufzeichnungen über die Gebäude in Palma zu machen. Auch Bertrand Russell, der wegen Unterstützung von Wehrdienstverweigerern, die nicht im Ersten Weltkrieg dienen wollten, fünf Monate im Gefängnis verbrachte, las dort sehr viel und konnte, wie Pufendorf, vor seiner Entlassung sogar ein Buch schreiben.[38]

Familie

Familienbande gab es bei einer ganzen Reihe der in diesem Buch Genannten, sei es, weil »Genialität« vererbt wird (wie einer von ihnen, Francis Galton, behauptete), oder weil die frühkindliche Umgebung die Entwicklung von Vielseitigkeit fördert. Zu den berühmten Beispielen für universalgelehrte Familien gehören die Brüder Wilhelm und Alexander von Humboldt, John und William Playfair, bei denen sich der Ältere der Mathematik und Naturphilosophie widmete und der Jüngere der Technik und Volkswirtschaft, Julian und Aldous Huxley, die die Natur- und die Geisteswissenschaften unter sich aufteilten, und die französischen Gelehrten Joseph, Salomon und Théodore Reinach (einem Bonmot zufolge standen die Initialen der Drei – J, S und T – für »je sais tout« [ich weiß alles]).

Die Brüder Karl und Michael Polanyi waren nur die bekanntesten Mitglieder der, nach Aussage eines Freundes, »begabtesten Familie, die ich je gekannt und von der ich je gehört habe«, einschließlich der Schwester Laura. Offenbar schlugen die Kinder nach ihrer Mutter Cécile, die »unveröffentlichte Texte über eine Vielzahl kultureller und politischer Themen verfasste, von Graphologie bis hin zu Schmuck, von Pädagogik zu Pyjamas, von Liebesgeschichten zur Russischen Revolution«.[39] Ein weiteres beeindruckendes Beispiel für eine hochbegabte Familie sind die sechs Prodi-Brüder, die allesamt eine akademische Laufbahn einschlugen und von denen mindestens zwei als Universalgelehrte gelten können, Giorgio (in Medizin, Biologie und Semiotik) und Paolo (in Kirchengeschichte und politischer Theorie). Was die anderen vier betraf, so war Giovanni Mathematiker, Franco und Vittorio waren Physiker, während der Ökonom Romano später Premierminister Italiens wurde.

Zu den Vater-Sohn-Gespannen gehören drei Beispiele aus dem 17. Jahrhundert, eines in Schweden und zwei in den Niederlanden. Olof Rudbeck der Jüngere erreichte nicht die immense Vielseitigkeit seines Vaters, doch seine Arbeiten in Medizin, Botanik, Ornithologie und dem, was wir heute »Linguistik« nennen, rechtfertigen seine Zuordnung als Universalgelehrter. Der Mathematiker und Naturphilosoph Christiaan Huygens war Sohn Constantijns, dessen weit gestreute Interessen vorwiegend den Geisteswissenschaften galten. Ein weiterer Niederländer, Isaac Vossius, war der Sohn des nicht minder bekannten Gelehrten Gerhard Vossius.

Zudem sind unter den hier erörterten Universalgelehrten auch zwei Vater-Tochter-Paare vertreten. August von Schlözer war nicht nur einer der führenden Historiker seiner Zeit, er schrieb auch über Völkerkunde – wie er sie als einer der Ersten nannte – und über Statistik, wozu die Beschreibung politischer Systeme ebenso gehörte wie Zahlenreihungen. Seine Tochter Dorothea, die als erste Frau in Deutschland promovierte, beherrschte neun Sprachen und studierte Mathematik, Botanik, Zoologie, Optik, Religion, Bergbau, Mineralogie und Kunst. Jacob Bronowski und seine Tochter Lisa sind ein weiteres Beispiel. Dass Jacob Bronowski in zwei Kulturen zu Hause war, wurde bereits erwähnt. Seine Tochter, die unter dem Namen Lisa Jardine bekannt ist, war eine Mathematikerin, die Literaturkritikerin und Kulturhistorikerin wurde und als öffentliche Intellektuelle agierte.

Netzwerke

Unter Universalgelehrten finden sich aber nicht nur familiäre Verbindungen, sondern auch Freundesgruppen, denn allen Rivalitäten zum Trotz fühlen sich Mitglieder dieser Spezies vielfach zueinander hingezogen. Nachdem Joseph Priestley nach Amerika ausgewandert war, freundete er sich mit dem ebenfalls universalgelehrten Thomas Jefferson an. In seiner Jugend zählte Goethe Herder zu seinen Freunden, später dann die Humboldt-Brüder.

John Herschel, William Whewell und Charles Babbage lernten sich bereits als Studenten in Cambridge kennen und schätzen. James Frazer befreundete sich mit William Robertson Smith, als sie sich an der Universität begegneten. Eine weitere Freundschaft aus Cambridge, diejenige zwischen Charles Ogden und Ivor Richards, begann in ihrer Zeit als Studenten am Magdalene College. Ogden studierte Altphilologie, wandte sich aber der Psychologie zu und erfand später die stark vereinfachte Sprache »Basic English«, deren Verbreitung er propagierte. Richards studierte Moralwissenschaft, unterrichtete Philosophie und englische Literatur und wurde Professor für Pädagogik.[40]

In Deutschland bestand die »Frankfurter Schule«, von der im folgenden Kapitel die Rede sein wird, aus Freunden, die sich seit Schultagen kannten: Theodor W. Adorno, Max Horkheimer und Siegfried Kracauer. In Frankreich gründeten die Freunde Georges Bataille und Roger Caillois gemeinsam das sogenannte »Collège de Sociologie«. Sie teilten unter anderem das Interesse an Literatur (Bataille schrieb Lyrik, Caillois einen Roman). Am bekanntesten sind sie jedoch wegen anspruchsvoller Studien, in denen sie auf die Anthropologie zurückgriffen, aber weitergehende Schlussfolgerungen zogen. So entwarf Bataille in *La part maudite* (1949) eine Theorie des Konsums, Caillois in *Les jeux et les hommes* (1958) eine Theorie des Spiels.[41] Produktiv war auch die Freundschaft zwischen dem Philosophen und Kritiker Gilles Deleuze, der über Literatur, Kunst und Film schrieb, und dem Psychologen, Philosophen und Semiologen Félix Guattari.

Zwischen William Robertson Smith und James Frazer bestand eine Beziehung von Meister und Schüler, ein Verhältnis, wie es zwischen Universalgelehrten häufiger vorkommt.[42] So war Karl Pearson ein Schüler Francis Galtons. Lewis Mumford nannte sich selbst einen aufsässigen Schüler von Patrick Geddes, der sein »ganzes Leben verändert« und ihm »eine neue Sicht auf die Welt eröffnet« habe. In späteren Jahren sagte er allerdings auch, dass »mein Denken von seinem abgewichen war«.[43] Henry Murray war ein Student Lawrence Hendersons und Ernst Haeckel ein Schüler Rudolf Virchows. Haeckel wiederum wurde ein Lehrer, dem Friedrich Ratzel »uneingeschränkte Bewunderung« entgegenbrachte.[44]

In früheren Kapiteln wurden häufig größere Netzwerke von Korrespondenten erwähnt, von denen einige recht bekannt sind. Sie reichen von Erasmus bis zu Charles Darwin über Peiresc, Kircher, Leibniz, Bayle und Alexander von Humboldt. Persönliche Begegnungen sind nicht immer dokumentiert, dabei vermutlich noch bedeutsamer. So verstand sich beispielsweise Gregory Bateson als Teil eines Gemeinschaftsunternehmens, an dem mindestens vier weitere Universalgelehrte beteiligt waren, die er persönlich kannte: Bertalanffy, Wiener, von Neumann und Shannon.[45]

Familie und Freunde bilden das, was man ein laterales Netzwerk von Menschen nennen könnte, deren Lebenszeiten parallel verlaufen oder sich zumindest mehrere Jahrzehnte lang überlappen. Nicht minder wichtig ist für Universalgelehrte ein sogenanntes vertikales Netzwerk oder ihre intellektuelle Genealogie, bei denen sie sich auf frühere Universalgelehrte beziehen, etwa auf Ramon Lull, Pico della Mirandola, Johannes Comenius und Francis Bacon. Pico, Heinrich Cornelius Agrippa, Kircher, Caramuel, Leibniz und Benito Feijoo zeigten sich allesamt fasziniert von Lulls Kunst der Kombination. Johannes Bureus wiederum bewunderte Pico, und Christina von Schweden besaß ein Porträt von ihm. Leibniz und Kircher interessierten sich beide für Comenius. Francis Bacon galt d'Alembert, Feijoo und Jovellanos als Vorbild, später auch Comte, Spencer und Melvil Dewey. Selbst einigen Universalgelehrten der neueren Zeit war diese Verortung in der Genealogie nicht fremd. Sowohl Geddes als auch Neurath bezeichneten Comenius als anregend. Borges sprach von seinem Interesse an Lull (und schrieb einen

Essay über dessen »Denkmaschine«), an Pico (er rezensierte ein Buch über ihn), Kircher, Leibniz, Coleridge, De Quincey (»wesentlich für mich«) und die »Huxley-Dynastie« (einschließlich Aldous' Bruder Julian und deren Großvater T. H. Huxley).

Um sich entfalten zu können, brauchen Universalgelehrte eine Nische, in der sie ihren Lebensunterhalt verdienen können. Bei diesen Nischen handelt es sich zumeist um Höfe, Schulen, Universitäten, Bibliotheken und Magazine.

Höfe und Mäzene

In der frühen Neuzeit fanden Universalgelehrte wie auch andere Gelehrte (ganz zu schweigen von Malern, Dichtern und Musikern) ihre Nische vielfach an Königs- oder Adelshöfen. Leonardo zog von Florenz an den Hof Ludovico Sforzas in Mailand, seinen Lebensabend verbrachte er wegen der Unterstützung Königs Franz I. in Frankreich. Karl IX. von Schweden und sein Nachfolger Gustav Adolf förderten beide Johannes Bureus, der als »der große Polyhistor der Großmachtzeit« seinen Ruhm insbesondere seinen Studien über okkulte Wissenschaften und schwedische Altertümer verdankt.[46] Noch bedeutender für Gelehrte war, wie bereits beschrieben, der Hof der Tochter Gustav Adolfs, Christina von Schweden.

Leibniz verbrachte viele Jahre an den Höfen von Hannover und Wolfenbüttel. Lorenzo Magalotti und Francesco Redi lebten am Hof der Medici in Florenz. Samuel Pufendorf stand als Historiograph im Dienst des Hofs von Karl XI. von Schweden und dann am Hof des Kurfürsten von Brandenburg in Berlin. Peter Simon Pallas und August Schlözer wurden von Katharina der Großen unterstützt, und Denis Diderot verbrachte einige Monate an ihrem Hof in Sankt Petersburg, so wie Voltaire am Hof Friedrichs des Großen in Potsdam. Noch im 19. Jahrhundert diente Alexander von Humboldt als Kammerherr am preußischen Hof.

Dabei standen Universalgelehrte den Höfen vielfach ambivalent gegenüber. Für Gelehrte ohne Privatvermögen stellte einerseits das Salär, das Monarchen und Aristokraten zu zahlen pflegten, oft eine Verlockung dar. Das Nomadenleben, das Heinrich Cornelius Agrippa nach Köln, Turin, Metz, Genf, Freiburg, Lyon und Antwerpen führte, war seiner ständigen Suche nach Mäzenen geschuldet, zu denen Kaiser Maximilian I., Luise von Savoyen und Margarete von Österreich gehörten. Bisweilen kamen Mäzene auch für die Druckkosten eines Buches auf. So wären die gewaltigen illustrierten Folianten von Kirchers *Oedipus Aegyptiacus* ohne die finanzielle Zuwendung Kaiser Ferdinands III. womöglich nie erschienen. Außerdem boten mächtige Mäzene Schutz. Bei seinen Auseinandersetzungen mit akademischen Kollegen wurde Swedenborg von König Karl XII. unterstützt.

Andererseits missfiel es den Gelehrten, wenn sie ihre Rolle als Höfling erfüllen mussten und dadurch von ihren Studien abgelenkt wurden. In Rom beschwerte sich

Kircher über die Zeit, die es ihn kostete, die Fragen Papst Alexanders VII. zu beantworten.[47] Als Leibniz dem Kurfürsten Ernst August von Hannover als Historiograph diente, forderte sein Mäzen regelmäßig, er solle sich auch um andere Belange kümmern.[48] Von Humboldt wiederum wurde verlangt, König Friedrich Wilhelm III. bei Tisch vorzulesen und seine Korrespondenz zu erledigen. Später musste er quasi als wandelnde Enzyklopädie die zahllosen Fragen Friedrich Wilhelms IV. zu einer Vielzahl von Themen beantworten.[49]

Heutzutage ist das Mäzenatentum von Monarchen und Aristokraten durch Stiftungen abgelöst worden. Ihr Beitrag zu einigen Unterfangen von Universalgelehrten soll im Folgenden untersucht werden.

Schulen und Universitäten

Im Deutschland der frühen Neuzeit unterrichtete eine Reihe von Universalgelehrten an Schulen, insbesondere an akademisch ausgerichteten Gymnasien in Hamburg und anderen Orten. Einige Gelehrte gaben dieser Nische offenbar den Vorzug vor einer Universitätsstelle, vielleicht weil sie sich bei ihrer Lehre hier nicht auf nur eine einzige Disziplin beschränken mussten.[50]

Dennoch zog es viele Universalgelehrte an Universitäten, zumal diese ihnen früher meistens größere Freiheiten einräumten, als heute üblich sind. Bis zur zweiten Hälfte des 20. Jahrhunderts erforderte die Verwaltung akademischer Fachbereiche keinen allzu großen Aufwand, und auch die Lehrtätigkeit war zeitlich nicht übermäßig anspruchsvoll. Arthur Lovejoy, von 1910 bis 1938 Professor an der Johns Hopkins University, »weigerte sich, Studenten der Grundsemester zu unterrichten«, »lehrte nie mehr als vier Stunden pro Woche« und beschränkte sich dabei auf kleine Gruppen von Graduierten.[51] Zudem konnten viele Professoren häusliche Angelegenheiten ihrer Ehefrau und den Dienstboten überlassen. Von Friedrich Ratzel wurde gesagt: »Im letzten Viertel des 19. Jahrhunderts war es für einen Professor, und insbesondere für einen deutschen Professor, noch möglich, unbehindert von Verwaltungsaufgaben, Wohltätigkeitsarbeit und häuslichen Pflichten eine umfassende Bandbreite an Wissen zu erwerben«.[52]

Zur akademischen Freiheit gehörte die Möglichkeit, die Disziplin zu wechseln, was für Universalgelehrte von besonderer Bedeutung ist. Hermann Conring beschäftigte sich an der Universität in Helmstedt wahlweise mit Recht, Geschichte und Medizin.[53] Olof Rudbeck, der in Uppsala ursprünglich verpflichtet worden war, Medizin zu lehren, hielt Vorlesungen über verschiedene naturwissenschaftliche Fachgebiete. An der Universität Leiden wurde der Botanik- und Medizinprofessor Herman Boerhaave gleichzeitig auf einen Lehrstuhl für Chemie berufen. Im 19. Jahrhundert hatte Hermann Helmholtz zunächst einen Lehrstuhl in Physiologie und dann einen in Physik inne.

Selbst im 20. Jahrhundert legten einige Universitäten diesbezüglich noch eine gewisse Flexibilität an den Tag. So wurde 1924 an der Universität Graz für Alfred Wegener, dessen Interessen sich auch auf Astronomie erstreckten, eigens ein Lehrstuhl für Meteorologie und Geophysik geschaffen. In Oxford erhielt Robin George Collingwood die auf ihn zugeschnittene Stelle eines Universitätsdozenten für Philosophie und römische Geschichte. Nach dem Zweiten Weltkrieg behielt Joseph Needham, Dozent für Embryologie, seine Universitätsstelle in Cambridge bei, obwohl er die Biologie bereits aufgegeben hatte, um Bücher über die chinesische Wissenschaftsgeschichte zu schreiben.

Drei seriellen Universalgelehrten war es möglich, sogar trotz einer radikalen Veränderung ihres akademischen Fachgebiets als Professoren an ihrer Universität zu verbleiben, sie brauchten lediglich über den Campus von einem Fachbereich zum nächsten zu ziehen. So wurde Herbert Fleure, ehemals Leiter des Fachbereichs Zoologie, am University College of Aberystwyth der erste (und einzige) Professor für Anthropologie und Geographie. Michael Polanyi tauschte an der University of Manchester, wie bereits angemerkt, seinen Lehrstuhl für Chemie gegen einen für »Sozialwissenschaften«. Und an der University of California in Los Angeles wechselte Jared Diamond, ehemals Professor der Physiologie, zur Abteilung für Geographie.

Disziplinen

Allem Anschein nach eignen sich manche Disziplinen besonders gut als Sprungbrett für Universalgelehrte. Bei Philosophie liegt es wohl auf der Hand, befasst sie sich doch mit den Grundlagen des Wissens. So waren etwa Durkheim, Foucault und Bourdieu allesamt ausgebildete Philosophen. Medizin bot sich ebenfalls als Ausgangspunkt an, da sie eine genaue Beobachtungsgabe verlangt, die auch in anderen Disziplinen nützlich ist. In der frühen Neuzeit studierten Mediziner auf der Suche nach Heilmitteln häufig Botanik und Chemie, Miguel Servet interessierte sich zudem für Astronomie und Geographie. Bei den Geistesgrößen der frühen Neuzeit erlangten etwa der dänische Arzt Ole Worm und der Ire Hans Sloane Berühmtheit wegen ihrer Kuriositätenkabinette. Später fühlten sich einige Ärzte auch von der physischen und der Sozialanthropologie angesprochen. Der Franzose Paul Broca wandte sich, von der Medizin kommend, der Anthropologie zu, ebenso wie seine Landsleute Gustave Le Bon und Paul Rivet sowie der Italiener Paolo Mantegazza.[54]

Im 19. und 20. Jahrhundert erwies sich auch das Ingenieurwesen als Wegbereiter der Universalgelehrsamkeit. Léon Walras und Vilfredo Pareto wandten sich der Ökonomie zu, Frédéric Le Play und Herbert Spencer der Soziologie, Warren Weaver dem Studium der Agrikultur und der Kommunikationstheorie, Vannevar Bush der Informatik, John Maynard Smith und Robert May der Biologie, Benjamin Lee Whorf der Linguistik und Anthropologie sowie Buckminster Fuller der Architektur

Riesenalk, dargestellt im *Museum Wormianum*, 1655

und dem, was er als »die das Universum beherrschenden Prinzipien« bezeichnete. Offenbar lässt sich die Systematik, die einen guten Ingenieur auszeichnet, auf andere Disziplinen übertragen. William Playfair profitierte beispielsweise von seiner Ausbildung zum technischen Zeichner, als er Grafiken und Diagramme erfand.

Im Zuge der Spezialisierung bildeten sich neue Disziplinen heraus, die Universalgelehrten paradoxerweise besonders gute Möglichkeiten boten, zumindest kurzfristig, da die erste Lehrgeneration eines neuen Wissensgebiets naturgemäß in etwas anderem ausgebildet wurde. Freud, der sich nach der Medizin und der Zoologie der Psychoanalyse zuwandte, ist ein berühmtes Beispiel für diese Art kreativer »Renegaten«, wie man sie nennen könnte.[55]

Was die Anthropologie betrifft, so gab es Zuwanderer von der Geographie (Franz Boas), Zoologie (Alfred Haddon) und Psychologie (William Rivers) wie auch von der Medizin. In der Soziologie kam Frédéric Le Play vom Maschinenbau, Émile Durkheim von der Philosophie und Pädagogik, Max Weber von der Rechtswissenschaft, Robert Park von der Philosophie und vom Journalismus und Lester Ward von der Geologie und Paläontologie.

Bibliotheken und Museen

Eine Anstellung als Bibliothekar bot sich als Nische für Universalgelehrte regelrecht an, angefangen im 3. Jahrhundert vor unserer Zeitrechnung mit Eratosthenes in Alexandria. Pierre Bayle überlegte eine Weile, Bibliothekar zu werden vor dem Hintergrund, dass ihm dann »genügend Bücher« zur Verfügung stünden, ebenso wie – so glaubte er – »die Zeit zu studieren«.[56] In unserer Ära hatten mindestens zwanzig Universalgelehrte im Lauf ihrer Karriere ein solches Amt inne, etwa Benito Arias Montanos am Escorial, Hugo Blotius in Wien, Gabriel Naudé in Paris, Stockholm und Rom, Leibniz und Lessing in Wolfenbüttel, Antonio Magliabechi in Florenz, David Hume und Adam Ferguson in Edinburgh, William Robertson Smith in Cambridge, Marcelino Menéndez y Pelayo in Madrid und Jorge Luis Borges in Buenos Aires.[57] Das Klassifizieren von Büchern hängt offensichtlich mit dem Klassifizieren von Wissen zusammen, wie etwa Leibniz, Melvil Dewey und Paul Otlet beweisen.[58]

John Lubbock, Karikatur von Edward Linley Sambourne, erschienen im *Punch* am 19. August 1882, S. 82

Früher boten auch Museen ihren Kuratoren Zeit und Gelegenheit für Studien. Das Muséum d'histoire naturelle in Paris, im frühen 19. Jahrhundert »die weltweit größte Institution, die sich der naturwissenschaftlichen Forschung widmet«, diente Georges Cuvier als Ausgangspunkt vieler seiner Unternehmungen.[59] Adolf Bastian gründete in Berlin das Museum für Völkerkunde, wo auch Franz Boas tätig war. Dort erwachte beim Katalogisieren von Exponaten sein Interesse für Artefakte, die an der Nordwestküste der Vereinigten Staaten hergestellt worden waren, eine Region, mit der er sich bis ans Ende seiner Laufbahn beschäftigte. Nach seiner Ankunft in den USA arbeitete Boas zunächst am Field Museum in Chicago und am American Museum of Natural History in New York, ehe er an die Columbia University ging.

Andere Universalgelehrte studierten und schrieben in den Pausen, die ihre jeweilige Anstellung ihnen einräumte und die im 18. und 19. Jahrhundert häufig großzügiger ausfielen als danach. John Stuart Mill hatte das Glück, für die East India Company zu arbeiten, wo seine Aufgaben ihm genügend Zeit ließen, seine Bücher zu verfassen. John Lubbock konnte seine Werke zur Prähistorie neben seiner Tätigkeit als Direktor der Familienbank und als Parlamentsabgeordneter schreiben. In den neun Jahren, in denen Borges in einer öffentlichen Bibliothek in Buenos Aires Bücher katalogisierte, waren seine Aufgaben nach eigener Aussage zeitlich so begrenzt, dass er sich umfassend seiner Lektüre widmen konnte.

Enzyklopädien und Zeitschriften

Nicht wenige Universalgelehrte betätigten sich in den Randbezirken der akademischen Welt, den Enzyklopädien, die sie vollständig verfassten, herausgaben oder mit einzelnen Beiträgen bestückten – was sich angesichts ihrer enzyklopädischen

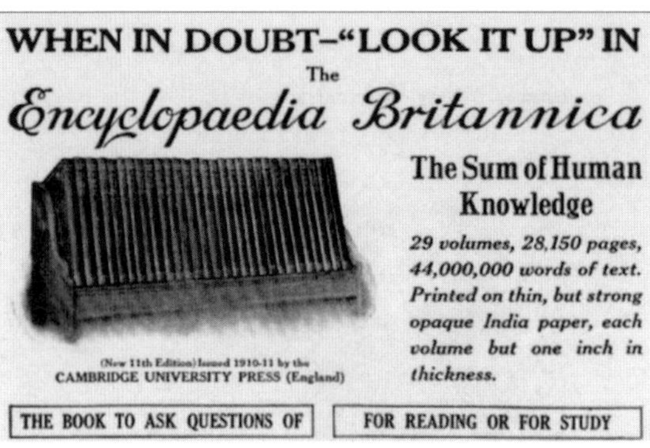

Inserat für die *Encyclopædia Britannica*, erschienen in *National Geographic*, Mai 1913

Interessen quasi anbot. Wie bereits berichtet, schrieb Johann Heinrich Alsted im Alleingang eine umfassende Enzyklopädie, während Diderot und d'Alembert eine Gruppe von Mitwirkenden organisierten. Thomas Young steuerte über sechzig Artikel zur fünften Ausgabe der *Encyclopaedia Britannica* bei. Robertson Smith war der führende Herausgeber der neunten Ausgabe der *Britannica*, für die Andrew Lang neunzehn Artikel verfasste. Norbert Wiener verdiente sich seinen Lebensunterhalt als junger Mann eine Weile damit, dass er Artikel für die *Encyclopedia Americana* schrieb.

Eine weitere Nische für Universalgelehrte stellen, seit dem Zeitalter Bayles bis heute, Kulturzeitschriften und Zeitungen dar. Das bietet sich insbesondere für jene an, denen die Freiheit der selbständigen Arbeit mehr bedeutet als die relative Sicherheit einer Institution wie zum Beispiel einer Universität. Samuel Johnson etwa gründete den *Rambler*, der ihm ebenso wie seine Enzyklopädie ermöglichte, seinen Unterhalt außerhalb des »Unterschlupfs der akademischen Gartenlaube«, wie er es nannte, zu verdienen.[60] Thomas Macaulay erhielt für seine berühmten Essays für *The Edinburgh Review* 200 Pfund im Jahr (damals eine auskömmliche Summe).[61] George Eliot schrieb für die *Westminster Review*, Ernest Renan und Hippolyte Taine für die *Revue des Deux Mondes*, Siegfried Kracauer für die *Frankfurter Zeitung*, Lewis Mumford, George Steiner und Susan Sontag für den *New Yorker*, Sontag und Steiner wie auch Oliver Sacks zudem für die *New York Review of Books*, Michel Foucault für *Le Nouvel Observateur* und Umberto Eco für *L'Espresso*.

Einige Universalgelehrte verfassten nicht nur Beiträge für Zeitschriften, sie gaben sie auch heraus oder riefen sie überhaupt ins Leben. Francis Jeffrey war Herausgeber des *Edinburgh Review*, Lewis Mumford und Kenneth Burke zeichneten für *The Dial* verantwortlich, Benedetto Croce gründete *La Critica*. Eine Bücherreihe quasi in der Funktion einer Hebamme zu veröffentlichen bot sich ebenfalls für Universalgelehrte an; diese Aufgabe übten beispielsweise Gustave Le Bon aus, der für den Verlag Flammarion die *Bibliothèque de Philosophie Scientifique* herausgab, Henri Berr, der für die historische Reihe *L'Évolution de L'Humanité* bei Albin Michel verantwortlich zeichnete, sowie Charles Ogden, der für Routledge die *International Library of Psychology, Philosophy and Scientific Method* herausgab, die sich auf 201 Bände belief.

Selbst im »goldenen Zeitalter« der Universalgelehrsamkeit gingen die Forscher ihrer Tätigkeit nicht allein nach, sondern waren auf ein Netzwerk von Freunden und Informationslieferanten angewiesen. Da die Beherrschung unterschiedlicher Disziplinen zunehmend komplizierter wurde, arbeiteten spätere Universalgelehrte regelmäßig zumindest phasenweise mit anderen zusammen. Alexander von Humboldt, der für seine Beobachtungen Assistenten engagierte, setzte sich für die internationale Kollaboration von Naturwissenschaftlern ein, insbesondere im Bereich der geophysikalischen Forschung, und förderte den Aufbau eines Netzwerks von Beobachtungsposten in verschiedenen Ländern, um das Erdmagnetfeld zu messen.[62] H.G. Wells arbeitete für *The Science of Life* (1929) mit Julian Huxley zusammen. Und Karl Polanyi stand bei seinen Studien zur Anthropologie und Frühgeschichte eine Reihe von Assistenten zur Seite.

Während seiner gesamten langen Laufbahn führte Paul Lazarsfeld Forschungen gemeinsam mit Kollegen durch. Nur dank der Assistenten und Mitstreiter Joseph Needhams war es möglich, dass die zahlreichen Bände von *Science and Civilization in China* auch lange nach dem Tod des Hauptautors weiter erscheinen konnten.[63] Ernst Gombrich forschte in Kooperation mit dem Neuropsychologen Richard Gregory (über Auge und Gehirn) und dem Biologen Robert Hinde (über non-verbale Kommunikation). Herbert Simon war nach eigener Zählung an »mehr als achtzig Forschungspartnerschaften« beteiligt.[64]

Berühmt wurden etwa die Zusammenarbeit von Charles Ogden mit Ivor Richards bei *The Meaning of Meaning* (1923), einem Werk über Philosophie und Sprache, von John von Neumann mit Norbert Wiener in der Kybernetik und mit Oskar Morgenstern bei *The Theory of Games and Economic Behaviour* (1944) und von Claude Shannon mit Warren Weaver bei *The Mathematical Theory of Communication* (1949). Juri Lotman und Boris Uspensky forschten jahrzehntelang als Partner zur Kultursemiotik.

Michel de Certeau verfasste seine Studie zur Politik der Sprache gemeinsam mit den zwei jungen Historikern Jacques Revel und Dominique Julia. Michel Foucault führte eine Untersuchung über die Geschichte der Familie mit der Historikerin Arlette Farge durch und eine weitere, über den Familienmörder Pierre Rivière, mit den Mitgliedern seines Seminars am Collège de France, zu denen die Anthropologin Jeanne Favret und der Medizinhistoriker Jean-Pierre Peter gehörten.[65]

Weitere Beispiele würden sich nur allzu leicht finden lassen. Projekte einer – offiziellen oder informellen – multidisziplinären oder interdisziplinären Zusammenarbeit sind das Thema des folgenden Kapitels.

Die Philosophen Herbert Feigl und Moritz Schlick (r.) in Bademänteln am Ufer des Millstätter Sees, 1927

DAS ZEITALTER DER INTERDISZIPLINARITÄT

Da die Position des »Einzelkämpfers« in den verschiedenen Wissensgebieten zusehends unhaltbarer wird, empfiehlt es sich, die Aufmerksamkeit auf Versuche zu lenken, kollektiv das zu erreichen, was einige Universalgelehrte individuell geleistet haben, und einen Überblick über ein Territorium zu geben, das sich weit über die Grenzen einer einzelnen Disziplin hinaus erstreckt.[1] Versuche dieser Art wurden ebenso von kleinen, informellen Arbeitsgruppen unternommen wie von offiziellen Institutionen, die eigens zu diesem Zweck gegründet wurden.

Die Geschichte beginnt lange bevor das Adjektiv »interdisziplinär« in den 1950er Jahren Eingang in die deutschsprachige sowie franko- und anglophone Welt fand. Vor dieser Zeit wurden Ansätze interdisziplinärer Arbeit – sei es durch Einzelpersonen oder durch Teams – als intellektuelle »Kooperation« oder »gegenseitige Befruchtung« umschrieben.[2] Seitdem ist eine verwirrende Vielfalt von Begriffen in Gebrauch gekommen, darunter »adisciplinary«, »anti-disciplinary«, »cross-disciplinary«, »multi-disciplinary«, »non-disciplinary«, »omni-disciplinary«, »pluri-disciplinary«, »post-disciplinary«, »pre-disciplinary« und »trans-disciplinary«. Im Folgenden wird auf die meisten dieser Begriffe verzichtet, mit Ausnahme der Wörter »interdisziplinär« zur Beschreibung von Studien an den Grenzen – oder in den Lücken – zwischen Disziplinen und »multidisziplinär« zum Verweis auf Teams, die ihre Mitglieder aus unterschiedlichen Disziplinen rekrutieren, um an einem gemeinsamen Projekt zu arbeiten.

Wie beschrieben waren bereits die Enzyklopädien und die wissenschaftlichen Expeditionen des 18. Jahrhunderts auf solche Teams angewiesen. Dasselbe galt für industrielle Forschungslabore im späten 19. Jahrhundert, die von Firmen wie General Electric, Standard Oil, Eastman Kodak und Bell Telephone finanziert wurden.[3] Nicht anders ist es bei Projekten, die im Ersten und Zweiten Weltkrieg und danach staatlich subventioniert wurden.

Der Universalgelehrte Herbert Simon kritisierte Teamarbeit in den Sozialwissenschaften mit den Worten, sie »bringe ungleiche Sozialwissenschaftler zusammen«. Vonnöten sei nach seiner Auffassung ein Universalgelehrter, der »ungleiche Sozialwissenschaften in einer Einzelperson zusammenbringt«.[4] Wäre jeder so wie Simon selbst, hätte er fraglos recht gehabt. Im Kern geht es in diesem Kapitel jedoch darum, dass es angesichts der Explosion des Wissens für fast alle – abgesehen von ein paar wenigen tatkräftigen und engagierten Individuen – unmöglich geworden ist, sich über die aktuelle Entwicklung auch nur weniger Disziplinen auf dem Laufenden zu halten. So erklären sich die zahlreichen kollektiven Versuche, das Problem sowohl auf der Ebene der Allgemeinbildung als auch in der problemorientierten Forschung zu lösen.

Einige der Universalgelehrten, die schon in früheren Kapiteln eine wesentliche Rolle gespielt haben, treten in diesem Kontext wieder in Erscheinung, diesmal als Teilnehmer kollektiver Anstrengungen, gegen die Spezialisierung anzukämpfen. Thomas De Quincey thematisierte »oberflächliches Wissen«; José Ortega y Gasset prangerte den »gebildeten Ignoranten« an und behauptete, Spezialisierung münde in Barbarei; Lewis Mumford nannte sich voller Stolz einen »Generalisten«; George Steiner bezeichnete Spezialisierung als »schwachsinnig«; und Robert Heinlein, ein ehemaliger Ingenieur, der vor allem als Science-Fiction-Autor bekannt ist, befand: »Spezialisierung ist für Insekten.«

Eine etwas ausgewogenere Ansicht äußerte der britische Journalist und Soziologe Leonard Trelawny Hobhouse, der 1901 schrieb: »Der Spezialisierung [...] verdanken wir die Effizienz und Genauigkeit moderner Wissenschaft. Ihr verdanken wir aber auch einen Verlust an Frische und Interesse, eine Schwächung wissenschaftlicher Phantasie und eine große Beeinträchtigung von Wissenschaft als Instrument der Erziehung.«[5]

Auffälliges Merkmal der Debatte über Spezialisierung ist die Wiederholung einiger weniger Metaphern. Die Metapher des Territoriums ist mittlerweile ziemlich abgedroschen, bleibt aber unwiderstehlich, nicht zuletzt deshalb, weil sich das Bild von »Feldern« des Wissens, das mit Zäunen und Grenzen assoziiert wird, inzwischen im akademischen Jargon eingebürgert hat. Ein Journalist ließ sich im *New Yorker* einmal über die »kreative Ignoranz« des Universalgelehrten Beardsley Ruml aus, »die ihn davon abhält, Verkehrszeichen wie ›Keine Durchfahrt‹, ›Rasen betreten verboten‹, ›Durchgang verboten‹ und ›Einbahnstraße‹ in der Welt der Ideen wahrzunehmen«.[6] Andererseits werden interdisziplinäre Projekte gelegentlich auch als Tür- beziehungsweise Fensteröffner präsentiert, als Brückenbauer oder Mauerstürmer. James Angell, Präsident der Yale University, nannte sein interdisziplinäres Projekt – ob hochtrabend oder ironisch – eine Demontage der »Chinesischen Mauer«.[7]

Alternativ verwenden Spezialisierungskritiker gerne politische Metaphern. Bereits im frühen 19. Jahrhundert sprach William Whewell von der Gefahr, »der Commonwealth of Science« könnte sich auflösen wie »ein großes Imperium, das auseinanderfällt«. Die Spezialisierung wurde als »Balkanisierung« oder als »disziplinärer Chauvinismus« bezeichnet. Norbert Elias konstatierte: »In ihrer heutigen Gestalt weisen die Spezialdisziplinen der wissenschaftlichen Erkenntnis zum Teil die Eigenarten souveräner Staaten auf.« Und nach Ansicht von Herbert Simon »spielen Disziplinen in der akademischen Welt dieselbe Rolle wie Nationen im internationalen System«.[8]

Die Ziele der Spezialisierungskritiker variierten zwischen bescheiden bis ambitioniert. Einige wie Otto Neurath, dem die Einheit der Wissenschaft oder des Wissens in einem allgemeineren Sinne vorschwebte, waren Visionäre. Andere waren Pragmatiker. Ortega y Gasset lehnte Spezialisierung nicht rundweg ab, sondern favorisierte ein Gleichgewicht zwischen spezialisiertem Wissen und »Kultur«, die »zwangsläufig allgemeiner Art ist« (*no puede ser sino general*).[9] Der universalgelehrte Sozialwissenschaftler Donald T. Campbell entwickelte ein sogenanntes »Fischschuppen-Modell« sich überschneidender Disziplinen, nach dem Gelehrte ein besonderes Augenmerk auf benachbarte Felder und die dortigen Entwicklungen richten sollten.[10]

»Zwei Anatomen sezieren einen Körper, umgeben von Vögeln, einer Katze, einem Hund und Mäusen«, Zeichnung von Sam Ireland nach John Hamilton Mortimer, London, 18. Jahrhundert

Die Methoden der Befürworter von Interdisziplinarität variierten ebenso. Manche favorisierten die Gründung neuer Institutionen, während andere informelle Arrangements bevorzugten. Es mag sinnvoll erscheinen, sechs sich überlappende Phasen zu unterscheiden, bei denen ältere Formen der Kooperation neben neuen koexistieren.

In der ersten Phase, ab Mitte des 19. Jahrhunderts, entstanden informelle oder halboffizielle Diskussionsgruppen, die sich in Salons, Clubs und Cafés versammelten. Es folgten die internationale Bewegung für eine vereinheitlichte Wissenschaft; die Gründung interdisziplinärer Forschungszentren, insbesondere in den Sozialwissenschaften in den Vereinigten Staaten, zusammen mit einer Wiederbelebung der Idee von Allgemeinbildung; die staatliche Unterstützung für naturwissenschaftliche Forschungen und »Regionalstudien«, ebenfalls in den USA; die sich häufenden Neugründungen von Universitäten mit dem Schwerpunkt auf interdisziplinärer Lehre in Europa und anderswo; und die Verbreitung interdisziplinärer Journale sowie die vermehrte Einrichtung von Wissenschaftsinstituten.

Mit anderen Worten: Das Zeitalter institutionalisierter Spezialisierung in der zweiten Hälfte des 19. Jahrhunderts wandelte sich in der zweiten Hälfte des 20. Jahrhunderts zu einem immer noch andauernden Zeitalter institutionalisierter Antispezialisierung.

Informelle Diskussionsgruppen waren und sind eine Möglichkeit, Interdisziplinarität zu fördern. Der Begriff »informell« lässt sich nicht ohne Weiteres definieren, weshalb es aufschlussreicher sein mag, von »halboffiziellen« Gruppen zu sprechen, die sich außerhalb akademischer Abteilungen und oft sogar außerhalb der Universität trafen. Manche versammelten sich an festen Orten und zu einer bestimmten Zeit und hatten feste Mitglieder, die manchmal auch gewählt wurden. Andere trafen sich in Cafés mit einem »harten Kern«, zu dem sich gelegentlich Außenseiter gesellten. Im Mittelpunkt all dieser Gruppen standen gemeinsame Themen und Probleme, die aus der Sicht verschiedener Disziplinen bei Kaffee, Wein und Bier in angeregter, freier Rede erörtert wurden.

Angesiedelt waren diese Formen intellektueller Zusammenkünfte zwischen den Traditionen der althergebrachten spanischen *Tertulia* (mit der Kombination aus Gespräch, Kartenspiel und Musik eher gesellig als intellektuell) und dem akademischen Seminar (eher intellektuell als gesellig, obwohl sich die Diskussionen gelegentlich im Café oder Pub fortsetzten).[11]

Clubs, Gesellschaften und Zirkel: ausgewählte Chronologie, 1855 – circa 1950

1855	Saturday Club, Boston
1869	Edinburgh Evening Club
1872	Metaphysical Club, Cambridge, MA
ca. 1887	Lamprecht-Gruppe, Leipzig
1905	Eranos-Kreis, Heidelberg
1908	Galileo-Zirkel, Budapest
ca. 1915	Sonntagskreis, Budapest
ca. 1922	Wiener Kreis
1923	History of Ideas Club, Baltimore
1928	Prager Kreis
1932	Pareto Circle, Cambridge, MA
1949	Ratio Club, London
ca. 1949	Innominate Club, Chicago
ca. 1954	Glasgow-Gruppe

Lange bevor der Begriff »Interdisziplinarität« geprägt wurde, ließ der Wunsch nach allgemeinem Wissen und umfassender Diskussion Gesellschaften wie »The Club« (1764) entstehen, der von Samuel Johnson und Joshua Reynolds gegründet wurde und in einer Londoner Taverne zu tagen pflegte. »Nach Johnsons Wunsch«, so erinnerte sich der Musikhistoriker Charles Burney, »sollte sich unser Club aus den Köpfen jeder freien und literarischen Profession zusammensetzen; wir sollten, egal welches Thema in Angriff genommen werden mochte, keinen Nonsens darüber verbreiten, sondern es sollte stets jemand zugegen sein, dessen Wissen uns bei unseren Zweifeln und Diskussionen Aufklärung verschaffen könnte.«[12]

Im 19. Jahrhundert schossen Clubs dieser Art wie Pilze aus dem Boden. Der Edinburgh Evening Club, der sich in den Monaten von November bis Juli zweimal wöchentlich traf, wurde von einem seiner Mitglieder, William Robertson Smith, als »Redeclub« beschrieben, zu dem »ein ganzer Zirkel literarisch und wissenschaftlich gebildeter Männer aus Edinburgh und Umgebung gehörte und dessen Ziel es war, zumindest immer einen Mann dabei zu haben, der sich in jedem nur denkbaren Thema gut auskennt«.[13] Dies setzte einerseits Spezialisierung voraus und bot andererseits eine Antwort in geselligem Rahmen.

An der Universität Leipzig trafen sich im sogenannten »Leipziger Kreis« in den Jahren um 1900 so unterschiedliche Universalgelehrte wie Wilhelm Wundt, Wilhelm Ostwald, Karl Lamprecht und Friedrich Ratzel freitagabends zum Kaffee und Gespräch im Café Hannes. Wundt war ein Psychologe, dessen Ruf sich vor allem seiner experimentellen Methode verdankte, zugleich war er Arzt, Physiologe und Philosoph mit einem Interesse für »Völkerpsychologie« und einer Synthese zwischen Geistes- und Sozialwissenschaften.[14] Ostwald, von Haus aus eigentlich Chemieprofessor, betätigte sich auch in der Philosophie und veröffentlichte eine Biographie Auguste Comtes. Lamprecht beschäftigte sich ebenso wie Wundt mit kollektiver Psychologie, auf die er in seinen historischen Werken zurückgriff, was seine eher konservativen Kollegen schockierte, andererseits die französischen »Mentalitätshistoriker« im frühen 20. Jahrhundert inspirierte.[15] Ratzel wiederum gilt als Geograph, doch seine Interessen waren noch sehr viel breiter gestreut. Seine Hinwendung zur Geographie beruhte auf seiner Erfahrung als weitgereister Journalist. Als Professor in diesem Fach wurde er auch in benachbarten Feldern wie Ethnologie und Politik aktiv.[16]

In seiner Autobiographie berichtet Ostwald, er habe Wundt »in einem kleinen, zwanglosen Kreise, der [...] viele Jahre hindurch wöchentlich einmal nach dem Abendessen ein Stündchen im Theaterkaffee zusammenkam«, des Öfteren getroffen. Es wäre faszinierend zu wissen, worüber die Gruppe sprach, zu entdecken, beispielsweise wie viel Historisches Ratzel von Lamprecht oder wie viel Psychologisches Lamprecht von Wundt lernte. In Ostwalds Werk *Energetische Grundlagen der Kulturwissenschaft* (1909) finden sich fraglos Hinweise darauf, was er Lamprecht verdankte.[17]

Der hauptsächlich aus protestantischen Gelehrten bestehende »Eranos-Kreis« in Heidelberg erörterte Aufsätze über Religion aus der Perspektive verschiedener Disziplinen, von Ökonomie bis Rechtswissenschaft. Zu den Mitgliedern des Zirkels gehörten der Theologe Ernst Troeltsch, der Kunsthistoriker Henry Thode, der Philosoph Wilhelm Windelband und der Universalgelehrte Max Weber. In dieser Runde stellte übrigens Weber seine berühmten Ideen über die »protestantische Ethik« zum ersten Mal vor.[18]

Der Budapester »Sonntagskreis« existierte nicht lange (von 1915 bis 1919), war während seiner kurzen Lebensdauer dafür aber umso vitaler. Zu seinen Mitgliedern gehörten der Literaturkritiker Georg Lukács, der bald zu einer Art Oberhaupt der Gruppe aufstieg, der Kunsthistoriker Frederick Antal, der Soziologe Karl Mannheim und der Chemiker Michael Polanyi (der sich seinerzeit schon für Philosophie und Ökonomie interessierte). In dem Kreis verkehrte »eine bemerkenswert große Zahl talentierter Frauen« (unter ihnen die Psychologin Júlia Lang, die später Mannheim heiratete), die sich an den Gesprächen beteiligen konnten, »ohne die Herablassung der männlichen Intellektuellen gegenüber Frauen zu spüren zu bekommen«. Nach Aussage eines Gesprächsteilnehmers »war es immer unmöglich, ein Ende der Diskussionen zu finden«, eine zog sich sogar bis zum nächsten Morgen hin.[19]

Noch besser bekannt sind zwei Gruppen, die in den 1920er Jahren gegründet wurden. Der »Prager Kreis«, bestehend aus tschechischen und exilierten russischen Gelehrten (unter ihnen Roman Jakobson), die sich im Café Derby zu treffen pflegten, diskutierte über Probleme von Sprache, Literatur, Volkskunde und Semiotik. Zum »Wiener Kreis«, der sich donnerstagabends im Café Central versammelte, gehörten im Wesentlichen Philosophen, unter ihnen Rudolf Carnap und Moritz Schlick, aber wie eine seiner Hauptprotagonisten, Otto Neurath, erklärte, war »kein einziges seiner Mitglieder ein sogenannter ›reiner‹ Philosoph; alle von ihnen haben in einem speziellen Feld der Wissenschaft gearbeitet«, wie etwa in der Mathematik oder Physik.[20] Der »Wiener Kreis« war nicht die einzige Gruppe dieser Art, die seinerzeit in Wien gegründet wurde. Die legendäre Wiener Kaffeehauskultur dürfte diese Form intellektueller Geselligkeit befördert haben.[21]

Interdisziplinäre Clubs sollten wenig später auch in der englischsprachigen Welt entstehen, so etwa der »History of Ideas Club« an der Johns Hopkins University, der »Pareto Circle« in Harvard, der »Ratio Club« in London sowie eine namenlose, aber wichtige Gruppe an der University of Glasgow.

Der »History of Ideas Club« wurde 1923 gegründet, nach einem Gespräch beim Mittagessen zwischen den Philosophen Arthur Lovejoy, George Boas und Gilbert Chinard, der französische Literatur unterrichtete, aber sehr viele weitere Interessen hatte. Es fanden sechs jährliche Treffen – jeweils am Donnerstag – in einem Seminarraum der Johns Hopkins University statt, dabei wurden Vorträge von einer Dauer zwischen fünfunddreißig und fünfzig Minuten gehalten, an die sich jeweils eine Diskussion anschloss. Die Verfassung des Clubs sah vor, dass »Themen von gemeinsamem Interesse für Vertreter verschiedener Fachrichtungen« mit der Hoffnung auf »nützliche gegenseitige Befruchtung« behandelt werden sollten. Die Vortragenden kamen aus unterschiedlichen Disziplinen, aber der harte Kern der Club-Mitglieder rekrutierte sich aus Philosophie, Geschichte und Literatur.[22]

Der »Pareto Circle« (gegründet 1932) entsprang der Idee des Universalgelehrten Lawrence J. Henderson, der sich mit biologischen und gesellschaftlichen Systemen auseinandersetzte und Vilfredo Pareto als Alternative zu Marx schätzte. In Harvard organisierte er ein Seminar, dessen Teilnehmer sich »am späteren Nachmittag für ein paar Stunden versammelten«, hauptsächlich um Henderson zuzuhören, wie er Paretos *General Treatise on Sociology* interpretierte, und darüber zu diskutieren. Zum

Circle gehörten ein Anthropologe, ein Ökonom, ein Soziologe, ein Historiker und mit James G. Miller ein Psychologe, der ebenfalls Universalgelehrter war. Von allen interdisziplinären Gruppen, die hier vorgestellt werden, hatte diese die eindeutigste programmatische Ausrichtung.[23]

Der 1949 in London gegründete »Ratio Club« wurde einmal als »ein Zentrum der britischen Kybernetik« bezeichnet. Er traf sich alle paar Monate im National Hospital for Nervous Diseases, um Bier zu trinken, Vorträgen zuzuhören und über das zu diskutieren, was als »Kybernetik« bekannt werden sollte. Der Gruppe gehörten Psychologen, Physiologen, Mathematiker, Physiker und Ingenieure an, unter ihnen die Universalgelehrten Alan Turing und William Ross Ashby, der von der Psychiatrie zur Neurowissenschaft, Biophysik und Allgemeinen Systemtheorie wechselte. Um den informellen Charakter der Veranstaltung zu bewahren, führte der Club eine »Keine Professoren«-Regel ein, die obsolet wurde, nachdem die Mitglieder 1958 selbst zu Lehrstuhlinhabern avanciert waren.[24]

Die Glasgow-Gruppe, die ab etwa 1954 bestand, war so organisiert, dass sich »ungefähr ein Dutzend« Akademiker alle paar Wochen abwechselnd im Haus eines ihrer Mitglieder traf, um einen Vortrag zu hören und zu diskutieren, den einer von ihnen präsentierte. Die Interessen der Gruppe kreisten vornehmlich um Theologie, Philosophie, Literatur und Psychologie. Das bekannteste ihrer Mitglieder war wahrscheinlich Ronald David Laing.[25] Ein weiteres Mitglied, der rumänische Soziologe Zevedei Barbu, ging später an die University of Sussex, wo er sich einer ähnlichen Gruppe anschloss, die in den 1960er Jahren gegründet wurde und sich (als Hommage an David Hume) »The Humans« nannte.[26]

Gruppen dieser halboffiziellen Art fördern die freie Äußerung verschiedener Standpunkte und schulen ihre Mitglieder insofern, als sie Ideen zur Debatte stellen, die für manche von ihnen neu sind. Ihr Erfolg unterstreicht das Argument, dass für Problemlösungen »kognitive Diversität« noch wichtiger ist als individuelle Fähigkeit. Mit anderen Worten: Zwei oder drei Standpunkte sind besser als einer. Diese interdisziplinären Gruppen illustrieren auch die soziologische Theorie »kollaborativer Zirkel«.[27] Sie sind klein und bestehen hauptsächlich aus jungen Erwachsenen zwischen zwanzig und vierzig Jahren, die ihre Treffen durch die Festsetzung von Zeit und Ort nach und nach formalisieren. Die Lebensdauer solcher Gruppen beträgt tendenziell zehn Jahre. Ihre kurze Existenz hat ihre guten Seiten, da sich Spontaneität und selbst Halbformalität nach dem Ablauf eines Jahrzehnts nur schwer aufrechterhalten lassen.

Vereinheitlichung von Wissen in Theorie und Praxis

Die Aktivitäten von Gruppen wie den oben genannten könnte man als eine Form von Guerrillakrieg gegen die fortschreitende Spezialisierung und Fragmentierung des Wissens bezeichnen. Sie illustrieren einen Umgang mit dem Problem auf niedrigster Ebene, bei dem spezifische Themen von nur einer Handvoll Personen erörtert werden, wenngleich eine Art »Multiplikatoreffekt« eintritt, sobald diese Personen sich mit weiteren austauschen. Einen ambitionierteren allgemeinen Ansatz bieten die Bewegung beziehungsweise die Bewegungen für eine Einheit der Wissenschaft.

Die Idee der Vereinigung reicht weit zurück, denn wie skizziert, war die Synthese fragmentierter Kenntnisse bereits Teil des pansophischen Ideals von Comenius und seinen Anhängern.[28] Im 19. Jahrhundert betrachtete Alexander von Humboldt die Kenntnis des Kosmos, wie den Kosmos selbst, als organisches Ganzes. Auguste Comte beschäftigte sich mit den gemeinsamen Prinzipien der Wissenschaften, und Herbert Spencer glaubte an ein vereinheitlichtes Wissenssystem, das auf den Gesetzen der Evolution basiert.

In den 1930er Jahren entstand eine organisierte Bewegung, die danach strebte, die Disziplinen zu vereinheitlichen. Wie wir gesehen haben, avancierte der österreichische Universalgelehrte Otto Neurath zum führenden Kopf und Organisator dieser Bewegung, indem er sein Anliegen zentraler Planung und koordinierten Handelns von der Ökonomie auf die intellektuelle Sphäre ausweitete.[29] Dies bezeugte der Philosoph Rudolf Carnap: »In unserer Diskussion im Wiener Kreis wurde das Prinzip der Einheit der Wissenschaft, hauptsächlich unter dem Einfluss von Neurath, zu einem der wichtigsten Grundsätze unserer allgemeinen philosophischen Konzeptionen.«[30] Gleichwohl ist es »seltsamerweise schwierig zu sagen, was Neurath sich unter der Einheit der Wissenschaft eigentlich genau vorstellte«. Als eines der Hauptziele der Bewegung nannte er, »alle Arten wissenschaftlicher Synthese voranzutreiben«, doch einer Systematisierung stand er skeptisch gegenüber und bevorzugte stattdessen »die betonte Unvollständigkeit einer Enzyklopädie« mit der »antizipierten Vollständigkeit *des* Systems«.[31] Er interessierte sich eher für das Brückenbauen als für eine vereinheitlichende »Weltformel«.

Andere Versuche zur Vereinheitlichung des Wissens basieren auf dem Systemkonzept. In der Biologie gründeten die Universalgelehrten Ludwig von Bertalanffy und Anatol Rapoport die Society for the Advancement of General Systems Theory (1954), die heutige International Society for the Systems Sciences. Wie wir gesehen haben, entwickelte Bertalanffy die Idee eines »offenen Systems«, und Rapoport beschäftigte sich mit dem, was er »die fundamentale Vernetzung von allem mit allem anderen« nannte.[32] Ein weiterer Biologe, dem es um die Einheit des Wissens ging, ist Edward O. Wilson, der als Achtzehnjähriger »dem Traum von einheitlicher Bildung anhing«. Wilson übernahm den Begriff »consilience« im Sinne von »Vernetzung« von dem viktorianischen Universalgelehrten William Whewell. »Ein vereintes Wissenssystem«, schreibt er, »liefert der künftigen Forschung den besten Rahmen für produktive Fragen.«[33]

Weniger ambitioniert als die Versuche zur Vereinheitlichung der Wissenschaft waren mehrere kollektive Projekte zur interdisziplinären Forschung, die in der ersten Hälfte des 20. Jahrhunderts an verschiedenen Universitäten offiziell eingerichtet wurden. Ein frühes Beispiel – und eines der berühmtesten – ist das 1923 in Frankfurt gegründete Institut für Sozialforschung, die Wiege der sogenannten Frankfurter Schule marxistischer Wissenschaftler.[34] Das Institut wurde ab 1930 von Max Horkheimer geleitet, dessen Programm es war, die »chaotische Spezialisierung« durch die Einheit von Philosophie, Ökonomie, Soziologie, Geschichte und Psychoanalyse in einem gemeinsamen Unternehmen zu ersetzen.[35] Zu Horkheimer gesellten sich die Universalgelehrten Leo Löwenthal (später Lowenthal), der vor allem für seine literatursoziologischen Studien bekannt ist, und Theodor W. Adorno, mit dem zusammen er *Dialektik der Aufklärung* (1944) schrieb, mit dem berühmten Kapitel über Massenkultur als »Industrie«.[36] Zwei weitere Universalgelehrte, Walter Benjamin und Siegfried Kracauer (der vor allem mit seinen filmtheoretischen Studien Berühmtheit erlangte, aber auch viele andere Begabungen hatte), waren im Umfeld der Frankfurter Schule aktiv.

Nach Hitlers Machtergreifung wurde das Institut 1933 zunächst in die Schweiz, 1934 dann in die Vereinigten Staaten verlagert, und dort startete Adorno mit einer Reihe von Mitarbeitern die großangelegte interdisziplinäre Studie zur »Autoritären Persönlichkeit« (1949, dt. Ausgabe posthum: *Studien zum autoritären Charakter* 1973), in der er die Herausbildung dieses Persönlichkeitstypus aus soziologischer, politischer und psychologischer Sicht untersuchte. Nach 1945 kehrte das Institut nach Frankfurt zurück. In seiner zweiten Generation hat es unter der Leitung von Jürgen Habermas – einem weiteren Universalgelehrten, der ebenso als Philosoph wie als Soziologe bezeichnet werden kann – auch wichtige Beiträge zu den Disziplinen der Rechts- und Geschichtswissenschaft geliefert.[37]

Max Horkheimer und Theodor Adorno (rechts) in Heidelberg, 1964, Fotografie von Jeremy J. Shapiro

Eine zentrale Rolle spielten kollektive Projekte in den Vereinigten Staaten, wo philanthropische Stiftungen, Universitäten und schließlich auch die Regierung interdisziplinäre Ansätze sowohl in den Natur- als auch in den Sozialwissenschaften förderten. Beardsley Ruml, zunächst Psychologe, der von 1922 bis 1929 das Programm der Rockefeller Foundation für Sozialwissenschaften leitete, bezeichnete die damaligen disziplinären Unterteilungen zwischen »Geschichte, Ökonomie, Soziologie, Psychologie und so weiter« als »steril«, da sie Hindernisse für »die Entwicklung der Sozialwissenschaft als Ganzes« seien.[38] Warren Weaver, von 1932 bis 1955 Direktor der Abteilung für Naturwissenschaften bei der Rockefeller Foundation, unterstützte Forschungsvorhaben an der Grenze zwischen den Disziplinen Biologie und Chemie. Bei der Ford Foundation engagierte sich Bernard Berelson in den 1950er Jahren für »Problemfelder«, die verschiedenen Sozialwissenschaften gemeinsam waren, etwa »Werte und Überzeugungen« oder »Sozialer und kultureller Wandel«.

Einige führende amerikanische Universitäten versuchten, die Sozialwissenschaften in »Superdepartments« zu vereinen. James Angell, ein Psychologe, der 1921 Präsident der Yale University wurde (und zuvor Rumls Dissertation an der University of Chicago als Doktorvater betreut hatte), gründete 1929 dort beispielsweise ein Institute for Social Relations. Das Institut brachte in ein und demselben Gebäude Wissenschaftler aus verschiedenen Disziplinen zusammen – Psychologie, Medizin, Neurologie, Ökonomie, Rechtswissenschaft, Soziologie und Politologie –, die gemeinsam eine »kooperative wissenschaftliche Attacke« starteten, um »die dringenden Probleme der persönlichen und sozialen Anpassung zu lösen«. An Montagabenden fanden im Institut Seminare statt, die eine integrative Wirkung entfalten sollten.[39]

An der University of Chicago war es die Ernennung des seinerzeit erst dreißigjährigen dynamischen Robert Hutchins zum neuen Präsidenten, die die Einrichtung einer interdisziplinären Forschungsgruppe in den Sozialwissenschaften ermöglichte. Die Gruppe war im Social Science Research Building untergebracht, das 1929 mit einer interdisziplinären Konferenz eingeweiht wurde, an der Vertreter aus Medizin und Neurologie sowie aus Rechtswissenschaft, Ökonomie, Soziologie und Anthropologie teilnahmen. In seiner »Address of Dedication« als Vorwort zum Konferenzband betonte Hutchins die Notwendigkeit »kooperativer Forschung« (das Wort »interdisziplinär« hatte sich damals noch nicht eingebürgert).[40] Hutchins berief Ruml 1931 zum Dekan der Sozialwissenschaftlichen Fakultät, wo er die Integration vorantreiben sollte.[41]

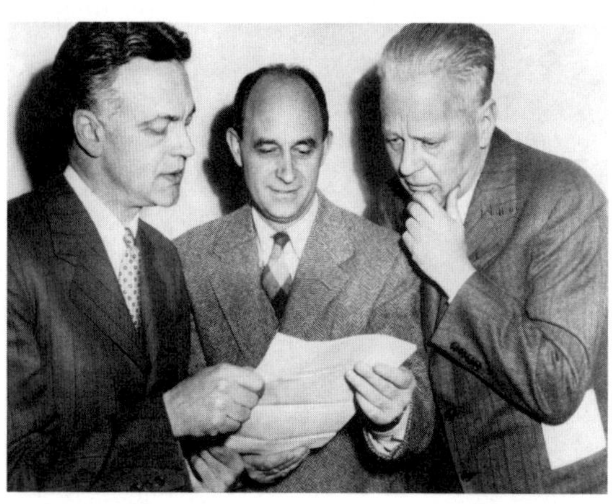

Robert M. Hutchins (li.), Enrico Fermi und Sumner Pike (r.) an der University of Chicago, 1949

Mit derselben Zielsetzung wurden auch verschiedene multidisziplinäre Komitees ins Leben gerufen. Das Committee on Human Development (1940) war dazu gedacht, die Natur- mit den Sozialwissenschaften zu verbinden. Das Committee on Social Thought (1942) förderte ebenfalls die Integration der Geisteswissenschaften. Das Committee on the Behavioral Sciences (1949) war das Geistesprodukt des Physikers Enrico Fermi und des Psychologen James G. Miller.

Nachdem er im Zweiten Weltkrieg an der Entwicklung der Atombombe mitgearbeitet hatte, beschäftigte Fermi die Frage, »warum Menschen kämpfen und töten«. Er schlug Miller vor, mit Kollegen aus anderen Disziplinen zusammenzuarbeiten, um die Biologie und die Sozialwissenschaften zu kombinieren. Miller willigte ein und wurde Leiter einer Gruppe, deren Zweck es war, »behavioral science« (nach eigener Behauptung seine Wortschöpfung) zu institutionalisieren, die im Unterschied zur »Sozialwissenschaft« Psychologie mit einbezog. Die Gruppe wurde von Präsident Hutchins gefördert und fügte sich in die Chicago-Tradition ein, doch sechs Jahre andauernde Diskussionen zwischen 1949 und 1955 vermochten nicht, tatsächlich ein Institute of Behavioral Sciences in Chicago zu etablieren.

In Harvard wurde 1946 auf Initiative einer Gruppe von Psychologen und anderen Wissenschaftlern, die über den Tellerrand ihrer eigenen Disziplinen hinausschauen wollten, ein Department of Social Relations eingerichtet. Geprägt wurde die Abteilung durch den Soziologen Talcott Parsons (einem ehemaligen Mitglied des »Pareto Circle«), der eine Arbeitsteilung zwischen Ökonomen, Psychologen, Soziologen und Anthropologen etablierte. Letztere bekamen »Kultur« zugeschlagen, während »Gesellschaft« bei ihren Kollegen von der Soziologie verblieb. Die Abteilung, zu der die Universalgelehrten Henry Murray und Barrington Moore gehörten, lieferte einen wichtigen Beitrag zur interdisziplinären Modernisierungstheorie, die in den 1950er und 1960er Jahren den wissenschaftlichen Diskurs bestimmte.[42]

Manche dieser Versuche, verschiedene Disziplinen miteinander kooperieren zu lassen, währten nicht lange. Der Börsenkrach von 1929 verknappte die Geldmittel, derer es für neue Entwicklungen bedurft hätte. Auch artikulierte sich Widerspruch gegen die innovativen Projekte. Im Fall von Millers »behavioral science« kam die Opposition von Kollegen, die ihre Territorien verteidigten oder Einwände gegen die eigenmächtigen Methoden von Präsident Hutchins hatten, wodurch der »Balanceakt« zwischen Biologie und Sozialwissenschaften zwangsläufig scheitern musste.[43]

Allgemeinbildung

Einige Rektoren amerikanischer Universitäten hatten ab den 1890er Jahren überspezialisierte Curricula beanstandet. Als Reaktion auf diese Klage entstand eine Bewegung für »general education«, dem Äquivalent der »Bildung« im Deutschland des 19. Jahrhunderts.[44] An der Columbia University beispielsweise unterstützte Präsident Nicholas Butler die Idee einer staatsbürgerlichen Erziehung, und so wurde 1919 ein Kurs über »Contemporary Civilization« eingerichtet, den Professoren aus den Abteilungen Geschichte, Ökonomie, Philosophie und Staatskunde gemeinsam bestritten.[45]

In Großbritannien wurde an der Oxford University 1920 ein Kurs in »Philosophy, Politics and Economics« (PPE) eingerichtet. PPE übte nicht nur Anziehungskraft auf künftige Universalgelehrte wie Kenneth Boulding aus, sondern spielte zudem eine wichtige Rolle bei der Herausbildung der politischen Elite Großbritanniens.[46] Auch in Schottland gab es zu dieser Zeit eine Reaktion gegen Überspezialisierung, die sich darin artikulierte, dass Studenten verschiedener Disziplinen parallel zum Philosophiestudium ermuntert wurden. Noch in den 1960er Jahren »wurde alljährlich eine beträchtliche Anzahl von Studenten in Philosophie unterrichtet«.[47]

Der bekannteste Versuch, das Bedürfnis allgemeiner Bildung zu bedienen, fand an der University of Chicago unter der Präsidentschaft von Robert Hutchins von 1929 bis 1945 statt. Hutchins war ursprünglich Professor für Rechtswissenschaft, hatte jedoch noch viel breitere Interessen, aufgrund derer er später Leiter des Herausgeberkomitees der *Encyclopaedia Britannica* wurde. Obwohl er Rektor einer bedeutenden Forschungsuniversität war und, wie erwähnt, eine einheitliche Sozialwissenschaft zu etablieren versuchte, glaubte Hutchins, dass der Forschung zu viel und der Lehre zu wenig Aufmerksamkeit geschenkt werde.

Notwendig war nach Hutchins' Auffassung Allgemeinbildung, ein »gemeinsamer Fundus grundlegender Ideen«, wie er betonte, der durch das Studium der Klassiker in Literatur und Philosophie ab der griechischen Antike in einem generellen Grundkurs zu erwerben sei, basierend auf dem von ihm initiierten Projekt der »Great Books«. Hutchins beeindruckte und inspirierte die Verurteilung der Überspezialisierung durch den Universalgelehrten Ortega y Gasset. Er rezensierte Ortegas Essay über die Mission der Universität, wobei er der Kritik des Autors an der Spezialisierung zustimmte.[48] Dem »Great Books«-Kurs war keine lange Existenz beschieden, doch die Idee einer Allgemeinbildung lebte weiter fort. Bis heute folgen die Nichtgraduierten an der University of Chicago einem gemeinsamen »Core Curriculum«, das etwa ein Drittel ihrer Zeit in Anspruch nimmt und Themen der Geistes-, Natur- und Sozialwissenschaften einschließt.[49] Zwei Universalgelehrte, die an der University of Chicago studierten, Herbert Simon und George Steiner, haben bezeugt, wie wichtig diese umfassende Lernerfahrung für sie war. Weitere Universalgelehrte, die dort studierten, waren Susan Sontag, Ralph Gerard, Anatol Rapoport und Thomas Sebeok.

Ein alternativer Versuch, Integration zumindest innerhalb der Geisteswissenschaften zu fördern, bestand in der Etablierung einer Lehrveranstaltung zur Geschichte der westlichen Zivilisation, die Historisierung eines früheren Kurses über »Contemporary Civilization« an der Columbia University. Eine Zeitlang waren Kurse in »Western Civ« an führenden amerikanischen Universitäten sehr gefragt: Indem sie die Entwicklung der westlichen Demokratie betonten, trugen sie zu dem bei, was man als Kalten Krieg der Ideen bezeichnen könnte.

Seit dem Zweiten Weltkrieg unterstützte die US-Regierung interdisziplinäre Forschungen, insbesondere in den Naturwissenschaften. Während des Kriegs geschah dies über das Office of Scientific Research and Development (1941) unter der Leitung des universalgelehrten Ingenieurs Vannevar Bush. Dessen berühmtestes Projekt war der Bau einer Atombombe in Los Alamos, bei dem Physiker, Chemiker und Ingenieure zusammenarbeiteten. Seine erfolgreiche Durchführung illustrierte die Vorteile eines problemorientierten Procedere gegenüber einem disziplinorientierten.

Nach 1945 sorgte der Kalte Krieg dafür, dass neue Forschungsinstitutionen mit Fördermitteln der US-Regierung eingerichtet wurden. Dazu gehörten die National Aeronautics and Space Administration (NASA), gegründet 1958 als Reaktion auf den Start des sowjetischen Satelliten »Sputnik« ein Jahr zuvor, und die Advanced Research Project Agency (ARPA), die dem Verteidigungsministerium unterstand. Ihr privates Kommunikationssystem ARPANET inspirierte die Entwicklung des öffentlichen Internets – ein hervorragendes Beispiel für die Bedeutung unbeabsichtigter Konsequenzen in der Technikgeschichte.[50]

In den Sozialwissenschaften wurde das Center for International Studies 1952 am Massachusetts Institute of Technology (MIT) mit Geldmitteln der CIA gegründet. In dieser Einrichtung arbeiteten Ökonomen, Politikwissenschaftler und Soziologen, die sich einerseits als Modernisierungstheoretiker, andererseits als intellektuelle Vorkämpfer gegen den Kommunismus verstanden.[51]

Regionalstudien

In Kooperation zwischen privaten Stiftungen und staatlichen Behörden entstand das interdisziplinäre Programm für Regionalstudien, das in den Vereinigten Staaten bald nach dem Zweiten Weltkrieg gestartet wurde.

Kriege haben die Beteiligten oft dazu angeregt, sich für andere Teile der Welt zu interessieren. In London wurde die School of Slavonic Studies 1915 gegründet, die School of Oriental Studies (später School of Oriental and African Studies, SOAS) folgte ein Jahr später. Der Aufschwung, den die Japanologie nach 1945 in den Vereinigten Staaten erlebte, verdankte sich der »Konfrontation mit einem Kriegsgegner«. Die Anthropologin Ruth Benedict schrieb ihr berühmtes Buch *The Chrysanthemum and the Sword* (veröffentlicht 1946, dt. Ausg. *Chrysantheme und Schwert. Formen der japanischen Kultur*, 2006) im Auftrag der Foreign Morale Analysis Division des Office of War Information.[52]

Während des Kalten Kriegs trat der stellvertretende CIA-Direktor William Langer dafür ein, dass die Regierung Regionalstudien fördert, und McGeorge Bundy, der zwei amerikanischen Präsidenten als Nationaler Sicherheitsberater diente und seinerseits Präsident der Ford Foundation wurde, äußerte die Hoffnung, es möge »ein hohes Maß an gegenseitiger Durchdringung zwischen Universitäten mit Regionalprogrammen und den für Informationsgewinnung zuständigen Behörden der Regierung der Vereinigten Staaten« geben.[53] Geleitet von dem Prinzip »Kenne deinen Feind« pumpten US-Stiftungen und die US-Regierung Geld in die Russistik. Das bekannteste Resultat ist wahrscheinlich das 1948 in Harvard gegründete Russian Research Center (RRC), das von der Carnegie Corporation alimentiert wurde und »enge, wenn auch informelle Verbindungen zur CIA« unterhielt.[54] Sein erster Direktor, der Anthropologe Clyde Kluckhohn, beschrieb die Forschung als »vom Charakter her interdisziplinär«, mit der Betonung auf »Anthropologie, Psychologie und Soziologie«, obwohl sich an den RRC-Projekten auch Wissenschaftler aus den Bereichen Ökonomie, Wirtschaftsgeschichte und Politik aktiv beteiligten.[55]

Nach dem Modell des RRC wurden zudem mehrere Nahost-Institute gegründet – in Washington 1946, an der Columbia und Harvard University 1954 –, und ein Harvard-Professor erhielt 100.000 US-Dollar für Geheimforschungen über Saudi-Arabien.[56] Während des Vietnamkriegs wurden in Yale, Cornell und an anderen Universitäten Zentren für südostasiatische Studien eingerichtet.[57] Nachdem Fidel Castro in Kuba an die Macht gekommen war, flossen zusätzliche Gelder für Forschungen über Lateinamerika. »Das haben wir Castro zu verdanken«, wie Eric Hobsbawm einmal bemerkte. Das Institute for Latin American Studies an der Columbia University wurde beispielsweise 1962 gegründet.

Finanzielle Zuwendungen aus US-Stiftungen erhielten auch akademische Institutionen an anderen Orten, etwa das St Antony's College in Oxford, das Osteuropa-Institut in West-Berlin und die École pratique des hautes études in Paris, an der die lokale Tradition der *aires culturelles* (Kulturräume) um Regionalstudien erweitert wurde. Welche Erwartungen die Geldgeber hatten, lässt sich beispielhaft an der Beziehung zwischen den Vertretern der Rockefeller Foundation und dem Historiker Fernand Braudel aufzeigen, dem Leiter des Centre des Recherches Historiques. Die Foundation wäre bereit gewesen, Forschungen zur chinesischen Geschichte finanziell zu unterstützen, hatte jedoch Vorbehalte gegen zwei von Braudel ausgewählte Sinologen – gegen den einen, weil er Mitglied der Kommunistischen Partei Frankreichs war, gegen den anderen, weil er über das 12. Jahrhundert arbeitete (was den Rockefeller-Leuten als zu weit entfernt und daher nicht ausreichend nutzbringend erschien). Braudel weigerte sich nachzugeben, und so blieb es bei der Ernennung beider Wissenschaftler, deren Forschungsvorhaben dann allerdings aus anderen Geldquellen finanziert werden mussten.[58]

Anders als in den Naturwissenschaften waren die Ergebnisse dieser Initiativen in den Geistes- und Sozialwissenschaften enttäuschend, zumindest in Hinblick auf die Interdisziplinarität. Die Zentren für Regionalstudien lieferten zwar Informationen und publizierten Monographien, doch in der Synthese waren sie schwach. Das Russian Research Center in Harvard zum Beispiel »zerfiel schon bald in Einzeldisziplinen«. Auf einer allgemeineren Ebene kritisierte Herbert Simon die Lehrprogramme der Regionalstudien, weil »ihre Ausbildungsziele offenbar darin bestanden, disziplinäre Spezialisierung innerhalb regionaler Spezialisierung zu fördern: Experten für die russische Ökonomie, die chinesische Regierung, die indonesische Familie«.[59] Die allgemeine Beschäftigung mit einer spezifischen Region oder einem spezifischen »Areal« scheint disziplinäre Identitäten jedenfalls nicht so wirkungsvoll zu verdrängen wie der Fokus auf ein praktisches Problem.

Neue Universitäten

Die Kontroversen, die durch »Great Books« und »Western Civ« hervorgerufen wurden, ebenso wie der Widerstand gegen Versuche, die Sozialwissenschaften in Chicago, Harvard und Yale unter einem Dach zu vereinen, deuten – neben anderen Dingen – darauf hin, dass es oft leichter ist, eine neue Institution ins Leben zu rufen, als eine alte zu reformieren.[60] Ein positives Beispiel bieten in diesem Sinne zwei im frühen 20. Jahrhundert neu gegründete Universitäten, die eine interdisziplinäre Kooperation förderten: Straßburg (siehe weiter unten) und Hamburg.

Schon in ihrer Anfangszeit beherbergte die 1919 gegründete Universität Hamburg ein Institut für Umweltforschung und ein Institut für auswärtige Politik. Die Universität kooperierte zudem mit der Kulturwissenschaftlichen Bibliothek, die von dem Universalgelehrten Aby Warburg gegründet worden war. Der universalgelehrte Biologe Jakob von Uexküll, der in den 1920er Jahren an der Universität tätig war, beeinflusste das Werk eines anderen Universalgelehrten, des Philosophen Ernst Cassirer. Letzterer stand auch in engem Kontakt zu Warburg und seiner Bibliothek.[61]

In der zweiten Hälfte des 20. Jahrhunderts fanden interdisziplinäre Ansätze zunehmend Verbreitung, was zu einem großen Teil der Gründung neuer Universitäten zu verdanken war.

Neue Universitäten, 1950–1975

1950	University of North Staffordshire (Keele University)
1961	University of Sussex
1962	Ruhr-Universität Bochum
1966	Universität Konstanz
1967	La Trobe University (Melbourne)
1969	Universität Bielefeld
1971	Griffith University (Brisbane)
1972	Roskilde Universitet
1973	Murdoch University (Perth)
1974	Deakin University (Melbourne)
1975	Linköpings Universitet

Wie die Tabelle zeigt, kam es in den 1960er und frühen 1970er Jahren in Großbritannien, Deutschland, Skandinavien und Australien zur Gründung einer ganzen Reihe neuer Universitäten, die neben der Ausbildung in bestimmten Disziplinen auch eine gewisse Form von Allgemeinbildung boten. Eine Vorreiterrolle spielte in dieser Hinsicht die 1950 gegründete University of North Staffordshire, die heute unter dem Namen Keele University firmiert. Hier dauerten die Kurse für Nichtgraduierte vier Jahre (statt der in England üblichen drei). Sie begannen mit einem sogenannten »Grundlagenjahr«, das dazu gedacht war, die Kluft zwischen den »zwei Kulturen« zu überbrücken – und dies schon neun Jahre bevor C.P. Snow das Konzept formulierte. Im zweiten Jahr waren Kunststudenten verpflichtet, ein »Nebenfach« mit Abschlussprüfung in den Naturwissenschaften zu belegen und umgekehrt.[62]

Die University of Sussex wiederum wurde 1961 gegründet, um die »Landkarte des Lernens neu zu zeichnen«, wie es der Historiker Asa Briggs, einer der Planer der Universität, in einer berühmten Formulierung ausdrückte.[63] Ursprünglich gab es hier keine »Departments«, sondern größere »Schools of Studies«. Die »English and American Studies« lehnten sich an die interdisziplinären Kurse der »American Studies« an, wie sie an Universitäten in den Vereinigten Staaten abgehalten werden. »European Studies« und »African and Asian Studies« folgten dem Modell der Regionalstudien – ohne die Militanz des Kalten Kriegs und ohne US-Gelder.

In Sussex wählten die Nichtgraduierten eine »Kern«-Disziplin, in der sie sich spezialisierten, widmeten sich aber einen Großteil ihrer Zeit (die Hälfte in den Geistes-, ein Drittel in den Naturwissenschaften) anderen, sogenannten »kontextuellen« Themen, die von Schule zu Schule variierten. In den »Social Studies« belegten alle Studenten zum Beispiel einen kontextuellen Kurs über »Contemporary Britain«, in den »European Studies« einen zum Thema »The Modern European Mind« mit einer Lektüreliste, zu der Werke von Marx, Dostojewski, Nietzsche und Freud gehörten. In den Geisteswissenschaften gab es Einführungskurse zu Philosophie und Geschichte, die Pflichtveranstaltungen waren, und in den frühen Jahren fanden regelmäßig Seminare statt, die von zwei Dozenten geleitet wurden (zum Beispiel von einem Historiker und einem Literaturwissenschaftler) und vornehmlich interdisziplinäre Themen behandelten, wie »Wissenschaft, Lyrik und Religion im England des 17. Jahrhunderts« oder »Literatur und Gesellschaft im Zeitalter Ludwig des XIV.«.[64] Wie wertvoll diese Seminare waren – nicht zuletzt als Bereicherung für die Dozenten selbst –, kann ich aus eigener Erfahrung bezeugen.[65]

Die interdisziplinäre Ausbildung wurde in den 1960er und 1970er Jahren zu einem internationalen Trend, der bis heute an manchen Orten sehr lebendig ist. Die Universität Konstanz wirbt mit interdisziplinären Forschungsprojekten, an der Universität Bielefeld gibt es ein Zentrum für interdisziplinäre Forschung.[66] Die Universität Roskilde schreibt auf ihrer Website: »Wir verfolgen einen interdisziplinären Ansatz, denn keine größeren Probleme werden je auf der Basis einer einzelnen akademischen Disziplin allein gelöst.«[67] Auch drei australische Universitäten – Griffith, Deakin und Murdoch – bieten bis heute interdisziplinäre Programme an. »Integrative Studies« beziehungsweise »Integrated Studies« ist ein anderer Name für einige Zentren, Kurse und Abschlüsse dieser Art in den Vereinigten Staaten und anderswo.

In der Geschichte dieser Unternehmungen gibt es ebenso Fehlschläge wie Erfolge und gelegentlich auch die Desillusionierung früherer Befürworter eines interdisziplinären Ansatzes. An der in den 1960er Jahren gegründeten La Trobe University in Australien wurden die interdisziplinären Schulen noch vor Ablauf des Jahrzehnts durch Abteilungen ersetzt. Die University of Sussex verabschiedete sich 2003, nach mehr als vierzig Jahren Interdisziplinarität, von dieser Organisationsform und von zumindest einigen der mit ihr assoziierten Ziele. In Deutschland hatten der Philosoph Hans Blumenberg und der Historiker Reinhart Koselleck die Interdisziplinarität zunächst unterstützt, doch Blumenberg bedauerte später, je an sie geglaubt zu haben, und Koselleck war von der Praxis, wie er sie an der Universität Bielefeld erlebt hatte, schließlich ebenfalls desillusioniert.[68]

Gleichzeitig wurde selbst an eher traditionell ausgerichteten Universitäten eine wachsende Zahl an interdisziplinären Lehrveranstaltungen angeboten. Ab den 1960er Jahren gerieten Kurse in »Western Civilization« wegen ihrer zu großen Konzentration auf weiße männliche Europäer zunehmend in die Kritik und wurden nach und nach abgeschafft.[69] An ihre Stelle traten Programme zum Studium von Gruppen, die bis dahin von der akademischen Welt vernachlässigt worden waren: Schwarze, Frauen und Latinos.

An den großen US-Universitäten wurden Programme in African-American Studies oder Black Studies eingerichtet – manchmal, wie an der Cornell University, aufgrund direkter Aktionen der Studenten.[70] Im Zuge der feministischen Bewegung der 1970er Jahre verbreiteten sich Women's Studies, gefolgt von Gender Studies. Die Entwicklung der Chicano Studies, später Latino oder Latina/o Studies, verlief eher graduell, gelegentlich aufbauend auf oder kombinierend mit Latin American Studies. Wie im Fall der Regionalstudien wurde Interdisziplinarität durch die Politik gefördert, diesmal allerdings durch eine Politik von unten.

Andere interdisziplinäre Programme konzentrierten sich auf eine bestimmte Periode, so die Medieval, Renaissance, Eighteenth-Century und Victorian Studies (die Entstehung der Classical Studies, in Deutschland früher als Altertumswissenschaft bekannt, geht auf das frühe 19. Jahrhundert zurück). Seitdem hat sich das Spektrum erweitert, inzwischen gibt es auch Business Studies, Cognitive Studies, Cultural Studies, Development Studies, Media Studies, Memory Studies, Postcolonial Studies, Religious Studies, Science Studies, Urban Studies und Visual Studies.

Viele dieser Programme kreisen um Themen, die sich nicht ohne Weiteres einer einzelnen Disziplin zuschlagen lassen. Manche zeugen von einer erweiterten Sicht einer bestimmten Disziplin, etwa die Verlagerung von der Theologie zu Religionsstudien oder von der »Kunst«-Geschichte zum Studium der visuellen Kultur. Andere stellen Kombinationen dar: In den Cognitive Studies vereinigten sich Psychologie beispielsweise mit Linguistik und Informatik, während die Renaissance Studies Kunst, Geschichte und Literatur integrierten. Die Memory Studies schlagen die Brücke zwischen den »zwei Kulturen«, indem sie experimentelle Psychologen, Kognitionswissenschaftler und Historiker zusammenbringen.

Die Cultural Studies kombinierten, zumindest in Großbritannien, Literatur und Soziologie mit Geschichte (insbesondere britische Geschichte ab dem 19. Jahrhundert), namentlich am Centre for Contemporary Cultural Studies der University of Birmingham (1964), das von 1972 bis 1979 von dem Kulturtheoretiker Stuart Hall geleitet wurde.[71] Wie im Fall der American Studies in den Vereinigten Staaten entstand die Hinwendung zu Cultural Studies aus einer gewissen Unzufriedenheit mit der Art der akademischen Literaturvermittlung und ihrer Betonung auf den oft als »Kanon« bezeichneten »Great Books«, während der gesellschaftliche Kontext von Literatur, Populärkultur, Schriftstellerinnen oder Autoren aus Minderheiten mehr oder weniger unberücksichtigt blieben.[72]

Wahrscheinlich sind es die Urban Studies, die in ihren Programmen an verschiedenen Universitäten die meisten Disziplinen miteinander vereinigen – Anthropologie, Archäologie, Architektur, Ökonomie, Geographie, Geschichte, Literatur, Politik und Soziologie –, die ihrerseits durch eine Sorge um zentrale städtische Probleme wie Armut und Gewalt zusammengehalten werden. Dieses Gebiet hat Universalgelehrte schon seit langem fasziniert, von Georg Simmel und seinem ehemaligen Studenten Robert Park bis zu Patrick Geddes, seinem ehemaligen Schüler Lewis Mumford und Richard Sennett, einen Universalgelehrten, dessen Bücher gleichermaßen als Beiträge zur Architektur, Soziologie, Geschichte und Philosophie klassifiziert werden könnten.

Zeitschriften und Institute

Wie bereits beschrieben, wurde das Aufkommen bestimmter akademischer Disziplinen im 19. und 20. Jahrhundert durch die Gründung von Fachzeitschriften gefördert. Auf ähnliche Weise gilt dies für die Bestrebungen zur Interdisziplinarität. Zwei bekannte solcher Journale wurden Mitte des 20. Jahrhunderts gegründet: *Diogène* (1953 von dem französischen Universalgelehrten Roger Caillois initiiert) und *Dædalus* (1955). Zwei weitere Zeitschriften mit ähnlicher thematischer Bandbreite kamen 1974 auf den Markt: *Internationales Jahrbuch für interdisziplinäre Forschung* und *Critical Inquiry*. Ein Beispiel jüngeren Datums ist *Common Knowledge* (1992).

Die verschiedenen Formen von »Studies« haben – parallel zu den disziplinären Periodika – ihre eigenen Zeitschriften hervorgebracht, darunter *Urban Studies* (1964), *Signs: Journal of Women in Culture and Society* (1975), *Cultural Studies* (1984) und *Memory Studies* (2008). Anders als die Zeitschriften des 19. Jahrhunderts wie die *Edinburgh Review*, die für ein allgemeingebildetes Publikum gedacht war (siehe Kapitel zum Zeitalter der Territorialität), richteten sich die gerade erwähnten Journale an die Angehörigen des Wissenschaftsbetriebs.

Konversation oder Kollaboration zwischen verschiedenen Disziplinen war und ist weiterhin ein Merkmal von Forschungsinstituten, die im Titel zumeist den Ausdruck »Advanced Studies« führen, nach dem Vorbild des Institute for Advanced Study in Princeton (1930). Zu den frühen Mitgliedern dieses Instituts gehörten Albert Einstein, der Universalgelehrte John von Neumann und der Kunsthistoriker Erwin Panofsky. Ein weiteres Modell für spätere Institute ist das 1954 im kalifornischen Palo Alto gegründete und von der Ford Foundation finanzierte Center for Advanced Study in the Behavioral Sciences. Auf Empfehlung des Universalgelehrten Herbert Simon wurde es als ein Ort ohne akademische Hierarchien geplant, an dem Forschungs- und Publikationstätigkeiten im Mittelpunkt stehen sollten. Wie erwähnt brachte das Center eine Gruppe unterschiedlicher talentierter Persönlichkeiten zusammen, die hier ihr gemeinsames Interesse für die Allgemeine Systemtheorie entdeckten.

Diese Forschungsinstitute fanden – ebenso wie die neuen Universitäten – vor allem ab den 1960er Jahren zunehmende Verbreitung.

Einsteins Arbeitsraum mit Schreibtisch im Institute for Advanced Study in Princeton kurz nach seinem Tod, 1955

Ausgewählte Forschungsinstitute, 1923–2008

1923 Institut für Sozialforschung, Frankfurt am Main
1930 Institute for Advanced Study, Princeton
1954 Center for Advanced Study in the Behavioral Sciences, Palo Alto
1962 Maison des Sciences de l'Homme, Paris
1963 Institut für Höhere Studien, Wien
1968 Zentrum für interdisziplinäre Forschung, Bielefeld
1969 Institute for Advanced Studies in the Humanities, Edinburgh
1970 Netherlands Institute for Advanced Study, Wassenaar
1970–1981 Max-Planck-Institut, Starnberg
1972 Humanities Research Centre, Canberra
1980 Wissenschaftskolleg, Berlin
1985 Swedish Collegium for Advanced Studies, Uppsala
1986 Instituto de Estudos Avançados, São Paulo
1987 Rice University Humanities Research Centre, Houston
1992–2011 Collegium Budapest
1992 Centre for Advanced Studies, Oslo
1994 School of Advanced Study, London
1998 Max-Weber-Kolleg, Erfurt
2006 Institute for Advanced Studies, Durham
2007 Institute for Advanced Study, Konstanz
2007 Institut d'Études Avancées, Paris
2008 Institute for Advanced Studies, Freiburg

Einige dieser Institute, wie etwa das in Wien, das bereits 1963 gegründet wurde, sind nach dem Modell von Palo Alto auf die Sozialwissenschaften beschränkt. Andere wie diejenigen in Edinburgh oder Canberra widmen sich ausschließlich den Geisteswissenschaften, während wieder andere für Wissenschaftler aus jeglicher Disziplin offen sind. Manche legen einen besonderen Akzent auf Interdisziplinarität, so beispielsweise die Maison des Sciences de l'Homme in Paris oder das Zentrum für interdisziplinäre Forschung (ZiF) in Bielefeld.[73]

Manche dieser Institute, zu denen etwa Princeton gehört, laden einzelne Gelehrte ein, die ihre eigenen Projekte einbringen. Andere fördern kollektive Projekte, die sich teilweise auf ein spezielles Problemspektrum konzentrieren. Am ZiF in Bielefeld wird beispielsweise jedes Jahr ein anderes Forschungsthema schwerpunktmäßig behandelt. Das Max-Planck-Institut in Starnberg, das während seiner gut zehnjährigen Existenz von den Universalgelehrten Carl Friedrich von Weizsäcker und Jürgen Habermas geleitet wurde, erforschte die »Lebensbedingungen der wissenschaftlich-technischen Welt«, während sich das Max-Planck-Institut in Göttingen auf die »Erforschung multireligiöser und multiethnischer Gesellschaften« konzentriert.

Unabhängig davon, ob sich diese Institute der Interdisziplinarität explizit verpflichtet fühlten beziehungsweise fühlen, haben sie auf jeden Fall Dialoge zwischen Wissenschaftlern aus unterschiedlichen Disziplinen gefördert – manchmal im formalen Rahmen von Seminaren, in denen Aufsätze zur Debatte gestellt werden, öfter aber informell beim Kaffeetrinken in den Pausen.

Interdisziplinäre Historiographie

Die Versuche von Wissenschaftlern einer bestimmten Disziplin, von ihren Kollegen aus einer benachbarten zu lernen, sollen in diesem Abschnitt anhand des historischen Fachs exemplarisch beleuchtet werden. Ein frühes Beispiel liefert der bereits erwähnte Karl Lamprecht, dessen Kulturgeschichte von der kollektiven Psychologie seines Freundes Wilhelm Wundt inspiriert wurde. Lamprechts Werk fand ein breites Publikum, wurde aber von den meisten seiner Kollegen abgelehnt, mit einigen wichtigen Ausnahmen wie dem niederländischen Kulturhistoriker Johan Huizinga.

Huizinga kann fraglos als Universalgelehrter gelten. Seine akademische Laufbahn begann er als Philologe, als der er eine Dissertation über die Ausdrücke für Licht- und Klangempfindungen in verschiedenen indogermanischen Sprachen vorbereitete. Für seine zweite – endgültige – Doktorarbeit wandte er sich der Literatur zu und studierte die Figur des Narren (Vidushaka) im altindischen klassischen Sanskrittheater. Als Historiker, der er schließlich wurde, hat sich Huizinga nach eigener Aussage »ein Spezialgebiet der Untersuchung, sei es eine Epoche, ein Land oder einen bestimmten Stoff [...] nie ausgewählt«.[74] Sein Meisterwerk, *Herbst des Mittelalters* (1919), verdankt sich in nicht geringem Maße seiner außerordentlichen Belesenheit, von Sozialanthropologie bis zum Studium des Buddhismus. Huizinga betätigte sich zudem als Literaturwissenschaftler sowie als Kulturkritiker und -theoretiker, wobei vor allem seine Analyse des spielerischen Elements in der Kultur Bekanntheit erlangte (*Homo Ludens*, 1938).

In den 1930er Jahren konnten sich Wirtschaftshistoriker bereits auf ökonomische Theorien stützen, ohne deshalb ihren Ruf als Historiographen zu gefährden. Zu ihnen gehörten Earl Hamilton, der die »Preisrevolution« im Spanien des 16. Jahrhunderts untersuchte, und Eli Heckscher, der über Theorie und Praxis des Merkantilismus forschte. Von der neuen Disziplin der Soziologie fühlten sich damals auch einige Historiker angesprochen, unter ihnen Marc Bloch, der sich von der Arbeit Émile Durkheims inspirieren ließ, Otto Hintze, der sich auf die Theorien Max Webers bezog, und Lewis Namier, der sich Ideen Vilfredo Paretos zunutze machte.

Namier interessierte sich darüber hinaus für Freud. Allerdings sollte es bis zur zweiten Hälfte des 20. Jahrhunderts dauern, ehe maßgebliche Historiker sich explizit auf Ideen der Psychoanalyse beriefen, wie etwa Peter Gay mit seinem Buch *Freud for Historians* (1985, *Freud für Historiker*, 1994). Zu Gays nachhaltiger Beschäftigung mit Freud gehörte auch eine professionelle Ausbildung am Western New England Institute of Psychoanalysis.

Ab den 1960er Jahren gab es eine Reihe von Kultur- und Sozialhistorikern, die sich für die Sozial- und Kulturanthropologie begeisterten, unter ihnen Jacques Le Goff in Frankreich, Keith Thomas in Großbritannien und Carlo Ginzburg in Italien. So wie Huizinga lässt sich auch Ginzburg als Universalgelehrter bezeichnen. Seinen Ruf erwarb er sich in den 1970er Jahren mit Untersuchungen zur Religion und Volkskultur im 16. Jahrhundert, seitdem hat er ebenso Bücher über Kunstgeschichte und Literatur wie Sammelbände mit thematisch breit gefächerten Essays veröffentlicht.

Die Beschäftigung mit anderen Disziplinen wurde gelegentlich von Institutionen gefördert. Das *Journal of Interdisciplinary History* wurde 1970 von zwei amerikanischen Historikern gegründet, die sich fragten, was Historiker von vielen anderen Disziplinen lernen können. In Großbritannien war Asa Briggs, der in seinen Büchern ökonomische und soziologische Themen behandelte, einer der Gründer der University of Sussex.

In Frankreich war beziehungsweise ist die sogenannte »Annales«-Schule eine Gruppe von Historikern, denen es darum ging, von den Nachbardisziplinen zu lernen. Die Schule – oder, besser gesagt, die Bewegung – begann, als sich Lucien Febvre und Marc Bloch nach dem Ersten Weltkrieg an der Universität Straßburg kennenlernten. Bei der Straßburger Alma Mater handelte es sich praktisch um eine Neugründung, da die Stadt 1919 wieder französisch geworden war. In den frühen Jahren gab es ein samstägliches Seminar, an dem mehrere Professoren aus den Geistes- und Sozialwissenschaften teilnahmen.

Febvre lässt sich mit Fug und Recht als Universalgelehrter bezeichnen: Er gab eine Enzyklopädie heraus, schrieb über Geographie und Linguistik und wurde bei seinen Forschungen zu Mentalitäten des 16. Jahrhunderts von Psychologen und Anthropologen beeinflusst. Febvres Editorial zur ersten Ausgabe der Zeitschrift *Annales* (1929) war so etwas wie eine Kriegserklärung an die Trennung zwischen Geschichte und Sozialwissenschaften: »Die Mauern«, schrieb er, »sind so hoch, dass sie oft den Blick versperren.« Dem Herausgebergremium gehörten dementsprechend ein Geograph, ein Wirtschaftswissenschaftler, ein Soziologe und ein Politologe an.[75]

Die zweite Generation der Gruppe stand unter der Ägide Fernand Braudels, der in Geographie, Ökonomie und Soziologie zu Hause war und sich gelegentlich von anderen Disziplinen inspirieren ließ, da er eine »histoire totale« anstrebte, die jede Art menschlicher Aktivität einschließt. »Der Versuch, Geschichte und Geographie oder Geschichte und Ökonomie miteinander zu verbinden«, bemerkte er im Gespräch mit seinem Biographen Pierre Daix, »ist reine Zeitverschwendung. Man muss alles gleichzeitig tun. Man muss Probleme in ihrer Gesamtheit neu definieren.«[76]

Seit den 2010er Jahren treten neue Partner für Historiker auf den Plan. Umweltgeschichte zum Beispiel, eine neue Subdisziplin, die in einem Zeitalter ökologischer

Krisen zunehmend Interesse erweckt, erfordert gewisse Kenntnisse in Geologie, Botanik, Klimatologie und anderen naturwissenschaftlichen Disziplinen. Historiker der »Koevolution« von Menschen mit anderen Lebewesen befassen sich mit Biologie, und einige Emotionshistoriker haben die Neurowissenschaft entdeckt.[77]

Nur wenige Historiker sind in der Lage, dem Vorbild Braudels nachzueifern und »alles gleichzeitig zu tun«. Das Hauptresultat all der oben beschriebenen Bemühungen besteht darin, dass neue Disziplinen entstanden, die im Grunde Hybridformen sind, wie Historische Anthropologie, Historische Soziologie oder Biohistorie.

Ambition versus Bescheidenheit

An früherer Stelle in diesem Kapitel habe ich zwischen bescheidenen und ambitionierten Bestrebungen zur Interdisziplinarität unterschieden. Die ambitionierten – von der Bewegung für eine vereinheitlichte Wissenschaft bis zu jüngeren Diskussionen über Post-Disziplinarität – haben keine dauerhaften Resultate gezeitigt, und manche Ausbildungsexperimente wurden inzwischen aufgegeben, so etwa an der La Trobe University und an der University of Sussex. Demgegenüber hatten eher bescheidene Ansätze in gewissem Umfang Erfolg, wie im Fall der »Annales«-Gruppe, die im vorigen Abschnitt erörtert wurde, oder von Teams, die sich auf spezielle Probleme oder Themen wie Angst und Vertrauen konzentrierten anstatt auf Interdisziplinarität im Allgemeinen.[78]

Heute ist die Situation sowohl auf institutioneller als auch auf individueller Ebene von nahezu verwirrender Vielfalt. Man könnte sagen, dass wir in einem Zeitalter der Koexistenz zwischen Disziplinen und Interdisziplinarität leben oder, genauer gesagt, in einer *convivencia*, was die Interaktion gegenüber der schlichten parallelen Existenz betont. Die meisten akademischen Abteilungen beziehungsweise Fächer sind zwar keineswegs verschwunden, aber viele interdisziplinäre Zentren wurden neben ihnen eingerichtet.[79]

Auf individueller Ebene verursacht es heutzutage kein Stirnrunzeln mehr, wenn beispielsweise Historiker, die über die Welt der Antike, über das mittelalterliche oder frühneuzeitliche Europa schreiben, sich dabei auf Weber, Freud oder Foucault berufen. Aktuell bestehen Aussichten auf einen weiteren Austausch zwischen den berüchtigten »zwei Kulturen« in Gebieten wie Biohistorie, Biopolitik und Biosoziologie. Das interdisziplinäre Unternehmen geht weiter. Tatsächlich ist dies sogar nötiger denn je zuvor in unserem digitalen Zeitalter, dem Moment einer dritten Krise, die in der abschließenden Coda erörtert werden soll.

Blick in die 2011 eröffnete Stuttgarter Staatsbibliothek am Mailänder Platz, entworfen von Eun Young Yi

CODA: AUF DEM WEG ZU EINER DRITTEN KRISE

Wir befinden uns mitten im digitalen Zeitalter, dessen Beginn oft auf 1990 mit dem Start des World Wide Web datiert wird. Manche Autoren sprechen von der »digitalen Revolution«, andere von der »Suchmaschinen-Gesellschaft« (den Internet Explorer gibt es seit 1995, Firefox und Yahoo seit 2004, Google Chrome seit 2008 und Bing seit 2009).[1] Die Geschichte von Enzyklopädien erzählt uns einiges über neuere Veränderungen in der Geschichte des Wissens. Die 1.507 Personen, die Artikel zur Ausgabe der *Encyclopaedia Britannica* von 1911 beisteuerten, oder selbst die 4.000, die für deren fünfzehnte Auflage schrieben, sind verschwindend gering im Vergleich zur Zahl der Wikipedia-Autoren (knapp 40 Millionen im September 2020).[2] Die Tradition der »Citizen Science« (Bürgerwissenschaft), die auf Beiträgen von Laien basiert, hat sich inzwischen so erweitert, dass man von »Citizen Knowledge« (Bürgerwissen) sprechen könnte.

Heute ist viel Wissen leichter verfügbar, aber nicht alles, was sich in jüngerer Zeit verändert hat, ist unbedingt besser geworden. Möglicherweise erleben wir gerade eine dritte Krise des Wissens. Auf jeden Fall befinden wir uns in einer Periode des schnellen Wandels, der Turbulenz und Besorgnis. Für eine ältere Generation zumindest besteht einer der Gründe zur Besorgnis im langsam fortschreitenden Niedergang – und gelegentlich in der raschen Zerstörung – gedruckter Bücher, die durch E-Books ersetzt werden. In den Niederlanden haben beispielsweise schon mehrere Universitätsbibliotheken die meisten ihrer Bücher eingestampft oder entsorgt. »Ein gedrucktes Exemplar von jedem Buch, so die Vorstellung, muss für die gesamten Niederlande reichen.« Die Debatte über solche Maßnahmen ist natürlich Teil einer breiteren Diskussion über die Zukunft des Buchs.[3]

Was der Konkurrenz zwischen zwei Buchtypen unterschwellig zugrunde liegt, ist die Konkurrenz zwischen zwei unterschiedlichen Arten des Lesens, was in zwei relativ neuen Studien scharfsichtig erörtert wurde. Maryanne Wolf greift in ihrem Buch *Proust and the Squid* (2007) auf die Neurowissenschaft zurück, um »die Geschichte des lesenden Gehirns« zu erzählen. Die Autorin regt uns an, über die Plastizität des Gehirns zu staunen, über die Art und Weise, wie es neuronale Schaltkreise recycelt, um die unterschiedlichen Schreibsysteme zu nutzen, die in den letzten paar tausend Jahren erfunden wurden. Wolf zeigt sich alarmiert von einer neuen Form des neuronalen Recyclings, das das rasche Überfliegen von Informationen auf

Kosten eines langsameren Lesens fördert. Sie warnt ihre Leser – solange es sie noch gibt – vor der Gefahr, zu einer »Gesellschaft von Informationsdecodierern« zu werden, ohne Zeit zu jenem Denken zu haben, das vonnöten ist, um Informationen zu Wissen zu verarbeiten.[4]

Nicholas Carr, der in seinem Buch *The Shallows* (2011) ebenfalls auf die Neurowissenschaft zurückgreift, erklärt, wie sich »unsere Art zu denken, zu lesen und uns zu erinnern« im Zeitalter des Internets verändert. Das Buch überzeugt umso mehr, als der Autor kein Gegner des Internets ist, sondern ein Enthusiast oder zumindest ein Ex-Enthusiast, der sein »unangenehmes Gefühl« beschreibt, »dass irgendjemand oder irgendetwas an meinem Gehirn herumgepfuscht [...] und mein Gedächtnis umprogrammiert hatte«, was ihn daran hinderte, sich auf die Erzählung oder die Argumentation eines Buchs oder eines langen Artikels zu konzentrieren.[5] Die Plastizität des Gehirns, die das Lesen ursprünglich möglich machte, erschwert es heute in zunehmendem Maße.

Kurz gesagt, beide Autoren sehen das Internet als ein Problem. Wir haben es hier mit einem von vielen Beispielen in der Geschichte zu tun, bei dem eine Lösung für ein Problem früher oder später eigene Probleme erzeugt. In diesem Fall besteht das Problem, das das Internet zu lösen schien, in der Überflutung, was sich nun zum dritten Mal verschärft hat, sowohl auf individueller als auch auf gesamtgesellschaftlicher Ebene. Für den Einzelnen haben die neuen Kommunikationsmedien eine Überfülle an Botschaften produziert. Für die Gesellschaft ist es angesichts der Menge an neuen Informationen und der Geschwindigkeit, mit der sie ankommen, nicht mehr möglich, dass sie »gekocht«, also zu Wissen verarbeitet werden.

Kein Wunder, dass der Ausdruck »Informationsangst« immer häufiger zu hören ist.[6] Es gibt sogar eine wahre Schwemme an Büchern über die Informationsschwemme, die auch als »Flut«, »Überschwemmung« oder »Tsunami« bezeichnet wird.[7]

Der Revolution ging, wie so oft, ein eher graduell sich vollziehender Wandel voraus, gewissermaßen ein Anlauf vor dem Hochsprung. Auch in diesem Fall liefern neue Formulierungen Anhaltspunkte dafür, wie Veränderungen wahrgenommen werden. Der Ausdruck »information explosion« wurde im Englischen laut *Oxford English Dictionary* erstmals 1941 verwendet, und 1970 prägte der amerikanische Journalist Alvin Toffler das heute allgegenwärtige Schlagwort »information overload«.[8]

Dieser Veränderungsprozess lässt sich anhand von einigen Statistiken belegen. In der zweiten Hälfte des 20. Jahrhunderts gab es einen rasanten Anstieg der Buchproduktion: von 332.000 Titeln, die 1960 veröffentlicht wurden, auf 842.000 im Jahr 1990.[9] Das 21. Jahrhundert hat einen noch sehr viel schnelleren Anstieg an digitalen Daten erlebt. 2005 wurden schätzungsweise 150 Exabytes digitaler Daten produziert, für 2010 wurde bereits eine Produktion von rund 1.200 Exabytes erwartet.[10] Diese Menge wirkt inzwischen bereits wieder gering, heute berechnet man Speicherkapazitäten nach Zettabytes (1.000 Exabytes = 1 Zettabyte). »2013 betrug die gesamte Datenmenge weltweit 4,4 Zettabytes. Bis 2020 ist mit einem steilen Anstieg auf 44 Zettabytes zu rechnen.«[11]

Natürlich hat es im Umgang mit »Big Data« Fortschritte gegeben. Im alltäglichen Leben ist es dank einer Vielzahl von Suchmaschinen leichter als je zuvor geworden, Informationen zu finden, und das auch noch deutlich schneller. Ob Firmen, staatliche Behörden oder Wissenschaftler – alle haben von dieser digitalen Revolution profitiert.[12] Es gibt allerdings eine Kehrseite. Dass beispielsweise die Pläne für die Terroranschläge vom 11. September 2001 trotz Warnungen seitens der Sicherheitsdienste nicht vorzeitig aufgedeckt wurden, lag daran, dass diese Warnungen in der »Flut« von Daten untergegangen waren. Wie Condoleezza Rice sagte, gab es »im System jede Menge Geschwätz«.[13]

Über das Problem der Verzerrung in Suchmaschinen – sei es um den Verkauf bestimmter Produkte zu fördern oder politische Propaganda (auch rassistische) zu unterstützen – ist in letzter Zeit viel diskutiert worden. Wir sind seit langem mit dem »Überwachungsstaat« vertraut, aber jetzt müssen wir uns an den »Überwachungskapitalismus« gewöhnen, beispielsweise an die Vorstellung, dass wir bei Google-Recherchen von Google ausspioniert werden.[14] Zu den Problemen, die »Big Data« mit sich bringt, gehören die Speicherung, Analyse, Überprüfung und Verletzung unserer Privatsphäre.[15]

Aufgrund der Turbulenz, die wir gerade erleben, lässt sich kaum absehen, welche langfristigen Konsequenzen die Verlagerung von gedruckten Büchern und Zeitungen zu Online-Informationen haben wird. Wolf und Carr sind nicht die Einzigen, die fürchten, dass die Fähigkeit des »langsamen Lesens« oder »genauen Lesens« in kontinuierlicher, linearer, aufmerksamer Weise verlorengeht und durch schnelles Überfliegen ersetzt werden wird. Früher wurden Kurse im Schnelllesen für Studenten angeboten, die es gewohnt waren, einen Text von vorne bis hinten durchzugehen. Heute werden Kurse im langsamen Lesen immer notwendiger. Optimisten trösten sich mit der Tatsache, dass die kursorische Lektüre von Büchern eine Technik ist, die mit der Fähigkeit des sorgfältigen Lesens lange Zeit Hand in Hand ging.

Die Turbulenz verstellt uns auch den Blick auf Veränderungen in der Struktur des Wissens. Schon vor einigen Jahren wurde vorhergesagt, dass wir uns auf dem Weg in eine »post-disziplinäre« Ära befinden.[16] Wie würde eine solche Ära aussehen? Zersplitterungen zwischen Formen des Wissens würden fraglos fortbestehen, da es unmöglich ist, alles auf einmal zu lernen, und da es unterschiedlicher Methoden bedarf, um unterschiedliche Probleme in Angriff zu nehmen. Auf jeden Fall geht die Spezialisierung unaufhaltsam weiter. An den verschiedenen Ästen des Wissensbaums wachsen ständig neue Zweige.

Was heute allzu sehr ins Auge springt, ist die Bedrohung der traditionellen Nischen für Universalgelehrte. Es gab eine Zeit, als Gelehrte von umfassender Bildung wie Leibniz zu Bibliothekaren ernannt wurden. Heutzutage wird von Bibliothekaren erwartet, dass sie Manager sind. Museen haben sich in dieselbe Richtung entwickelt wie Bibliotheken, vom Zeitalter des kenntnisreichen Aufsehers zum Zeitalter des Managers. Auch Universitäten sind für Universalgelehrte heute weniger verlockend, als sie zu sein pflegten. Umfangreichere Lehrverpflichtungen und endlose

Sitzungen reduzieren die Zeit, die dem Nachdenken und Forschen zur Verfügung steht. Ich frage mich, was ein Prorektor heute einem Chemieprofessor antworten würde, der ihm erklärt (wie es Michael Polanyi an der University of Manchester 1948 tat), er wolle Philosophie unterrichten.

Die Kulturjournale wiederum, die den Angehörigen der Spezies ab dem späten 17. Jahrhundert Verdienstmöglichkeiten geboten hatten, sehen sich aktuell mit sinkenden Verkaufszahlen konfrontiert. Sie mögen in Online-Versionen fortbestehen, doch diese Lösung ist für solche Zeitschriften weniger zufriedenstellend als für Zeitungen, da ihre Artikel länger sind. Es überrascht also nicht, dass sich mehrere renommierte Journalisten aus ihrem Freiberuflertum verabschiedet und feste Stellen an Universitäten angenommen haben. Der Universalgelehrte Perry Anderson, Herausgeber der *New Left Review*, wurde in den 1980er Jahren Professor an der New School for Social Research. Timothy Garton Ash, ehemals Mitherausgeber des Magazins *The Spectator*, ging 1989 nach Oxford ans St Antony's College. Ian Buruma, der früher als freier Autor tätig war, erhielt 2003 eine Professur am Bard College in New York.

Trotz dieser Probleme gibt es noch immer ein paar wenige vielseitige Gelehrte. Zu den noch lebenden Universalgelehrten gehören zwei umstrittene Persönlichkeiten, die schon an früherer Stelle erwähnt wurden: Peter Sloterdijk und Slavoj Žižek. Etwas weniger umstritten ist der Franzose Bruno Latour, der als »produktiver Autor von erstaunlicher Themenvielfalt« beschrieben wird und der keinen Respekt vor disziplinären Grenzen kennt. Genauso gut könnte man ihn als Philosophen, Soziologen, Anthropologen oder als Arbeiter im interdisziplinären Feld der »Sozialstudien der Wissenschaft« bezeichnen. Tatsächlich ist sein Spektrum sogar noch breiter. Als Latour 2013 den Holberg-Preis erhielt, hieß es in der Begründung des Komitees, sein Werk liefere einen Beitrag zu »Wissenschaftsgeschichte, Kunstgeschichte, Historiographie, Philosophie, Anthropologie, Geographie, Theologie, Literatur und Rechtswissenschaft«.[17] Er hat gegen die Idee der Moderne argumentiert, die Bedeutung von »Zentren der Kalkulation« in der Geschichte der Wissenschaft betont, »Feldforschung« in einem Labor und auch an einem Gericht (dem Conseil d'État in Paris) betrieben und die von ihm so genannte »Akteur-Netzwerk-Theorie« entwickelt, die der Figurationssoziologie von Norbert Elias ähnelt, neben Personen aber auch Ideen und materielle Objekte in das Netzwerk mit einbezieht.

Im Januar 2019, während ich an diesem Buch schreibe, zählen zu den lebenden Beispielen der Spezies »Universalgelehrter« unter anderen Jürgen Habermas, der als der »Aristoteles unserer Zeit« bezeichnet wurde; der Essayist Perry Anderson, dessen Interessen Geschichte, Philosophie, Politik, Ökonomie und Soziologie umfassen; der Richter, Ökonom und Philosoph Richard Posner, dessen Publikationen eine »nahezu absurd erscheinende Themenvielfalt« bescheinigt wurde; der Italiener Giorgio Agamben, der über Philosophie, Literatur, Recht und Geschichte geschrieben hat; und der Brasilianer Roberto Mangabeira Unger, der zur Gründung der Bewegung der sogenannten Critical Legal Studies beitrug, die klassische Wirtschaftslehre kritisiert und außerdem über Politik, Religion und seit kurzem über Kosmologie schreibt.[18] Die Zahl der lebenden weiblichen Universalgelehrten ist, wie ich bereits ausgeführt habe, größer denn je zuvor. Dabei handelt es sich hauptsächlich um selektive Universalgelehrte, die sich auf Philosophie, Literatur, Psychoanalyse, Geschichte und das interdisziplinäre Gebiet der Gender Studies konzentrieren (Aleida Assmann, Mieke Bal, Margaret Boden, Judith Butler, Hélène Cixous, Luce Irigaray, Julia Kristeva, Juliet Mitchell, Griselda Pollock und Gayatri Chakravorty Spivak).

Auf der Seite der Naturwissenschaften bietet der amerikanische Wissenschaftler Edward O. Wilson das offenkundige Beispiel eines lebenden Universalgelehrten. Ebenso wie Patrick Geddes und Herbert Fleure leidet auch Wilson unter Augenproblemen, so dass er seine Aufmerksamkeit von den Säugetieren auf die Erforschung von Insekten verlagert hat (insbesondere Ameisen und »Ameisengesellschaften«). Wilsons Interesse für die von ihm so genannte »Soziobiologie« – in der Menschen und menschliche Gesellschaften als Produkte der Evolution untersucht werden – erinnert an Geddes' »Biosoziologie«. Wie wir gesehen haben, betont auch seine Theorie der »consilience« (Vernetzung) die Einheit des Wissens.[19]

Einige wenige Universalgelehrte schlagen eine Brücke zwischen den berühmten »zwei Kulturen«. Der Brite Nikolas Rose, der in Biologie ausgebildet wurde, wechselte zur Soziologie, Psychologie, Philosophie und Neurowissenschaft. Der Amerikaner Jared Diamond, der seine Laufbahn als Physiologe begann und sich dann der Ornithologie und Ökologie zuwandte, verdankt seine vielleicht größte Bekanntheit mehreren Büchern zur Weltgeschichte, namentlich *Guns, Germs and Steel* (1997, dt. Ausg. *Arm und reich. Die Schicksale menschlicher Gesellschaften*, 1998) und *Collapse* (2005, dt. Ausg. *Kollaps. Warum Gesellschaften überleben oder untergehen*, 2005), ganz zu schweigen von seiner lebenslangen Beschäftigung mit Sprachen. Sein Werk wurde oft von Fachleuten kritisiert, von anderen dagegen ernst genommen. Die American Anthropological Association nahm *Collapse* zum Anlass, 2006 ein Symposium abzuhalten, aus dem ein Buch mit Beiträgen nicht nur von Anthropologen, sondern auch von Historikern und Archäologen hervorging.[20] Von Diamond ließe sich dasselbe sagen wie von anderen seriellen Universalgelehrten: Ob man mit seinen Antworten nun übereinstimmt oder nicht – die Fragen, die dieser Außenseiter in den von ihm erkundeten Disziplinen gestellt hat, waren stets originell und fruchtbar.

Werden Universalgelehrte überleben oder ist die Spezies im Aussterben begriffen? Alle bislang zitierten Beispiele und auch weitere, die einem – oder zumindest mir – in den Sinn kommen, beziehen sich auf Wissenschaftler, die bereits mittleren Alters waren, ehe die digitale Revolution einsetzte. Noam Chomsky wurde 1928 geboren; Jürgen Habermas, George Steiner und Edward O. Wilson 1929; Luce Irigaray 1930; Margaret Boden und Robert May 1936; Hélène Cixous und Jared Diamond 1937; Perry Anderson 1938; Charles Jencks und Richard Posner 1939; Juliet Mitchell 1940; Julia Kristeva 1941; Gayatri Chakravorty Spivak und Giorgio

Agamben 1942; Richard Sennett und Vaclav Smil 1943; Raymond Tallis 1946; Aleida Assmann, Bruno Latour, Nikolas Rose, Peter Sloterdijk und Roberto Mangabeira Unger 1947; Jacqueline Rose und Slavoj Žižek 1949; Judith Butler 1956; Daniel Levitin und Robert Sapolsky 1957. Der plötzliche Rückgang um 1950 könnte ein Alarmsignal sein.

Neue Herausforderungen verlangen neue Antworten, deshalb sollten wir unsere Hoffnungen – sofern wir Optimisten sind – auf die digitale Generation setzen.[21] Auf jeden Fall wäre es verfrüht, ein Klagelied auf die Spezies anzustimmen. Und dazu besteht auch gar keine Veranlassung: Schließlich brauchen wir innerhalb der intellektuellen Arbeitsteilung, wie sie gegenwärtig herrscht, noch immer Generalisten, also Individuen, die erkennen können, was Isaac Barrow im 17. Jahrhundert die »Verbindung der Dinge untereinander und die Bedingtheit von Gedanken« nannte. Wie Leibniz einmal erklärte: »man mus universale Leüte haben. Da kan einer der aller Dinge connexion hat, mehr thun als zehn.«[22] In einem Zeitalter der Hyperspezialisierung benötigen wir solche Personen mehr denn je.

ANMERKUNGEN

Abkürzungsverzeichnis

ANB	*American National Biography*, 24 Bände, New York 1999
DBI	*Dizionario Biografico degli Italiani*, Rom 1960–
DSB	Charles C. Gillespie (Hrsg.), *Dictionary of Scientific Biography*, 16 Bände, New York 1970
GDLI	*Grande Dizionario della Lingua Italiano*, 21 Bände, Turin 1961-2002
IESBS	James Wright (Hrsg.), *International Encyclopedia of Social and Behavioral Sciences*, 2. Auflage, 26 Bände, Amsterdam 2015
JHI	*Journal of the History of Ideas*, University of Pennsylvania Press 1940–
ODNB	Henry Matthew und Brian Harrison, *Oxford Dictionary of National Biography*, 60 Bände, Oxford 2004

Vorwort und Dank

1 *Papier und Marktgeschrei. Die Geburt der Wissensgesellschaft*, Berlin 2001, 2. Aufl. 2014; *Die Explosion des Wissens. Von der* Encyclopédie *bis Wikipedia*, Berlin 2014.

2 Siehe insbesondere Peter Burke, »The Polymath: A Cultural and Social History of an Intellectual Species«, in: David F. Smith und Hushang Philsooph (Hrsg.), *Explorations in Cultural History: Essays for Peter McCaffery*, Aberdeen 2010, S. 67–79.

Einleitung: Was ist ein Universalgelehrter?

1 Alexander Murray (Hrsg.), *Sir William Jones, 1746–1794*, Oxford 1998, S. v.

2 Edward Duyker, *Dumont D'Urville: Explorer and Polymath*, Dunedin 2014; D. Ben Rees, *The Polymath: Reverend William Rees*, Liverpool 2002.

3 Edward Carr, »The Last Days of the Polymath«, in: *Intelligent Life*, Herbst 2009; Peter Burke, »The Polymath«, in: David F. Smith und Hushang Philsooph (Hrsg.), *Explorations in Cultural History*, Aberdeen 2010, S. 67–79; Eric Monkman und Bobby Seagull, »Polymathic Adventure«, BBC Radio 4, 21. August 2017. Eine allgemeine Darstellung neueren Datums,

die den »Universalgelehrten« allerdings in einem weiteren Sinne definiert als ich, bietet Waqas Ahmed, *The Polymath: Unlocking the Power of Human Versatility*, Chichester 2018.

4 Zitiert von Woodruff D. Smith, *Politics and the Sciences of Culture in Germany, 1840–1920*, New York 1991, S. 138.

5 www.dubage.com/API/ThePolymath.html, aufgerufen am 15. Juli 2016.

6 Leonard Woolf, zitiert in: Richard Davenport-Hines, *Universal Man: The Seven Lives of John Maynard Keynes*, London 2015, S. 7; Keynes, zitiert in: ibidem, S. 137.

7 Zu den frühen Stadien der »Disziplinisierung« siehe die komparative Analyse von Geoffrey Lloyd, *Disciplines in the Making*, Oxford 2009.

8 Carr, »The Last Days of the Polymath«, op. cit., zum Richter Richard Posner. Ein ähnliches Beispiel ist Amartya Sen auf den Gebieten Wirtschaftswissenschaften und Philosophie.

9 »la prosopographie des savants [...] a toujours été une de mes passions« (Pierre Bayle an seinen Bruder Jacob, 1675, zitiert in: Hubert Bost, *Pierre Bayle*, Paris 2006, S. 387). Eine solche Prosopographie lieferte auch Christian Gottlieb Jöcher in seinem *Allgemeinen Gelehrten-Lexicon* (Leipzig 1750).

10 Augustinus, *De vera religione*, XLIX, 94 (*Opera/Werke*, Bd. 68, hrsg. und übers. von Josef Lössl), Paderborn u. a. 2007, S. 233.

11 Peter Burke, *Exiles and Expatriates in the History of Knowledge, 1500–2000*, Waltham, MA, 2017.

12 Leo Rosten, »Harold Lasswell: A Memoir«, in: Arnold A. Rogow (Hrsg.), *Politics, Personality and Social Science in the Twentieth Century*, Chicago, IL, 1969, S. 1–13, hier S. 5.

13 Henry Holorenshaw [Pseudonym von J. Needham], »The Making of an Honorary Taoist«, in: Mikuláš Teich und Robert Young (Hrsg.), *Changing Perspectives in the History of Science*, London 1973, S. 1–20, hier S. 1.

14 Johann Heinrich Alsted, *Encyclopaedia* (1630), Vorwort.

15 Isaiah Berlin, *Der Igel und der Fuchs. Essay über Tolstojs Geschichtsverständnis*, Frankfurt a. M. 2009, S. 7. Vgl. Stephen J. Gould, *The Hedgehog, the Fox and the Magister's Pox*, London 2003, ein Plädoyer für »eine fruchtbare Vereinigung dieser scheinbar polaren Gegensätze« (S. 5).

16 Pamela H. Smith, *The Business of Alchemy: Science and Culture in the Holy Roman Empire*, Princeton, NJ, 1994, S. 14; Mikuláš Teich, »Interdisciplinarity in J. J. Becher's Thought«, in: Gotthardt Frühsorge und Gerhard F. Strasser (Hrsg.), *Johann Joachim Becher*, Wiesbaden 1993, S. 23–40.

17 Paula Findlen (Hrsg.), *Athanasius Kircher. The Last Man Who Knew Everything*, London 2004.

18 Andrew Robinson, *Thomas Young: The Last Man Who Knew Everything*, London 2006; Leonard Warren, *Joseph Leidy: The Last Man Who Knew Everything*, New Haven, CT, 1998; David Schwartz, *The Last Man Who Knew Everything: The Life and Times of Enrico Fermi*, New York 2017, S. 365. Hmolpedia verzeichnet nicht weniger als achtzehn Beispiele für »letzte Allwissende«: http://www.eoht.info/page/Last+person+to+know+everything.

19 Sandro Montalto (Hrsg.), *Umberto Eco: l'uomo che sapeva troppo*, Pisa 2007. Vgl. Stephen Inwood, *The Man Who Knew Too Much: The Strange and Inventive Life of Robert Hooke*, London 2002, sowie David Leavitt, *The Man Who Knew Too Much: Alan Turing and the Invention of the Computer*, London 2006.

20 Croce wurde so von Antonio Gramsci bezeichnet, Simon von Ha-Joon Chang, *23 Things They Don't Tell You about Capitalism*, London 2011, S. 173; Maurice Goldsmith, *Joseph Needham: 20th-Century Renaissance Man*, Paris 1995; Steiner in der Beschreibung von Antonia

Byatt; Florenskij so in: Avril Pyman, *Pavel Florensky, a Quiet Genius: The Tragic and Extraordinary Life of Russia's Unknown Da Vinci*, New York 2010; zu Lasswell siehe Steven A. Peterson, »Lasswell, Harold Dwight«, in: Glenn H. Utter und Charles Lockhart (Hrsg.), *American Political Scientists: A Dictionary*, 2. Aufl., Westport, CT, 2002, S. 228–230, hier S. 229, und Bruce L. Smith, »The Mystifying Intellectual History of Harold D. Lasswell«, in: Arnold A. Rogow (Hrsg.), *Politics, Personality and Social Science in the Twentieth Century*, Chicago, IL, 1969, S. 41.

21 Nick J. Pearce, »Janet Beat: A Renaissance Woman«, in: *Contemporary Music Review* 11 (1994), S. 27; Melanie Davis, »Sandra Risa Leiblum, Ph.D.: Sexology's Renaissance Woman«, in: *American Journal of Sexuality Education* 5 (2010), S. 97–101.

22 Siehe hierzu den Beitrag von Robert K. Merton, »The Matthew Effect in Science«, in: *Science 159* (1968), Heft 3810, S. 56–63, der das Problem erörtert, dass die Entdeckungen unbekannter Naturwissenschaftler später namhafteren Kollegen zugeschrieben werden, was die Stelle aus dem Matthäus-Evangelium (25,29) veranschaulicht, wo es heißt: »Denn wer da hat, dem wird gegeben werden«.

23 Burnet an Leibniz, Schreiben vom 27. Februar 1699, zitiert in: Leibniz-Archiv (Hrsg.), G. W. Leibniz, *Allgemeiner politischer und historischer Briefwechsel*, Berlin 2000, Bd. 16, S. 594 [Nr. 359].

Ost und West

1 Dieses Fragment ist allerdings nur deshalb überliefert, weil es von einem späteren Philosophen, Diogenes Laertios, aufgezeichnet wurde, der seine eigenen Vorstellungen hatte. Auf jeden Fall ist es wohl besser, νόος nicht als »Vernunft« zu übersetzen, sondern als Empfindungsfähigkeit. Ich danke Geoffrey Lloyd für diesen Hinweis.

2 Isaiah Berlin, *Der Igel und der Fuchs. Essay über Tolstojs Geschichtsverständnis*, Frankfurt a. M. 2009.

3 »Der kleinere Hippias«, in: Otto Apelt (Hrsg.), *Platons Dialoge. Hippias I und II, Ion*, Leipzig 1918, S. 23.

4 Zu Aristoteles gibt es eine Unmenge an Sekundärliteratur, darunter Maurice Manquat, *Aristote naturaliste*, Paris 1932, und Geoffrey Lloyd, *Aristotle: The Growth and Structure of his Thought*, Cambridge 1968. Siehe auch G. E. L. Owens, D. M. Balme und Leonard G. Wilson, »Aristotle«, in: *DSB 1* [zu diesem und anderen bibliographischen Kürzeln siehe S. 261], S. 250–281 (es bedurfte dreier Spezialisten, um seine naturwissenschaftlichen Beiträge angemessen zu würdigen).

5 Christian Jacob, »Un athlète du savoir«, in: idem und François de Polignac (Hrsg.), *Alexandrie, IIIe siècle av. J.-C.*, Paris 1992, S. 113–127; Klaus Geus, *Eratosthenes von Kyrene*, München 2002, S. 32–34.

6 Diese Erörterung übernimmt viel aus Platons *Gorgias*. Einmal mehr danke ich Geoffrey Lloyd für diesen Hinweis.

7 Quintilian, *Institutio oratoria*, Buch XII, Kap. 11, 21–24.

8 Vitruv, *Zehn Bücher über Architektur*, Buch I, Kap. 1 und 3 [hier zitiert nach der Übersetzung von Franz Reber (1865)].

9 Cicero, *De oratore*, Buch III, Kap. 33, 135 [hier zitiert nach der Übersetzung von Raphael Kühner (1873)].

10 Quintilian, *Institutio oratoria*, Buch XII, Kap. 11, 24. Vgl. D. J. Butterfield (Hrsg.), *Varro Varius: The Polymath of the Roman World*, Cambridge 2015.

11 Trevor Murphy, *Pliny the Elder's Natural History: The Empire in the Encyclopedia*, Oxford 2004, S. 13.

12 Howard L. Goodman, »Chinese Polymaths 100–300 AD«, in: *Asia Major* 18 (2005), S. 101–174, hier S. 110.

13 John Chaffee, *The Thorny Gates of Learning in Sung China: A Social History of Examinations*, Cambridge 1985; Benjamin A. Elman, *A Cultural History of Civil Examinations in Late Imperial China*, Berkeley, CA, 2000.

14 Zitiert in: John Meskill (Hrsg.), *Wang An-shih: Practical Reformer?*, Boston, MA, 1963, S. 8.

15 Wang Yangming, *Instructions for Practical Living*, englische Übersetzung, New York 1963, S. 13, 62. Vgl. Benjamin A. Elman, *On Their Own Terms*, Cambridge, MA, 2005, S. 4–7.

16 Hellmut Wilhelm, »The Po-Hsüeh Hung-ju Examination of 1679«, in: *Journal of the American Oriental Society 71* (1951), S. 60–66.

17 Geoffrey Lloyd, *Disciplines in the Making*, Oxford 2009, S. 10, 45.

18 *Zhuangxi*, Kap. 33, in: *Complete Works of Chuang Tzu*, New York 1968, S. 374, 377. Vgl. Angus G. Graham, *Disputers of the Tao*, Chicago, IL, 1989, S. 76–81, 174–183.

19 Joseph Needham und Wang Ling, *Science and Civilization in China*, Cambridge 1965, Bd. 4, Teil 1, S. 446–465.

20 Joseph Needham und Wang Ling, *Science and Civilization*, Cambridge 1954, Bd. 1, S. 135. Einmal mehr gilt mein Dank Geoffrey Lloyd, der mich auf Shens Bedeutung hingewiesen hat.

21 Joël Brenier et al., »Shen Gua (1031–1095) et les sciences«, in: *Revue d'histoire des sciences 42* (1989), S. 333–351. Zu seinem »unermesslichen« Wissen siehe S. 335. Nathan Sivin, »Shen Kua«, in: idem, *Science in Ancient China: Researches and Reflections*, Aldershot 1995, S. 1–53, erwähnt seine »grenzenlose Neugier« und die Vergleiche mit Leibniz und Lomonossow, wobei Letzterer aus »einer Zeit guter Beziehungen zwischen China und der Sowjetunion« stammt (S. 11).

22 Daiwie Fu, »A Contextual and Taxonomic Study of the ›Divine Marvels‹ and ›Strange Occurrences‹ in the *Mengxi bitan*«, in: *Chinese Science 11* (1993–1994), S. 3–35.

23 Geoffrey Lloyd, *The Ambitions of Curiosity: Understanding the World in Ancient Greece and China*, Cambridge 2002.

24 Sivin, »Shen Kua«, op. cit., S. 53.

25 Tertullian, *De praescriptione haereticorum*, Buch 7, Kap. 14; Augustinus, *Confessiones*, Buch X, Kap. 35.

26 Richard Southern, *The Making of the Middle Ages*, London 1953, S. 210.

27 Weitere wichtige Figuren waren Cassiodorus, Beda Venerabilis und Alkuin von York.

28 A. J. Fridh (Hrsg.), Cassiodorus, *Variarum Libri XII*, Turnhout 1973, Buch I, Nr. 45,3.

29 Henry Chadwick, *Boethius*, Oxford 1981; Lorenzo Minio-Paluello, »Boethius«, in: *DSB 1*, S. 228–236.

30 Isidore of Seville, *Etymologies*, englische Übersetzung, Cambridge 2006. Zu ihm siehe John Henderson, *The Medieval World of Isidore of Seville*, Cambridge 2007.

31 Gerbert an Raymond de Lavaure, zitiert in: Pierre Riché, *Gerbert d'Aurillac, le pape de l'an mil*, Paris 1987, S. 248 (Brief Nr. 44).

32 William of Malmesbury, *Gesta Regum Anglorum*, hrsg. und übers. v. R. A. B. Mynors, Oxford 1998, Buch II, Abschnitte 167–169, 172.

33 Tarif Khalidi, *Images of Muhammad*, New York 2009, S. 104–105. Ich danke Professor Khalidi für seine Hilfe bei diesem Abschnitt.

34 Zitiert in: Robert Irwin, *Ibn Khaldun: An Intellectual Biography*, Princeton, NJ, 2018, S. 24.

35 Geert Jan van Gelder, »Compleat Men, Women and Books«, in: Peter Binkley (Hrsg.), *Pre-Modern Encyclopaedic Texts*, Leiden 1997, S. 241–259, hier S. 247; George Makdisi, *The Rise of Humanism in Classical Islam and the Christian West*, Edinburgh 1990, S. 110.

36 Michael Chamberlain, *Knowledge and Social Practice in Medieval Damascus*, Cambridge 1994, S. 86.

37 Weitere herausragende Gelehrte waren Dschābir ibn Hayyān (ca. 721–ca. 815), im Westen bekannt als »Geber«; Ibn Bāddscha (ca. 1085–1138: »Avempace«); Al-Farabi (872–950: »Alpharabius«); Al-Biruni (973–ca. 1050) und Ibn Hazm (994–1064).

38 Zitiert in: George N. Atiyeh, *Al-Kindi: Philosopher of the Arabs*, Rawalpindi 1966, S. 9.

39 Peter Adamson, *Al-Kindī*, Oxford 2007, S. 7. Vgl. Fritz W. Zimmerman, »Al-Kindi«, in: M. J. L. Young, J. D. Latham und R. B. Serjeant (Hrsg.), *Religion, Learning and Science in the Abbasid Period*, Cambridge 2014, S. 364–369.

40 G. C. Anawati und Albert Z. Iskander, »Ibn Sina«, in: *DSB Supplement* 1, S. 495–501; Lenn E. Goodman, *Avicenna*, Ithaca, NY, 2006 (überarb. Neuaufl.); Robert Wisnovsky, »Avicenna and the Avicennian Tradition«, in: Peter Adamson und Richard C. Taylor (Hrsg.), *The Cambridge Companion to Arabic Philosophy*, Cambridge 2006, S. 92–136.

41 Dominque Urvoy, *Ibn Rushd (Averroes)*, London 1991.

42 Warren E. Gates, »The Spread of Ibn Khaldun's Ideas on Climate and Culture«, in: *Journal of the History of Ideas* 28 (1967), S. 415–422; Aziz al-Azmeh, *Ibn Khaldun in Modern Scholarship: A Study in Orientalism*, London 1981; Irwin, *Ibn Khaldun*, op. cit.

43 Thomas von Aquin bleibt hier unberücksichtigt, da dieser bedeutende Gelehrte sich auf Theologie und Philosophie konzentrierte.

44 Aktuelle Studien zu Hugo konzentrieren sich entweder auf seine Theologie, seine Historiographie oder seine »Psychologie«, was für die Fragmentierung des Wissens in unserer heutigen Zeit spricht.

45 Serge Lusignan und Monique Paulmier-Foucart (Hrsg.), *Lector et compilator: Vincent de Beauvais*, Grâne 1997.

46 Tom McLeish, »In Conversation with a Medieval Natural Philosopher«, in: *Emmanuel College Magazine* 100 (Cambridge 2018), S. 147–162, hier S. 147.

47 Alistair C. Crombie, *Robert Grosseteste and the Origins of Experimental Science*, Oxford 1953; Richard W. Southern, *Robert Grosseteste*, Oxford 1986; idem, »Grosseteste, Robert«, in: *ODNB 24*, S. 79–86.

48 Alistair C. Crombie und John North, »Bacon, Roger«, in: *DSB 1*, S. 377–385; G. Mollant, »Bacon, Roger«, in: *ODNB 3*, S. 176–181.

49 Es handelte sich um Giovanni da Pian del Carpine, Benedictus Polonus und Wilhelm von Rubruk. Siehe Bert Roest, *Reading the Book of History: Intellectual Contexts and Educational Functions of Franciscan Historiography, 1226–c. 1350*, Groningen 1996, S. 114, 120.

50 Ulrich von Straßburg, zitiert in: Irven M. Resnick (Hrsg.), *A Companion to Albert the Great*, Leiden 2013, S. 1. Vgl. James A. Weisheipl (Hrsg.), *Albertus Magnus and the Sciences*, Toronto 1980; Gerbert Meyer und Albert Zimmermann (Hrsg.), *Albertus Magnus, Doctor Universalis 1280/1980*, Mainz 1980, darin Kapitel über seinen Beitrag zu Medizin, Zoologie und Botanik.

51 Paolo Rossi, *Clavis Universalis: arti mnemoniche e logica combinatoria da Lullo a Leibniz*,

Mailand und Neapel 1960, insb. S. 61–74; Dominique Urvoy, *Penser l'Islam. Les présupposés Islamiques de l'»art« de Lull*, Paris 1980; Umberto Eco, *Die Suche nach der vollkommenen Sprache*, München 1994, S. 65–83, hier S. 65; John N. Crossley, *Raymond Llull's Contributions to Computer Science*, Melbourne 2005; Anthony Bonner, *The Art and Logic of Ramon Llull: A User's Guide*, Leiden 2007.

Das Zeitalter des »Renaissance-Menschen«

1 Ágnes Heller, *Der Mensch der Renaissance* (1967), dt. Ausg. Frankfurt a. M. 1988; Dorothy Koenigsberger, *Renaissance Man and Creative Thinking*, Atlantic Highlands, NJ, 1979.

2 Jacob Burckhardt, *Die Cultur der Renaissance in Italien. Ein Versuch*, Basel 1860, 2. Abschnitt, 2. Kap.

3 Edgar Quinet, *Les Révolutions d'Italie* (Paris 1849), zitiert und übersetzt in: James B. Bullen, *The Myth of the Renaissance in Nineteenth-Century Writing*, Oxford 1994, S. 175.

4 George Eliot, *Romola* (1863), zitiert in: Bullen, *Myth*, op. cit., S. 218.

5 William H. Woodward, *Vittorino da Feltre and Other Humanist Educators*, Cambridge 1897, S. 1–92, unter Bezugnahme auf Vittorinos Lebensbeschreibung von Bartolomeo Platina.

6 Matteo Palmieri, *Vita Civile*, hrsg. von Gino Belloni, Florenz 1982, S. 43.

7 Eliza M. Butler, *The Fortunes of Faust*, Cambridge 1952, Kap. 1.

8 James J. Supple, *Arms versus Letters: The Military and Literary Ideals in the* Essais *of Montaigne*, Oxford 1984.

9 Baldassare Castiglione, *Der Hofmann*, dt. Ausg. München und Leipzig 1907, Erstes Buch, XLIV–XLIX.

10 Maximilian, *Weisskunig*, hrsg. von Heinrich Theodor Musper, 2 Bde., Stuttgart 1956. Die Auffassung, wonach es sich bei diesem Text um eine Interpretation des Renaissance-Menschen handele, bestreitet Jan-Dirk Müller jedoch in seiner Habilitationsschrift *Gedechtnus: Literatur und Hofgesellschaft um Maximilian I.*, München 1982, S. 242.

11 François Rabelais, *Pantagruel* (ca. 1532), Kap. 8; *Gargantua* (1534), Kap. 23–24. Der Ausdruck »abysme de science« wurde später auch zur Beschreibung der Gelehrsamkeit des französischen Universalgelehrten Guillaume Postel verwendet.

12 William Caxton, *Chronicle* (1520), zitiert im *Oxford English Dictionary* unter »universal«.

13 Thomas Elyot, *The Book Named the Governor* (1531), Faksimileausgabe Menston 1980, Kap. 8.

14 Castiglione, *Der Hofmann*, op. cit., Zweites Buch, XXXIX.

15 Werner Kaegi, *Jacob Burckhardt: eine Biographie*, 6 Bde., Basel 1947–1977; Hugh R. Trevor-Roper, »Jacob Burckhardt«, in: *Proceedings of the British Academy* 70 (1984), S. 359–378. Vgl. Bullen, *Myth*, op. cit.

16 Riccardo Fubini und Anna Nenci Gallorini, »L'autobiografia di Leon Battista Alberti«, in: *Rinascimento 12* (1972), S. 21–78, hier S. 68; englische Übersetzung in: James B. Ross und Mary M. McLaughlin (Hrsg.), *The Portable Renaissance Reader*, überarbeitete Ausgabe Harmondsworth 1978, S. 480. Vgl. Anthony Grafton, *Leon Battista Alberti: Master Builder of the Italian Renaissance*, London 2001, S. 17–29 (dt. Ausg. Berlin 2002).

17 Cristoforo Landino, *Apologia di Dante*, zitiert in: Joan Gadol, *Leon Battista Alberti: Universal Man of the Early Renaissance*, Chicago, IL, 1969, S. 3.

18 Werner Straube, »Die Agricola-Biographie des Johannes von Plieningen«, in: Wilhelm Kühlmann (Hrsg.), *Rudolf Agricola: 1444–1485*, Bern u. a. 1994, S. 11–48.

19 Stephen J. Greenblatt, *Sir Walter Ralegh: The Renaissance Man and his Roles*, New Haven, CT, 1973; Mark Nicholls und Penry Williams, »Raleigh, Walter«, in: *ODNB 45*, S. 842–859; Nicholls und Williams, *Sir Walter Raleigh in Life and Legend*, London 2011.

20 Aldo Manutio, *Relatione de Iacomo di Crettone*, Venedig 1581; James H. Burns, »Crichton, James«, in: *ODNB 14*, S. 183–186, hier S. 184.

21 Paolo Rossi, *Francis Bacon, from Magic to Science* (1957), englische Übersetzung London 1968; Julian Martin, *Francis Bacon, the State, and the Reform of Natural Philosophy*, Cambridge 1992.

22 André Godin, »Erasme: *Pia/Impia curiositas*«, in: Jean Céard (Hrsg.), *La curiosité à la Renaissance*, Paris 1986, S. 25–36; Brian Cummings, »Encyclopaedic Erasmus«, in: *Renaissance Studies 28* (2014), S. 183–204, hier S. 183.

23 Dino Bellucci, »Melanchthon et la défense de l'astrologie«, in: *Bibliothèque d'Humanisme et Renaissance* 50 (1988), S. 587–622; Sachiko Kusukawa, *The Transformation of Natural Philosophy: The Case of Philip Melanchthon*, Cambridge 1995.

24 Chaim Wirszubski, *Pico della Mirandola's Encounter with Jewish Mysticism*, Cambridge, MA, 1989, S. 121, 259.

25 Eugenio Garin, *Giovanni Pico della Mirandola: vita e dottrina*, Florenz 1937; Frances Yates, »Pico della Mirandola and Cabalist Magic«, in: idem, *Giordano Bruno and the Hermetic Tradition*, London 1964, S. 84–116; William G. Craven, *Giovanni Pico della Mirandola, Symbol of his Age*, Genf 1981; Steve A. Farmer, *Syncretism in the West: Pico's 900 Theses*, Tempe, AZ, 1998.

26 Craven, *Pico*, op. cit., betont Picos mittelalterliches Erbe und bestreitet, dass Picos Thesen tatsächlich alle Themen behandelten.

27 Frances Yates, »Cornelius Agrippa's Survey of Renaissance Magic«, in: idem, *Giordano Bruno*, op. cit., S. 130–143; Charles G. Nauert Jr., *Agrippa and the Crisis of Renaissance Thought*, Urbana, IL, 1965; Rudolf Schmitz, »Agrippa, Heinrich Cornelius«, in: *DSB* 1, S. 79–81; Christoph I. Lehrich, *The Language of Demons and Angels: Cornelius Agrippa's Occult Philosophy*, Leiden 2003.

28 Hugh R. Trevor-Roper, *The European Witch-Craze of the 16th and 17th Centuries*, Harmondsworth 1978, S. 47.

29 *Method for the Easy Comprehension of History*, hrsg. und übers. von Beatrice Reynolds, New York 1945, S. 2 (Widmung), S. 79, 81. Zu Bodins Studien über Recht, Geschichte und Politik siehe Julian H. Franklin, *Jean Bodin and the Sixteenth-Century Revolution in the Methodology of Law and History*, New York 1963; Donald R. Kelley, »The Development and Context of Bodin's Method« (1973), Wiederabdruck in: Julian H. Franklin (Hrsg.), *Jean Bodin*, Aldershot 2006, S. 123–150.

30 Denis P. O'Brien, »Bodin's Analysis of Inflation« (2000), Wiederabdruck in: Franklin, *Jean Bodin*, op. cit., S. 209–292.

31 Marion Kuntz, »Harmony and the *Heptaplomeres* of Jean Bodin«, in: *Journal of the History of Philosophy* 12 (1974), S. 31–41; Noel Malcolm, »Jean Bodin and the Authorship of the ›Colloquium Heptaplomeres‹«, in: *Journal of the Warburg and Courtauld Institutes* 69 (2006), S. 95–150.

32 Zu Scaliger als einer der »Wundermänner des Gedächtnisses«: Immanuel Kant, *Anthropologie in pragmatischer Hinsicht* (1798), Hamburg 2000, S. 83; als »Titan«: Anthony Grafton,

Joseph Scaliger: A Study in the History of Classical Scholarship, 2 Bde., Oxford 1983–1993, Bd. 2, S. 22.

33 Jakob Bernays, *Joseph Justus Scaliger*, Berlin 1855; Grafton, *Joseph Scaliger*, op. cit., Bd. 2.

34 Peter J. French, *John Dee: The World of an Elizabethan Magus*, London 1972, S. 209; Nicholas H. Clulee, *John Dee's Natural Philosophy*, London 1988; Julian Roberts und Andrew G. Watson, *John Dee's Library Catalogue*, London 1990; William H. Sherman, *John Dee: The Politics of Reading and Writing in the English Renaissance*, Amherst, MA, 1995; Julian Roberts, »Dee, John«, in: *ODNB 15*, S. 667–675; Stephen Clucas (Hrsg.), *John Dee: Interdisciplinary Studies in English Renaissance Thought*, Dordrecht 2006.

35 Helmut Zedelmaier, *Bibliotheca universalis und Bibliotheca selecta: das Problem der Ordnung des gelehrten Wissens in der frühen Neuzeit*, Köln 1992, S. 101, Anm. 297.

36 Ann Blair, »Humanism and Printing in the Work of Conrad Gessner«, in: *Renaissance Quarterly* 70 (2017), S. 1–43, hier S. 9.

37 Ibidem, S. 14; vgl. Alfredo Serrai, *Conrad Gesner*, Rom 1990; Massimo Danzi, »Conrad Gessner (1516–1565): Universalgelehrter und Naturalforscher der Renaissance« (Rezension), in: *Bibliothèque d'Humanisme et Renaissance* 78 (2016), S. 696–701; Urs B. Leu und Mylène Ruoss (Hrsg.), *Facetten eines Universums: Conrad Gessner, 1516–2016*, Zürich 2016.

38 Christopher Bellitto, Thomas M. Izbicki und Gerald Christianson (Hrsg.), *Introducing Nicholas of Cusa: A Guide to a Renaissance Man*, New York 2004.

39 Garin, *Pico*, op. cit., S. 120 (Anm.).

40 William J. Bouwsma, *The Career and Thought of Guillaume Postel*, Cambridge, MA, 1957; Marion Kuntz, *Guillaume Postel: Prophet of the Restitution of All Things*, Den Haag 1981.

41 Franklin, *Bodin*, op. cit., S. 59; Kelley, »Development«, op. cit., S. 145; Kuntz, »Harmony«, op. cit., S, 31–41; Ann Blair, *The Theater of Nature: Jean Bodin and Renaissance Science*, Princeton, NJ, 1997, S. 7.

42 Die Berechnung der Wortzahl stammt aus Ann Blair, »Revisiting Renaissance Encyclopaedism«, in: Jason König und Greg Woolf (Hrsg.), *Encyclopaedism from Antiquity to the Renaissance*, Cambridge 2013, S. 379–397, hier S. 385.

43 Erwin Panofsky, »Artist, Scientist, Genius«, in: Wallace K. Ferguson (Hrsg.), *The Renaissance: Six Essays*, New York 1962, S. 121–182.

44 Helmut M. Wilsdorf, »Agricola, Georgius«, in: *DSB 1*, S. 77–79.

45 Eugenio Battisti, *Filippo Brunelleschi*, Florenz 1976; Bertrand Gille, »Brunelleschi, Filippo«, in: *DSB* 2, S. 534–535.

46 Bertrand Gille, *Ingenieure der Renaissance* (1964), dt. Ausg. Wien und Düsseldorf 1968, S. 114–122; Paul L. Rose, »Taccola«, in: *DSB 13*, S. 233–234.

47 Gille, *Ingenieure*, op. cit., S. 151–161; Ladislao Reti, »Martini, Francesco di Giorgio«, in: *DSB 9*, S. 146–147.

48 Zitiert in: Martin Warnke, *Hofkünstler*, Köln 1985, S. 227.

49 Zu allgemeinen Leonardo-Studien gehören Vasilij Pavlovič Zubov, *Leonardo da Vinci* (1961: engl. Ausg., Cambridge, MA, 1968); Martin Kemp, *Leonardo da Vinci: The Marvellous Works of Nature and Man*, London 1981; Walter Isaacson, *Leonardo da Vinci: Die Biografie*, Berlin 2018.

50 Emanuel Winternitz, *Leonardo da Vinci as a Musician*, New Haven, CT, 1982.

51 Raffaele Giacomelli, »Leonardo da Vinci aerodinamico« und Luigi Tursini, »La navigazione subacquea in Leonardo«, in: *Atti del Convegno di Studi Vinciani*, Florenz 1953, S. 353–373 und 344–352; Mario Taddei und Edoardo Zanon, *Le macchine di Leonardo*, Mailand 2005.

52 Zitiert in: Martin Kemp, *Leonardo*, München 2005, S. 60.

53 Leonardo, »Codice Atlantico«, fol. 119, ein Passus, der in Kemp, *Marvellous Works*, op. cit., S. 102–103, erörtert wird.

54 Giorgio di Santillana, »Léonard et ceux qu'il n'a pas lus«, in: *Léonard de Vinci et l'expérience scientifique* (Konferenzschrift), Paris 1953, S. 43–49.

55 Martin Clayton und Ron Philo, *Leonardo Anatomist*, London 2012, S. 7.

56 Francesca Fiorani und Alessandro Nova (Hrsg.), *Leonardo da Vinci and Optics*, Venedig 2013.

57 Zubov, *Leonardo*, op. cit., S. 188–189, 109; Mario Taddei und Edoardo Zanon (Hrsg.), *Leonardo, l'acqua e il Rinascimento*, Mailand 2004.

58 F. Sherwood Taylor, »Léonard de Vinci et la chimie de son temps«, in: *Léonard expérience*, op. cit., S. 151–162.

59 Ann Pizzorusso, »Leonardo's Geology«, in: *Leonardo* 29 (1996), S. 197–200.

60 Annalisa Perissa Torrini, »Leonardo e la botanica«, in: idem (Hrsg.), *Leonardo da Vinci uomo universale*, Florenz 2013, S. 99–107.

61 F. S. Bodenheimer, »Léonard de Vinci, biologiste«, in: *Léonard expérience*, op. cit., S. 171–88.

62 Roberto Almagià, »Leonardo da Vinci geografo e cartografo«, in: *Atti del Convegno*, op. cit., S. 451–466.

63 Giorgio Vasari, *Das Leben des Leonardo da Vinci*, Berlin 2006 (2. Aufl. 2011), S. 17.

64 Fra Pietro da Novellara in einem Brief an Isabella d'Este, zitiert in: Kemp, *Leonardo* (2005), op. cit., S. 56.

65 Ibidem, S. 18.

66 Zubov, *Leonardo*, op. cit., S. 65.

67 Edna E. Kramer, »Hypatia«, in: *DSB 6*, S. 615–616; Charlotte Booth, *Hypatia: Mathematician, Philosopher, Myth*, London 2017.

68 Sabina Flanagan, *Hildegard of Bingen, 1098–1179, a Visionary Life*, London 1989; Charles Burnett und Peter Dronke (Hrsg.), *Hildegard of Bingen: The Context of her Thought and Art*, London 1998, dort insbesondere der Abschnitt »The Sciences« mit Beiträgen von Burnett, Danielle Jacquart und Laurence Moulinier; Heinrich Schipperges, *Die Welt der Hildegard von Bingen*, Freiburg 1997.

69 Margaret Brabant (Hrsg.), *Politics, Gender, and Genre: The Political Thought of Christine de Pizan*, Boulder, CO, 1992; Kate Forhan, *The Political Theory of Christine de Pizan*, Aldershot 2002.

70 Castiglione, *Der Hofmann*, op. cit., Drittes Buch, IX.

71 Margaret L. King, »Book-Lined Cells: Women and Humanism in the Early Italian Renaissance«, in: Patricia H. Labalme (Hrsg.), *Beyond Their Sex: Learned Women of the European Past*, New York 1980, S. 66–90, hier S. 81 (Anm.). Vgl. Paul O. Kristeller, »Learned Women of Early Modern Italy«, in: Labalme, *Beyond Their Sex*, op. cit., S. 91–116; Lisa Jardine, »The Myth of the Learned Lady«, in: *Historical Journal 28* (1985), S. 799–819.

72 Lisa Jardine, »Isotta Nogarola«, in: *History of Education 12* (1983), S. 231–244; Margaret L. King, »Isotta Nogarola«, in: Ottavia Niccoli (Hrsg.), *Rinascimento al femminile*, Rom und Bari 1991, S. 3–34.

73 Albert Rabil Jr., *Laura Cereta: Quattrocento Humanist*, Binghamton, NY, 1981; Marco Palma, »Cereta, Laura«, in: *DBI 23*, S. 729–730.

74 Cesira Cavazzana, »Cassandra Fedele erudita veneziana del Rinascimento«, in: *Ateneo veneto*, XXIX (1906), S. 74–91, 249–275, 361–397; Franco Pignatti, »Fedele, Cassandra«, in: *DBI 45*, S. 566–568.

75 Rabil, *Laura Cereta*, op. cit., S. 25.

76 King, »Book-Lined Cells«, op. cit., S. 69.

77 Georg Deichstetter (Hrsg.), *Caritas Pirckheimer, Ordensfrau und Humanistin*, Köln 1982.

78 Almudena de Arteaga, *Beatriz Galindo, La Latina, maestra de reinas*, Madrid 2007.

79 Retha M. Warnicke, »Women and Humanism in the English Renaissance«, in: Albert Rabil Jr. (Hrsg.), *Renaissance Humanism*, 3 Bde., Philadelphia, PA, 1988, Bd. 2, S. 39–54.

80 Marjorie H. Ilsley, *A Daughter of the Renaissance: Marie Le Jars de Gournay*, Den Haag 1963; Eva Sartori, »Marie de Gournay«, in: *Allegorica 9* (1987), S. 135–142; Michèle Fogel, *Marie de Gournay: itinéraires d'une femme savante*, Paris 2004.

Das Zeitalter der »Monster der Gelehrsamkeit«

1 Hermann Boerhaave, *Methodus studii medici*, Amsterdam 1751, S. 73. In ihrem Roman *Middlemarch* sprach George Eliot stattdessen von »Helden der Wissenschaft«, während in den Autobiographien John von Neumanns und Richard Feynmans »monster minds« beziehungsweise »Geistesriesen« erwähnt werden.

2 Hans Blumenberg, *Die Legitimität der Neuzeit*, 7. Aufl., Frankfurt a. M. 2016, S. 447–456. Neil Kenny spricht sich allerdings dagegen aus, Bacon »rundweg« als Befürworter von Neugier zu betrachten. Siehe Kenny, *The Uses of Curiosity in Early Modern France and Germany*, Oxford 2004, S. 167.

3 Nicholas Jardine, *The Birth of History and Philosophy of Science: Kepler's »A Defence of Tycho against Ursus«*, Cambridge 1984.

4 Erwin Panofsky, *Galileo Galilei und die Bildkünste*, Zürich 2012.

5 Stephen Gaukroger, *Descartes: An Intellectual Biography*, Oxford 1995.

6 Méric Casaubon, *Generall Learning: A Seventeenth-Century Treatise on the Formation of the General Scholar*, hrsg. von Richard Serjeantson, Cambridge 1999, S. 149.

7 *Parentalia, or memoirs of the family of the Wrens*, London 1750, S. 343: https://books.google.co.uk/books?id=Tm1MAAAAcAAJ.

8 Adrian Tinniswood, *His Invention So Fertile: A Life of Christopher Wren*, London 2001; Lisa Jardine, *On a Grander Scale: The Outstanding Career of Sir Christopher Wren*, London 2002; Kerry Downes, »Wren, Christopher«, in: *ODNB* 60, S. 406–419.

9 Betty J. T. Dobbs, *The Foundations of Newton's Alchemy*, Cambridge 1975; Karin Figala, »Newton's Alchemy«, in: I. Bernard Cohen und George E. Smith (Hrsg.), *Cambridge Companion to Newton*, Cambridge 2002, S. 370–386; Frank E. Manuel, *Isaac Newton, Historian*, Cambridge 1963; idem, *The Religion of Isaac Newton*, Oxford 1974; Rob Iliffe, *Priest of Nature: The Religious Worlds of Isaac Newton*, Oxford 2017.

10 Yaël Nazé, »Astronomie et chronologie chez Newton«, in: *Archives Internationales d'Histoire des Sciences* 62 (2012), S. 717–765; Jed Z. Buchwald und Mordechai Feingold, *Newton and the Origin of Civilization*, Princeton, NJ, 2013, S. 244.

11 Jean R. Brink, »Bathsua Makin: Educator and Linguist«, in: idem (Hrsg.), *Female Scholars*, Montreal 1980, S. 86–100; Frances Teague, *Bathsua Makin, Woman of Learning*, Lewisburg, PA, 1998; Carol Pal, »Bathsua Makin«, in: idem, *Republic of Women*, Cambridge 2012, S. 177–205.

12 Una Birch, *Anna van Schurman*, London 1909; Mirjam de Baar et al. (Hrsg.), *Choosing the Better Part: Anna Maria van Schurman*, Dordrecht 1996; Joyce L. Irwin, »Anna Maria van Schurman and her Intellectual Circle«, in: Anna Maria van Schurman, *Whether a Christian Woman Should Be Educated*, Chicago, IL, 1998, S. 1–21; Pieta van Beek, *The First Female University Student: A. M. van Schurman*, Utrecht 2010.

13 Pal, *Republic of Women*, op. cit., S. 22–51.

14 Eileen O'Neill, *Margaret Cavendish, Duchess of Newcastle, Observations upon Experimental Philosophy*, Cambridge 2001; Lisa Walters, *Margaret Cavendish: Gender, Science and Politics*, Cambridge 2014; Richard Holmes, »Margaret Cavendish«, in: idem, *This Long Pursuit*, London 2016, S. 111–132.

15 Evelyn, zitiert in: Holmes, *Long Pursuit*, op. cit., S. 126.

16 Sven Stolpe, *Königin Christine von Schweden* (1960–1961), dt. Ausg. Frankfurt a. M. 1962; Sten G. Lindberg, »Christina and the Scholars«, in: Agne Beijer et al. (Hrsg.), *Christina, Queen of Sweden*, Ausst.-Kat. Stockholm 1966, S. 44–53; Susanna Åkerman, *Queen Christina of Sweden and her Circle*, Leiden 1991.

17 Christina von Schweden, *Memoiren. Aphorismen*, dt. von Anni Carlsson, München 1967, S. 29, 65.

18 Åkerman, *Queen Christina*, op. cit., S. 49.

19 Renzo Derosas, »Corner, Elena Lucrezia«, in: *DBI 29*, S. 174–179.

20 Ludwig Pfandl, *Die Zehnte Muse von Mexico: Juan Inés de la Cruz*, München 1946; Octavio Paz, *Sor Juana oder Die Fallstricke des Glaubens* (1982), dt. Ausg. Frankfurt a. M. 1991; Gerard Flynn, »Sor Juana Inés de la Cruz«, in: Brink, *Female Scholars*, op. cit., S. 119–136.

21 Helmut Zedelmaier, »›Polyhistor‹ und ›Polyhistorie‹« (2002), Wiederabdruck (»Der Vielwisser in der Kritik«) in: idem, *Werkstätten des Wissens zwischen Renaissance und Aufklärung*, Tübingen 2015, S. 107–122, hier S. 112.

22 Von Michael Neander in *Orbis terra* (1583), zitiert in: Helmut Zedelmaier, *Bibliotheca universalis und Bibliotheca selecta: das Problem der Ordnung des gelehrten Wissens in der frühen Neuzeit*, Köln 1992, Anm. 297. Vgl. Anthony Grafton, »The World of the Polyhistors«, in: *Central European History 18* (1985), S. 31–47, Wiederabdruck in: idem, *Bring Out Your Dead*, Cambridge, MA, 2001, S. 166–180.

23 Für das Englische stütze ich mich hier und im Folgenden auf das *Oxford English Dictionary* (1888), überarbeitete Online-Ausgabe 2000; für das Französische auf Emile Littrés *Dictionnaire de la langue française* (1863), überarbeitete Ausgabe, 7 Bde., Paris 1956–1958.

24 Claudia di Filippo Bareggi, *Il mestiere di scrivere*, Rom 1988.

25 Oliver Impey und Arthur MacGregor (Hrsg.), *The Origins of Museums: The Cabinet of Curiosities in 16th- and 17th-Century Europe*, Oxford 1985; Krysztof Pomian, *Der Ursprung des Museums. Vom Sammeln* (1987), gekürzte dt. Ausg. Berlin 1988; Jaś Elsner und Roger Cardinal (Hrsg.), *The Cultures of Collecting*, London 1994; Arthur MacGregor, *Curiosity and Enlightenment: Collectors and Collections from the Sixteenth to the Nineteenth Century*, New Haven, CT, 2007.

26 Kenny, *The Uses of Curiosity*, op. cit., S. 52, 64, 69–70; Jean-Marc Chatelain, »Philologie, pansophie, polymathie, encyclopédie: Morhof et l'histoire du savoir global«, in: Françoise Waquet (Hrsg.), *Mapping the World of Learning: The* Polyhistor *of Daniel Georg Morhof*, Wiesbaden 2000, S. 15–30.

27 Serjeantson, *Generall Learning*, op. cit.

28 Johann von Wowern, *De polymathia tractatio* (1603), Ausg. Leipzig 1665, S. 19. Vgl. Luc

Deitz, »Johannes Wower of Hamburg, Philologist and Polymath«, in: *Journal of the Warburg and Courtauld Institutes 58* (1995), S. 132–151.

29 Marcus Boxhorn, *De polymathia*, Leiden 1632; Jack Fellman, »The First Historical Linguist«, in: *Linguistics 41* (1974), S. 31–34.

30 Pietro Rossi, *Clavis Universalis: arti mnemoniche e logica combinatorial da Lullo a Leibniz*, Mailand und Neapel 1960, S. ix–xv, 178–200; Frances Yates, *The Rosicrucian Enlightenment*, London 1972 (dt. Ausg. Stuttgart 1975), eine spekulative Rekonstruktion; Frank E. Manuel und Fritzie P. Manuel, »Pansophia: A Dream of Science«, in: idem, *Utopian Thought in the Western World*, Oxford 1979, S. 205–221; Chatelain, »Philologie, pansophie«, op. cit.; Howard Hotson, »Outsiders, Dissenters, and Competing Visions of Reform«, in: Ulinka Rublack (Hrsg.), *Oxford Handbook of the Protestant Reformations*, Oxford 2017, S. 301–328.

31 Howard Hotson, *Johann Henrich Alsted, 1588–1638: Between Renaissance, Reformation and Universal Reform*, Oxford 2000; idem, »The Ramist Roots of Comenian Pansophia«, in: Steven John Reid und Emma Annette Wilson (Hrsg.), *Ramus, Pedagogy and the Liberal Arts: Ramism in Britain and the Wider World*, Farnham 2011, S. 227–252; Hotson, »Outsiders«, op. cit., S. 306–309.

32 Imre Bán, *Apáczai Csere János*, Budapest 1958, S. 563–585.

33 Johann Heinrich Alsted, *Encyclopaedia septem tomis distincta*, Herborn 1630; Hotson, *Alsted*, op. cit., S. 144–181, 163–172; idem, »Ramist Roots«, op. cit., S. 233 (Anm.).

34 Jan Amos Comenius, *Via Lucis* (1668). Vgl. Umberto Eco, *Die Suche nach der vollkommenen Sprache*, München 1994, S. 221–224, hier S. 223 (Hervorhebung im Original).

35 Jan Amos Comenius, *Pansophiae Praeludium* (1637), Wiederabdruck in: *Opera Omnia*, Bd. 15/II, Prag 1989, S. 13–53, hier S. 32, 41. Zu seiner Laufbahn siehe Milada Blekastad, *Comenius. Versuch eines Umrisses von Leben, Werk und Schicksal des Jan Amos Komenský*, Oslo 1969.

36 Robert F. Young, *Comenius in England*, Oxford 1932, S. 32–33.

37 Jan Amos Comenius, *Prodromus Pansophiae. Vorläufer der Pansophie*, hrsg. und übers. von Herbert Hornstein, Düsseldorf 1963, S. 12; Samuel Hartlib (übers.), *A Reformation of Schools*, London 1642; Comenius, *Pansophiae Diatyposis* (1643), engl. Ausg. London 1651.

38 Jan Amos Comenius, *Conatum Pansophicorum Dilucidatio* (1638), Wiederabdruck in: *Opera Omnia*, Bd. 15/II, op. cit., S. 59–79, hier S. 63.

39 Jan Amos Comenius, *De rerum humanarum emendatio*, Wiederabdruck in: *Opera Omnia*, Bd. 19/I, Prag 2014, S. 58–59; vgl. Blekastad, *Comenius*, op. cit., S. 688–700.

40 Henrik Ditlev Schepelern, *Museum Wormianum*, Aarhus 1971; idem, »Worm, Ole«, in: *Dansk Biografisk Leksikon 16* (1984), S. 45–51; Glyn Daniel, »Worm, Ole«, in: *DSB 14*, S. 505.

41 James Delbourgo, *Collecting the World: The Life and Curiosity of Hans Sloane*, London 2017.

42 Rubens an Pierre Dupuy (1628), zitiert und übersetzt in: Peter N. Miller, *Peiresc's Mediterranean World*, Cambridge, MA, 2015, S. 1, 449. Peiresc, lange vernachlässigt, wurde als Gegenstand der Forschung erst von Miller wiederentdeckt.

43 Viele Briefe Peirescs wurden veröffentlicht. Siehe: http://emlo.bodleian.ox.ac.uk/forms/advanced?people=Peiresc%2C+Nicolas-Claude+Fabri+de. Zu ihm siehe Peter N. Miller, *Peiresc's Europe: Learning and Virtue in the Seventeenth Century*, New Haven, CT, 2000; idem, *Peiresc's History of Provence: Antiquarianism and the Discovery of a Medieval Mediterranean*, Philadelphia, PA, 2011; idem, *Peiresc's Orient*, Farnham 2012. Zu seinen ägyptischen Studien siehe Sydney Aufrère, *La momie et la tempête*, Avignon 1990.

44 Arnaldo Momigliano, *The Classical Foundations of Modern Historiography*, Berkeley, CA, 1990, S. 54.

45 Miller, *Peiresc's Mediterranean World*, op. cit., S. 334–337; idem, »Peiresc in Africa«, in: Marc Fumaroli (Hrsg.), *Les premiers siècles de la république européenne des lettres*, Paris 2005, S. 493–525.

46 Miller, *Peiresc's Mediterranean World*, op. cit., S. 108–111.

47 Zu seiner Beschäftigung mit Naturwissenschaften siehe Harcourt Brown, »Peiresc«, in: *DSB 10*, S. 488–492. Zur Astronomie siehe Miller, *Peiresc's Mediterranean World*, op. cit., S. 241–246.

48 Miller, *Peiresc's Mediterranean World*, op. cit., S. 18, 65, 266–268, 347.

49 Jacopo Antonio Tadisi, *Memorie della vita di Monsignore Giovanni Caramuel di Lobkowitz*, Venedig 1760, S. v; Alfredo Serra, *Phoenix Europae: Juan Caramuel y Lobkowicz in prospettiva bibliografica*, Mailand 2005.

50 Der Begriff wurde auch auf den Philologen Joseph Scaliger, die mexikanische Nonne Sor Juana und den Jesuiten Athanasius Kircher angewendet.

51 Bianca Garavelli (Hrsg.), *Caramuel: Vescovo Eclettico*, Bergamo 2016, S. 38–39, 105–107.

52 Dino Pastine, *Juan Caramuel: probabilismo ed enciclopedia*, Florenz 1975; Augusto De Ferrari und Werner Oechslin, »Caramuel Lobkowicz, Juan«, in: *DBI 19*, S. 621–626; Paolo Pissavino (Hrsg.), *Le meraviglie del probabile: Juan Caramuel, 1606–1682*, Vigevano 1990; Julia Fleming, *Defending Probabilism: The Moral Theology of Juan Caramuel*, Washington, DC, 2006; Petr Dvořák und Jacob Schmutz (Hrsg.), *Juan Caramuel Lobkowitz, the Last Scholastic Polymath*, Prag 2008; Garavelli, *Caramuel*, op. cit.

53 Cesare Vasoli, »Introduzione« zu Pissavino, *Le meraviglie*, op. cit., S. 13–17; Maria Elisa Navarro, »The Narrative of the Architectural Orders«, in: Dvořák und Schmutz, *Caramuel*, op. cit., S. 257–272, hier S. 257.

54 *Rudbecksstudier*, Uppsala 1930; Sten Lindroth, *Svensk Lärdomshistoria*, Bd. 4: *Stormaktstiden*, Stockholm 1975, S. 414–432, übers. in: Lindroth, *Les chemins du savoir en Suède*, Dordrecht 1988, S. 57–70; idem, »Rudbeck, Olaus«, in: *DSB 11*, S. 586–588.

55 Lindroth, *Stormaktstiden*, S. 284–296, übers. in: *Les chemins*, op. cit., S. 71–82; Gunnar Eriksson, *The Atlantic Vision: Olaus Rudbeck and Baroque Science*, Canton, MA, 1994, S. 45, 50, 54–55, 100–112.

56 Kurt Johannesson, *The Renaissance of the Goths in Sixteenth-Century Sweden*, Berkeley, CA, 1991.

57 Håkan Håkansson, »Alchemy of the Ancient Goths: Johannes Bureus's Search for the Lost Wisdom of Scandinavia«, in: *Early Science and Medicine 17* (2012), S. 500–522.

58 Ole Klindt-Jensen, *A History of Scandinavian Archaeology*, englische Übersetzung London 1975, S. 30.

59 Paula Findlen (Hrsg.), *Athanasius Kircher: The Last Man Who Knew Everything*, London 2003; Joscelyn Godwin, *Athanasius Kircher: A Renaissance Man and the Quest for Lost Knowledge*, London 1979 (dt. Ausgabe Berlin 1994), S. 5.

60 Daniel Stolzenberg, *Egyptian Oedipus: Athanasius Kircher and the Secrets of Antiquity*, Chicago, IL, 2013.

61 Noel Malcolm, »Private and Public Knowledge: Kircher, Esotericism and the Republic of Letters«, in: Findlen, *Last Man*, op. cit., S. 297–308, hier S. 297.

62 John T. Waterman (hrsg. und übers.), *Leibniz and Ludolf on Things Linguistic*, Berkeley, CA, 1977, S. 51, 53.

63 Zur Tradition siehe Erik Iversen, *The Myth of Egypt and its Hieroglyphs in European Tradition* (1961), 2. Aufl., Princeton, NJ, 1993.

64 Peiresc bezeichnete Kircher als »etwas zu leichtgläubig«, und auch ein Engländer, der zu dieser Zeit auf Besuch in Rom weilte (Robert Southwell, später Präsident der Royal Society), berichtete, dass Kircher »im Ruf sehr großer Leichtgläubigkeit steht«, in: Findlen, *Last Man*, op. cit., S. 141, 384.

65 Thomas Leinkauf, *Mundus Combinatus: Studien zur Struktur der barocken Universalwissenschaft am Beispiel Athanasius Kirchers SJ (1602–1680)*, Berlin 1993, S. 75 und passim.

66 Pierre Bayle, *Œuvres Diverses*, Den Haag 1737, Bd. 1, S. 75.

67 Elisabeth Labrousse, *Pierre Bayle*, Den Haag 1963–1964; idem, *Bayle*, Oxford 1983; Helena H. M. van Lieshout, *The Making of Pierre Bayle's Dictionnaire historique et critique*, Amsterdam 2001; Wiep van Bunge, »Pierre Bayle et l'animal-machine«, in: Hans Bots (Hrsg.), *Critique, savoir et érudition au siècle des lumières*, Amsterdam-Maarssen 1998, S. 375–388, hier S. 386.

68 http://bayle-correspondance.univ-st-etienne.fr/?lang=fr. Vgl. Miranda Lewis, »At the Centre of the Networked Early Modern World: Pierre Bayle«: www.culturesofknowledge.org/?p=7326.

69 Marc Fumaroli, »Nicolas Claude Fabri de Peiresc, prince de la République des Lettres« (1996), Wiederabdruck in: idem, *La République des Lettres*, Paris 2015, S. 56–90.

70 Nicholas Jolley (Hrsg.), *The Cambridge Companion to Leibniz*, Cambridge 1995, ein Sammelband mit Beiträgen von zwölf Philosophieprofessoren. Zu einer Korrektur dieser einseitigen Sicht siehe Maria Rosa Antognazza, *Leibniz: An Intellectual Biography*, Cambridge 2009.

71 Sigrid von der Schulenberg, *Leibniz als Sprachforscher*, Frankfurt a. M. 1973, S. 68–114; Daniel Droixhe, »Leibniz et le finno-ougrien«, in: Tullio De Mauro und Lia Formigari (Hrsg.), *Leibniz, Humboldt and the Origins of Comparativism*, Amsterdam und Philadelphia, PA, 1990, S. 3–29; Shane Hawkins, »›Selig wer auch Zeichen gibt‹: Leibniz as Historical Linguist«, in: *The European Legacy 23* (2018), S. 510–521.

72 Louis Davillé, *Leibniz historien*, Paris 1909; Carl J. Friedrich, »Philosophical Reflections of Leibniz on Law, Politics and the State«, in: *Natural Law Forum 11* (1966), S. 79–91; Patrick Riley (Hrsg.), *The Political Writings of Leibniz*, Cambridge 1972; Leibniz an Kurfürstin Sophie Charlotte von Brandenburg (14. Dezember 1697), zitiert in: Franklin Perkins, *Leibniz and China*, Cambridge 2004, S. 115.

73 Miller, *Peiresc's Mediterranean World*, op. cit., S. 394.

74 Antognazza, *Leibniz*, op. cit., S. 2, 206.

75 Delia K. Bowden, *Leibniz as Librarian*, London 1969; Hans G. Schulte-Albert, »Gottfried Wilhelm Leibniz and Library Classification«, in: *Journal of Library History* 6 (1971), S. 133–152; Margherita Palumbo, *Leibniz e la res bibliothecaria*, Rom 1993; Antognazza, *Leibniz*, op. cit., S. 195–280.

76 Maria Rosa Antognazza, *Leibniz: A Very Short Introduction*, Oxford 2016, S. 6.

77 Antognazza, *Leibniz* (2009), op. cit., S. 284, 559.

78 Ibidem, S. 1.

79 Christian Gottlieb Jöcher, *Gelehrten-Lexicon*, Erstausgabe Leipzig 1733, S. 1777; Emil Du Bois-Reymond, »Leibnizische Gedanken in der neueren Naturwissenschaft« (1870), in: idem, *Vorträge über Philosophie und Gesellschaft*, Hamburg 1974, S. 25.

80 Schulte-Albert, »Gottfried Wilhelm Leibniz«, op. cit.; Palumbo, *Leibniz*, op. cit.

81 Antognazza, *Leibniz* (2009), op. cit., S. 236, 244.

82 Istvan Hont, »Samuel Pufendorf and the Theoretical Foundations of the Four-Stage Theory« (1986), Wiederabdruck in: idem, *Jealousy of Trade*, Cambridge, MA, 2005, S. 159–184; Detlef Döring, »Biographisches zu Samuel von Pufendorf«, in: Bodo Geyer und Helmut Goerlich (Hrsg.), *Samuel Pufendorf und seine Wirkungen bis auf die heutige Zeit*, Baden-Baden 1996, S. 23–38; Mordechai Feingold (Hrsg.), *Before Newton: The Life and Times of Isaac Barrow*, Cambridge 1990; idem, »Barrow, Isaac«, in: *ODNB 4*, S. 98–102, hier S. 102; Waquet, *Morhof*, op. cit.

83 Pierre-Daniel Huet, *Commentarius*, Den Haag 1718; Charles Sainte-Beuve, *Causeries du Lundi*, 15 Bde., Paris 1851–1862, Bd. II (1851), S. 158.

84 Christopher Ligota, »Der apologetische Rahmen der Mythendeutung im Frankreich des 17. Jahrhunderts (P. D. Huet)«, in: Walther Killy (Hrsg.), *Mythographie der frühen Neuzeit*, Wiesbaden 1984, S. 149–162, hier S. 151.

85 Alphonse Dupront, *Pierre-Daniel Huet et l'exégèse comparatiste au XVIIe siècle*, Paris 1930; Alain Niderst, »Comparatisme et syncrétisme religieux de Huet«, in: Suzanne Guellouz (Hrsg.), *Pierre-Daniel Huet*, Tübingen 1994, S. 75–82; Elena Rapetti, *Pierre-Daniel Huet: erudizione, filosofia, apologetica*, Mailand 1999; April G. Shelford, *Transforming the Republic of Letters: Pierre-Daniel Huet and European Intellectual Life, 1650–1720*, Rochester, NY, 2007.

86 Fabienne Gégou (Hrsg.), *Traité sur l'origine des romans*, Paris 1971, Einleitung.

87 Leon Tolmer, *Pierre-Daniel Huet: humaniste, physicien*, Bayeux 1949, S. 189–190, 215–218; Michel de Pontville, »Pierre-Daniel Huet, homme de sciences«, in: Guellouz, *Huet*, op. cit., S. 29–42.

88 Zitiert in: David S. Berkowitz, *John Selden's Formative Years*, Washington, DC, 1988, S. 296.

89 Harold D. Hazeltine, »Selden as Legal Historian«, in: *Festschrift Heinrich Brunner*, Weimar 1910, S. 579–630; Paul Christianson, »Selden, John«, in: *ODNB 49*, S. 694–705; Gerald J. Toomer, *John Selden: A Life in Scholarship*, 2 Bde., Oxford 2009; Timothy Brook, *Wie China nach Europa kam*, Berlin 2015, S. 131.

90 John Stoye, *Marsigli's Europe*, New Haven, CT, 1994; Giuseppe Gullino und Cesare Preti, »Marsili, Luigi Ferdinando«, in: *DBI 70*, S. 771–781.

91 Igor Wladimiroff, *De kaart van een verzwegen vriendschap. Nicolaes Witsen en Andrej Winius en de Nederlandse cartografie van Rusland*, Groningen 2008, S. 148–149.

92 Brun Naarden, »Witsen's Studies of Inner Eurasia«, in: Siegfried Huigen, Jan L. de Jong und Elmer Kotfin (Hrsg.), *The Dutch Trading Companies as Knowledge Networks*, Leiden 2010, S. 211–239.

93 Marion Peters, *De wijze koopman. Het wereldwijde onderzoek van Nicolaes Witsen (1641–1717), burgemeester en VOC-bewindhebber van Amsterdam*, Amsterdam 2010.

94 Frank D. Prager und Gustina Scaglia, *Brunelleschi: Studies of his Technology and Inventions*, Cambridge, MA, 1970, S. 111, 129, 144.

95 Richard S. Westfall, *Never at Rest: A Biography of Isaac Newton*, Cambridge 1980, S. 714–715, 727; Thomas Sonar, *Die Geschichte des Prioritätsstreits zwischen Leibniz und Newton*, Heidelberg 2016.

96 »Altissimum planetam tergeminum observavi«.

97 »Anulo cingitur, tenui, plano, nusquam cohaerente, ad eclipticam inclinato«.

98 »ut tensio, sic vis«.

99 Jacob Thomasius, *De plagio literario* (1673); Theodor Jansson van Almeloveen, »Plagiariorum Syllabus«, in: idem, *Opuscula* (1686), S. 185–195; Johannes Fabri, *Decas decadum, sive plagiariorum centuria* (1689); Jacques Salier, *Cacocephalus, sive de plagiis* (1693).

100 Wolfgang Behringer, »Communications Revolutions«, in: *German History 24* (2006), S. 333–374.

101 Philippe Tamizey de Larroque (Hrsg.), *Lettres de Peiresc*, 7 Bde., Paris 1888–1898.

102 Elisabeth Labrousse et al. (Hrsg.), *Correspondance de Pierre Bayle*, 14 Bde., Oxford 1999–2017. Vgl. http://emlo-portal.bodleian.ox.ac.uk/collections/?catalogue=pierre-bayle.

103 Kirchers Korrespondenz ist online verfügbar unter http://web.stanford.edu/group/kircher/cgi-bin/site/?page_id=303. Zur magnetischen Abweichung siehe Michael John Gorman, »The Angel and the Compass: Athanasius Kircher's Magnetic Geography«, in: Findlen, *Last Man*, op. cit., S. 229–251, hier S. 245.

104 Marie Boas Hall, *Henry Oldenburg*, Oxford 2002.

105 Massimiliano Albanese, »Magliabechi, Antonio«, in: *DBI* 67, S. 422–427.

106 Mordechai Feingold, »The Humanities«, in: Nicholas Tyacke (Hrsg.), *History of the University of Oxford*, Bd. 4, Oxford 1997, S. 211–357, hier S. 218.

107 Paul Hazard, *La Crise de la conscience européenne. 1680–1715* (1935), dt. Ausg., *Die Krise des europäischen Geistes. 1680–1715*, Hamburg 1939; Hugh R. Trevor-Roper, »The General Crisis of the Seventeenth Century«, in: *Past & Present 16* (1959), S. 31–64.

108 Malcolm Gladwell, *Der Tipping Point: Wie kleine Dinge Großes bewirken können*, Berlin 2000.

109 Eduard J. Dijksterhuis, *Die Mechanisierung des Weltbildes*, Berlin und Heidelberg 1956.

110 Richard H. Popkin, *The History of Scepticism from Erasmus to Spinoza* (1960), überarb. Aufl., Berkeley, CA, 1979.

111 In: *Les Nouvelles de la République des Lettres*, Bd. II, Artikel IV (Amsterdam, März 1686), S. 277.

112 Ann M. Blair, *Too Much to Know: Managing Scholarly Information before the Modern Age*, New Haven, CT, 2010.

113 Andrew Pettegree, »The Renaissance Library and the Challenge of Print«, in: Alice Crawford (Hrsg.), *The Meaning of the Library: A Cultural History*, Princeton, NJ, 2015, S. 72–90, hier S. 75, 84.

114 Peter Burke, »Gutenberg bewältigen. Die Informationsexplosion im frühneuzeitlichen Europa«, in: *Jahrbuch für Europäische Geschichte 2* (2001), S. 237–248. Vgl. das Sonderheft des *Journal of the History of Ideas 64* (2003), Nr. 1; Blair, *Too Much to Know*, op. cit., S. 59.

115 Robert Burton, *Anatomy of Melancholy* (1621), Buch 1, Abschnitt 10; Adrien Baillet, *Jugemens des savans* (1685), Paris 1722, Bd. I, S. 1 (Vorwort).

116 Gottfried Wilhelm Leibniz, *Philosophische Schriften*, 7 Bde., Berlin 1875–1890, Bd. 7, S. 160.

117 Blair, *Too Much to Know*, op. cit., S. 93–96.

118 David Gledhill, *The Names of Plants*, 4. Aufl., Cambridge 2008, S. 7.

119 Richard Saul Wurman, *Information Anxiety*, New York 1989.

120 Wowern, *De polymathia* (1603), op. cit.; Daniel Georg Morhof, *Polyhistor*, Lübeck 1688. Vgl. Luc Deitz, »Joannes Wower«, op. cit.; Waquet, *Morhof*, op. cit.

121 Morhof, *Polyhistor*, op. cit., S. 2.

122 Comenius, *Pansophiae Praeludium*, op. cit., S. 22.

123 Zitiert und übersetzt in: Daniel Murphy, *Comenius: A Critical Introduction to his Life and Work*, Dublin 1995, S. 20.

124 John Donne, *An Anatomy of the World* (geschrieben 1611). Das Poem beschwört auf konventionelle Weise den »Verfall der Welt«, aber dieses spezielle Argument ist völlig neu.

125 John Selden, »Titles of Honour« (1614), in: *The Works of John Selden*, 3 Bde. in 6, London 1726, Bd. III, S. 99.

126 Richard Baxter, *Holy Commonwealth*, London 1659, S. 493; offenbar zitiert er hier Comenius, »uno intuitu OMNIA ... exhibens«, in: *Consultatio Catholica*, Prag 1966, S. 28.

127 Thomas Fuller, *The Holy State*, London 1642, Buch 2, Kap. 7.

128 Isaac Barrow, *Sermons and Expository Treatises*, Edinburgh 1839, S. 492.

129 Morhof, *Polyhistor* (1688), erweit. Ausg. Lübeck 1747, S. 4.

130 Casaubon, *Generall Learning*, op. cit., S. 88, 146.

131 Burnet an Leibniz, Schreiben vom 27. Februar 1699, zitiert in: Leibniz-Archiv (Hrsg.), G. W. Leibniz, *Allgemeiner politischer und historischer Briefwechsel*, Berlin 2000, Bd. 16, S. 594 [Nr. 359]; John Cockburn, *A Specimen of Some Free and Impartial Remarks on Publick Affairs and Particular Persons, Especially Relating to Scotland: Occasion'd by Dr Burnet's History of his Own Times*, London 1724, S. 27–28, zitiert in: Helen C. Foxcroft (Hrsg.), *Supplement to Burnet's History of his Own Time*, Oxford 1902, S. 456 (Anm.).

132 Zitiert in: Lisa Jardine, *The Curious Life of Robert Hooke*, London 2003, S. 6.

133 Walter E. Houghton, »The English Virtuoso in the Seventeenth Century«, in: *Journal of the History of Ideas 3* (1942), S. 51–73; zu den Liebhabereien siehe Krzysztof Pomian, »Médailles/Coquilles = Érudition/Philosophie«, in: *Transactions of the IVth International Congress on the Enlightenment 4* (1976), S. 1677–1705; Delbourgo, *Collecting the World*, op. cit., S. 164. Der Ausdruck »Meister von Bruchstücken« wurde von einem zeitgenössischen Sloane-Kritiker, dem Anwalt William King, verwendet.

134 Pamela H. Smith, *The Business of Alchemy: Science and Culture in the Holy Roman Empire*, Princeton, NJ, 1994, S. 14.

135 John Fletcher (Hrsg.), *Athanasius Kircher und seine Beziehungen zum gelehrten Europa seiner Zeit*, Wiesbaden 1988, S. 111.

136 Antognazza, *Leibniz* (2009), op. cit., S. 232 (vgl. S. 325).

137 Ibidem, S. 171, 321.

138 Zitiert in: Jardine, *Curious Life*, op. cit., S. 3, 22.

139 Tinniswood, *His Invention So Fertile*, op. cit., S. 246; Derek T. Whiteside, »Wren the Mathematician«, in: *Notes and Records of the Royal Society of London* 15 (1960), S. 107–111, hier S. 107.

140 David Brading, *The First America*, Cambridge 1991, S. 393; Stoye, *Marsigli's Europe*, op. cit., S. viii, 25.

Das Zeitalter des »Homme de Lettres«

1 Pierre-Daniel Huet, *Huetiana*, Paris 1722, S. 1–2.

2 Giambattista Vico, Brief an den französischen Jesuiten Édouard de Vitry, in: *Opere*, hrsg. von Roberto Parenti, 2 Bde., Neapel 1972, Bd. 1, S. 452, 454.

3 Louis Davillé, *Leibniz historien*, Paris 1909, S. 407, 522–523.

4 Zu den zeitgenössischen Rudbeck-Kritikern gehören Johan Hadorph, Claudius Örnhielm und Johann Scheffer.

5 Peter Miller, »Copts and Scholars«, in: Paula Findlen (Hrsg.), *Athanasius Kircher: The Last Man Who Knew Everything*, London 2003, S. 135, 141.

6 Findlen, *Last Man*, op. cit., S. 5–6.

7 Zitiert in: Eric Jorink und Dirk van Miert (Hrsg.), *Isaac Vossius*, Leiden 2012, S. 211.

8 Eduard J. Dijksterhuis, *Die Mechanisierung des Weltbildes*, Berlin und Heidelberg 1956; Marjorie H. Nicolson, *The Breaking of the Circle: Studies in the Effect of the ›New Science‹ upon Seventeenth-Century Poetry*, Evanston, IL, 1950, S. 108.

9 Conrad Wiedemann, »Polyhistors Glück und Ende: Von D. G. Morhof zum jungen Lessing«, in: Heinz Otto Burger und Klaus von See (Hrsg.), *Festschrift Gottfried Weber*, Bad Homburg 1967, S. 215–235; Helmut Zedelmaier, »›Polyhistor‹ und ›Polyhistorie‹« (2002), Wiederabdruck (»Der Vielwisser in der Kritik«) in: idem, *Werkstätten des Wissens zwischen Renaissance und Aufklärung*, Tübingen 2015, S. 107–122, hier S. 109, 115.

10 *Encyclopédie, ou dictionnaire raisonné des sciences, des arts et des métiers*, Neuchâtel 1765, Bd. XII, S. 944, linke Spalte, http://enccre.academie-sciences.fr/encyclopedie/article/v12-2158-0/.

11 Gunter E. Grimm, *Literatur und Gelehrtentum in Deutschland*, Tübingen 1983, S. 346. Vgl. Wilhelm Kühlmann, *Gelehrtenrepublik und Fürstenstaat*, Tübingen 1982, S. 286–454, der allerdings das Fehlen einer Geschichte der Pedanterie beklagt (S. 287, Anm. 2).

12 Paul Raabe, »Lessing und die Gelehrsamkeit«, in: Edward P. Harris und Richard E. Schade (Hrsg.), *Lessing in heutiger Sicht*, Bremen 1977, S. 65–88; Wilfried Barner, »Lessing zwischen Bürgerlichkeit und Gelehrtheit«, in: Rudolf Vierhaus (Hrsg.), *Bürger und Bürgerlichkeit*, Heidelberg 1981, S. 165–204.

13 Usshers Bemerkung notierte John Evelyn in seinem *Diary*, hrsg. von E. S. de Beer, 6 Bde., Oxford 1955, Bd. 3, S. 156. Wren wird zitiert in: Steven Shapin und Simon Schaffer, *Leviathan and the Air-Pump: Hobbes, Boyle and the Experimental Life*, Princeton, NJ, 1985, S. 31. Dasselbe Attribut wie Ussher verwendete auch der englische Naturphilosoph Robert Payne, als er sich in einem Brief über Kircher und dessen jesuitische Kollegen empörte: »genug von diesen Quacksalbern!« (zitiert von Noel Malcolm, »Private and Public Knowledge: Kircher, Esotericism and the Republic of Letters«, in: Findlen, *Last Man*, op. cit., S. 300).

14 »Le Jésuite a quantité de farfanteries: il est plus charlatan que sçavant« (Der Jesuit [i.e. Kircher] betreibt viel Prahlerei: Er ist eher Scharlatan denn Gelehrter): René Descartes an Constantijn Huygens, 14. Januar 1643, in: Marin Mersenne, *Correspondance*, Paris 1972, Bd. XII, Nr. 1160, S. 29. Mencke erwähnt auch Kircher, den er allerdings nicht als Betrüger behandelt, sondern als jemanden, der sich in seiner Schwärmerei für Altertümer allzu leicht täuschen lässt. Siehe: *Herrn Joh. Burckhardt Menckens Zwey Reden von der Charlatanerie oder Marcktschreyerey der Gelehrten*, Leipzig 1716, S. 80–83.

15 Marian Füssel, »›The Charlatanry of the Learned‹: On the Moral Economy of the Republic of Letters in Eighteenth-Century Germany«, in: *Cultural and Social History* 3 (2006), S. 287–300.

16 Jacques Roger, *Buffon: un philosophe au Jardin du Roi*, Paris 1989, S. 570.

17 Samuel Johnson, *The Rambler (1750–1752)*, hrsg. von Walter Jackson Bate und Albrecht B. Strauss, New Haven, CT, 1969, Nr. 180, 121.

18 Zitiert in: Richard Yeo, *Encyclopaedic Visions: Scientific Dictionaries and Enlightenment Culture*, Cambridge 2001, S. xi.

19 Vorwort zu Bd. 6 der *Bibliothèque Françoise*, zitiert in: Jean Sgard (Hrsg.), *Dictionnaire des Journaux, 1600–1789*, 2 Bde., Paris 1991, Bd. 1, Nr. 162, S. 186.

20 Maria Luisa Altieri Biagi, *Lingua e cultura di Francesco Redi, medico*, Florenz 1968; Gabriele Bucchi und Lorella Mangani, »Redi, Francesco«, in: *DBI 86*, S. 708–712; Georges Güntert,

Un poeta scienziato del Seicento, Florenz 1966; Luigi Matt, »Magalotti, Lorenzo«, in: *DBI 67*, S. 300–305.

21 Steven Shapin, »The Man of Science«, in: Lorraine Daston und Katharine Park (Hrsg.), *Early Modern Science* (Cambridge History of Science, Bd. 3), Cambridge 2006, S. 179–191; Londa Schiebinger, »Women of Natural Knowledge«, in: ibidem, S. 192–205.

22 Dena Goodman, »Enlightenment Salons: The Convergence of Female and Philosophic Ambitions«, in: *Eighteenth-Century Studies 22* (1989), S. 329–350. Vgl. Antoine Lilti, *Le monde des salons: sociabilité et mondanité à Paris au XVIIIe siècle*, Paris 2005.

23 Sylvia H. Myers, *The Bluestocking Circle*, Oxford 1990.

24 Isobel Grundy, »Montagu, Lady Mary Wortley«, in: *ODNB 38*, S. 754–759.

25 Robert Shackleton, *Montesquieu, an Intellectual and Critical Biography*, Oxford 1961, S. vii.

26 Judith N. Shklar, *Montesquieu*, Oxford 1987, S. 10; Muriel Dodds, *Les récits de voyages: sources de* L'Esprit des lois *de Montesquieu*, Paris 1929.

27 Theodore Besterman, *Voltaire*, London 1969.

28 John Henry Brumfitt, *Voltaire historian*, Oxford 1958.

29 Besterman, *Voltaire*, op. cit., S. 124, 525.

30 Esther Ehrman, *Madame du Châtelet*, Leamington Spa 1986; Judith P. Zinsser und Julie C. Hayes (Hrsg.), *Émilie du Châtelet: Rewriting Enlightenment Philosophy and Science*, Oxford 2006; Judith P. Zinsser, *Émilie du Châtelet: Daring Genius of the Enlightenment*, New York 2007.

31 Thomas Hankins, *Jean d'Alembert, Scientist and Philosopher*, Ithaca, NY, 1964; J. Morton Briggs, »Alembert, Jean Le Rond d'«, in: *DSB 1*, S. 110–117.

32 René Pomeau, *Diderot*, Paris 1967; Charles C. Gillespie, »Diderot, Denis«, in: *DSB 4*, S. 84–90.

33 Roger, *Buffon*, op. cit.

34 Keith M. Baker, *Condorcet: From Natural Philosophy to Social Mathematics*, Chicago, IL, 1975, S. ix. Vgl. Gilles Granger, »Condorcet, Marie-Jean-Antoine-Nicolas Caritat, Marquis de«, in: *DSB 3*, S. 383–388.

35 Jerry B. Gough, »Réaumur, René-Antoine Ferchault de«, in: *DSB 11*, S. 327–335; Jean Torlais, *Un esprit encyclopédique en dehors de l'Encyclopédie: Reaumur*, Paris 1961; Henry Guerlac, »Lavoisier, Antoine-Laurent«, in: *DSB 8*, S. 66–91; Arthur Donovan, *Antoine Lavoisier*, Cambridge 1993; Rhoda Rappoport, »Turgot, Anne-Robert-Jacques«, in: *DSB 13*, S. 494–497; Anthony Brewer, »Turgot: Founder of Classical Economics«, in: *Economica 54* (1987), S. 417–428.

36 Peter Loewenberg, »The Creation of a Scientific Community«, in: idem, *Fantasy and Reality in History*, New York 1995, S. 46–89; Martin Mulsow und Marcelo Stamm (Hrsg.), *Konstellationsforschung*, Frankfurt a. M. 2005.

37 Ernest C. Mossner, *The Life of David Hume*, 2. Aufl., Oxford 1980, S. 3. Vgl. James A. Harris, *Hume: An Intellectual Biography*, Cambridge 2015, S. 14–24.

38 Zitiert in: Nicholas Phillipson, *Adam Smith: An Enlightened Life*, London 2010, S. 214.

39 Ian Simpson Ross, *Adam Smith. Leben und Werk* (1995), dt. Ausg. Düsseldorf 1998, S. 332.

40 Alastair J. Durie und Stuart Handley, »Home, Henry, Lord Kames«, in: *ODNB 27*, S. 879–881; Iain Maxwell Hammett, »Burnett, James, Lord Monboddo«, in: *ODNB 8*, S. 941–943.

41 Fania Oz-Salzberger, »Ferguson, Adam«, in: *ODNB 19*, S. 341–347.

42 Robert DeMaria Jr., *The Life of Samuel Johnson*, Oxford 1993, S. 45, 97.

43 Zitiert in: John P. Hardy, *Samuel Johnson: A Critical Study*, London 1979, S. 29.

44 James Boswell, *Life of Samuel Johnson* (1791), hrsg. von Alexander Napier, 2 Bde., London 1884, Bd. 2, S. 365. Der Name des Cousins war Cornelius Ford.

45 Richard Cumberland, *Memoirs*, London 1807, S. 77.

46 Robert DeMaria, *Johnson's Dictionary and the Language of Learning*, Oxford 1986.

47 Vincenzo Ferrone, »Der Wissenschaftler«, in: Michel Vovelle (Hrsg.), *Der Mensch der Aufklärung* (1995), dt. Ausg. Frankfurt a. M. 1996, S. 169–209, hier S. 194.

48 Robert E. Schofield, *The Enlightenment of Joseph Priestley*, University Park, PA, 1997, S. ix.

49 Robert E. Schofield, *The Enlightened Joseph Priestley*, University Park, PA, 2004; idem, »Priestley, Joseph«, in: *ODNB 45*, S. 351–359.

50 Jenny Uglow, *The Lunar Men*, London 2003.

51 Richard Gombrich in: Alexander Murray (Hrsg.), *Sir William Jones, 1746–94: A Commemoration*, Oxford 1998, S. 3. Vgl. Michael J. Franklin, *Oriental Jones: Sir William Jones, Poet, Lawyer and Linguist, 1746–1794*, Oxford 2011.

52 Marisa González Montero de Espinosa, *Lorenzo Hervás y Panduro, el gran olvidado de la ilustración española*, Madrid 1994; Antonio Astorgano Abajo, *Lorenzo Hervás y Panduro (1735–1809)*, Toledo 2010.

53 Javier Varela, *Jovellanos*, Madrid 1988; AA.VV. [Autorenkollektiv], *Jovellanos: el hombre que soñó España*, Madrid 2012.

54 Zitiert aus der kirchlichen Billigung des siebten Bands von Feijoos *Teatro crítico*, in: Gregorio Marañón, *Las ideas biológicas del Padre Feijoo* (1933), 2. Aufl., Madrid 1941, S. 15.

55 Ivy L. McClelland, *Benito Jerónimo Feijoo*, New York 1969; Inmaculada Urzainqui und Rodrigo Olay Valdés (Hrsg.), *Con la razón y la experiencia: Feijoo 250 años después*, Oviedo 2016.

56 Edna E. Kramer, »Agnesi, Maria Gaetana«, in: *DSB 1*, S. 75–77; Mario Gliozzi und Gianfranco Orlandelli, »Agnesi, Maria Gaetana«, in: *DBI 1*, S. 441–443.

57 Peter Burke, *Vico. Philosoph, Historiker, Denker einer neuen Wissenschaft* (1985), dt. Ausg. Berlin 1987; Joseph Mali, *The Rehabilitation of Myth: Vico's New Science*, Cambridge 1992; Mark Lilla, *G. B. Vico: The Making of an Anti-Modern*, Cambridge, MA, 1993; Harold Samuel Stone, *Vico's Cultural History*, Leiden 1997.

58 Lisbet Koerner, *Linnaeus: Nature and Nation*, Cambridge, MA, 1999.

59 Ernst Benz, *Emanuel Swedenborg: Naturforscher und Seher*, München 1948.

60 B. M. Kedrov, »Lomonosov, Mikhail Vasilievich«, in: *DSB 8*, S. 467–472; Galina Pavlova und Alexander Fyodorov, *Mikhail Lomonosov, His Life and Work*, Moskau 1984; Ludmilla Schulze, »The Russification of the St Petersburg Academy of Sciences«, in: *British Journal for the History of Science 18* (1985), S. 305–335.

61 Elizabeth Hill, »Roger Boscovich«, in: Lancelot L. Whyte (Hrsg.), *Roger Joseph Boscovich*, London 1961, S. 17–201; Piers Bursill-Hall (Hrsg.), *R. J. Boscovich: vita e attività scientifica*, Rom 1993.

62 Irving A. Leonard, »Pedro de Peralta: Peruvian Polygraph«, in: *Revista Hispánica Moderna 34* (1968), S. 690–699, hier S. 698. Vgl. David Brading, *The First America*, Cambridge 1991, S. 391–399; Mark Thurner, *History's Peru: The Poetics of Colonial and Post-Colonial Historiography*, Gainesville, FL, 2011, S. 58–81.

63 Paul L. Ford, *The Many-Sided Franklin*, New York 1899; Carl van Doren, *Benjamin Franklin*, New York 1938; Alfred O. Aldridge, *Benjamin Franklin, Philosopher and Man*, Philadelphia, PA, 1965; I. Bernard Cohen, »Franklin, Benjamin«, in: *DSB 5*, S. 129–139.

64 Karl Lehmann, *Thomas Jefferson, American Humanist* (1947), Charlottesville, VA, 1985.

65 Catherine E. Ross, »›Trying All Things‹: Romantic Polymaths, Social Factors and the Legacies of a Rhetorical Education«, in: *Texas Studies in Literature and Language 53* (2011), S. 401–430, hier S. 406.

66 Richard Holmes, *Coleridge: Early Visions* (1989), Neuauflage London 1998, S. 130. Vgl. Trevor H. Levere, »Coleridge and the Sciences«, in: Andrew Cunningham und Nicholas Jardine (Hrsg.), *Romanticism and the Sciences*, Cambridge 1990, S. 295–306.

67 Josephine McDonagh, *De Quincey's Disciplines*, Oxford 1994. Vgl. Grevel Lindof, »Quincey, Thomas Penson de«, in: *ODNB 45*, S. 700–706.

68 Alexander Wood, *Thomas Young, Natural Philosopher*, Cambridge 1954, S. 256–271, 286.

69 Ibidem, S. 227–255; Edgar W. Morse, »Young, Thomas«, in: *DSB 14*, S. 562–572; Andrew Robinson, *The Last Man Who Knew Everything: Thomas Young, the anonymous polymath who proved Newton wrong, explained how we see, cured the sick and deciphered the Rosetta Stone, among other feats of genius*, New York 2005.

70 David S. Evans, »Herschel, John«, in: *DSB 6*, S. 323–328, hier S. 327. Vgl. Günther Buttmann, *John Herschel: Lebensbild eines Naturforschers*, Stuttgart 1965; Michael J. Crowe, »Herschel, John Frederick William«, in: *ODNB 26*, S. 825–831; Richard Holmes, *The Age of Wonder: How the Romantic Generation Discovered the Beauty and Terror of Science* (2008), Neuauflage London 2009, S. 387–411; James A. Secord, »The Conduct of Everyday Life: John Herschel's *Preliminary Discourse on the Study of Natural Philosophy*«, in: idem, *Visions of Science*, Oxford 2014, S. 80–106. Der *Preliminary Discourse* erschien 1836 in Göttingen bei Vandenhoeck und Ruprecht in deutscher Übersetzung unter dem Titel *Ueber das Studium der Naturwissenschaft.*

71 Laura J. Snyder, *The Philosophical Breakfast Club: Four Remarkable Friends Who Transformed Knowledge and Changed the World*, New York 2011.

72 Robert E. Butts, »Whewell, William«, in: *DSB 14*, S. 292–295; Richard Yeo, *Defining Science: William Whewell, Natural Knowledge, and Public Debate in Early Victorian Britain*, Cambridge 1993; idem, »Whewell, William«, *ODNB 58*, S. 463–470.

73 John Herschel, *Proceedings of the Royal Society 16* (1867–1868), S. liii.

74 Yeo, *Defining Science*, op. cit., S. 57; John Martin Frederick Wright, *Alma Mater*, London 1827.

75 Anthony Hyman, *Charles Babbage* (1982), dt. Ausg. Stuttgart 1987; Doron Swade, *The Cogwheel Brain: Charles Babbage and the Quest to Build the First Computer*, London 2000; idem, »Babbage, Charles«, in: *ODNB 3*, S. 68–74; James A. Secord, »The Economy of Intelligence: Charles Babbage's Reflections on the Decline of Science in England«, in: idem, *Visions of Science*, op. cit., S. 52–79.

76 *Herders sämmtliche Werke*, hrsg. von Bernhard Suphan, Berlin 1881, Bd. XVII, S. 58.

77 Isaiah Berlin, »Herder and the Enlightenment«, in: idem, *Vico and Herder*, London 1976, S. 145–216; Jürgen Trabant, »Herder and Language«, in: Hans Adler und Wulf Koepke (Hrsg.), *Companion to the Works of Johann Gottfried Herder*, Rochester, NY, 2009, S. 117–139.

78 Walter H. Bruford, *Culture and Society in Classical Weimar, 1775–1806*, Cambridge 1962 (dt. Ausgabe Göttingen 1966), S. 174–235; Peter H. Reill, »Herder's Historical Practice and the Discourse of Late Enlightenment Science«, in: Wulf Koepke (Hrsg.), *Johann Gottfried Herder, Academic Disciplines and the Pursuit of Knowledge*, Columbia, SC, 1996, S. 13–21; Elías Palti, »The ›Metaphor of Life‹: Herder's Philosophy of History and Uneven Developments in Late Eighteenth-Century Natural Sciences«, in: *History and Theory* 38 (1999), S. 322–347;

Dalia Nassar, »Understanding as Explanation: The Significance of Herder's and Goethe's Science of Describing«, in: Anik Waldow und Nigel DeSouza (Hrsg.), *Herder: Philosophy and Anthropology*, Oxford 2017, S. 106–125.

79 Nicholas Boyle, *Goethe: Der Dichter in seiner Zeit*, 2 Bde., München 1995–1999.

80 Katharina Mommsen, *Goethe und die arabische Welt*, Frankfurt a. M. 1988.

81 Hugh Barr Nisbet, *Goethe and the Scientific Tradition*, London 1972; George A. Wells, *Goethe and the Development of Science*, Alphen aan den Rijn 1978; Frederick Amrine et al. (Hrsg.), *Goethe and the Sciences*, Dordrecht 1987.

82 Paul R. Sweet, *Wilhelm von Humboldt oder die Idee des Menschen* (2 Bde., 1978–1980), dt. Ausg. Paderborn 2007; Tilman Borsche, *Wilhelm von Humboldt*, München 1990; Peter H. Reill, »Science and the Construction of the Cultural Sciences in Late Enlightenment Germany: The Case of Wilhelm von Humboldt«, in: *History and Theory 33* (1994), S. 345–366; Kurt Mueller-Vollmer und Markus Messling, »Wilhelm von Humboldt«, *Stanford Encyclopaedia of Philosophy*, https://plato.stanford.edu/entries/wilhelm-humboldt.

83 Ole Hansen-Løve, *La révolution copernicienne du langage dans l'œuvre de Wilhelm von Humboldt*, Paris 1972.

84 Ralph W. Emerson, *Works*, 17 Bde., London 1904–1905, Bd. XI, S. 458.

85 Kurt-Reinhard Biermann und Ingo Schwarz, »Der polyglotte Alexander von Humboldt«, in: *Mitteilungen der Alexander von Humboldt-Stiftung*, Heft 69 (1997), S. 39–44.

86 Bettina Hey'l, *Das Ganze der Natur und die Differenzierung des Wissens: Alexander von Humboldt als Schriftsteller*, Berlin 2007, S. 7–10, 386–394 und passim.

87 Claudia Schülke, »Der letzte Universalgelehrte der Menschheit«, in: *Die Welt*, 4. Mai 2009, https://www.welt.de/wissenschaft/article3672722/Der-letzte-Universalgelehrte-der-Menschheit.html, aufgerufen am 4. Mai 2009.

88 Auguste Comte, »Préface personnelle«, in: idem, *Cours de Philosophie Positive*, 6 Bde. (1830–1842), Nachdruck Brüssel 1969, Bd. 6, S. v–xxxviii. Vgl. Mary Pickering, *Auguste Comte: An Intellectual Biography*, 3 Bde., Cambridge 1993–2009.

89 Comte, *Cours*, op. cit., Bd. 1, S. 1–115. Vgl. Johan Heilbron, »Auguste Comte and Modern Epistemology«, in: *Sociological Theory 8* (1990), S. 153–162; Pickering, *Auguste Comte*, op. cit., Bd. 1, S. 445, 561–604.

90 Sydney Elsen, »Herbert Spencer and the Spectre of Comte«, in: *Journal of British Studies 7* (1967), S. 48–67.

91 John D. Y. Peel, *Herbert Spencer: The Evolution of a Sociologist*, London 1971; Greta Jones und Robert Peel, *Herbert Spencer: The Intellectual Legacy*, London 2004; José Harris, »Spencer, Herbert«, in: *ODNB 51*, S. 851–861.

92 Allgemeine Marx-Studien reichen von Isaiah Berlin, *Karl Marx: Sein Leben und sein Werk* (1939), dt. Ausg. München 1959, bis zu Gareth Stedman Jones, *Karl Marx: Die Biographie* (2016), dt. Ausg. Frankfurt a. M. 2017.

93 Lawrence Krader (Hrsg.), *Karl Marx, die ethnologischen Exzerpthefte* (1972), dt. Ausg. Frankfurt a. M. 1976.

94 Zitiert in: Franz Mehring, *Geschichte der deutschen Sozialdemokratie*, Stuttgart 1909, Bd. 1, S. 210.

95 Jones, *Karl Marx*, op. cit., S. 759, 817 (Brief an Engels vom 4. Juli 1864).

96 René Wellek, *A History of Modern Criticism 1750–1950*, 4 Bde., Cambridge 1955–1965, Bd. 3, S. 34–72; Wolf Lepenies, *Sainte-Beuve: Auf der Schwelle zur Moderne*, München 1997.

97 François Furet und Françoise Mélonio, »Introduction« zu Tocqueville, *Œuvres*, Paris 2004, Bd. 1; Raymond Aron, *Main Currents in Sociological Thought*, 2 Bde., Harmondsworth 1968–1970, Bd. 1, S. 183–232; Melvin Richter, »Tocqueville on Algeria«, in: *The Review of Politics 25* (1963), S. 362–398.

98 Jean-Louis Benoît, *Tocqueville*, Paris 2005, S. xii.

99 Richard Swedberg, *Tocqueville's Political Economy*, Princeton, NJ, 2009, S. 73.

100 Harold William Wardman, *Ernest Renan: A Critical Biography*, London 1964, S. 211. Vgl. Jean-Pierre Van Deth, *Renan*, Paris 2012; Henry Laurens (Hrsg.), *Ernest Renan*, Paris 2013.

101 So der Historiker Gabriel Monod, zitiert in: Laurens, *Renan*, op. cit., S. 10.

102 Leo Weinstein, *Hippolyte Taine*, New York 1972; Regina Pozzi, *Hippolyte Taine: scienze umane e politica nel'Ottocento*, Venedig 1993; Nathalie Richard, *Hippolyte Taine: histoire, psychologie, littérature*, Paris 2013.

103 Pozzi, *Hippolyte Taine*, op. cit., S. 24.

104 Richard, *Hippolyte Taine*, op. cit., S. 81.

105 Zitiert in: Weinstein, *Hippolyte Taine*, op. cit., S. 26.

106 Ann P. Robson, »Mill, Harriet«, in: *ODNB 38*, S. 143–146; Dale E. Miller, »Harriet Taylor Mill«, in: Edward N. Zalta (Hrsg.), *The Stanford Encyclopaedia of Philosophy*, Stanford, CA, 2015: https://plato.stanford.edu/archives/win2015/entries/harriet-mill.

107 Nicholas Capaldi, *John Stuart Mill: A Biography*, Cambridge 2004; José Harris, »Mill, John Stuart«, in: *ODNB 38*, S. 155–175.

108 Timothy Hilton, *John Ruskin*, 2 Bde., New Haven, CT, 1985–2000; Robert Hewison, »Ruskin, John«, in: *ODNB 48*, S. 173–192.

109 Zitiert in: Peter Stansky, *William Morris*, Oxford 1983, S. 1.

110 Edward Palmer Thompson, *William Morris, Romantic to Revolutionary*, London 1955; Fiona McCarthy, *William Morris*, London 1994.

111 Stefan Collini, *Matthew Arnold: A Critical Portrait*, Oxford 1994, S. 54; idem, »Arnold, Matthew«, in: *ODNB 2*, S. 487–494. Vgl. Wellek, *Modern Criticism*, op. cit., Bd. 4, S. 155–180.

112 William E. Buckler, »›On the Study of Celtic Literature‹: A Critical Reconsideration«, in: *Victorian Poetry 27* (1989), S. 61–76, hier S. 62; Sangeetha Nagarajan, »Arnold and the *Bhagavad Gita*«, in: *Comparative Literature 12* (1960), S. 335–347.

113 Maria Fairweather, *Madame de Staël*, London 2004; Michel Winock, *Madame de Staël*, Paris 2010; Richard Holmes, *This Long Pursuit*, London 2016, S. 153–168.

114 Bärbel Kern und Horst Kern, *Madame Doctorin Schlözer: ein Frauenleben in den Widersprüchen der Aufklärung*, München 1988, S. 52 ff.

115 Robert K. Webb, »Martineau, Harriet«, in: *ODNB 37*, S. 13–19.

116 Gordon S. Haight, *George Eliot: A Biography*, Oxford 1968; Sally Shuttleworth, *George Eliot and 19th-Century Science*, Cambridge 1984; Beryl Gray, »George Eliot and the ›Westminster Review‹«, in: *Victorian Periodicals Review* 33 (2000), S. 212–224; Diana Postlethwaite, »George Eliot and Science«, in: George Levine (Hrsg.), *The Cambridge Companion to George Eliot*, Cambridge 2001, S. 98–118; Rosemary Ashton, »Evans, Marian«, in: *ODNB 18*, S. 730–743.

117 Valerie A. Dodd, *George Eliot: An Intellectual Life*, Basingstoke 1990, S. 284.

118 Rosemary Ashton, *George Henry Lewes*, London 1991; idem, »Lewes, George Henry«, in: *ODNB 33*, S. 563–568.

119 Gillian Beer, *Darwin's Plots*, London 1983, S. 149, 154.

120 Haight, *George Eliot*, op. cit., S. 344–350.

121 Kathryn A. Neeley, *Mary Somerville: Science, Illumination and the Female Mind*, Cambridge 2001, S. 2.

122 Mary Somerville, *Personal Recollections*, London 1873, S. 140.

123 Elizabeth C. Patterson, »Somerville, Mary«, in: *DSB 12*, S. 521–525; idem, *Mary Patterson and the Cultivation of Science, 1815–1840*, Den Haag 1984; Mary R. S. Creese, »Somerville, Mary«, in: *ODNB 51*, S. 617–619; James A. Secord, »›General Introduction‹ to Mary Somerville«, in: *Scientific Papers and Reviews*, London 2004, S. xv–xxxix; idem, »Mathematics for the Million? Mary Somerville's *On the Connexion of the Physical Sciences*«, in: idem, *Visions of Science*, op. cit., S. 107–137; Holmes, *This Long Pursuit*, op. cit., S. 197–216.

124 Sydney Ross, »›Scientist‹: The Story of a Word«, in: *Annals of Science 18* (1962), S. 65–85.

125 Gilles-Gaston Granger, »Cournot, Antoine-Augustin«, in: *DSB 3*, S. 450–454; Franck Bourdier, »Cuvier, Georges«, in: *DSB 3*, S. 521–528; idem, »Geoffroy Saint-Hilaire, Etienne«, in: *DSB 5*, S. 355–358.

126 Virchow, »Der Armenarzt«, in: *Die medicinische Reform. Eine Wochenschrift*, Nr. 18 (3. November 1848), Reprint Berlin (DDR) 1983, S. 125.

127 Bismarck im Preußischen Landtag am 18. Dezember 1863, in: *Stenographische Berichte über die Verhandlungen des Landtages, Haus der Abgeordneten*, Berlin 1864, Erster Band, S. 507, linke Spalte (Hervorhebung im Original).

128 Guenther B. Risse, »Virchow, Rudolf«, in: *DSB 14*, S. 39–45; Theodore James, »Rudolf Virchow and Heinrich Schliemann«, in: *South African Medical Journal 56* (1979), S. 111–114.

129 Lorenz Krüger (Hrsg.), *Universalgenie Helmholtz*, Berlin 1994.

130 R. Steven Turner, »Helmholtz, Hermann von«, in: *DSB 6*, S. 241–253, hier S. 253.

131 Michel Meulders, *Helmholtz: des lumières aux neurosciences*, Paris 2001.

132 Wilhelm Bölsche, *Ernst Haeckel. Ein Lebensbild*, Berlin 1900, S. 190–193; Georg Uschmann, »Haeckel, E.H.P.«, in: *DSB 6*, S. 6–11; Andrea Wulf, *Alexander von Humboldt und die Erfindung der Natur*, München 2016, S. 372–391; David Lowenthal, *G. P. Marsh: Prophet of Conservation*, Seattle, WA, 2000.

133 Brief an seinen Freund, den Botaniker Joseph Hooker, zitiert in: Peter Brent, *Charles Darwin: A »Man of Enlarged Curiosity«*, London 1981, S. 98. Bei der erwähnten Lektüre handelt sich um die erste englische Übersetzung (ab 1814) von Humboldts *Voyage aux régions équinoxiales du Nouveau Continent* (1805–1834).

134 Ibidem, S. 174.

135 Beer, *Darwin's Plots*, op. cit.

136 Gavin de Beer, »Darwin, Charles Robert«, in: *DSB 3*, S. 565–577; Janet Browne, *Charles Darwin*, 2 Bde., London 1995–2002; Adrian Desmond, Janet Browne und James Moore, »Darwin, Charles Robert«, in: *ODNB 15*, S. 177–202; Oliver Sacks, »Darwin und der Sinn der Blumen«, in: idem, *Der Strom des Bewusstseins*, Reinbek 2017, S. 11–35.

137 Wesley C. Williams, »Huxley, Thomas Henry«, in: *DSB 6*, S. 589–597; Adrian Desmond, *T. H. Huxley*, 2 Bde. (1994–1997); idem, »Huxley, Thomas Henry«, in: *ODNB 29*, S. 99–111.

138 Norman T. Gridgeman, »Galton, Francis«, in: *DSB 5*, S. 265–267; Ruth S. Cowan, »Galton, Francis«, in: *ODNB 21*, S. 346–349; Nicholas W. Gillham, *A Life of Sir Francis Galton*, Oxford 2001; Michael Bulmer, *Francis Galton*, Baltimore, MD, 2003.

139 H.J.P. Arnold, *William Henry Fox Talbot: Pioneer of Photography and Man of Science*, London 1977; Larry J. Schaff, »Talbot, William Henry Fox«, in: *ODNB 53*, S. 730–733. In Cambridge

fand 2012 eine Ausstellung unter dem Titel »Talbot Beyond Photography« statt, die seine vielen Leistungen »jenseits der Photographie« würdigte.

140 Diderot, Brief vom 16. Dezember 1748. Der vollständige Titel des Schreibens lautet: *Lettre d'un citoyen zélé qui n'est ni chirurgien ni médecin à M. D. M* [»Brief eines eifrigen Cityoens, der weder Chirurg noch Arzt ist, an ...«], abgedruckt (u. a.) in: Diderot, *Œuvres complètes*, hrsg. von Jean Varloot, Paris 1975, Bd. 2, S. 207–218. Bei dem Adressaten handelt es sich lt. Expertenmeinung um den Chirurgen und Enzyklopädisten Sauveur François Morand (1697–1773).

141 Adam Smith, *Lectures on Jurisprudence* (1763); idem, *Wealth of Nations* (1776), hier zitiert nach: *Der Wohlstand der Nationen. Eine Untersuchung seiner Natur und seiner Ursachen*, München 1974, S. 14. Vgl. Jerry A. Jacobs, *In Defense of Disciplines: Interdisciplinarity and Specialization in the Research University*, Chicago, IL, 2013, S. 55–60.

142 Immanuel Kant, *Grundlegung zur Metaphysik der Sitten* (1785), »Vorrede«, hier zitiert nach der Akademie-Ausgabe, Berlin (DDR) 1978, Bd. IV, S. 388.

143 Charles Babbage, *On the Economy of Machinery and Manufactures*, 2. Aufl., London 1832, S. 131–163.

144 Herbert Spencer, »Progress: Its Law and Cause« (1857), in: idem, *Essays*, http://media.bloomsbury.com/rep/files/primary-source-131-herbert-spencer-progress-its-law-and-cause.pdf.

145 Zitiert in: Ross, »Scientist«, op. cit., S. 71.

146 Zitiert in: Crosbie Smith und Jon Agar (Hrsg.), *Making Space for Science*, Basingstoke 1998, S. 184.

147 Jean-Pierre Chaline, *Sociabilité et érudition: les sociétés savantes en France, XIXe–XXe siècles*, Paris 1995. Als einzige Ausnahme nennt Chaline die »Société polymathique de Morbihan« (1826).

148 Holmes, *The Age of Wonder*, op. cit., S. 393.

Das Zeitalter der Territorialität

1 Schiller, zitiert in: Andrea Wulf, *Alexander von Humboldt und die Erfindung der Natur*, München 2016, S. 56.

2 Smith, zitiert in: Richard Yeo, *Encyclopaedic Visions*, Cambridge 2001, S. 249; William Hazlitt, »Samuel Taylor Coleridge«, in: idem, *The Spirit of the Age*, London 1825, S. 61–79, hier S. 61.

3 Alexander Wood, *Thomas Young, Natural Philosopher*, Cambridge 1954, S. 230, 237.

4 Du Bois-Reymond, »Goethe und kein Ende« (Rektoratsrede Berlin, 15. Oktober 1882), Druckfassung Leipzig 1883, S. 29. Vgl. Richard Hibbitt, *Dilettantism and its Values*, London 2006, insbesondere die Einleitung.

5 Frédéric Barbier (Hrsg.), *Les trois révolutions du livre*, Genf 2001; Simon Eliot, »From Few and Expensive to Many and Cheap: The British Book Market, 1800–1890«, in: Eliot und Jonathan Rose (Hrsg.), *A Companion to the History of the Book*, Oxford 2007, S. 291–302; Aileen Fyfe, *Steam-Powered Knowledge: William Chambers and the Business of Publishing, 1820–1860*, Chicago, IL, 2012, S. 1–11.

6 Bernard Lightman, *Victorian Popularizers of Science: Designing Nature for New Audiences*, Chicago, IL, 2007, S. 66. Zu Deutschland siehe Andreas W. Daum, *Wissenschaftspopularisierung im 19. Jahrhundert: bürgerliche Kultur, naturwissenschaftliche Bildung und die deutsche Öffentlichkeit, 1848–1914*, München 1998.

7 Thomas De Quincey, *Suspiria de profundis*, London 1845, Kap. 1.

8 Emma C. Spary, »L'invention de ›l'expédition scientifique‹«, in: Marie-Noëlle Bourguet et al. (Hrsg.), *L'invention scientifique de la Méditerranée*, Paris 1998, S. 119–138.

9 Oliver MacDonagh, »The Nineteenth-Century Revolution in Government: A Reappraisal«, in: *Historical Journal 1* (1958), S. 52–67; Martin Bulmer (Hrsg.), *The Social Survey in Historical Perspective: 1880–1940*, Cambridge 1991; Edward Higgs, *The Information State in England*, Basingstoke 2004.

10 Ian Hacking, *The Taming of Chance*, Cambridge 1990, S. 3. Vgl. Alain Desrosières, *Die Politik der großen Zahlen* (1993), dt. Ausg. Berlin u. a. 2005.

11 Zu diesem Thema gibt es zahlreiche Studien, darunter wichtige Beispiele wie Chris A. Bayly, *Empire and Information: Intelligence Gathering and Social Communication in India, 1780–1870*, Cambridge 1996; Bernard S. Cohn, *Colonialism and its Forms of Knowledge*, Princeton, NJ, 1996; Emmanuelle Sibeud, *Une science impériale pour l'Afrique? La construction des savoirs africanistes en France, 1878–1930*, Paris 2002.

12 Haia Shpayer-Makov, *The Ascent of the Detective*, Oxford 2011, S. 125.

13 JoAnne Yates, »Business Use of Information and Technology during the Industrial Age«, in: Alfred D. Chandler Jr. und James W. Cortada (Hrsg.), *A Nation Transformed by Information*, New York 2003, S. 107–136.

14 Jacques-Bernard Durey de Noinville, *Table alphabétique des dictionnaires*, Paris 1758. Vgl. Peter Burke mit Joseph McDermott, »The Proliferation of Reference Books, 1450–1850«, in: McDermott und Burke (Hrsg.), *The Book Worlds of East Asia and Europe, 1450–1850: Connections and Comparisons*, Hongkong 2015, S. 283–320.

15 Zitiert in: Mark S. Phillips, *Society and Sentiment: Genres of Historical Writing in Britain, 1740–1820*, Princeton, NJ, 2000, S. 294.

16 Hermann von Helmholtz, »Ueber das Verhältniss der Naturwissenschaften zur Gesammtheit der Wissenschaft« (Prorektoratsrede Heidelberg, 22. November 1862), in: idem, *Vorträge und Reden*, 4. Aufl., Braunschweig 1896, Bd. I, S. 168.

17 Die Zeitschrift *Modern Business* (1908), zitiert im *Oxford English Dictionary*.

18 John Higham, »The Matrix of Specialization«, in: Alexandra Oleson und John Voss, *The Organization of Knowledge in Modern America, 1860–1920*, Baltimore, MD, 1979, S. 3–18, hier S. 9.

19 Comte schrieb auch von »l'esprit de spécialité, l'âge de spécialité, le régime de spécialité«, in: *Cours de Philosophie Positive*, 6 Bde. (1830–1842), Nachdruck Brüssel 1969, Bd. 1, S. 31; Bd. 6, S. 15, 293, 304, 341.

20 Fritz Ringer, *Fields of Knowledge: French Academic Culture in Comparative Perspective, 1890–1920*, Cambridge 1992, S. 303.

21 Émile Durkheim, *Über soziale Arbeitsteilung* (1893), dt. Ausg. Frankfurt a. M. 1988; vgl. Marcel Fournier, *Émile Durkheim*, Paris 2007, S. 537–542, 545.

22 Marx/Engels, »Die deutsche Ideologie«, in: *Marx-Engels-Werke*, Berlin (DDR) 1956 ff., Bd. 3, S. 33.

23 William Morris, »Making the Best of it« (Vortrag Birmingham 1879), hier zitiert nach: idem, *Kunsthoffnungen und Kunstsorgen*, Leipzig 1902, S. 68–69.

24 Max Weber, »Wissenschaft als Beruf«, in: *Max Weber Gesamtausgabe*, Tübingen 1992, Abt. I: *Schriften und Reden*, Bd. 17, S. 80–83.

25 George Rosen, *The Specialization of Medicine with Particular Reference to Ophthalmology*, New York 1944.

26 George E. Davie, *The Democratic Intellect: Scotland and her Universities in the Nineteenth Century* (1961), 3. Aufl., Edinburgh 2013.

27 Chad Wellmon, *Organizing Enlightenment: Information Overload and the Invention of the Modern Research University*, Baltimore, MD, 2015, S. 4–5, 10–11, 40, 122 und passim.

28 James Hart, *German Universities*, New York 1874, S. 264.

29 Basil Gildersleeve, zitiert in: James Axtell, *Wisdom's Workshop: The Rise of the Modern University*, Princeton, NJ, 2016, S. 248.

30 Durkheim, zitiert in: Fournier, *Émile Durkheim*, op. cit., S. 67.

31 Sheldon Pollock, »Introduction«, in: Pollock et al. (Hrsg.), *World Philology*, Cambridge, MA, 2015, S. 1–24.

32 Michael G. Brock und Mark C. Curthoys (Hrsg.), *History of the University of Oxford*, Oxford 2000, Bd. 7, Teil 2, S. 361–384; 397–428.

33 Davie, *The Democratic Intellect*, op. cit., S. 6–7, 65–66, 79; idem, *The Crisis of the Democratic Intellect: The Problem of Generalism and Specialization in Twentieth-Century Scotland*, New York 1987.

34 Tony Becher und Paul R. Trowler, *Academic Tribes and Territories: Intellectual Inquiry and the Cultures of Disciplines* (1989), 2. Aufl., Buckingham 2001: eine Untersuchung des späten 20. Jahrhunderts. Robert Ardrey, *The Territorial Imperative: A Personal Enquiry into the Animal Origins of Property and Nations*, London 1972: Die hier entwickelte Idee wurde in vielen weiteren Publikationen auf verschiedene Bereiche von Zoologie bis Soziologie übertragen. Zur Perspektive eines Geographen siehe Robert David Sack, *Human Territoriality: Its Theory and History*, Cambridge 1986.

35 Zitiert in: Mary O. Furner und Barry Supple (Hrsg.), *The State and Economic Knowledge*, Cambridge 1990, S. 303.

36 Alfred N. Whitehead, *Science and the Modern World*, Cambridge 1926.

37 Charles E. McClelland, *State, Society and University in Germany, 1700–1914*, Cambridge 1980, S. 281, 285.

38 Marie B. Hall, *All Scientists Now: The Royal Society in the Nineteenth Century*, Cambridge 1984, S. 216–217.

39 Ich danke Michael Hunter für Hilfe in dieser Frage.

40 Eckhardt Fuchs, »The Politics of the Republic of Learning: International Scientific Congresses in Europe, the Pacific Rim and Latin America«, in: Fuchs und Benedikt Stuchtey (Hrsg.), *Across Cultural Borders: Historiography in Global Perspective*, Lanham, MD, 2002, S. 205–244; Wolf Feuerhahn (Hrsg.), *La fabrique internationale de la science: les congrès internationales de 1865 à 1945*, Paris 2010.

41 Denis Pernot, »Ferdinand Brunetière«, in: Dominique Kalifa et al. (Hrsg.), *La civilisation du journal: histoire culturelle et littéraire de la presse française au XIXe siècle*, Paris 2011, S. 1261–1265.

42 Lorraine Daston, »The Academies and the Unity of Knowledge«, in: *Differences* 10 (1998), S. 67–86, hier S. 73.

43 C.P. Snow, *Die zwei Kulturen* (1959), dt. Ausg. Stuttgart 1967, S. 10, 21.

44 Helmut Kreuzer (Hrsg.), *Die zwei Kulturen*, München 1987; Wijnandus Wilhelmus Mijnhardt und Bert Theunissen (Hrsg.), *De Twee Culturen*, Amsterdam 1988; Giorgio Olcese (Hrsg.), *Cultura scientifica e cultura umanistica: contrasto o integrazione?*, Genua 2004; Emma Eldelin, *»De två kulturerna« flyttar hemifrån: C. P. Snows begrepp i svensk idédebatt, 1959–2005*, Stockholm 2006; Jost Halfmann und Johannes Rohbeck (Hrsg.), *Zwei Kulturen der Wissenschaft – revisited*, Weilerswist 2007.

45 Benedict Anderson, *Die Erfindung der Nation: Zur Karriere eines folgenreichen Konzepts* (1983), dt. Ausg. Frankfurt a. M. und New York 1996, Neuauflage 2005.

46 Frank Horner, *The French Reconnaissance: Baudin in Australia, 1801–1803*, Melbourne 1987, S. 72.

47 Peter E. Carels und Dan Flory, »J. H. Zedler's Universal Lexicon«, in: Frank A. Kafker (Hrsg.), *Notable Encyclopaedias of the Seventeenth and Eighteenth Centuries*, Oxford 1981, S. 165–195; Frank A. Kafker, *The Encyclopaedists as Individuals*, Oxford 2006.

48 Herman Kogan, *The Great* EB: *The Story of the* Encyclopaedia Britannica, Chicago, IL, 1958, S. 168; Gabriele Turi, *Il mecenate, il filosofo e il gesuita: l'* Enciclopedia Italiana, *specchio della nazione*, Bologna 2002, S. 50, 57.

49 Steven Shapin, *The Scientific Life: A Moral History of a Late Modern Vocation*, Chicago, IL, 2008, S. 169–178; Emil Fischer, »Synthesen in der Purin- und Zuckergruppe«, in: idem, *Untersuchungen aus verschiedenen Gebieten. Vorträge und Abhandlungen allgemeinen Inhalts*, Berlin 1924, S. 732–747, hier S. 747; Daniel P. Todes, *Pavlov's Physiological Factory*, Baltimore, MD, 2002, S. 88.

50 Laurent Mucchielli, *La découverte du social: naissance de la sociologie en France, 1870–1914*, Paris 1998, S. 213; Fournier, *Émile Durkheim*, op. cit., S. 87.

51 John Ruscio, zitiert in: Becher und Trowler, *Academic Tribes and Territories*, op. cit., S. 66.

52 Rudolf Stichweh, »Differenzierung der Wissenschaft«, in: idem, *Wissenschaft, Universität, Professionen*, Frankfurt a. M. 1994, S. 15–51.

53 Ian F. McNeely mit Lisa Wolverton, *Reinventing Knowledge from Alexandria to the Internet*, New York 2008, S. xix, 163. Vgl. Immanuel Wallerstein et al., *Open the Social Sciences*, Stanford, CA, 1996.

54 George Weisz, *The Emergence of Modern Universities in France, 1863–1914*, Princeton, NJ, 1983, S. 225–269.

55 Bernhard Vom Brocke, »Friedrich Althoff: A Great Figure in Higher Education Policy in Germany«, in: *Minerva 29* (1991), S. 269–293, hier S. 272.

56 Axtell, *Wisdom's Workshop*, op. cit., S. 263.

57 Fournier, *Émile Durkheim*, op. cit., S. 109, 515.

58 Wallerstein et al., *Open the Social Sciences*, op. cit., S. 34.

59 Pierre Bourdieu, *Die feinen Unterschiede. Kritik der gesellschaftlichen Urteilskraft* (1979), dt. Ausg. Frankfurt a. M. 1982; idem, *Homo Academicus* (1984), dt. Ausg. Frankfurt a. M. 1988.

60 Lothar Meyer, *Die modernen Theorien der Chemie*, Breslau 1864, »Einleitung«, S. 7.

61 Philip Boardman, *The Worlds of Patrick Geddes: Biologist, Town Planner, Re-Educator, Peace-Warrior*, London 1978, S. 1; Israel Zangwill, »Introduction«, in: Amelia Defries, *The Interpreter: Geddes, the Man and his Gospel*, London 1927, S. 10.

62 Paddy Kitchen, *A Most Unsettling Person: An Introduction to the Ideas and Life of Patrick Geddes*, London 1975, S. 237.

63 Lewis Mumford, *Sketches from Life: The Autobiography of Lewis Mumford*, New York 1982, S. 153.

64 Zitiert in: Davie, *The Democratic Intellect*, op. cit., S. ix.

65 Helen Meller, *Patrick Geddes: Social Evolutionist and City Planner*, London 1990; idem, »Geddes, Patrick«, in: *ODNB 21*, S. 701–706.

66 Françoise Levie, *L'homme qui veut classer le monde*, Brüssel 2006; Alex Wright, *Cataloguing the World: Paul Otlet and the Birth of the Information Age*, Oxford 2014.

67 Marie Neurath und Robert S. Cohen (Hrsg.), *Otto Neurath: Empiricism and Sociology*, Dordrecht 1973, S. 14, 46.

68 Zitiert in: Neurath und Cohen, *Otto Neurath*, op. cit., S. 4. Nach eigener Schätzung hatte er 13.000 Bücher gelesen. Seine Frau Marie zitiert in: ibidem, S. 59.

69 Ludwig Hermann Wolfram (1807–1852), *Faust. Ein dramatisches Gedicht in drei Abschnitten* (1839), neu hrsg. und mit einer biogr. Einleitung versehen von Otto Neurath, Berlin 1906.

70 Jordi Cat, Nancy Cartwright und Hasok Chang, »Otto Neurath: Politics and the Unity of Science«, in: Peter Galison und David J. Stump (Hrsg.), *The Disunity of Science*, Stanford, CA, 1996, S. 347–369. Es erscheint einerseits paradox, dass es dreier Autoren bedarf, um die Ansicht eines Einzelnen über die Einheit der Wissenschaft zu erörtern, andererseits illustriert der Aufsatz die internationale Kooperation, die seinem Protagonisten so am Herzen lag.

71 Nader Vossoughian, »The Language of the World Museum: Otto Neurath, Paul Otlet, Le Corbusier«, in: *Associations Transnationales 1–2* (2003), S. 82–93.

72 Otto Neurath, »Unified Science as Encyclopaedic Integration«, in: Otto Neurath, Rudolf Carnap und Charles Morris (Hrsg.), *International Encyclopaedia of Unified Science*, Chicago, IL, 1955, Bd. 1, S. 1–27.

73 Guy V. Beckwith, »The Generalist and the Disciplines: The Case of Lewis Mumford«, in: *Issues in Integrative Studies 14* (1996), S. 7–28. Mumford nahm eine zunehmend kritische Haltung gegenüber Geddes ein, siehe seinen Aufsatz »The Disciple's Rebellion«, in: *Encounter* (September 1966), S. 11–20.

74 Zitiert in: Donald L. Miller, *Lewis Mumford: A Life*, New York 1989, S. 163.

75 Ibidem, S. 427, aus den Mumford Papers zitierend; Lewis Mumford, *Mythos der Maschine. Kultur, Technik und Macht* (1967/1970), dt. Ausg. Wien 1974, S. 30.

76 Ibidem.

77 Allen Davis, »Lewis Mumford: Man of Letters and Urban Historian«, in: *Journal of Urban History 19* (1993), S. 123–131, hier S. 123. Vgl. Thomas P. Hughes und Agatha Hughes (Hrsg.), *Lewis Mumford: Public Intellectual*, New York 1990.

78 Norman und Jean Mackenzie, *The Time Traveller: The Life of H. G. Wells*, London 1973, S. 41, 402–403.

79 Nicholas Murray, *Aldous Huxley: A Biography*, London 2003, S. 171.

80 Ibidem, S. 127, 161.

81 Stefan Collini, *Absent Minds: Intellectuals in Britain*, Oxford 2008, S. 458.

82 Interview mit Borges, zitiert in: Jaime Alazraki, *Borges and the Kabbalah*, Cambridge 1988, S. 5.

83 Ich danke meinem Freund Steven Boldy für seine Kommentare zum Entwurf dieses Abschnitts. Vgl. seinen Leitfaden *Companion to Jorge Luis Borges*, Woodbridge 2009.

84 Jorge Luis Borges, »Autobiographischer Essay«, in: idem, *Gesammelte Werke*, Bd. 9 (»Borges über Borges«), München 1980, S. 5–66, hier S. 49–50.

85 Iván Almeida, »Borges and Peirce, on Abduction and Maps«, in: *Semiotica 140*, Nr. 1 (2002), S. 13–31, hier S. 22. Allgemeiner: Alfonso de Toro (Hrsg.), *Jorge Luis Borges: Ciencia y Fi-*

losofía, Hildesheim 2007, und Guillermo Martinez, *Borges and Mathematics*, West Lafayette, IN, 2012.

86 Mark Krupnick, »George Steiner's Literary Journalism«, in: *New England Review 15* (1993), S. 157–167, hier S. 157.

87 Den »Renaissance-Menschen« verdankte Steiner der britischen Romanautorin und Kritikerin Antonia Byatt. Zu Steiner als »Monster« der Gelehrsamkeit siehe Guido Almansi, »The Triumph of the Hedgehog«, in: Nathan A. Scott Jr. und Ronald A. Sharp (Hrsg.), *Reading George Steiner*, Baltimore, MD, 1994, S. 58–73, hier S. 60.

88 Robert Boyers, »Steiner as Cultural Critic«, in: Scott und Sharp, *Reading George Steiner*, op. cit., S. 14–42.

89 George Steiner, »A Responsion«, in: Scott und Sharp, *Reading George Steiner*, op. cit., S. 175–186, hier S. 276, 278.

90 Zitiert in: Daniel Schreiber, *Susan Sontag. Geist und Glamour*, Berlin 2007, S. 234, 184.

91 Ibidem, S. 25.

92 Susan Sontag, *Kunst und Antikunst* (1966), dt. Ausg. Reinbek 1968, S. 20, 194, 348.

93 Dennoch betrachtete Sontag die Photographie oft aus literarischer Perspektive. Ihr Essay »America, Seen Through Photographs, Darkly« (»Amerika im düstern Spiegel der Fotografie«) beginnt mit Walt Whitman und verweist im Anschluss auf Stéphane Mallarmé, Paul Valéry, Hart Crane, Herman Melville, Marcel Proust, Thomas Mann, J. G. Ballard, Thomas Hardy, William Carlos Williams und D. H. Lawrence.

94 Schreiber, *Sontag*, op. cit., S. 149, 135.

95 Donald T. Campbell, »Ethnocentrism of Disciplines and the Fish-Scale Model of Omniscience«, in: Muzafa Sherif und Carolyn W. Sherif (Hrsg.), *Interdisciplinary Relationships in the Social Sciences*, Boston, MA, 1969, S. 328–348.

96 Max Weber an Robert Liefmann, 9. März 1920, in: *Max Weber Gesamtausgabe*, Tübingen 2012, Abt. II, Briefe, Bd. 10, 2. Hbd., S. 946.

97 Peter Ghosh, *Max Weber and the Protestant Ethic: Twin Histories*, Oxford 2014, S. 35.

98 Cynthia Kerman, *Creative Tension: The Life and Thought of Kenneth Boulding*, Ann Arbor, MI, 1974, Zitate auf S. 6, 8, 43; Deborah Hammond, *The Science of Synthesis*, Boulder, CO, 2003, S. 197–241.

99 Leo Rosten, »Harold Lasswell: A Memoir«, in: Arnold A. Rogow (Hrsg.), *Politics, Personality and Social Science in the 20th Century*, Chicago, IL, 1969, S. 1–13.

100 Zitiert in: Steven A. Peterson, »Lasswell, Harold Dwight«, in: Glenn H. Utter und Charles Lockhart (Hrsg.), *American Political Scientists: A Dictionary*, 2. Aufl., Westport, CT, 2002, S. 228–230.

101 Eine dt. Übersetzung des (fragmentarischen) Manuskripts erschien 1999 bei Merve in Berlin unter dem Titel *Die Malerei von Manet*.

102 Aus der ungeheuren Flut von Sekundärliteratur zu Foucault seien hier genannt: Didier Eribon, *Michel Foucault. Eine Biographie* (1989), dt. Ausg., 2. Aufl., Frankfurt a. M. 1991; Alan Megill, »The Reception of Foucault by Historians«, in: *Journal of the History of Ideas 48* (1987), S. 117–141; Moya Lloyd und Andrew Tucker (Hrsg.), *The Impact of Michel Foucault on the Social Sciences and Humanities*, Basingstoke 1997; Jeremy W. Crampton und Stuart Elden (Hrsg.), *Space, Knowledge and Power: Foucault and Geography*, Basingstoke 2007; Ben Golder und Peter Fitzpatrick (Hrsg.), *Foucault and Law*, Farnham 2010.

103 Egon S. Pearson, *Karl Pearson: An Appreciation of Some Aspects of his Life and Work*, Cam-

bridge 1938; Churchill Eisenhart, »Pearson, Karl«, in: *DSB 10*, S. 447–473; Joanne Woiak, »Pearson, Karl«, in: *ODNB 43*, S. 331–335.

104 Nathan Reingold, »Weaver, Warren«, in: *ANB 22*, S. 838–841; Robert E. Kohler, *Partners in Science: Foundations and Natural Scientists, 1900–1945*, Chicago, IL, 1991, S. 265–302.

105 Giuseppe Armocida und Gaetana S. Rigo, »Mantegazza, Paolo«, in: *DBI 69*, S. 172–175.

106 Fabio Dei, »Pitrè, Giuseppe«, in: *DBI 84*, S. 293–297.

107 Giuseppe Armocida, »Lombroso, Cesare«, in: *DBI 65*, S. 548–553; Mary Gibson, *Born to Crime*, Westport, CT, 2002.

108 Fiorenzo Monati, »Pareto, Vilfredo«, in: *DBI 81*, S. 341–347. Gottfried Eisermann, *Vilfredo Pareto. Ein Klassiker der Soziologie*, Tübingen 1987; Bernard Valade, *Pareto: la naissance d'une autre sociologie*, Paris 1990.

109 Paul Lazarsfeld, »Notes on the History of Quantification in Sociology«, in: *Isis 52* (1961), S. 277–333; Kevin Donnelly, *Adolphe Quételet, Social Physics and the Average Men of Science*, Pittsburgh, PA, 2015.

110 Tardes Ruf, der lange von demjenigen Durkheims überschattet war, erlebt zurzeit ein Revival. Siehe Elihu Katz, »Rediscovering Gabriel Tarde«, in: *Political Communication* 23 (2006), S. 263–270.

111 So ein Kommentar, als es 1908 um die Berufung Simmels auf einen Lehrstuhl für Philosophie in Heidelberg ging, die ihm aufgrund eines antisemitischen Gutachtens letztlich verweigert wurde. Siehe Michael Landmann, »Bausteine zur Biographie«, in: Kurt Gassen und M. Landmann (Hrsg.), *Buch des Dankes an Georg Simmel*, Berlin 1958, S. 11–33, hier S. 25.

112 Clifford H. Scott, *Lester Frank Ward*, Boston, MA, 1976; Laurel N. Tanner, »Ward, Lester Frank«, in: *ANB 22*, S. 641–643.

113 Alfred Glucksman, »Norbert Elias on his Eightieth Birthday«, Vorwort zu Peter R. Gleichmann, Johan Goudsblom und Hermann Korte (Hrsg.), *Human Figurations: Essays for/Aufsätze für Norbert Elias*, Amsterdam 1977, S. 9–11. Ich danke Stephen Mennell für diesen Hinweis.

114 Norbert Elias, »Wissenschaftliche Establishments« (1982), in: idem, *Aufsätze und andere Schriften*, 3 Bde., Frankfurt a. M. 2006, Bd. II, S. 243–344. Vgl. Stephen Mennell, *Norbert Elias*, Oxford 1989; Dennis Smith, *Norbert Elias and Modern Social Theory*, Cambridge 2001; Florence Delmotte, *Norbert Elias, la civilisation et l'État: enjeux épistémologiques et politiques d'une sociologie historique*, Brüssel 2007; Marc Joly, *Devenir Norbert Elias*, Paris 2012.

115 Woodruff D. Smith, »Wilhelm Wundt: *Völkerpsychologie* as Experimental Psychology«, in: idem, *Politics and the Sciences of Culture in Germany, 1840–1920*, New York 1991, S. 120–128.

116 James, zitiert in: Horst Gundlach, »William James and the Heidelberg Fiasco«, in: *Journal of Psychology and Cognition* (2017), S. 44–60, hier S. 58. Vgl. Gerald E. Myers, *William James*, New Haven, CT, 1986.

117 Robert A. Nye, *The Origins of Crowd Psychology: Gustave Le Bon and the Crisis of Mass Democracy in the Third Republic*, Beverly Hills, CA, 1975; Benoît Marpeau, *Gustave Le Bon: parcours d'un intellectuel, 1841–1931*, Paris 2000.

118 Peter Amacher, »Freud, Sigmund«, in: *DSB 5*, S. 171–183, hier S. 173; Oliver Sacks, »Der andere Weg: Freud als Neurologe«, in: idem, *Der Strom des Bewusstseins*, Reinbek 2017, S. 89–109, hier S. 89.

119 Frank J. Sulloway, *Freud. Biologe der Seele: Jenseits der psychoanalytischen Legende* (1979), dt. Ausg. Köln-Lövenich 1982; Joel Whitebook, *Freud: Sein Leben und Denken* (2017), dt. Ausg. Stuttgart 2018.

120 Marcel Fournier, *Marcel Mauss*, Paris 1994, S. 194.

121 Douglas Cole, *Franz Boas: The Early Years, 1858–1906*, Seattle, WA, 1999; Ned Blackhawk und Isaiah L. Wilner (Hrsg.), *Indigenous Visions: Rediscovering the World of Franz Boas*, New Haven, CT, 2018.

122 Herbert J. Fleure, »Haddon, Alfred«, in: *ODNB 24*, S. 411–412.

123 Michael Bevan und Jeremy MacClancy, »Rivers, William Halse Rivers«, in: *ODNB 47*, S. 48–49.

124 Robert Ackerman, *J. G. Frazer: His Life and Work*, Cambridge 1987; idem, »Frazer, Sir James George«, in: *ODNB 20*, S. 892–893.

125 George Gordon, *Andrew Lang*, Oxford 1928, S. 11.

126 George Gordon, »Lang, Andrew«, in: *DNB 1912–21*, S. 319–323; Antonius Petrus Leonardus de Cocq, *Andrew Lang*, Tilburg 1968; William Donaldson, »Lang, Andrew«, in: *ODNB 32*, S. 453–456.

127 Bernhard Maier, *William Robertson Smith*, Tübingen 2009, S. 5, 243.

128 Thomas O. Beidelman, *W. Robertson Smith and the Sociological Study of Religion*, Chicago, IL, 1974; Henry R. Sefton, »Smith, William Robertson«, in: *ODNB 51*, S. 385–386.

129 Norbert Wiener, *Mathematik – Mein Leben* (1953), dt. Ausg. Düsseldorf 1962; Leone Montagnini, *Le armonie del disordine: Norbert Wiener matematico-filosofo del Novecento*, Venedig 2005.

130 Leon Harmon, zitiert in: Pamela McCorduck, *Denkmaschinen. Die Geschichte der künstlichen Intelligenz*, Haar bei München 1987, S. 73.

131 William Aspray, *John von Neumann and the Origins of Modern Computing*, Cambridge, MA, 1990, S. 1.

132 Norman Macrae, *John von Neumann: Mathematik und Computerforschung – Facetten eines Genies* (1992), dt. Ausg. Basel 2014; Giorgio Israel und Ana Millán Gasca, *The World as a Mathematical Game: John von Neumann and 20th-Century Science*, Basel 2009.

133 Jimmy Soni und Rob Goodman, *A Mind at Play: How Claude Shannon Invented the Information Age*, New York 2017.

134 Andrew Hodges, *Alan Turing: Enigma* (1983), dt. Ausg. Berlin 1989; David Leavitt, *The Man Who Knew Too Much: Alan Turing and the Invention of the Computer*, London 2006; George Dyson, *Turings Kathedrale: Die Ursprünge des digitalen Zeitalters* (2012), dt. Ausg. Berlin 2014.

135 Diesem bemerkenswerten Wissenschaftler wurde bisher offenbar noch keine eigene Biographie gewidmet. Zu einer kurzen Darstellung siehe John Parascandola, »Henderson, Lawrence Joseph«, in: *DSB 6*, S. 260–262.

136 Mark Davidson, *Uncommon Sense: The Life and Thought of Ludwig von Bertalanffy*, Los Angeles, CA, 1983; vgl. Hammond, *The Science of Synthesis*, op. cit.

137 Zitiert in: Hammond, *The Science of Synthesis*, op. cit., S. 157.

138 Zitiert in: Davidson, *Uncommon Sense*, op. cit., S. 18.

139 Beverley Kent, *Charles S. Peirce: Logic and the Classification of the Sciences*, Montreal 1987; Paul J. Croce, »Peirce, Charles Sanders«, in: *ANB 17*, S. 252–254; Christopher Hookway, »Peirce, Charles Sanders«, in: Edward Craig (Hrsg.), *Routledge Encyclopedia of Philosophy*, London 1998, Bd. 7, S. 269–284.

140 Daniel Armstrong und Cornelis H. van Schooneveld (Hrsg.), *Roman Jakobson: Echoes of his Scholarship*, Lisse 1977, S. v, 1.

141 Roman Jakobson, »Preface«, in: idem, *Selected Writings*, Den Haag 1966, Bd. 4.

142 Roman Jakobson und Petr Bogatyrev, »Folklore as a Special Form of Creation« (1929), Wiederabdruck in: idem, *Selected Writings*, Bd. 4, op. cit., S. 1–15.

143 Elmar Holenstein, »Jakobson's Philosophical Background«, in: Krystyna Pomorska et al. (Hrsg.), *Language, Poetry and Poetics*, Amsterdam 1987, S. 15–31.

144 José Marcos-Ortega, »Roman Jakobson precursor de la neuropsicología cognitiva«, in: Mónica Mansour und Julieta Haidar (Hrsg.), *La imaginación y la inteligencia en el lenguaje: Homenaje a Roman Jakobson*, Mexico City 1996, S. 161–176.

145 Roman Jakobson, »Two Aspects of Language and Two Aspects of Aphasic Disturbances« (1956), Wiederabdruck in: idem, *Selected Writings*, Den Haag 1971, Bd. 2, S. 239–259.

146 Richard Bradford, *Roman Jakobson: Life, Language, Art*, London 1994, S. 129–142.

147 Edmund Leach, »Roman Jakobson and Social Anthropology«, in: *A Tribute to Roman Jakobson 1896–1982* (Festschrift), Berlin 1983, S. 10–16; Holenstein, »Philosophical Background«, op. cit., S. 17.

148 Roland Barthes, *Die Sprache der Mode* (1967), dt. Ausg. Frankfurt a. M. 1985 ff.; idem, *Das Reich der Zeichen* (1970), dt. Ausg. Frankfurt a. M. 1981 ff. Zu ihm siehe Louis-Jean Calvet, *Roland Barthes: Eine Biographie* (1990), dt. Ausg. Frankfurt a. M. 1993.

149 Zitiert in: Sandro Montalto (Hrsg.), *Umberto Eco: l'uomo che sapeva troppo*, Pisa 2005, S. 215. Tatsächlich war Eco gegen die Aneignung von Informationen um ihrer selbst willen, aber fraglos muss es ihm gefallen haben, dass der Titel des Sammelbands auf Alfred Hitchcocks *The Man Who Knew Too Much* anspielt.

150 Umberto Eco, *Opera aperta* (1962), dt. Ausg. *Das offene Kunstwerk*, Frankfurt a. M. 1973 ff.

151 Peter Bondanella, *Umberto Eco and the Open Text*, Cambridge 1997; Michael Caesar, *Umberto Eco: Philosophy, Semiotics and the Work of Fiction*, Cambridge 1999.

152 Avril Pyman, *Pavel Florensky, a Quiet Genius: The Tragic and Extraordinary Life of Russia's Unknown Leonardo da Vinci*, New York 2010. Ich danke Robin Milner-Gulland, der mir vor Jahren von Florenskij und seinem Schaffen erzählte.

153 William T. Scott und Martin X. Moleski, *Michael Polanyi: Scientist and Philosopher*, Oxford 2005; Mary Jo Nye, *Michael Polanyi and his Generation*, Chicago, IL, 2011.

154 Maurice Goldsmith, *Joseph Needham: 20th-Century Renaissance Man*, Paris 1995.

155 Needhams Mitarbeiter Wang Ling, zitiert in: Goldsmith, *Joseph Needham*, op. cit., S. 136. Vgl. Simon Winchester, *Bomb, Book and Compass: Joseph Needham and the Great Secrets of China*, London 2008.

156 Goldsmiths Interviews mit Needham, zitiert in: *Joseph Needham*, op. cit., S. 55, 45. Zur »Needham Question« siehe Nathan Sivin, »Why the Scientific Revolution Did Not Take Place in China – or Didn't It?«, in: *Chinese Science* 5 (1982), S. 45–66.

157 David Lipset, *Gregory Bateson: Legacy of a Scientist*, Boston, MA, 1980, S. 115. Vgl. Peter Harries-Jones, *A Recursive Vision: Ecological Understanding and Gregory Bateson*, Toronto 1995.

158 Robert W. Rieber (Hrsg.), *The Individual, Communication and Society: Essays in Memory of Gregory Bateson*, Cambridge 1989, S. 2.

159 Lipset, *Gregory Bateson*, op. cit., S. 184–238.

160 Ibidem, S. 180. Zu den Macy-Konferenzen siehe das Interdisziplinaritätskapitel.

161 Harries-Jones, *Recursive Vision*, op. cit., S. 9.

162 Brief an Sigmund Koch vom 6. Februar 1961, zitiert in: Hunter Crowther-Heyck, *Herbert A. Simon: The Bounds of Reason in Modern America*, Baltimore, MD, 2006, S. 312.

163 Ha-Joon Chang, *23 Things They Don't Tell You about Capitalism*, London 2011, S. 173.

164 Herbert Simon, *Models of My Life*, New York 1991, S. 189.

165 Michel de Certeau: *La prise de parole: pour une nouvelle culture*, Paris 1968; idem, in Zusammenarbeit mit Jacques Revel und Dominique Julia, *Une politique de la langue: la Révolution française et les patois*, Paris 1975.

166 Richard Creath, »The Unity of Science: Carnap, Neurath and Beyond«, in: Peter Galison und David J. Stump (Hrsg.), *The Disunity of Science*, Stanford, CA, 1996, S. 158–169, hier S. 161.

167 Fournier, *Émile Durkheim*, op. cit., S. 236–237, 262, 263.

168 Cynthia Kerman, *Creative Tension: The Life and Thought of Kenneth Boulding*, Ann Arbor, MI, 1974, S. 22.

169 Berlin, zitiert in: Nye, *Michael Polanyi*, op. cit., S. 304.

170 Hodges, *Alan Turing*, op. cit., S. 475.

171 Miller, *Lewis Mumford*, op. cit., S. 532.

172 Berichtet von Carlo Ginzburg in: Maria Lúcia G. Pallares-Burke, *The New History: Confessions and Comparisons*, Cambridge 2002, S. 209.

173 www.critical-theory.com/noam-chomsky-calls-jacques-lacan-a-charlatan, aufgerufen am 3. August 2017.

174 Zitiert in: Michael Moran, *Metaphysical Imagination and Other Essays on Philosophy and Modern European Mind*, Peterborough 2018, S. 660–661.

175 Blake Morrison, »Too Clever by Half: George Steiner«, in: *Independent*, 15. Oktober 1994; Jeet Heer, »George Steiner's Phony Learning«, in: *sans everything*, 16. Mai 2009, https://sanseverything.wordpress.com/2009/05/16/george-steiners-phony-learning/, aufgerufen am 27. November 2020.

176 Stuart Elden (Hrsg.), *Sloterdijk Now*, Cambridge 2012, S. 3.

177 Jamil Khader und Molly Anne Rothenberg (Hrsg.), *Žižek Now*, Cambridge 2013.

178 Rebecca Mead, »The Marx Brother: How a Philosopher from Slovenia Became an International Star«, in: *New Yorker*, 5. Mai 2005, S. 38–47.

179 George S. Gordon, »Lang, Andrew«, in: *DNB 1912–21*, S. 319–323, hier S. 322; idem, *Andrew Lang*, op. cit., S. 10. Robert R. Marett, der selber auf diesem Gebiet arbeitete, nannte Lang »einen großartigen Anthropologen« (*The Raw Material of Religion*, Oxford 1929, S. 3).

180 Max Weber, *Die protestantische Ethik und der Geist des Kapitalismus* (1904–1905), in: idem, *Gesammelte Aufsätze zur Religionssoziologie*, Tübingen 1920, Bd. I, S. 17–206, hier S. 202.

Ein Gruppenporträt

1 Josh Clark, »How Curiosity Works«, 28. Januar 2010, https://science.howstuffworks.com/life/evolution/curiosity1.html.

2 Peter Miller, »Peiresc in Africa«, in: Marc Fumaroli (Hrsg.), *Les premiers siècles de la république européenne des lettres*, Paris 2005, S. 493–525, hier S. 501.

3 Pierre-Daniel Huet, *Commentarius*, Den Haag 1718, S. 15; *Huetiana*, Paris 1722, zitiert in:

Elena Rapetti, *Pierre-Daniel Huet: erudizione, filosofia, apologetica*, Mailand 1999, S. 5 (Anm.).

4 Richard S. Westfall, *Never at Rest: A Biography of Isaac Newton*, Cambridge 1980, S. 103.

5 Benjamin Franklin, *Autobiography*, hrsg. von J. A. Leo Lemay und P. M. Zall, New York 1986, S. 9.

6 Alexander von Humboldt, *Kosmos*, Stuttgart 1845, Bd. 1, Vorrede, o.S.

7 Jean-Louis Benoît, *Tocqueville*, Paris 2005, Bd. 1, S. 818.

8 Hippolyte Taine, *Correspondance*, 4 Bde., Paris 1902–1906, Bd. 1, S. 56.

9 Sigmund Freud, »Selbstdarstellung«, in: idem, *Gesammelte Werke*, London 1948, Bd. 14, S. 31–96, hier S. 34.

10 Bertrand Russell, *Autobiography*, 3 Bde., London 1967–1969, Bd. 1, S. 13.

11 Fernando Ortiz, *La africanía de la música folklórica de Cuba*, Havanna 1950, S. xiii.

12 Maria Rosa Antognazza, *Leibniz: A Very Short Introduction*, Oxford 2016, S. 6.

13 Edmund Hector, zitiert in: Robert DeMaria Jr., *The Life of Samuel Johnson*, Oxford 1993, S. 8.

14 Lewis Mumford, *The Condition of Man*, New York 1944, S. 383.

15 George Dyson, *Turings Kathedrale. Die Ursprünge des digitalen Zeitalters* (2012), dt. Ausg. Berlin 2014, S. 71.

16 Zitiert in: Gareth Dale, *Karl Polanyi: A Life on the Left*, New York 2016, S. 8.

17 Lewis M. Dabney, *Edmund Wilson: A Life*, New York 2005, S. xii.

18 Didier Eribon, *Michel Foucault. Eine Biographie*, 2. Aufl., Frankfurt a. M. 1991, S. 30.

19 »l'intéret passioné [...] qu'il porte a toutes choses«, zitiert in: François Dosse, *Michel de Certeau: Le marcheur blessé*, Paris 2002, S. 176.

20 Daniel Horowitz, »David Riesman: From Law to Social Criticism«, in: *Buffalo Law Review 58* (2010), S. 1.005–1.029, hier S. 1.012.

21 »ragionando con amici e tra lo strepito de'suoi figliuoli, come ha uso di sempre o leggere o scrivere o meditare«: Giambattista Vico, *Opere*, hrsg. von Roberto Parenti, Neapel 1972, S. 384.

22 Klára von Neumann, zitiert in: Dyson, *Turings Kathedrale*, op. cit., S. 86.

23 Mary Somerville, *Personal Recollections*, London 1873, S. 164.

24 Andrew Clark, *The Life and Times of Anthony Wood*, 3 Bde., Oxford 1891–1894, Bd. 1, S. 282.

25 John Aubrey, *Brief Lives*, hrsg. von Oliver L. Dick, London 1960, S. 20.

26 Westfall, *Never at Rest*, op. cit., S. 103 und 191.

27 Robert Shackleton, *Montesquieu: A Critical Biography*, Oxford 1961, S. 77–78.

28 Pierre Boutroux und Étienne Toulouse, zitiert in: Jeremy Gray, *Henri Poincaré: A Scientific Biography*, Princeton, NJ, 2013, S. 25.

29 Dale, *Karl Polanyi*, op. cit., S. 216–217.

30 Hector, zitiert in: DeMaria, *The Life of Samuel Johnson*, op. cit., S. 8.

31 Julie de Lespinasse, zitiert in: Keith M. Baker, *Condorcet: From Natural Philosophy to Social Mathematics*, Chicago, IL, 1975, S. 25.

32 Sarah Lee, *Memoirs of Baron Cuvier*, London 1833, S. 9, 11.

33 George O. Trevelyan, *Life and Letters of Lord Macaulay* (1876), Nachdruck Oxford 1978, Bd. 1, S. 48, und Bd. 2, S. 142–143. Der Autor zitiert hier Macaulays Freund und Herausgeber, den Universalgelehrten Francis Jeffrey.

34 Ferdinand Denis, zitiert in: Andrew George Lehmann, *Sainte-Beuve*, Oxford 1962, S. 233.

35 Zitate aus Dyson, *Turings Kathedrale*, op. cit., S. 67, und Pamela McCorduck (die Interviewerin), in: *Denkmaschinen. Die Geschichte der künstlichen Intelligenz*, Haar bei München 1987, S. 73.

36 Maurice Goldsmith, *Joseph Needham: 20th-Century Renaissance Man*, Paris 1995, S. 3, 137.

37 Helen C. Foxcroft (Hrsg.), *Supplement to Burnet's History of his Own Time*, Oxford 1902, S. 456.

38 Der französische Geologe Jules Marcou, zitiert in: Edward Lurie, *Louis Agassiz: A Life in Science*, Chicago, IL, 1960, S. 18.

39 Trevelyan, *Life and Letters*, op. cit., Bd. 1, S. 48, 50.

40 James Bryce, zitiert in: Bernhard Maier, *William Robertson Smith*, Tübingen 2009, S. 202.

41 Boulding, zitiert in: Deborah Hammond, *The Science of Synthesis*, Boulder, CO, 2003, S. 154.

42 Steve J. Heims, *The Cybernetic Group*, Cambridge, MA, 1991, S. 44.

43 Wang Ling, in: Goldsmith, *Joseph Needham*, op. cit., S. 141.

44 Zitiert in: Thomas Hager, *Force of Nature: A Life of Linus Pauling*, New York 1995, S. 53.

45 Nancy G. Slack, *G. Evelyn Hutchinson and the Invention of Modern Ecology*, New Haven, CT, 2010, S. 320–333.

46 McCorduck, *Denkmaschinen*, op. cit., S. 91.

47 Zitiert in: Peter Brent, *Charles Darwin* (1981), Neuausgabe London 1983, S. 300; McCorduck, *Denkmaschinen*, op. cit., S. 131.

48 Nathan Sivin, »Shen Kua«, in: idem, *Science in Ancient China: Researches and Reflections*, Aldershot 1995, S. 53.

49 Johann Gottfried Herder, *Vom Erkennen und Empfinden der menschlichen Seele*, Riga 1778, S. 4; Max Black, *Models and Metaphors*, Ithaca, NY, 1962; Mary B. Hesse, *Models and Analogies in Science*, London 1963.

50 C. Scott Littleton, *The Comparative Indo-European Mythology of Georges Dumézil*, Bloomington, IN, 1964.

51 Donald A. Schön, *Displacement of Concepts*, London 1963.

52 Cosimo Bartoli, Giordano Bruno, Celio Calcagnini, Erasmus Darwin, Kenelm Digby, Tommaso Campanella, Hugo Grotius, Albert von Haller, Constantijn Huygens, Samuel Johnson, William Jones, Gaspar Melchor de Jovellanos, Michail Lomonossow, Lorenzo Magalotti, Pedro Peralta, Francesco Redi, Carlos de Sigüenza y Góngora, Rudjer Bošković.

53 Andrés Bello, Jorge Luis Borges, Aldous und Julian Huxley, Kenneth Boulding, Jacob Bronowski, Kenneth Burke, Roman Jakobson, Andrew Lang und Georges Bataille.

54 Romane veröffentlichten zudem Albrecht von Haller, Germaine de Staël, George Henry Lewes, Karl Pearson, Siegfried Kracauer, Kenneth Burke, Ludwig von Bertalanffy, Gilberto Freyre, Roger Caillois, Darcy Ribeiro und Susan Sontag.

55 William Lloyd, Predigt anlässlich der Beisetzung von John Wilkins, zitiert in: Barbara J. Shapiro, *John Wilkins*, Berkeley, CA, 1969, S. 214, 312.

56 Basnage, zitiert in: Hubert Bost, *Pierre Bayle*, Paris 2006, S. 518.

57 Foxcroft, *Supplement*, op. cit., S. 455.

58 Jacques Roger, *Buffon: un philosophe au Jardin du Roi*, Paris 1989, S. 47, 52.

59 Paul R. Sweet, *Wilhelm von Humboldt: A Biography*, 2 Bde., Columbus, OH, 1978–1980, Bd. 1, S. 160.

60 Karl Lehmann, *Thomas Jefferson, American Humanist*, Chicago, IL, 1947, S. 13; Lurie, *Louis Agassiz*, op. cit., S. 24.

61 Zitiert in: Fiona MacCarthy, *William Morris*, London 1994, S. 499, 523.

62 McCorduck, *Denkmaschinen*, op. cit., S. 131.

63 Bruce L. Smith, »The Mystifying Intellectual History of Harold D. Lasswell«, in: Arnold A. Rogow (Hrsg.), *Politics, Personality and Social Science in the 20th Century*, Chicago, IL, 1969, S. 41–105, hier S. 44.

64 Berrs Freund Lucien Febvre, zitiert in: Agnès Biard, Dominique Bourel und Eric Brian (Hrsg.), *Henri Berr et la culture du XXe siècle*, Paris 1997, S. 11.

65 Mumford, *Condition of Man*, op. cit., S. 383.

66 Mark Elvin, »›Introduction‹ to a Symposium on the Work of Joseph Needham«, in: *Past and Present 87* (1980), S. 17–20, hier S. 18; Christopher Cullen in: Joseph Needham und Wang Ling, *Science and Civilization in China*, Cambridge 1965, Bd. 7, Teil 2, S. xvi.

67 David Rieff, zitiert in: Daniel Schreiber, *Susan Sontag. Geist und Glamour*, Berlin 2007, S. 69.

68 Roger, *Buffon*, op. cit., S. 47.

69 MacCarthy, *William Morris*, op. cit., S. 262, 562.

70 Wang Ling in: Goldsmith, *Joseph Needham*, op. cit., S. 135; Marie Neurath und Robert S. Cohen (Hrsg.), *Otto Neurath, Empiricism and Sociology*, Dordrecht 1973, S. 13, 28, 52, 59, 64.

71 Hager, *Force of Nature*, op. cit., S. 139.

72 Pamela H. Smith, *The Business of Alchemy: Science and Culture in the Holy Roman Empire*, Princeton, NJ, 1994, S. 14.

73 Zitiert in: MacCarthy, *William Morris*, op. cit., S. 230.

74 Umberto Eco, »In Memory of Giorgio Prodi«, in: Leda G. Jaworksi (Hrsg.), *Lo studio Bolognese*, Stony Brook, NY, 1994, S. 77. Was Eco selbst betrifft, kann ich persönlich das Tempo bezeugen, in dem er sich bewegte. Bei einer Konferenz in Italien saß ich einmal im selben Forum wie Eco. Er traf pünktlich zu seinem Vortrag ein, gab allen Mitgliedern die Hand, hielt seinen Vortrag, gab wieder allen die Hand und ging – vermutlich zur nächsten Konferenz!

75 Bemerkung gegenüber Hugh O'Neill, zitiert in: Scott und Moleski, *Polanyi*, op. cit., S. 193.

76 Zitiert in: Robert Olby, »Huxley, Julian S.«, in: *ODNB 29*, S. 92–95, hier S. 93.

77 Robert W. Rieber, »In Search of the Impertinent Question: An Overview of Bateson's Theory of Communication«, in: idem (Hrsg.), *The Individual, Communication and Society: Essays in Memory of Gregory Bateson*, Cambridge 1989, S. 1–28, hier S. 2.

78 George Steiner, *Errata: An Examined Life*, New Haven, CT, 1997, S. 41 (dt. Ausgabe München 1999); idem, »A Responsion«, in: Nathan A. Scott Jr. und Ronald A. Sharp (Hrsg.), *Reading George Steiner*, Baltimore, MD, 1994, S. 276.

79 Edward Said, *Out of Place: A Memoir*, London 1999 (dt. Ausgabe Berlin 2000).

80 Herbert Simon, *Models of My Life* (1991), 2. Aufl., Cambridge, MA, 1996, S. ix.

81 George C. Homans, *Coming to My Senses: The Autobiography of a Sociologist*, New Brunswick, NJ, 1984, S. 164.

82 Johann Georg Graevius, Vorwort zu Junius, *De pictura*, Rotterdam 1694.

83 Neumanns Tochter Marina, zitiert in: Dyson, *Turings Kathedrale*, op. cit., S. 87.

84 Linda Gardiner, »Women in Science«, in: Samia I. Spencer (Hrsg.), *French Women and the Age of Enlightenment*, Bloomington, IN, 1992, S. 181–193, hier S. 189; Judith P. Zinsser, *Émilie du Châtelet: Daring Genius of the Enlightenment*, New York 2007.

85 Laurel N. Tanner, »Ward, Lester Frank«, in: *ANB 22*, S. 641–643.

86 Leonard Warren, *Joseph Leidy: The Last Man Who Knew Everything*, New Haven, CT, 1998, S. 5.

87 Karl Pearsons Autobiographie, zitiert in: Egon S. Pearson, *Karl Pearson*, London 1938, S. 2.

88 Simon, *Models*, op. cit., S. 112, 200, 238.

89 Zitiert in: Hager, *Force of Nature*, op. cit., S. 55.

90 Klára von Neumann, »Vorwort«, in: John von Neumann, *Die Rechenmaschine und das Gehirn*, 3. Aufl., München 1970, S. 7.

91 Wang Ling in: Goldsmith, *Joseph Needham*, op. cit., S. 134, 137, 143.

92 Eribon, *Michel Foucault*, op. cit., S. 334–335; Stuart Elden, *Foucault's Last Decade*, Cambridge 2016, S. 1.

93 Thomas O. Beidelman, *W. Robertson Smith and the Sociological Study of Religion*, Chicago, IL, 1974, S. 11.

94 Wilhelm Ostwald, *Lebenslinien – Eine Selbstbiographie* (3 Teile, 1926–1927), Neuauflage Leipzig 2003, S. 193.

95 Frederick W. Maitland, *Life and Letters of Leslie Stephen*, London 1906, S. 374, zitiert in: Alan Bell, »Stephen, Leslie«, in: *ODNB 52*, S. 447–457, hier S. 454.

96 H. Stuart Jones, *Intellect and Character in Victorian England: Mark Pattison and the Invention of the Don*, Cambridge 2007, S. 150.

97 Anthony D. Nuttall, *Dead from the Waist Down: Scholars and Scholarship in Literature and the Popular Imagination*, New Haven, CT, 2003, S. 142.

98 Robin Robbins, »Browne, Thomas«, in: *ODNB 8*, S. 215.

99 Westfall, *Never at Rest*, op. cit., S. 192.

100 Montesquieu, zitiert in: Shackleton, *Montesquieu*, op. cit., S. 234; Wilhelm von Humboldt, *Briefe an eine Freundin*, Leipzig 1847, S. 42–43.

101 Young, zitiert in: Hudson Gurney, *Memoir of the Life of Thomas Young*, London 1831, S. 42; Herschel, zitiert in: Günther Buttmann, *John Herschel*, Stuttgart 1965, S. 24.

102 Charles Darwin, Brief an seine Schwester Susan, 1836, in: *Life and Letters of Charles Darwin*, 3 Bde., London 1887, Bd. 1, S. 266.

103 Zitiert in: Brent, *Charles Darwin*, op. cit., S. 209.

104 Annette Vowinckel, »›Ich fürchte mich vor den Organisationslustigen‹: Ein Dialog zwischen Hans Blumenberg und Reinhart Koselleck«, in: *Merkur 781* (2014), S. 546–550, hier S. 548.

105 Joachim Radkau, *Max Weber*, München und Wien 2005, S. 253, S. 211–213.

106 Norman und Jean Mackenzie, *The Time Traveller: The Life of H. G. Wells*, London 1973, S. 46, 329, 338.

107 Melvil Dewey, zitiert in: Wayne Wiegand, *Irrepressible Reformer*, Chicago, IL, 1996, S. 192.

108 Gerald J. Toomer, *John Selden*, 2 Bde., Oxford 2009, Bd. 2, S. 490.

109 Edmund Hector, zitiert in: John Hawkins, *The Life of Samuel Johnson*, London 1962, S. 7.

110 Simon, *Models*, op. cit., S. 110; Homans, *Coming to My Senses*, op. cit., S. 57.

111 Norbert Elias, *Über sich selbst*, Frankfurt a. M. 1990, S. 138.

112 Young, Brief an Gurney, zitiert in: Gurney, *Memoir*, op. cit., S. 183.

113 Henry Holorenshaw [Pseudonym von J. Needham], »The Making of an Honorary Taoist«, in: Mikuláš Teich und Robert Young (Hrsg.), *Changing Perspectives in the History of Science*, London 1973, S. 1–20, hier S. 12.

114 Maria Lúcia G. Pallares-Burke, *The New History: Confessions and Comparisons*, Cambridge 2002, S. 186.

115 Heims, *The Cybernetic*, op. cit., S. 37, 45.

116 McCorduck, *Denkmaschinen*, op. cit., S. 122.

117 Isaiah Berlin, *Der Igel und der Fuchs. Essay über Tolstojs Geschichtsverständnis*, Frankfurt a. M. 2009. Vgl. Stephen J. Gould, *The Hedgehog, the Fox and the Magister's Pox*, London 2003.

118 Rieber, »In Search of the Impertinent Question«, in: idem, *The Individual*, op. cit., S. 3.

119 Constantin Fasolt, »Hermann Conring and the Republic of Letters«, in: Herbert Jaumann (Hrsg.), *Die Europäische Gelehrtenrepublik im Zeitalter des Konfessionalismus*, Wiesbaden 2001, S. 141–153, hier S. 150; vgl. Michael Stolleis, *Die Einheit der Wissenschaften – zum 300. Todestag von Hermann Conring*, Helmstedt 1982.

120 Avril Pyman, *Pavel Florensky, a Quiet Genius*, London 2010, S. 40, 27; Steven Cassedy, »P. A. Florensky and the Celebration of Matter«, in: Judith D. Kornblatt und Richard F. Gustafson (Hrsg.), *Russian Religious Thought*, Madison, WI, 1996, S. 95–111, hier S. 97.

121 Teich und Young, »Holorenshaw, Honorary Taoist«, op. cit., S. 2, 19–20.

122 Simon, zitiert in: Hunter Crowther-Heyck, *Herbert A. Simon: The Bounds of Reason in Modern America*, Baltimore, MD, 2005, S. 316.

123 Bronowskis unveröffentlichter autobiographischer Abriss zitiert von Sheets-Pyenson, in: »Bronowski«, in: *ODNB* 7, S. 832–834, hier S. 834.

124 Marie Jahoda, »PFL: Hedgehog or Fox?«, in: Robert Merton, James Coleman und Peter Rossi (Hrsg.), *Qualitative and Quantitative Social Research*, Glencoe, IL, 1979, S. 3–9, hier S. 3.

125 Guido Almansi, »The Triumph of the Hedgehog«, in: Scott und Sharp, *Reading George Steiner*, op. cit., S. 58–73, hier S. 58.

126 Ginzburg, zitiert in: Pallares-Burke, *The New History*, op. cit., S. 194.

127 Vasilii Zubov, *Leonardo da Vinci* (1961), aus dem Russischen übersetzt, Cambridge, MA, 1968, S. 65; Martin Kemp, *Leonardo*, München 2005, S. 18.

128 Kurt-Reinhard Biermann, »Humboldt, F. W. H. A. von«, in: *DSB* 6, S. 551.

129 Dosse, *Michel de Certeau*, op. cit.

130 Michelle Perrot, »Mille manières de braconner«, in: *Le Débat* 49 (1988), S. 117–121.

131 Peter Burke, »The Art of Re-Interpretation: Michel de Certeau«, in: *Theoria* 100 (2002), S. 27–37.

132 Michael Hunter, »Hooke the Natural Philosopher«, in: Jim Bennet et al., *London's Leonardo*, Oxford 2003, S. 105–162, hier S. 151.

133 George Peacock, *Life of Thomas Young*, London 1855, S. 397.

134 Zitiert in: Franz Mehring, *Geschichte der deutschen Sozialdemokratie*, 4 Bde., Stuttgart 1909, Bd. 1, S. 210.

135 Ernest Jones, *Das Leben und Werk von Sigmund Freud*, 3 Bde., Bern und Stuttgart 1960–1962, Bd. 1, S. 73.

136 Helen Meller, »Geddes, Patrick«, in: *ODNB* 21, S. 706.

137 Richard Creath, »The Unity of Science: Carnap, Neurath and Beyond«, in: Peter Galison und David J. Stump (Hrsg.), *The Disunity of Science: Boundaries, Contexts and Power*, Stanford, CA, 1996, S. 158–169, hier S. 161.

138 Scott und Moleski, *Polanyi*, op. cit., S. 208.

139 Dosse, *Michel de Certeau*, op. cit., S. 176.

1 Näheres zu Vicos Überlegungen zu den Gedanken Ibn Chalduns findet sich in: Warren E. Gates, »The Spread of Ibn Khaldun's Ideas on Climate and Culture«, in: *Journal of the History of Ideas*, Nr. 28 (1967), S. 415–422.

2 Sue Prideaux, *Strindberg: A Life*, New Haven, CT, 2012.

3 Egil Johansson, »Literacy Studies in Sweden«, in: ibidem (Hrsg.), *Literacy and Society in a Historical Perspective*, Umeå 1973, S. 41–65.

4 Bruno Latour, »Centres of Calculation«, in: idem, *Science in Action*, Cambridge, MA, 1987, S. 215–257; Christian Jacob (Hrsg.), *Lieux de Savoir*, 2 Bde., Paris 2007–2011; zu den Niederländern siehe Graham Gibbs, »The Role of the Dutch Republic as the Intellectual Entrepôt of Europe in the 17th and 18th Centuries«, in: *Bijdragen en Mededelingen betreffende de geschiedenis der Nederlanden 86* (1971), S. 323–349; Karel Davids, »Amsterdam as a Centre of Learning in the Dutch Golden Age«, in: Patrick O'Brien et al. (Hrsg.), *Urban Achievement in Early Modern Europe*, Cambridge 2001, S. 305–325.

5 Bei diesen sechs handelt es sich um Johann von Wowern, Lucas Holstenius, Peter Lambeck, Vincent Placcius, Johann Albert Fabricius und Hermann Samuel Reimarus. Vgl. Johann Otto Thiess, *Versuch einer Gelehrtengeschichte von Hamburg*, Hamburg 1783.

6 Bei diesen handelt es sich, in chronologischer Reihenfolge, um: Carlos de Sigüenza y Góngora, Sor Juana, Pedro de Peralta, José Antonio de Alzate, José Mariano da Conceição Veloso, Andrés Bello, Domingo Sarmiento, Fernando Ortiz, Alfonso Reyes, Jorge Luis Borges, Gilberto Freyre, Darcy Ribeiro.

7 Enrico Mario Santi, *Fernando Ortiz: contrapunteo y transculturación*, Madrid 2012; Peter Burke und Maria Lúcia G. Pallares-Burke, *Gilberto Freyre: Social Theory in the Tropics*, Oxford 2008.

8 Robert K. Merton, »Science, Technology and Society in Seventeenth-Century England«, in: *Osiris 4* (1938), S. 360–620; Reijer Hooykaas, »Science and Reformation«, in: *Cahiers d'Histoire Moderne 3* (1956), S. 109–138.

9 Claudio Paolucci, *Umberto Eco*, Mailand 2016, S. 40–41.

10 Bei den Jesuiten handelt es sich um Francisco Suárez, Emanuele Tesauro, Juan Eusebio Nieremberg, Giambattista Riccioli, Athanasius Kircher, Eusebio Kino, Rugjer Bošković, Pierre Teilhard de Chardin und Michel de Certeau.

11 Die anderen waren Isaac Casaubon, Johann Heinrich Bisterfeld, Herman Conring, Gerard Vossius, Samuel Pufendorf, Conrad Schurzfleisch, Johann Joachim Becher, John Millar, John und William Playfair, Daniel Encontre, Gustav Fechner, Mark Pattison, William Robertson Smith, Frank Franklin Giddings, Wilhelm Wundt, James G. Miller und Edward Haskell.

12 Friedrich Nietzsche, *Der Antichrist* (1888), Kap. 10, in: *Kritische Studienausgabe* (KSA), hrsg. von Giorgio Colli und Mazzino Montinari, München 1999, Bd. 6, S. 176.

13 Stefan Müller-Doohm, *Habermas: Eine Biographie*, Berlin 2014, S. 29.

14 Bertrand Russell, *Autobiography*, 3 Bde., London 1967–1969, Bd. 1, S. 71.

15 Thorstein Veblen, »The Intellectual Pre-Eminence of Jews in Modern Europe«, in: *Political Science Quarterly 34* (1919), S. 33–42, hier S. 36, 38.

16 Norbert Wiener, *Ex-Prodigy*, New York 1953, S. 120.

17 Peter Burke, *Exiles and Expatriates in the History of Knowledge*, Waltham, MA, 2017.

18 Wiener, *Ex-Prodigy*, op. cit., S. 63; idem, *I am a Mathematician*, London 1956, S. 20.

19 Gerard, zitiert in: Deborah Hammond, *The Science of Synthesis*, Boulder, CO, 2003, S. 147.

20 Cynthia E. Kerman, *Creative Tension: The Life and Thought of Kenneth Boulding*, Ann Arbor, MI, 1974.

21 Andrew Hodges, *Andrew Turing: The Enigma* (1983), 2. Aufl., London 2014, S. 43; Herbert Simon, *Models of My Life*, New York 1991, S. 9, 40.

22 Hans Rudolf Velten, »Die Autodidakten«, in: Jutta Held (Hrsg.), *Intellektuelle in der Frühen Neuzeit*, München 2002, S. 55–81, hier S. 66.

23 Alexander Wood, *Thomas Young, Natural Philosopher*, Cambridge 1954, S. 11.

24 Ibidem, S. 5.

25 Norman und Jeanne Mackenzie, *The Life of H. G. Wells: The Time Traveller*, London 1987, S. 47.

26 George C. Homans, *Coming to My Senses: The Autobiography of a Sociologist*, New Brunswick, NJ, 1984, S. 46.

27 Jorge Luis Borges, »Autobiographical Essay«, in: idem, *The Aleph*, London 1971, S. 203–260, hier S. 209.

28 Wiener, *Ex-Prodigy*, op. cit., S. 62–63; Otto Neurath, *Empiricism and Sociology*, hrsg. von Marie Neurath und Robert S. Cohen, Dordrecht 1973, S. 4, 14, 46.

29 Cassandra Fedele, Laura Cereta, Marie de Gournay, Bathsua Makin, Anna Maria van Schurman, Elisabeth von der Pfalz, Margaret Cavendish, Christina von Schweden, Elena Cornaro, Sor Juana, Émilie du Châtelet, Maria Agnesi.

30 Michael John Gorman, »The Angel and the Compass: Athanasius Kircher's Magnetic Geography«, in: Paula Findlen (Hrsg.), *Athanasius Kircher: The Last Man Who Knew Everything*, London 2003, S. 229–251, hier S. 245.

31 Charles Darwin, Notizbuch, Juli 1838, Manuskript in der Cambridge University Library: https://www.darwinproject.ac.uk/tags/about-darwin/family-life/darwin-marriage.

32 Ernst Gombrich, *Aby Warburg: An Intellectual Biography*, Oxford 1986, S. 22 (dt. Ausgabe Frankfurt a. M. 1981).

33 Homans, *Coming to My Senses*, op. cit., S. 295.

34 John Aubrey, *Brief Lives*, hrsg. von Oliver L. Dick, London 1960, S. 254.

35 Zitiert in: Peter Brent, *Charles Darwin: A Man of Enlarged Curiosity*, London 1981, S. 137.

36 Gerald Toomer, *John Selden: A Life in Scholarship*, 2 Bde., Oxford 2009, Bd. 1, S. 332, Bd. 2, S. 447.

37 Detlef Döring, »Biographisches zu Samuel von Pufendorf«, in: Bodo Geyer und Helmut Goerlich (Hrsg.), *Samuel Pufendorf und seine Wirkungen bis auf die heutige Zeit*, Baden-Baden 1996, S. 23–38, hier S. 27.

38 Russell, *Autobiography*, op. cit., Bd. 2, S. 34.

39 Peter F. Drucker, *Adventures of a Bystander*, London 1978, S. 126; zu Cécile siehe Gareth Dale, *Karl Polanyi: The Limits of the Market*, Cambridge 2010, S. 15.

40 J. W. Scott, »Ogden, Charles Kay«, in: *ODNB 41*, S. 558–559, Richard Storer, »Richards, Ivor Armstrong«, in: *ODNB 46*, S. 778–781.

41 Michel Surya, *Georges Bataille: La mort à l'œuvre*, Paris 1992; Alain Bosquet, *Roger Caillois*, Paris 1971.

42 Zu Lehrern und Schülern siehe George Steiner, *Lessons of the Masters*, Cambridge 2003, und Françoise Waquet, *Les enfants de Socrate: filiation intellectuelle et transmission du savoir, XVIIe–XXIe siècle*, Paris 2008.

43 Interview mit Lewis Mumford: http://www.patrickgeddestrust.co.uk/LM%20on%20PG%20BBC%201969.htm, aufgerufen am 6. Februar 2017. Vgl. Mumford, »The Disciple's Rebellion«, zitiert in: Frank G. Novak Jr. (Hrsg.), *Lewis Mumford and Patrick Geddes: The Correspondence*, London 1995.

44 Harriet Wanklyn, *Friedrich Ratzel: A Biographical Memoir and Bibliography*, Cambridge 1961, S. 7.

45 Mark Davidson, *Uncommon Sense: The Life and Work of Ludwig von Bertalanffy*, Los Angeles, CA, 1983, S. 191.

46 Sten Lindroth, *Svensk lärdomshistoria*, Stockholm 1975, Bd. 1, S. 152–161 und 237–249; Håkan Håkansson, »Alchemy of the Ancient Goths: Johannes Bureus's Search for the Lost Wisdom of Scandinavia«, in: *Early Science and Medicine* 17 (2012), S. 500–522.

47 John Fletcher (Hrsg.), *Athanasius Kircher und seine Beziehungen zum gelehrten Europa seiner Zeit*, Wiesbaden 1988, S. 3, 111.

48 Maria Rosa Antognazza, *Leibniz: An Intellectual Biography*, Cambridge 2009, S. 324.

49 Andrea Wulf, *Alexander von Humboldt und die Erfindung der Natur*, München 2016, S. 241.

50 Wilhelm Adolf Scribonius verließ die Universität Marburg zugunsten des Gymnasiums in Korbach. Conrad Samuel Schurzfleisch unterrichtete ebenfalls in Korbach. Zu den Lehrern am Johanneum, der Gelehrtenschule in Hamburg, gehörten Peter Lambeck, Vincent Placcius, Johann Albert Fabricius und Hermann Samuel Reimarus.

51 Daniel J. Wilson, *Arthur O. Lovejoy and the Quest for Intelligibility*, Chapel Hill, NC, 1980, S. 186–187.

52 Wanklyn, *Friedrich Ratzel*, op. cit., S. 3.

53 Michael Stolleis, »Die Einheit der Wissenschaften: Hermann Conring«, in: idem (Hrsg.), *Conring*, Berlin 1983, S. 11–34. Vgl. Alberto Jori, *Hermann Conring (1606–1681): Der Begründer der deutschen Rechtsgeschichte*, Tübingen 2006.

54 Benoît Marpeau, *Gustave Le Bon: parcours d'un intellectuel, 1841–1931*, Paris 2000; G. Armocida und G. S. Rigo, »Mantegazza, Paolo«, in: *DBI 69*, S. 172–175.

55 Zu einer bestimmten Spezies des Renegaten siehe Peter Burke, »Turn or Return? The Cultural History of Cultural Studies, 1500–2000«, in: Mihaela Irimia und Dragoş Ivana (Hrsg.), *Literary into Cultural History*, Bukarest 2009, S. 11–29.

56 Bayle, geschrieben 1681, zitiert in: Helena H.M. van Lieshout, »The Library of Pierre Bayle«, in: Eugenio Canone (Hrsg.), *Bibliothecae Selectae da Cusano a Leopardi*, Florenz 1993, S. 281–297, hier S. 281.

57 Weitere Universalgelehrte, die als Bibliothekare ihr Auskommen fanden, waren etwa Johannes Bureus und Isaac Vossius in Stockholm, Marcus Meibom in Stockholm und Kopenhagen, Robert Burton in Christ Church, Oxford, Daniel Morhof in Kiel, Lucas Holstenius in Frankreich und Rom, Peter Lambeck in Wien, Vincent Placcius in Padua, Conrad Schurzfleisch in Weimar, Georges Bataille in Paris und Daniel Boorstin in Washington.

58 Gordon Stevenson und Judith Kramer-Greene (Hrsg.), *Melvil Dewey: The Man and the Classification*, Albany, NY, 1983; Françoise Levie, *L'Homme qui voulait classer le monde: Paul Otlet et le Mundaneum*, Brüssel 2006; Alex Wright, *Cataloging the World: Paul Otlet and the Birth of the Information Age*, New York 2014.

59 Franck Bourdier, »Cuvier, Georges«, in: *DSB 3*, S. 521–528, hier S. 524.

60 Samuel Johnson, *Dictionary of the English Language*, London 1755, Vorwort.

61 John Clive, *Macaulay: The Shaping of the Historian*, London 1973, S. 100.

62 L. Kellner, »Alexander von Humboldt and the Organization of International Collaboration in Geophysical Research«, in: *Contemporary Physics 1* (1959), S. 35–48; Kurt-Reinhard Biermann, »Alexander von Humboldt als Initiator und Organisator internationaler Zusammenarbeit auf geophysikalischem Gebiet«, in: Eric G. Forbes (Hrsg.), *Human Implications of Scientific Advance*, Edinburgh 1978, S. 126–138; Frank Holl (Hrsg.), *Alexander von Humboldt: Netzwerke des Wissens*, Ostfildern 2009; Otmar Ette, *Alexander von Humboldt und die Globalisierung*, Frankfurt a. M. 2009, S. 20.

63 Zu Lazarsfelds Mitstreitern gehörten Marie Jahoda (seine erste Frau), Elihu Katz und Robert Merton. Needhams Assistenten, die zum Teil selbst eine akademische Laufbahn einschlugen, waren unter anderem Lu Gwei-Jen (seine zweite Frau), Wang Ling, Gregory Blue, Francesca Bray und Toshio Kusamitsu.

64 Simon, *Models*, op. cit., S. 64.

65 Stuart Elden, *Foucault's Last Decade*, Cambridge 2016, S. 8.

Das Zeitalter der Interdisziplinarität

1 Einen allgemeinen Leitfaden bietet *The Oxford Handbook of Interdisciplinarity*, hrsg. von Robert Frodeman, Oxford 2010; zur Geschichte siehe Harvey J. Graff, *Undisciplining Knowledge: Interdisciplinarity in the Twentieth Century*, Baltimore, MD, 2015.

2 Roberta Frank, »Interdisciplinary: The First Half-Century«, in: Eric Gerald Stanley und Terry F. Hoad (Hrsg.), *Words*, Cambridge 1988, S. 91–101.

3 Leonard S. Reich, *The Making of American Industrial Research*, Cambridge 1985.

4 Herbert Simon, *Models of My Life*, Cambridge, MA, 1991, S. 170.

5 *Manchester Guardian*, 1. Januar 1901.

6 Beardsley Ruml, »Recent Trends in Social Science«, in: Leonard D. White (Hrsg.), *The New Social Science*, Chicago, IL, 1930; Martin Bulmer und Joan Bulmer, »Philanthropy and Social Science in the 1920s«, in: *Minerva 19* (1981), S. 347–407, hier S. 358.

7 James R. Angell, »Yale's Institute of Human Relations«, in: *Religious Education* 24 (1929), S. 583–538, hier S. 585; vgl. Jill G. Morawski, »Organizing Knowledge and Behavior at Yale's Institute of Human Relations«, in: *Isis* 77 (1986), S. 219–242, hier S. 219.

8 Whewell, zitiert in: Crosbie Smith und Jon Agar (Hrsg.), *Making Space for Science*, Basingstoke 1998, S. 184. Guy V. Beckwith, »The Generalist and the Disciplines: The Case of Lewis Mumford«, in: *Issues in Integrative Studies 14* (1996), S. 7–28, hier S. 15; Norbert Elias, »Wissenschaftliche Establishments« (1982), in: idem, *Aufsätze und andere Schriften*, 3 Bde., Frankfurt a. M. 2006, Bd. II, S. 243–344, hier S. 279; Simon, *Models of My Life*, op. cit., S. 173.

9 José Ortega y Gasset, *Misión de la universidad* (1930), Wiederabdruck in: idem, *Obras*, 4. Aufl., Madrid 1957, Bd. 4, S. 313–353; Antón Donoso, »The University Graduate as Learned Ignoramus according to Ortega«, in: *Ortega y Gasset Centennial* [Konferenzschrift], Madrid 1985, S. 7–18.

10 Donald T. Campbell, »Ethnocentrism of Disciplines and the Fish-Scale Model of Omniscience«, in: Muztafa Sherif und Carolyn W. Sherif (Hrsg.), *Interdisciplinary Relationships in the Social Sciences*, Boston, MA, 1969, S. 328–348.

11 Andreas Gelz, *Tertulia: Literatur und Soziabilität im Spanien des 18. und 19. Jahrhunderts*,

Frankfurt a. M. 2006; William Clark, »The Research Seminar«, in: idem, *Academic Charisma and the Origins of the Research University*, Chicago, IL, 2006, S. 141–182.

12 Marshall Waingrow (Hrsg.), *The Correspondence and other Papers of James Boswell*, 2. Aufl., New Haven, CT, 2000, S. 331.

13 Bernhard Maier, *William Robertson Smith*, Tübingen 2009.

14 Solomon Diamond, »Wundt, Wilhelm«, in: *DSB 14*, S. 526–529, betrachtet ihn nur als experimentellen Psychologen; dagegen Woodruff D. Smith, »Wilhelm Wundt: *Völkerpsychologie* as Experimental Psychology«, in: idem, *Politics and the Sciences of Culture in Germany, 1840–1920*, New York 1991, S. 120–128.

15 Roger Chickering, *Karl Lamprecht: A German Academic Life (1856–1915)*, Atlantic Highlands, NJ, 1993.

16 Johannes Steinmetzler, *Die Anthropogeographie Friedrich Ratzels und ihre ideengeschichtlichen Wurzeln*, Bonn 1956; Harriet Wanklyn, *Friedrich Ratzel: A Biographical Memoir and Bibliography*, Cambridge 1961.

17 Wilhelm Ostwald, *Lebenslinien – Eine Selbstbiographie* (3 Teile, 1926–1927), Neuauflage Leipzig 2003, S. 187; Woodruff D. Smith, »The Leipzig Circle and the Politics of Unified Cultural Science«, in: idem, *Politics and the Sciences*, op. cit., S. 204–209.

18 Hubert Treiber, »Der ›Eranos‹: Das Glanzstück im Heidelberger Mythenkranz?«, in: Wolfgang Schluchter und Friedrich-Wilhelm Graf (Hrsg.), *Asketischer Protestantismus und der »Geist« des modernen Kapitalismus: Max Weber und Ernst Troeltsch*, Tübingen 2005, S. 75–153.

19 Mary Gluck, »The Sunday Circle: An Overview«, in: idem, *Georg Lukács and his Generation, 1900–1918*, Cambridge, MA, 1985, S. 13–42; Éva Karádi und Erzsébet Vezér (Hrsg.), *Georg Lukács, Karl Mannheim und der Sonntagskreis*, Frankfurt a. M. 1985; Lee Congdon, *Exile and Social Thought: Hungarian Intellectuals in Germany and Austria, 1919–33*, Princeton, NJ, 1991, S. 10–11, 52 ff.

20 Otto Neurath, *Empiricism and Sociology*, hrsg. von Marie Neurath und Robert S. Cohen, Dordrecht 1973, S. 304.

21 Charlotte Ashby, Tag Gronberg und Simon Shaw-Miller (Hrsg.), *The Viennese Café and Fin-de-Siècle Culture*, New York 2013.

22 Dorothy Stimson, »The History of Ideas Club«, in: George Boas et al. (Hrsg.), *Studies in Intellectual History*, Baltimore, MD, 1953, S. 174–196; Irmeline Veit-Brause, »The Interdisciplinarity of History of Concepts: A Bridge between Disciplines«, in: *History of Concepts Newsletter 6* (2003), S. 8–13.

23 Barbara Heyl, »The Harvard ›Pareto Circle‹«, in: *Journal of the History of the Behavioral Sciences 4* (1968), S. 316–334; George Homans, *Coming to My Senses: The Autobiography of a Sociologist*, New Brunswick, NJ, 1984, S. 105.

24 Philip Husbands und Owen Holland, »The Ratio Club«, in: Husbands, Holland und Michael Wheeler (Hrsg.), *The Mechanical Mind in History*, Cambridge, MA, 2008, S. 91–148.

25 Kenneth Collins, »Joseph Schorstein: R.D. Laing's ›Rabbi‹«, in: *History of Psychiatry 19* (2008), S. 185–201, hier S. 195–197.

26 Zur Sussex-Gruppe gehörten, neben Barbu, Literaturwissenschaftler (John Cruickshank, Cecil Jenkins, Gabriel Josipovici, Tony Nuttall), Philosophen (Bernard Harrison, István Mészaros) und Historiker (Peter Hennock, John Rosselli und ich). Diskutiert wurde unter anderem über Humes *Dialogues on the Natural History of Religion*, Martin Bubers *Ich und Du*, einige Erzählungen von Kafka, Claude Lévi-Strauss' *Anthropologie structurale* und das *Ma-*

habharata. Gabriel Josipovici hat mich dankenswerterweise von seinen Erinnerungen an die Treffen profitieren lassen.

27 Scott Page, *The Difference*, Princeton, NJ, 2007; Michael P. Farrell, *Collaborative Circles*, Chicago, IL, 2001.

28 Jordi Cat, »The Unity of Science«, in: Edward N. Zalta (Hrsg.), *The Stanford Encyclopedia of Philosophy* (Ausgabe Frühjahr 2017), https://plato.stanford.edu/archives/spr2017/entries/scientific-unity; David Lowenthal, *Quest for the Unity of Knowledge*, London 2019.

29 Georg A. Reisch, »Planning Science: Otto Neurath and the ›International Encyclopedia of Unified Science‹«, in: *British Journal for the History of Science* 27 (1994), S. 153–175; Jordi Cat, Nancy Cartwright und Hasok Chang, »Otto Neurath: Politics and the Unity of Science«, in: Peter Galison und David J. Stump (Hrsg.), *The Disunity of Science*, Stanford, CA, 1996, S. 347–369.

30 Carnap, zitiert in: Neurath, *Empiricism and Sociology*, op. cit., S. 43; Otto Neurath, »Zur Theorie der Sozialwissenschaften« (1910), Wiederabdruck in: idem, *Gesammelte philosophische und methodologische Schriften*, Wien 1981, Bd. 1, S. 23–46. Vgl. John Symons, Olga Pombo und Juan Manuel Torres (Hrsg.), *Otto Neurath and the Unity of Science*, Dordrecht 2004.

31 Neurath, »Politics and the Unity of Science«; Richard Creath, »The Unity of Science: Carnap, Neurath and Beyond«, in: Galison und Stump, *The Disunity of Science*, op. cit., S. 158–169, hier S. 161.

32 Zitiert in: Deborah Hammond, *The Science of Synthesis*, Boulder, CO, 2003, S. 157.

33 Edward O. Wilson, *Die Einheit des Wissens* (1998), dt. Ausg. Berlin 1998, S. 9, 15, 397–398.

34 Martin Jay, *Dialektische Phantasie: Die Geschichte der Frankfurter Schule und des Instituts für Sozialforschung* (1973), dt. Ausg. Frankfurt a. M. 1976 ff.; Stuart Jeffries, *Grand Hotel Abgrund: Die Frankfurter Schule und ihre Zeit* (2016), dt. Ausg. Stuttgart 2019.

35 Max Horkheimer, »Die gegenwärtige Lage der Sozialphilosophie und die Aufgaben eines Instituts für Sozialforschung« (1931), Wiederabdruck in: idem, *Gesammelte Schriften*, hrsg. von Alfred Schmidt und Gunzelin Schmid Noerr, Frankfurt a. M. 1988, Bd. 3: *Schriften 1931–1936*, S. 20–35, hier S. 29.

36 Stefan Müller-Doohm, *Adorno: Eine Biographie*, Frankfurt a. M. 2003.

37 Stefan Müller-Doohm, *Habermas: Eine Biographie*, Berlin 2014.

38 Ruml, »Recent Trends in Social Science«, op. cit., S. 99–111, hier S. 104.

39 Howard Spiro und Priscilla W. Norton, »Dean Milton C. Winternitz at Yale«, in: *Perspectives in Biology and Medicine* 46 (2003), S. 403–412; Mary Ann Dzuback, *Robert M. Hutchins: Portrait of an Educator*, Chicago, IL, 1991, S. 43–66.

40 Die Sitzungsberichte der Konferenz sind abgedruckt in dem von Leonard D. White herausgegebenen Band *The New Social Science*, Chicago, IL, 1930.

41 Dzuback, *Hutchins*, op. cit., S. 111.

42 Nils Gilman, *Mandarins of the Future: Modernization Theory in Cold War America*, Baltimore, MD, 2003, S. 72–112; Joel Isaac, *Working Knowledge: Making the Human Sciences from Parsons to Kuhn*, Cambridge, MA, 2012, S. 174–179.

43 Dzuback, *Hutchins*, S. 214–215; Hammond, *The Science of Synthesis*, op. cit., S. 143–196; Philippe Fontaine, »Walking the Tightrope: The Committee on the Behavioral Sciences and Academic Cultures at the University of Chicago, 1949–1955«, in: *Journal of the History of the Behavioral Sciences* 52 (2016), S. 349–370.

44 Roy Pascal, »*Bildung* and the Division of Labour«, in: *German Studies presented to Walter Horace Bruford* [Festschrift], Cambridge 1962, S. 14–28.

45 Gilbert Allardyce, »The Rise and Fall of the Western Civilization Course«, in: *American Historical Review 87* (1982), S. 695–725, hier S. 703, 707.

46 Andy Beckett, »PPE: The Oxford Degree that Runs Britain«, in: *The Guardian*, 23. Februar 2017, https://www.theguardian.com/education/2017/feb/23/ppe-oxford-university-degree-that-rules-britain, aufgerufen am 4. April 2018.

47 George E. Davie, *The Crisis of the Democratic Intellect: The Problem of Generalism and Specialisation in Twentieth-century Scotland*, Edinburgh 1986, S. 11–26, 46–47, 158.

48 Robert M. Hutchins, *The Higher Learning in America*, New Haven, CT, 1936, S. 60, 78, 81; idem, Ortega-Rezension, in: *Annals of the American Academy of Political and Social Science 239* (1945), S. 217–220. Vgl. Dzuback, *Hutchins*, op. cit., S. 88–108, 101–124; Donoso, »The University Graduate«, op. cit., S. 12.

49 https://college.uchicago.edu/academics/college-core-curriculum.

50 Stuart W. Leslie, *The Cold War and American Science*, New York 1993; Erin C. Moore, »Transdisciplinary Efforts at Public Science Agencies«, in: Frodeman, *Oxford Handbook*, op. cit., S. 337–338.

51 Gilman, *Mandarins*, op. cit., S. 155–202.

52 Richard D. Lambert, »Blurring the Disciplinary Boundaries: Area Studies in the United States«, in: David Easton und Corinne S. Schelling (Hrsg.), *Divided Knowledge*, Thousand Oaks, CA, 1991, S. 171–194; Alan Tansman, »Japanese Studies: The Intangible Act of Translation«, in: David L. Szanton (Hrsg.), *The Politics of Knowledge: Area Studies and the Disciplines*, Berkeley, CA, 2004, S. 184–216, hier S. 186.

53 Robin W. Winks, *Cloak and Gown: Scholars in America's Secret War*, London 1987, S. 81; Bundy, zitiert in: Sigmund Diamond, *Compromised Campus: The Collaboration of Universities with the Intelligence Community, 1945–55*, New York 1992, S. 10.

54 David C. Engerman, *Know Your Enemy: The Rise and Fall of America's Soviet Experts*, Oxford 2009, S. 48.

55 Clyde Kluckhohn, »Russian Research at Harvard«, in: *World Politics 1* (1949), S. 266–271.

56 Timothy Mitchell, »The Middle East in the Past and Future of Social Science«, in: Szanton, *Politics of Knowledge*, op. cit., S. 74–118.

57 Benedict Anderson, *The Spectre of Comparisons: Nationalism, Southeast Asia and the World*, London 1998, S. 8–12.

58 Brigitte Mazon, *Aux origines de* l'École des hautes études en sciences sociales. *Le rôle du mécénat américain (1920–60)*, Paris 1988, S. 131.

59 Engerman, *Know Your Enemy*, op. cit., S. 70, 75, 255, 259; Simon, *Models of My Life*, op. cit., S. 173.

60 Peter Burke, *Die Explosion des Wissens. Von der* Encyclopédie *bis Wikipedia* (2012), dt. Ausg. Berlin 2014, S. 284–288.

61 Barend van Heusden, »Jakob von Uexküll and Ernst Cassirer«, in: *Semiotica 134* (2001), S. 275–292; Frederik Stjernfelt, »Simple Animals and Complex Biology: Von Uexküll's Two-fold Influence on Cassirer's Philosophy«, in: *Synthese 179* (2009), S. 169–186.

62 Walter Bryce Gallie, *A New University: A. D. Lindsay and the Keele Experiment*, London 1960.

63 David Daiches (Hrsg.), *The Idea of a New University: An Experiment at Sussex*, London 1964, S. 67.

64 Eine anschauliche Darstellung dieser gemeinsam veranstalteten Seminare bietet Laurence Lerner in seinem Buch *Wandering Professor*, London 1999, S. 146–157.

65 Daiches, *The Idea of a New University*, op. cit.; persönliche Kenntnis (ich unterrichtete von 1962 bis 1978 an der School of European Studies).

66 https://www.uni-bielefeld.de/(de)/ZiF/.

67 https://ruc.dk/en/about-roskilde-university.

68 Vowinckel, »›Ich fürchte mich vor den Organisationslustigen‹«, op. cit., S. 546–550.

69 Frederic Cheyette, »Beyond Western Civilization«, in: *The History Teacher 10* (1977), S. 533–538; Allardyce, »Rise and Fall«, op. cit., S. 720–724.

70 Lewis R. Gordon und Jane A. Gordon (Hrsg.), *A Companion to African-American Studies*, Oxford 2006.

71 Das Centre bildete den Nukleus des Department of Cultural Studies, das 2002 abrupt geschlossen wurde.

72 Toby Miller (Hrsg.), *A Companion to Cultural Studies*, Oxford 2006. Ganz unterschiedliche Ansätze werden in der deutschen Kulturwissenschaft verfolgt. Siehe Heide Appelsmeyer und Elfriede Billmann-Mahecha (Hrsg.), *Kulturwissenschaft*, Weilerswist 2001.

73 Jürgen Kocka, »Realität und Ideologie der Interdisziplinarität: Erfahrung am ZiF Bielefeld«, in: Akademie der Wissenschaften zu Berlin (Hrsg.), *Einheit der Wissenschaften*, Berlin 1991, S. 127–144; Wolf Lepenies, »Interdisziplinarität und Institutes for Advanced Study«, in: ibidem, S. 145–161.

74 Johan Huizinga, »Mein Weg zur Geschichte« (1943), in: idem, *Mein Weg zur Geschichte: Letzte Reden und Skizzen*, Basel 1947, S. 9–60, hier S. 57.

75 Peter Schöttler, »Eine spezifische Neugierde. Die frühen *Annales* als interdisziplinäres Projekt«, in: Matthias Middell (Hrsg.), *Frankreich und Deutschland im 18. und 19. Jahrhundert im Vergleich*, Leipzig 1992, S. 112, 126; Peter Burke, *Die Geschichte der »Annales«. Die Entstehung der neuen Geschichtsschreibung* (1990), dt. Ausg., 2. Aufl., Berlin 2004.

76 Zitiert in: Pierre Daix, *Braudel*, Paris 1995, S. 246, hier aus dem Französischen übersetzt.

77 Edmund Russell, »Coevolutionary History«, in: *The American Historical Review 119* (2014), S. 1514–1528.

78 Jan Plamper und Benjamin Lazier (Hrsg.), *Fear Across the Disciplines*, Pittsburgh, PA, 2012; Diego Gambetta (Hrsg.), *Trust: Making and Breaking Cooperative Relations*, Oxford 1988.

79 Zum Verständnis der heutigen Situation siehe Frodeman, *Oxford Handbook*, op. cit., und Graff, *Undisciplining Knowledge*, op. cit.

Coda: Auf dem Weg zu einer dritten Krise

1 Alexander Halavais, *Search Engine Society*, Cambridge 2009.

2 https://en.wikipedia.org/wiki/Wikipedia:Wikipedians.

3 Rudolf Dekker, *The Road to Ruin: Dutch Universities, Past, Present and Future*, Amsterdam 2015, S. 144; Angus Phillips, »Does the Book Have a Future?«, in: Simon Eliot und Jonathan Rose (Hrsg.), *A Companion to the History of the Book*, Oxford 2007, S. 547–559.

4 Maryanne Wolf, *Das lesende Gehirn: Wie der Mensch zum Lesen kam – und was es in unseren Köpfen bewirkt*, Heidelberg 2009, S. 265.

5 Nicholas Carr, *Wer bin ich, wenn ich online bin … und was macht mein Gehirn solange?*, München 2010, S. 12.

6 Richard Saul Wurman, *Information Anxiety*, 2. Aufl., New York 2000.

7 Alex Wright, *Glut: Mastering Information through the Ages*, Washington, DC, 2007. Vgl. David W. Shenk, *Datenmüll und Infosmog: Wege aus der Informationsflut* (1997), München 1998.

8 Alvin Toffler, *Future Shock*, New York 1970, S. 11–12, 317–323, dt. Ausg. *Der Zukunftsschock*, Bern u. a. 1970. Vgl. William van Winkle, »Information Overload«: www.gdrc.org/icts/i-overload/infoload.html, aufgerufen am 19. Juli 2012.

9 *Statistisches Jahrbuch der UNESCO*, zitiert in: Michael Gibbons et al., *The New Production of Knowledge*, London 1994, S. 94.

10 »Data Deluge«, in: *The Economist*, 25. Februar 2010. Ein Exabyte entspricht einer Milliarde Gigabytes beziehungsweise einer Trillion Bytes.

11 Mikal Khoso, »How Much Data Is Produced Every Day?«, 13. Mai 2016: https://www.northeastern.edu/graduate/blog/how-much-data-produced-every-day/.

12 Jo Guldi und David Armitage, *The History Manifesto*, Cambridge 2014.

13 Zitiert in: Jeffreys Jones, *The FBI: A History*, New Haven, CT, 2007, S. 232.

14 »How Google's Search Algorithm Spreads False Information with a Rightwing Bias«, in: *The Guardian*, 16. Dezember 2016: https://www.theguardian.com/technology/2016/dec/16/google-autocomplete-rightwing-bias-algorithm-political-propaganda, aufgerufen am 18. Juli 2017. Zur Verzerrung im Web im Allgemeinen siehe Halavais, *Search Engine Society*, op. cit., S. 55–60, 64–65. Vgl. Shoshana Zuboff, *Das Zeitalter des Überwachungskapitalismus*, Frankfurt a. M. 2018.

15 https://en.wikipedia.org/wiki/Big_data, aufgerufen am 18. Juli 2017.

16 »Tourism in a Post-Disciplinary Era« war das Thema einer Konferenz, die 2013 an der Université de Neuchâtel stattfand.

17 Gerard De Vries, *Bruno Latour*, Cambridge 2016, S. 3 und passim.

18 Stefan Müller-Doohm, *Habermas. Eine Biographie*, Berlin 2014: Der von Martin Jay angestellte Vergleich mit Aristoteles erscheint auf der hinteren Umschlagseite der englischen Ausgabe. Zu Anderson siehe Stefan Collini, *Absent Minds*, Oxford 2006, S. 469; zu Posner siehe James Ryerson, »The Outrageous Pragmatism of Judge Richard Posner«, in: *Lingua Franca* 10 (2000), S. 26–34; Roberto Mangabeira Unger und Lee Smolin, *The Singular Universe and the Reality of Time*, Cambridge 2014.

19 Edward O. Wilson, *Sociobiology: The New Synthesis*, Cambridge, MA, 1975; idem, *Die Einheit des Wissens*, Berlin 1998.

20 Patricia A. McAnany und Norman Yoffee (Hrsg.), *Questioning Collapse*, Cambridge 2010.

21 John Palfrey und Urs Gasser, *Born Digital: Understanding the First Generation of Digital Natives*, New York 2008.

22 Leibniz, »Epargne d'un Prince« (Herbst 1678), in: idem, *Sämtliche Schriften und Briefe*, hrsg. von der Akademie der Wissenschaften Berlin, Berlin (DDR) 1986, Reihe IV (Politische Schriften), Bd. 3, S. 329.

LITERATURHINWEISE

Allgemeine Studien zu Universalgelehrten gibt es nur wenige. Eine neuere ist diejenige von Waqas Ahmed, *The Polymath* (Chichester 2018), die hauptsächlich auf Interviews mit lebenden Vertretern der Spezies basiert. Zur immer stärker werdenden Spezialisierung, gegen die sich Universalgelehrte zur Wehr setzen, siehe Peter Burke, »Wissen teilen«, in: *Die Explosion des Wissens*, Berlin 2014, S. 190–217. Zur Interdisziplinarität siehe Robert Frodeman, Julie T. Klein und Carl Mitcham (Hrsg.), *The Oxford Handbook of Interdisciplinarity*, Oxford 2010.

Einige Universalgelehrte haben Autobiographien verfasst, darunter die folgenden:

Charles Darwin, *Mein Leben* (ca. 1876–1882), Frankfurt a. M. und Leipzig 1993
Benjamin Franklin, *Autobiographie* (1793), Frankfurt a. M. 1969
Wilhelm Ostwald, *Lebenslinien – Eine Selbstbiographie* (1926–1927), Leipzig 2003
Bertrand Russell, *Autobiographie* (1931, 3 Bde.), Frankfurt a. M. 1972–1974
Giambattista Vico, *Autobiographie* (1728), Zürich und Brüssel 1948
Norbert Wiener, *Ex-Prodigy* (New York 1953), *Mathematik, mein Leben*, Düsseldorf und Wien 1962

Zu einzelnen Universalgelehrten liegen Biographien vor, die nachstehend alphabetisch nach Gelehrtennamen, nicht nach Verfasser aufgelistet sind:

David Lipset, *Gregory Bateson*, Boston, MA, 1982
Howard Eiland und Michael W. Jennings, *Walter Benjamin: Eine Biographie*, Berlin 2018
Jacques Roger, *Buffon: un philosophe au Jardin du Roi*, Paris 1989
Lisa Walters, *Margaret Cavendish: Gender, Science and Politics*, Cambridge 2014
François Dosse, *Le marcheur blessé: Michel de Certeau*, Paris 2002
Judith P. Zinsser, *Emilie du Châtelet, Daring Genius of the Enlightenment*, New York 2007
Susanna Åkerman, *Queen Christina of Sweden*, Leiden 1991
Richard Holmes, *Coleridge*, 2 Bde., London 1989–1999
Adrian Desmond und James Moore, *Darwin*, München und Leipzig 1992
Claudio Paolucci, *Umberto Eco tra Ordine e Avventura*, Mailand 2017
Rosemary Ashton, *George Eliot*, Oxford 1983
Avril Pyman, *Pavel Florensky, a Quiet Genius*, London 2010

Didier Eribon, *Michel Foucault: Eine Biographie*, 2. Aufl., Frankfurt a. M. 1991
Paddy Kitchen, *A Most Unsettling Person: An Introduction to the Ideas and Life of Patrick Geddes*, London 1975
Nicholas Boyle, *Goethe: Der Dichter in seiner Zeit*, 2 Bde., München 1995–1999
Andrea Wulf, *Alexander von Humboldt und die Erfindung der Natur*, München 2016
James A. Harris, *Hume: An Intellectual Biography*, Cambridge 2015
Nicholas Murray, *Aldous Huxley*, London 2003
Octavio Paz, *Sor Juana Inés de la Cruz oder die Fallstricke des Glaubens*, Frankfurt a. M. 1991
Michael J. Franklin, *Orientalist Jones: Sir William Jones, Poet, Lawyer and Linguist, 1746–1794*, Oxford 2011
Paula Findlen (Hrsg.), *Athanasius Kircher: The Last Man Who Knew Everything*, London 2004
Maria Rosa Antognazza, *Leibniz: An Intellectual Biography*, Cambridge 2009
Leonard Warren, *Joseph Leidy: The Last Man Who Knew Everything*, New Haven, CT, 1998
Martin Kemp, *Leonardo*, München 2005
Robert Shackleton, *Montesquieu: A Critical Biography*, Oxford 1961
Fiona McCarthy, *William Morris*, London 1994
Donald L. Miller, *Lewis Mumford*, New York 1989
Maurice Goldsmith, *Joseph Needham: 20th-Century Renaissance Man*, London 1995
Norman Macrae, *John von Neumann: Mathematik und Computerforschung – Facetten eines Genies*, Basel 2014
Alex Wright, *Cataloging the World: Paul Otlet and the Birth of the Information Age*, New York 2014
Peter N. Miller, *Peiresc's Mediterranean World*, Cambridge, MA, 2015
Gareth Dale, *Karl Polanyi: A Life on the Left*, New York 2016
Mary Jo Nye, *Michael Polanyi and his Generation*, Chicago, IL, 2010
Gunnar Eriksson, *The Atlantic Vision: Olof Rudbeck and Baroque Science*, Canton, MA, 1994
Hunter Crowther-Heyck, *Herbert A. Simon: The Bounds of Reason in Modern America*, Baltimore, MD, 2005
Ian S. Ross, *Adam Smith: Leben und Werk*, Düsseldorf 1998
Kathryn A. Neeley, *Mary Somerville: Science, Illumination, and the Female Mind*, Cambridge 2001
Daniel Schreiber, *Susan Sontag: Geist und Glamour*, Berlin 2007
Michel Winock, *Madame de Staël*, Paris 2010
Andrew Robinson, *The Last Man Who Knew Everything: Thomas Young*, London 2006

PERSONENREGISTER

A

Addison, Joseph 99
Adorno, Theodor W. 218, 235
Agamben, Giorgio 254, 256
Agassiz, Louis 190, 193, 207, 210
Agnesi, Maria Gaetana 101, 111 f., 131, 212
Agricola, Georg 48
Agricola, Rudolf 40 ff., 134
Agrippa von Nettesheim, Heinrich Cornelius 43 ff., 218, 219
Albert von Sachsen 35
Albertus Magnus 33, 35, 43 ff.
Alberti, Leon Battista 37 f., 41, 48, 51, 134, 196
Alembert, Jean-Baptiste d' 10, 100, 102 f., 105, 116, 151, 218, 223
Alexander VII., Papst 219
Alexander von Milet (Lucius Cornelius Alexander) 24
Al-Farabi 43
Al-Kindi 31 f., 51
Alsted, Johann Heinrich 16, 64 ff., 70, 78, 89, 209, 223
Anderson, Benedict 151
Anderson, Perry 254 f.
Angell, James R. 228, 236
Antal, Frederick 232
Apáczai Csere, János 65
Aquin, Thomas von 70, 176
Archilochos 16
Arias Montano, Benito 14, 22
Aristoteles 22, 29 f., 32, 34 f., 42, 46 f., 55, 66, 76, 96, 120, 191, 200, 254
Arnold, Matthew 127 ff., 136, 192
Ash, Timothy Garton 254
Ashby, William Ross 233
Assmann, Aleida 214, 255 f.
Aubrey, John 188, 215
Augustinus 14 f., 28, 39, 57, 62, 202

B

Babbage, Charles 116 f., 132, 138, 215, 217
Bacon, Francis 16, 41 f., 57 f., 80, 85, 88, 111 f., 156, 175, 184, 186, 180, 218
Bacon, Roger 33 f., 44, 46, 51, 85, 184
Bagehot, Walter 213
Baillet, Adrien 87
Bal, Mieke 214, 255
Balzac, Honoré de 192
Banks, Joseph 139
Barbu, Zevedei 233
Barrow, Isaac 78, 90, 188, 256
Barthes, Roland 174, 176
Bartholin, Thomas 71, 83
Bartoli, Daniello 100
Basnage, Henri 75
Basnage, Jacques 193
Bastian, Adolf 195, 223
Bataille, Georges 218
Bateson, Gregory 177, 179, 194, 200, 218
Bateson, William 179
Baudin, Nicolas 151
Bauhin, Caspar 84, 88
Baxter, Richard 89 f.

Bayle, Pierre 14, 66, 75 f., 85, 87, 99, 125, 186, 193, 209, 215, 218, 222, 224
Becher, Johann Joachim 16 f., 92, 194
Benedict, Ruth 239
Benjamin, Walter 215, 235
Bentham, Jeremy 127
Berelson, Bernard 236
Bergman, Ingmar 162
Berio, Luciano 176
Berlin, Isaiah 16, 21, 181, 201
Bernhard von Chartres 33
Berners-Lee, Tim 157
Berr, Henri 193, 224
Bertalanffy, Ludwig von 173 f., 212, 218, 234
Birdwhistell, Ray 166
Bismarck, Otto von 133
Bloch, Marc 247 f.
Blotius, Hugo 222
Blumenberg, Hans 166, 198, 243
Boas, Franz 118, 170, 222 f.
Boas, George 232
Bochart, Samuel 61, 79, 192, 209
Boden, Margaret 214, 255
Bodin, Jean 14, 43 ff., 47, 82, 214
Boerhaave, Herman 14, 57, 66, 161, 220
Boethius 29
Bogatyrev, Petr 175
Bogdanow, Alexander 192
Boineburg, Baron von 77
Bonpland, Aimé 120
Borges, Jorge Luis 12, 159 f., 180, 212 f., 218, 222 f.
Borgia, Cesare 50
Bošković, Rugjer 114
Boswell, James 108
Boulding, Kenneth 164, 174, 181, 190, 195 f., 199, 212, 238
Bourdieu, Pierre 125, 154, 191, 221
Boxhorn, Marcus 64
Brahe, Tycho 58, 83, 215
Brandes, Georg 127
Braudel, Fernand 8, 189, 240, 248 f.
Brin, Sergey 12
Broca, Paul 170, 221
Bronowski, Jacob 201, 217
Brooks, Van Wyck 158
Brougham, Henry 107
Browne, Thomas 189, 197
Browning, Robert 4
Brunelleschi, Filippo 48 ff., 82, 215
Bruno, Giordano 14, 214
Buffon, Georges-Louis Leclerc Comte de 98, 100, 102, 104, 191, 193, 215
Buissière, Paul 76
Bundy, McGeorge, 239
Bunyan, John 189
Burckhardt, Jacob 37 ff., 54, 98, 207, 209
Bureus, Johannes 72, 218 f.
Burke, Edmund 101
Burke, Kenneth 213, 224
Burnet, Gilbert 18, 91, 189 f., 193, 209, 212
Burney, Charles 230
Burton, Robert 63, 87, 89, 194
Buruma, Ian 254
Bush, Vannevar 221, 239
Butler, Judith 214, 255 f.
Butler, Nicholas 237

C

Caillois, Roger 218, 244
Calvin, Jean 57, 65
Campanella, Tommaso 192, 214, 216
Campbell, Donald T. 163, 229
Capella, Martianus 13
Caramuel y Lobkowitz, Juan 66, 69 f., 82, 85, 212, 214, 218
Cardano, Gerolamo 47, 200
Carlyle, Thomas 107
Carnap, Rudolf 232, 234
Carr, Nicolas 252 f.
Casaubon, Isaac 90
Casaubon, Méric 64, 90
Cassirer, Ernst 241

Castiglione, Baldassare 38 f., 50, 54
Cato, Marcus Porcius 24
Cavendish, Margaret 60, 192
Caxton, William 39
Cellini, Benvenuto 50
Cereta, Laura 54
Certeau, Michel de 177, 180 f., 187, 191, 201 f., 205, 225
Champollion, Jean-François 116, 199, 204
Châtelet, Émilie Marquise du 101 ff., 193, 195
Chatwin, Bruce 194
Chinard, Gilbert 194, 200, 232
Chomsky, Noam 181 f., 195, 255
Christina von Schweden 14, 60 f., 79, 218 f.
Cicero, Marcus Tullius 23 f., 29, 62
Cixous, Hélène 214, 255
Clarendon, Edward Hyde, Lord 27
Coleridge, Samuel T. 115, 127, 141, 192, 219
Collingwood, Robin G. 221
Comenius, Johann Amos 60, 64 ff., 74, 78, 82, 85, 89 f., 157 f., 195, 209, 218, 234
Comte, Auguste 16, 122 f., 127, 130 f., 139, 144, 151, 166 f., 175, 209, 218, 231, 234
Condorcet, Marquis de 98, 102, 104 f., 189
Conring, Hermann 61, 200, 220
Cooke, Anne und Elizabeth 55
Cooke, Anthony 55
Cornaro, Elena 60 f.
Courchod, Suzanne 129
Cournot, Antoine 132
Crane, Walter 128
Crichton, James 41, 120, 134
Croce, Benedetto 17, 37, 196, 224
Cujas, Jacques 45
Cuvier, Georges 132, 189, 192, 223

D

Darwin, Charles 135 f., 146, 170, 190 ff., 196, 198, 215, 218
Darwin, Erasmus 109
De Quincey, Thomas 115, 142, 213, 219, 228
Dee, John 43, 45, 83, 215
Deffand, Marie-Anne Marquise du 100, 106, 129
Deleuze, Gilles 218
Derrida, Jacques 181 f., 199
Descartes, René 58, 60 f., 69 f., 79, 98, 103, 112, 184
Dewey, Melvil 144, 198, 209, 218, 223
Diamond, Jared 221, 255
Diderot, Denis 10, 100, 102 ff., 137, 145, 151, 163, 213, 219, 223
Donne, John 69, 80, 89
Doxiadis, Konstantinos 166
Drayton, Michael 80
Du Bois-Reymond, Emil 77, 142
Duby, Georges 176
Dumézil, Georges 192
Dupin, Louise, Madame 100
Durkheim, Émile 145 f., 152, 163, 167 ff., 181, 221 f., 247
D'Urville, Dumont 11
Dury, John 85

E

Eco, Umberto 12, 17, 35, 161, 174, 176, 182, 192, 194, 199, 209, 224
Einstein, Albert 245
Elias, Norbert 168 f., 199, 228, 254
Eliot, George (Mary Ann Evans) 12, 38, 101, 130 ff., 192, 213, 224
Elisabeth, Prinzessin von der Pfalz 60, 214
Elyot, Thomas 39
Emerson, Ralph Waldo 120
Empedokles 20 ff.
Encontre, Daniel 209
Engels, Friedrich 204
Erasmus von Rotterdam 42 f., 55, 69, 97, 109, 214, 218
Eratosthenes von Kyrene 23, 222
Ercilla, Alonso 41
Ernst August von Hannover 77, 220

Euler, Leonhard 207
Evans, Arthur 149
Evelyn, John 58, 61, 92

F

Fabricius, Johann Albert 210
Farge, Arlette 225
Favret, Jeanne 225
Febvre, Lucien 8, 152, 248
Fechner, Gustav 174, 194
Fedele, Cassandra 54 f., 131
Feigl, Herbert 226
Feijoo, Benito Jerónimo 69, 110 f., 214, 218
Feltre, Vittorino da 38
Ferdinand II., dt. Kaiser 60
Ferdinand III., dt. Kaiser 70, 73, 219
Ferguson, Adam 106 f., 207, 209, 222
Fermi, Enrico 17, 236 f.
Feuerbach, Ludwig 124, 131
Fischer, Emil 152
Fleure, Herbert 194, 221, 255
Florenskij, Pavel 17, 177
Fontenelle, Bernard de 77
Foucault, Michel 164 f., 181, 187, 196, 221, 224 f., 249
Fouquet, Jean-François 102
Franklin, Benjamin 94, 114 f., 186, 197, 209 f.
Franz I. von Frankreich 50, 219
Frazer, James 149, 171 f., 178, 192, 217 f.
Freud, Sigmund 162, 170, 186, 204, 222, 242, 247 ff.
Freyre, Gilberto 199, 208 f.
Friedrich II. von Preußen (»der Große«) 219
Friedrich V. von Böhmen 60
Friedrich Wilhelm III. von Preußen 220
Friedrich Wilhelm IV. von Preußen 220
Fuller, Buckminster 181, 221
Fuller, Thomas 90

G

Galilei, Galileo 58, 76, 83, 112, 184
Galindo, Beatriz 55
Gallini, Clara 214
Galton, Francis 136, 166, 215 f., 218
Garrick, David 101
Gassendi, Pierre 58, 61, 68 f., 85, 91
Gay, Peter 247
Geddes, Patrick 155 ff., 163, 167, 186, 193 ff., 204, 213, 218, 244, 255
Geoffrin, Marie Thérèse (Madame Geoffrin) 100, 106, 129
Gerard, Ralph 174, 212, 238
Gerbert von Aurillac (Papst Silvester II.) 29, 35
Gessner, Conrad 43, 46 f., 63, 192, 207
Ghiberti, Lorenzo 49
Ginzburg, Carlo 181, 199, 201, 248
Glucksman, Alfred 168
Goethe, Johann Wolfgang von 12, 118 f., 122, 129 ff., 133 f., 142, 168, 192, 217
Gombrich, Ernst 225
Goody, Jack 171
Gournay, Marie de 55, 60
Gower, John 17
Gregory, Richard 225
Grotius, Hugo 57 f., 80, 85, 112, 197, 198
Guarino Veronese 54
Guattari, Félix 166, 218
Guizot, François 122
Gustav Adolf von Schweden 219

H

Habermas, Jürgen 210, 235, 246, 254 f.
Haddon, Alfred 171, 222
Haeckel, Ernst 133 f., 218
Hall, Stuart 244
Haller, Albrecht von 117, 207, 212
Hamilton, Earl 247
Hartlib, Samuel 60, 66, 85
Harvey, Gabriel 63

Harvey, William 69
Hazlitt, William 141
Heckscher, Eli 247
Hegel, Georg Wilhelm Friedrich 124, 175
Heidegger, Martin 161, 176
Heinlein, Robert 4, 228
Helmholtz, Hermann von 133 f., 144, 220
Henderson, Lawrence 173, 218, 232
Henslow, John 146
Heraklit 21 f.
Herder, Johann Gottfried 118 f., 191, 209, 217
Herschel, John 116, 132, 136 f., 197, 217
Herschel, William James 136
Hervás, Lorenzo 110, 192
Herz, Henriette 101
Heyerdahl, Thor 72
Hildegard von Bingen 53, 55
Hinde, Robert 225
Hintze, Otto 247
Hippias von Elis 22 ff.
Hitchcock, Alfred 17
Hobhouse, Leonard T. 228
Hobsbawm, Eric 240
Holberg, Ludvig 97, 254
Holstenius, Lucas 14, 203
Homans, George 199, 213
Hooke, Robert 17, 56, 59, 83 ff., 91 f., 203, 213
Horkheimer, Max 218, 235
Huang, Arcadius 102
Huber, Ulrich 97
Huet, Pierre-Daniel 61, 78 f., 82, 95, 112, 186, 192, 195
Hugo von St. Viktor 33
Hui Shi 26
Huizinga, Johan 161, 200, 247 f.
Humboldt, Alexander von 101, 118 ff., 132, 134 f., 141, 186, 193 ff., 199, 201 f., 204, 212, 215 ff., 225, 234
Humboldt, Wilhelm von 101, 118 f., 129, 192, 197, 199, 212, 216 f.
Hume, David 106, 207, 212 f., 222, 233
Hutchins, Robert 210, 236 ff., 230, 254, 311
Hutchinson, George Evelyn 190
Huxley, Aldous 12, 117, 159 f., 181, 192, 194, 216, 219
Huxley, Julian 194, 199, 216, 219, 225
Huxley, Thomas Henry 136, 197, 204, 213, 219
Huygens, Christiaan 76, 83, 212 f., 215, 217
Huygens, Constantijn 217
Hypatia von Alexandria 53

I

Ibn Chaldun 30 ff., 207
Ibn Rushd (»Averroes«) 31 f., 43, 126, 207
Ibn Sina (»Avicenna«) 31 f., 34, 43, 51
Innis, Harold 209
Irigaray, Luce 214, 255
Isabella von Kastilien 55
Isidor von Sevilla 29

J

Jahoda, Marie 201
Jakobson, Roman 174 ff., 192, 232
James, Henry 194
James, William 169
Jardine, Lisa 217
Jaucourt, Louis de 104
Jefferson, Thomas 114 f., 196, 217
Jeffrey, Francis 107, 144, 224
Jencks, Charles 255
Johnson, Samuel 98, 101, 108 f., 186, 188 f., 198, 213, 224, 230
Jones, Ernest 204
Jones, Sir William 109, 116
Jonson, Ben 80
Jovellanos, Gaspar Melchor de 110 f., 215 f., 218
Juana Inés de la Cruz (Sor Juana) 60, 62, 114, 186, 211, 214
Julia, Dominique 225
Jung, Carl Gustav 207, 210

Junius, Franciscus 195, 215
Justel, Henri 76

K

Kames, Henry, Lord 106 f., 207
Kant, Immanuel 45, 97, 117, 118 f., 138, 145, 188 f., 200
Karl der Große 68
Karl IX. von Schweden 219
Karl XI. von Schweden 219
Karl XII. von Schweden 103, 113, 219
Katharina II. von Russland (»die Große«) 114, 219
Kepler, Johannes 47, 58 f., 60, 73, 83
Keynes, John Maynard 12, 197, 210
Kircher, Athanasius 17, 62, 66, 69, 73 ff., 82, 85, 92, 95 f., 98, 110, 116, 141, 192, 214, 218 f.
Kirkland, John 120
Kluckhohn, Clyde 240
Kopernikus, Nikolaus 121, 184, 214
Koselleck, Reinhart 243
Kracauer, Siegfried 194, 218, 224, 235
Kristeva, Julia 214, 255

L

La Pérouse, Jean-François, Comte de 151
Lacan, Jacques 175, 180 ff.
Laing, Ronald D. 233
Lambeck, Peter 14
Lamprecht, Karl 196, 230 f., 247
Landino, Cristoforo 40
Lang, Andrew 171, 182 f., 223 f.
Lang, Júlia 232
Langer, William 239
Laplace, Pierre-Simon 132
Larroque, Daniel de 76
Lassalle, Ferdinand 166
Lasswell, Harold 15, 17, 164, 178, 193, 210
Latour, Bruno 254, 256
Lauremberg, Peter 66
Lavoisier, Antoine 105
Lazarsfeld, Paul 167, 201, 225
Le Bon, Gustave 169, 221, 224
Le Goff, Jacques 248
Leonardo da Vinci 11, 17 f., 32, 34, 36 f., 39 f., 49 ff., 78, 91 f., 158, 170, 186, 191, 201 ff., 205, 213 f., 219
Le Play, Frédéric 155, 167, 221 f.
Leeuwenhoek, Antonie van 76, 84
Leibniz, Gottfried Wilhelm 11, 27, 35, 59, 66, 70, 76 ff., 81 ff., 85, 87, 91 f., 95 f., 98, 103, 120, 133, 186, 191 f., 194 f., 203, 215, 218 ff., 222 f., 253, 256
Leidy, Joseph 17, 196
Lenfant, Jacques, 76
Leopold I., dt. Kaiser 16
Lespinasse, Julie, Mademoiselle 100, 105 f.
Lessing, Gotthold Ephraim 97 ff., 117, 222
Levin, Rahel 101
Lévi-Strauss, Claude 175
Levitin, Daniel 256
Lewes, George Henry 131
Linné, Carl von 71, 112 f., 209
Lipsius, Justus 14
Lombroso, Cesare 167
Lomonossow, Michail 113 f.
Lotman, Juri 174, 176, 225
Luise von Savoyen 219
Lovejoy, Arthur O. 220, 232
Lovelace, Ada, Countess of 117
Löwenthal, Leo 235
Lowenthal, David 134
Lubbock, John 149, 215, 223 f.
Ludolf, Hiob 61, 73 f., 81, 192
Luhmann, Niklas 196
Lukács, Georg 162, 232
Lull, Ramon 33 ff., 43, 46, 65, 70, 73 f., 78, 111, 218
Luther, Martin 42, 166
Lyell, Charles 136, 192, 215

M

Macaulay, Thomas 107, 189 f., 192, 212, 215, 224
MacDiarmid, Hugh 155
Maffei, Scipione 215
Magalotti, Lorenzo 100, 219
Magliabechi, Antonio 85, 222
Magni, Valeriano 69
Maimonides, Moses 166
Makin, Bathsua 60
Malinowski, Bronisław 171
Malthus, Thomas 136, 192
Mandeville, Bernard 103
Manilius, Marcus 45
Mannheim, Karl 169, 199, 232
Mantegazza, Paolo 167 f., 192, 221
Marci, Jan Marcus 69
Margarete von Österreich 219
Marlowe, Christopher 43, 45
Marsh, George P. 134
Marsili, Luigi 78, 81, 92
Martineau, Harriet 101, 130, 213
Martini, Francesco di Giorgio 49
Marx, Karl 122 ff., 145, 166, 204, 211, 232, 242
Maupertuis, Pierre 103
Mauss, Marcel 170
Maximilian I., dt. Kaiser 38, 219
May, Robert 221, 255
Mayo, Elton 195, 213
McCulloch, Warren 181, 200, 209 f.
McLuhan, Marshall 181
Mead, Margaret 179
Meibom, Marcus 61, 73
Melanchthon, Philipp 14, 42, 209
Mencke, Johann Burckhardt 98
Mendel, Gregor 179
Menéndez y Pelayo, Marcelino 212, 222
Mercator, Gerhard 45
Mersenne, Marin 73
Merz, John Theodor 196
Meyer, Lothar 154 f.
Mill, James 127
Mill, John Stuart 127, 197, 209, 212, 223
Miller, James G. 209, 233, 237
Milton, John 130, 189
Minsky, Marvin 172, 190
Mitchell, Juliet 214, 255
Momigliano, Arnaldo 68
Mommsen, Theodor 134, 163
Monboddo, James, Lord 106 f., 207
Montagu, Elizabeth 101
Montaigne, Michel de 55, 111
Montesquieu, Charles-Louis, Marquis de 100, 102, 104, 112, 188, 192, 197, 215
Moore, Barrington 237
Moréri, Louis 75
Morgan, Lewis 124
Morgenstern, Oskar 225
Morhof, Daniel 63, 78, 89 f., 212
Morris, Charles 174, 176
Morris, William 127 f., 145, 192 ff.
Morus, Thomas 41, 55
Mousnier, Roland 180
Mumford, Lewis 158 f., 181, 186, 193, 213, 218, 224, 228, 244
Münster, Sebastian 14, 214
Murray, Henry 215, 218, 237
Musk, Elon 12

N

Nabokov, Vladimir 12, 192
Namier, Lewis 247
Naudé, Gabriel 61, 222
Needham, Dorothy 190
Needham, Joseph 16 f., 37, 177 f., 189 f., 193, 196, 199, 201, 213, 221, 225
Neumann, John von 172 f., 179, 186, 188 f., 195, 200, 212 f., 218, 225, 245
Neumann, Klára von 186, 196
Neurath, Otto 70, 155, 157 f., 163, 181, 193, 204, 213, 218, 229, 232, 234
Newell, Allen 172, 180, 200

Newton, Isaac 12, 14, 45, 59, 76, 78, 83, 91, 103, 112, 184, 186, 188, 191, 197, 199
Nikolaus von Kues 47
Nicolson, Marjorie 96
Nietzsche, Friedrich 210, 242
Nogarola, Isotta 54

O

Ogden, Charles 215, 217, 224 f.
Oldenburg, Henry 85 f.
Oliveira, Fernão de 214
Orcibal, Jean 180
Origenes 79
Ortega y Gasset, José 161, 228 f., 238
Ortiz, Fernando 186, 208
Ostwald, Wilhelm 195 f., 231
Otlet, Paul 155 ff., 195, 223
Otto, Rudolf 164

P

Pallas, Peter Simon 114, 219
Palmieri, Matteo 38
Panofsky, Erwin 245
Pareto, Vilfredo 167, 174, 191, 215, 221, 230, 232, 237, 247
Park, Robert E. 195, 222, 244
Parsons, Talcott 237
Pascal, Blaise 17, 58, 189, 212
Pattison, Mark 197, 212
Pauling, Linus 166, 190, 193, 195 f., 204
Pawlow, Iwan 152
Peacock, Thomas 141
Pearson, Karl 166, 196, 212, 218
Peirce, Charles Sanders 161, 166, 174 f., 177, 215
Peiresc, Nicolas-Claude Fabri de 66 ff., 76, 85, 91, 96, 186, 203, 215, 218
Peralta, Pedro de 114
Périer, Marguerite 189
Peter I. von Russland (»der Große«) 103, 114
Peter, Jean-Pierre 225
Petrarca, Francesco 37
Pezron, Paul-Yves 95
Philipp IV. von Spanien 70
Piaget, Jean 207, 212
Pico della Mirandola, Giovanni 37, 42 f., 46 f., 61, 74, 82, 111, 215, 218 f.
Pirckheimer, Caritas 55
Pirckheimer, Willibald 55
Pitrè, Giuseppe 167
Pitt-Rivers, Augustus 149
Pitts, Walter 190, 200, 212
Pizan, Christine de 53
Placcius, Vincent 88, 92
Platon 4, 22 f., 27, 29, 47, 72, 77, 96, 98
Playfair, John 207, 209, 216
Playfair, William 207, 216, 222
Plinius der Ältere 24 f., 28 f., 43, 46, 51, 62 f.
Poincaré, Henri 188, 196
Polanyi, Cécile 216
Polanyi, Karl 164, 186, 188, 212, 216, 225
Polanyi, Laura 216
Polanyi, Michael 164, 177 f., 181, 194, 199 f., 204, 212, 216, 221, 232, 254
Pollock, Griselda 214, 255
Poseidonios von Rhodos 23
Posner, Richard 254 f.
Postel, Guillaume 47
Priestley, Joseph 108 f., 114, 213, 217
Prodi, Franco 217
Prodi, Giorgio 174, 176, 194, 216
Prodi, Giovanni 217
Prodi, Paolo 217
Prodi, Romano 217
Prodi, Vittorio 217
Proust, Marcel 200, 251
Ptolemäus von Alexandria 29 f., 51, 96
Pufendorf, Samuel 58, 78, 82, 112, 216, 219
Pyrrhon von Elis 87
Pythagoras 18, 22, 27, 29

Q

Quételet, Adolphe 167
Quinet, Edgar 37
Quintilian (Marcus Fabius Quintillianus) 23 f., 30

R

Rabelais, François 38 f., 214
Radulf von Lüttich 28
Ragimbold von Köln 28
Raleigh, Walter 41, 215 f.
Ramus, Petrus 64 f.
Rapoport, Anatol 173 f., 190, 234, 238
Ratzel, Friedrich 11, 195, 218, 220, 231
Ray, John 88
Raynal, Guillaume-Thomas 104
Réaumur, René-Antoine de 105, 215
Récamier, Juliette, Madame 125
Redi, Francesco 100, 219
Reinach, Joseph 216
Reinach, Salomon 196, 216
Reinach, Théodore 216
Renan, Ernest 125 f., 129, 224
Revel, Jacques 225
Reynolds, Joshua 101, 109, 230
Rice, Condoleezza 253
Richards, Ivor 217, 225
Rieff, Philip 162
Riesman, David 187, 200
Rivers, William 171, 222
Rivet, Paul 221
Robertson, William 106 f.
Robertson Smith, William 171, 190, 192, 196, 209, 212, 215, 217 f., 222 f., 231
Roper, Margaret 55
Rose, Jacqueline 214, 256
Rose, Nikolas 255 f.
Rousseau, Jean-Jacques 125
Roussel, Raymond 165
Royce, Josiah 173
Rudbeck, Olof, der Ältere 66, 71 ff., 83, 95 f., 141, 209, 220
Rudbeck, Olof, der Jüngere 71, 217
Ruesch, Jürgen 179
Ruge, Arnold 124, 204
Ruml, Beardsley 228, 235 f.
Ruskin, John 127 f., 159
Russell, Bertrand 159, 186, 195, 197, 210, 212, 215 f.
Ryle, Gilbert 8

S

Sacks, Oliver 224
Said, Edward 194
Sainte-Beuve, Charles 78, 125, 127, 129, 189, 215
Saint-Hilaire, Étienne Geoffroy 132
Sapolsky, Robert 256
Sarpi, Paolo 214
Saumaise, Claude 61
Scaliger, Joseph 43, 45, 59, 80, 198, 215
Schiller, Friedrich 116, 119, 141
Schlick, Moritz 226, 232
Schliemann, Heinrich 133
Schlözer, August von 114, 130, 219
Schlözer, Dorothea 101, 130, 212 f., 217
Schneider, Karl Camillo 192
Schumpeter, Joseph 111
Schurman, Anna Maria van 60 ff., 211
Scott, Walter 189
Sebeok, Thomas 174, 176, 238
Sedgwick, Adam 146
Selden, John 45, 78, 80 f., 85, 89, 112, 188, 192, 198 f., 216
Sennett, Richard 244, 256
Servet, Miguel 221
Sforza, Francesco 52
Sforza, Ludovico 18, 50, 52, 219
Shannon, Claude 166, 172 f., 200, 218, 225
Shen Gua 26 f., 191
Sidis, William 212

Sidney, Philip 41
Sigüenza y Góngora, Carlos de 92, 114
Simmel, Georg 168, 194, 215, 244
Simon, Herbert 17, 37, 172, 177, 180, 191, 193 f., 196, 199 ff., 212, 219, 225, 227 f., 238, 240, 245
Skalić, Pavao 48
Sloane, Hans 67, 91, 157, 221
Sloterdijk, Peter 182, 254, 256
Smil, Vaclav 256
Smith, Adam 106 f., 137 f., 145, 188, 207
Smith, John Maynard 221
Smith, Sidney 141
Snow, Charles P. 150, 162, 178, 242
Sokrates 22 f., 27, 42
Somerville, Mary 101, 131 f., 188, 211, 213
Sontag, Susan 161 f., 176, 182, 193, 214, 224, 238
Spencer, Herbert 122 f., 131, 136, 138, 153 f., 197, 213, 215, 218, 221, 234
Spinoza, Baruch 129, 131, 166
Spivak, Gayatri Chakravorty 214, 255
Staël, Germaine de 101, 129, 207, 210, 213
Steiner, George 17, 161 f., 182, 194, 201, 224, 228, 238, 255
Steno, Nicolaus 14, 81
Stephen, Leslie 197
Strauss, Leo 161
Strindberg, August 12, 194, 207, 213
Su Song 26 f., 32
Suárez, Francisco 62
Swedenborg, Emanuel 113, 160, 207, 209, 219

T

Taccola, Mariano 49 f., 82
Taine, Hippolyte 125 ff., 129, 170, 186, 224
Talbot, William Henry Fox 136 f., 215
Tallis, Raymond 256
Tarde, Gabriel 167 f., 181, 192
Taylor, Harriet 127, 213
Tertullian 28
Thode, Henry 231
Thomas, Keith 248
Thomasius, Christian 97
Thompson, Edward 181
Tocqueville, Alexis de 125 f., 186
Toffler, Alvin 252
Tolstoi, Lew 16, 201
Torre, Marcantonio della 51
Treitschke, Heinrich von 134
Trevor-Roper, Hugh 44
Trithemius, Johannes 214
Troeltsch, Ernst 231
Trotzki, Leo 177
Turgot, Anne Robert Jacques 105 f.
Turing, Alan 17, 172 f., 181, 192, 200, 212, 214, 233
Tylor, Edward 149
Tytler, James 98

U

Uexküll, Jakob von 174, 176, 241
Unger, Roberto Mangabeira 254, 256
Uspensky, Boris 225
Ussher, James 98

V

Varro, Marcus Terentius 24, 28 f., 45
Vasari, Giorgio 49, 52
Veblen, Thorstein 210 f.
Vega, Garcilaso de la 41
Velázquez, Diego 165
Verelius, Olaus 72
Verrocchio, Andrea 49 f.
Vico, Giambattista 18, 95, 111 ff., 187, 192, 207, 212 f.
Vinzenz von Beauvais 33 f.
Virchow, Rudolf 133 f., 218
Vitruvius, Marcus Pollio (Vitruv) 24, 30, 48, 51
Vives, Juan Luis 42, 47

Voltaire 99 f., 102 ff., 148, 219
Vossius, Gerhard 64, 217
Vossius, Isaac 61, 81, 96, 217

W

Waitz, Georg 142
Walpole, Horace 101
Walras, Léon 221
Wang Anshi 25
Wang Yangming 25
Warburg, Aby 215, 241
Ward, Lester 168, 196, 222
Weaver, Warren 166, 173, 221, 225, 236
Weber, Max 145, 163 f., 191, 193, 197 f., 209 f., 222, 231, 246 f., 249
Wegener, Alfred 221
Weizsäcker, Carl Friedrich von 246
Wells, Herbert G. 157, 159, 192, 198, 213, 225
Whewell, William 116, 132, 138, 141, 159, 217, 228, 234
Whitehead, Alfred N. 148
Whorf, Benjamin Lee 221
Wiener, Norbert 166, 172, 179, 188 f., 211 ff., 218, 224 f.
Wilhelm von Malmesbury 29 f.
Wilkins, John 82, 160, 192 f.
Wilson, Edmund 161, 187
Wilson, Edward O. 234, 255
Windelband, Wilhelm 231
Witsen, Nicolaes 78, 81, 212
Wolf, Maryanne 251, 253
Wood, Anthony 188
Worm, Ole 67, 206, 222
Wortley Montagu, Lady Mary 99, 203
Wowern, Johann von 64, 89
Wren, Christopher 58 f., 92, 98, 212
Wundt, Wilhelm 169, 231, 247

Y

Young, Thomas 17, 115 ff., 132, 141, 191, 197, 199, 204, 212 f., 215, 223

Z

Zedler, Johann Heinrich 97
Zesen, Philipp von 73
Žižek, Slavoj 182, 199, 254, 256
Zwinger, Theodor 48, 63, 207

PETER BURKE

© Susan Henker

1937 in Stanmore in England geboren, besuchte Peter Burke eine Londoner Jesuitenschule und studierte am St. John's College in Oxford. Sechzehn Jahre lehrte er an der School of European Studies der University of Sussex, bevor er 1978 als Professor für Kulturgeschichte nach Cambridge ans Emmanuel College wechselte. Gastdozenturen führten Burke, der international als einer der bedeutendsten Kultur- und Medienhistoriker gilt, in die meisten Länder Europas sowie unter anderem nach Indien, Japan und Brasilien. Seine Bücher wurden in über 30 Sprachen übersetzt, bei Wagenbach erschienen fünfzehn seiner Werke.

BEI WAGENBACH LIEFERBAR

Die Explosion des Wissens Von der Encyclopédie bis Wikipedia

Nur ein Medienhistoriker vom Format Peter Burkes versteht es, den grundlegenden Umbruch unserer Wissens- und Informationsgesellschaft im Ganzen zu überblicken und im Detail zu erklären. Seine umfassende Wissensgeschichte ist singulär auf dem Buchmarkt – und höchst aktuell.

Aus dem Englischen von Matthias Wolf unter Mitarbeit von Sebastian Wohlfeil
Gebunden mit Schutzumschlag. Großformat. 392 Seiten

Papier und Marktgeschrei Die Geburt der Wissensgesellschaft

Wissen erwerben, klassifizieren, kontrollieren und verkaufen – in diesem Buch geht es um das neue Wissen, das sich nach Erfindung der beweglichen Lettern rasant verbreitete.

Aus dem Englischen von Matthias Wolf
Broschiert. Großformat. 256 Seiten

Die Renaissance

Die Renaissance als Ganzes. Nicht nur in der Kunst, sondern auch in der Literatur und Philosophie, nicht nur in Italien, sondern auch in England, Deutschland, Frankreich. In einem übersichtlichen und verständlichen Essay dargestellt.

Aus dem Englischen von Robin Cackett
SVLTO. Rotes Leinen. Fadengeheftet. 128 Seiten mit vielen Abbildungen

Augenzeugenschaft Bilder als historische Quellen

Ein Grundlagenwerk der Bildwissenschaft: Peter Burke vermittelt das kritische Werkzeug, um dem, was Bilder mehr oder anders sagen als Texte, auf die Spur zu kommen.

Aus dem Englischen von Matthias Wolf
WAT 631. 256 Seiten mit vielen Abbildungen

Ludwig XIV. Die Inszenierung des Sonnenkönigs

Peter Burke beschreibt, deutet und kommentiert die Propagandamaschinerie um den Star unter den gekrönten Häuptern.

Aus dem Englischen von Matthias Fienbork
WAT 412. 280 Seiten mit zahlreichen Abbildungen

Wörter machen Leute Gesellschaft und Sprachen im Europa der frühen Neuzeit

Eine neue Studie des renommierten Kunsthistorikers: die europäische Sprachenvielfalt, erläutert vor ihrem kulturgeschichtlichen Hintergrund.

Aus dem Englischen von Matthias Wolf
Gebunden mit Schutzumschlag. 280 Seiten

Die Geschichte der ›Annales‹ Die Entstehung der neuen Geschichtsschreibung

Mit ihren bahnbrechenden Arbeiten haben die Historiker um die Zeitschrift »Annales« die Geschichtswissenschaft revolutioniert. Peter Burkes konziser Überblick über ihre wissenschaftliche Herangehensweise und die wichtigsten Vertreter der »Annales«-Schule sollte für jeden an Geschichtsschreibung Interessierten Pflichtlektüre sein.

Aus dem Englischen von Matthias Fienbork
WAT 503. 192 Seiten

Wenn Sie mehr über den Verlag und seine Bücher wissen möchten, schreiben Sie uns eine Postkarte oder elektronische Nachricht (mit Anschrift und E-Mail). Wir informieren Sie dann regelmäßig über unser Programm und unsere Veranstaltungen.

Verlag Klaus Wagenbach Emser Straße 40/41 10719 Berlin
www.wagenbach.de vertrieb@wagenbach.de

Die englische Originalausgabe erschien 2020 unter dem Titel
The Polymath. A Cultural History from Leonardo da Vinci to Susan Sontag
bei Yale University Press in London/New Haven.

© 2020 by Peter Burke
© 2021 für die deutsche Ausgabe:
Verlag Klaus Wagenbach, Emser Straße 40/41, 10719 Berlin
www.wagenbach.de

© akg images: S. 50, 165, 236, 245; brainpickings.org: S. 157; Archiv Klaus Wagenbach Verlag: S. 135, 201; S. 226: © George M.H. van de Velde, Enschede/Institut Wiener Kreis. Aus dem Band: Christoph Limbeck-Lilienau/Friedrich Stadler: *Der Wiener Kreis. Texte und Bilder zum Logischen Empirismus.* Wien/Münster: LIT Verlag 2015, S. 120; © Pressefoto Kraufmann & Kraufmann GmbH: S. 250

Einbandgestaltung von Julie August unter Verwendung
eines gezeichneten Modells zum Solarsystem von Johannes Kepler
aus dem *Mysterium Cosmographicum* von 1596.
Gesetzt aus der Adobe Caslon Pro.
Vorsatz- und Bezugmaterial zertifiziert nach FSC® C007262
und DIN ISO 14001 von peyer graphics GmbH, Leonberg.
Gedruckt auf Munken und gebunden bei Pustet, Regensburg.
Gedruckt auf chlor- und säurefreiem Papier.
Printed in Germany. Alle Rechte vorbehalten

ISBN 978 3 8031 3702 9